JORDI IMBEF

INDIRA RANAMAGAR

UNA LUZ EN LA OSCURIDAD

Con la colaboración de:

PA Nepal y **Kaliu Nepal**

Título original: Indira Ranamagar; una llum enmig de la foscor
Autor: Jordi Imbert Riera
Traductora: Ruth Talavera Riart
Correctora: Mercè Mosquera Bujan

© Jordi Imbert Riera
Registration code: 1508184901636
ISBN: 978-1540454522

Primera edición: octubre del 2015
Segunda edición: octubre del 2016

LOS BENEFICIOS DE ESTA OBRA SE DESTINAN
ÍNTEGRAMENTE A LA ONG
PA NEPAL PARA QUE PUEDA SEGUIR CON SU
LABOR HUMANITARIA.

*Educad a los niños y no sera necessario
castigar a los hombres.*

PITÀGORES

A LO LARGO DEL LIBRO EL LECTOR ENCONTRARÁ DISTINTOS CÓDIGOS QR QUE LE SERVIRÁN PARA CONSEGUIR MÁS INFORMACIÓN SOBRE NEPAL Y ASÍ APROFUNDIR EN LA HISTORIA QUE SE EXPLICA DE FORMA MÉS CERCANA, VISUAL Y ENTENDEDORA

PARA HACER USO DE ESTOS CÓDIGOS PUEDEN BAJARSE ALGUNA APLICACIÓN DE LECTURA DE CÓDIGOS QR (DESDE APPLE STORE EN EL CASO DE LOS iPHONE'S O DESDE PLAY STORE EN EL CASO DE LOS ANDROID) A SU SMARTPHONE O TABLET. ABRID LA APLICACIÓN Y APUNTAD CON LA CÁMARA SOBRE EL CÓDIGO.

EJEMPLO: EL AUTOR

CONTENIDO

INTRODUCCIÓN

"Ella es mi segunda madre, siempre le digo Aama". Sunil

"Ella ayuda a la gente que sufre intensamente... ella realmente es un Dios que está en la Tierra. Igual que una madre es capaz de querer a sus hijos incondicionalmente, ella es capaz que querer a todos". Khumar

El avión pierde altura y las nubes empiezan a dejar entrever algunas montañas boscosas muy cerca de la ventana. Hace una hora que el avión sobrevuela el cielo monzónico de Katmandú, esperando una tregua para poder aterrizar. Todos los pasajeros permanecemos en un silencio sepulcral, conscientes que hace demasiado rato que damos vueltas, pero el nerviosismo disminuye un poco cuando por fin vemos las primeras azoteas de la ciudad. Desde el cielo, la primera imagen que ofrece la capital de Nepal es la de casas de tres y cuatro plantas, muy coloreadas y separadas entre ellas, dejando que el verde de la vegetación decore la visión de los que llegan desde el aire.

Las ruedas rozan la pista levantando una cortina de agua y los pasajeros aplauden contentos cuando el avión ya ha frenado del todo. Por la reacción de todos, parece que haya volado con una compañía de bajo coste, de esas en las que al llegar suena una melodía alegre con trompetas para celebrar que has llegado a tierra sano y salvo… Pero no, no es una compañía de bajo coste. Los pasajeros aplauden porque el aterrizaje no ha sido fácil por a causa de la fuerte lluvia de un monzón que ha llegado con retraso, pero con fuerza.

Desembarco y circulo rápido por los pasillos que ya conozco bastante bien. Cojo la mochila y salgo del aeropuerto, que, construido con ladrillos y madera, intenta imitar la arquitectura newari[1], arquitectura típica del valle de Kátmandu.

Fuera, Glòria y Oriol hace más de una hora que me esperan y nos fundimos en un gran abrazo. Si estoy aquí, es por culpa suya o mejor dicho, gracias a ellos... Mi historia con Nepal empezó hace tres años y, aunque no es el motivo de este libro, daré unas pinceladas para que el lector pueda entender las razones que me han traído aquí de nuevo.

La primera visita a este país asiático fue una visita turística como la de cualquier otro. Un amigo y yo paseamos rápidamente por diferentes puntos de la geografía de este país, que ya de entrada me cautivó, y sin más, la última noche, contemplando los ojos de Buda, pintados en la stupa[2] del Boudhanath, supe que pronto volvería.

Dos años después, empecé un viaje en bicicleta desde Turquía, cruzando todos los países asiáticos que me separaban de mi destino, de nuevo Nepal, pero esta vez con la intención de intentar entender como poco a poco la geografía, el relieve, la vegetación y la cultura iban cambiando desde Europa hasta los pies del Himalaya. Así fue como, hace sólo ocho meses, llegaba

---

1. Estilo arquitectónico típico del Valle de Katmandú que se caracteriza por su sorprendente obra de ladrillos y un estilo único de talla de madera que suele contener grabados de distintas simbologías.

2. Construcción budista que conmemora a Buda y puede contener distintas reliquias religiosas.

hasta aquí, esta vez por tierra, sin ningún "túnel volador", que me hubiera tele transportado de un lugar a otro.

La segunda visita, además tenía un aliciente, unos amigos de Cataluña se habían instalado para empezar a trabajar como voluntarios, en una asociación propia, intentando ayudar a personas con mayor riesgo de exclusión social. El reencuentro con ellos, Glòria y Oriol, y sus ideas, me entusiasmaron tanto, que poco después yo también me uní a la asociación y fue cuando me topé con una mirada, unos ojos que me arrastrarían por tercera vez hacia aquí, Nepal.

Esta vez no eran los ojos de ningún Buda pintados en ninguna pared. Esta vez los ojos eran de una mujer de verdad que trasmitía una fuerza que nunca había visto antes en ninguna otra mirada. Estos ojos eran los de Indira Ranamagar.

Sólo coincidí con ella pocos días, muy pocos en realidad, pero los suficientes como para saber que volvería a Nepal sólo para aprender más de ella, para recoger su historia, ya que cada anécdota que escuchaba me parecía más fascinante, e intentar escribir un libro. Aunque no soy periodista ni escritor, la idea fue cuajando en el cerebro hasta que, sólo tres meses después de haber vuelto a casa, decidí aventurarme de nuevo y arriesgarme a intentar escribir estas líneas, que ahora tiene entre sus manos.

Desde el aeropuerto cogemos un taxi hacia el centro de la ciudad, después de negociar durante un instante un precio que sea razonable tanto para el conductor como para nosotros. El pequeño Maruti blanco, prácticamente el único modelo de taxi de la ciudad, circula a toda velocidad entre el frenético tráfico de Katmandú, esquivando peatones, motocicletas y coches. El taxista, con la mayor naturalidad, tiene que hacer un par de golpes de volante para esquivar primero un ciclista que carga bombonas de butano en las alforjas, y después una vaca sagrada perdida que ha quedado atrapada en medio de la calle rodeada de vehículos motorizados. Aunque pasamos muy cerca del esquelético animal, éste ni se inmuta y sigue pastando entre el asfalto y el barro, buscando una brizna de hierba aún más despistada que ella. La lluvia provoca que el aire sea un poco más respirable que en otras épocas del año ya que la suciedad y el polvo del ambiente queden atrapados en la tierra embarrada. Circulando por el medio de las calles, no queda ni rastro del verde que se ve desde el cielo.

Cuando bajamos del taxi, tengo que concentrarme y recordar que los vehículos circulan por la izquierda y no por la derecha como estoy acostumbrado, y cruzar una calle resulta ser un deporte de alto riesgo. Tengo que caminar con paso firme y esquivar los vehículos que no respetan nada a los peatones. Una vez en la otra acera, me dedico a esquivar los charcos y las baldosas que se mueven, al mismo tiempo que tengo que saltar para evitar algún excremento de perro.

El marrón y gris se apoderan de las calles principales y enturbian la bonita imagen que el recién llegado ha percibido mientras aterrizaba. De repente, salimos de Lazimpat y cogemos una calle hacia un vecindario más escondido, donde viven mis amigos. Fuera de las céntricas calles, el ruido desaparece por arte de magia y los pájaros se encargan de poner un hilo musical más místico, mientras las casas newaris también cambian su decorado, dejando atrás los edificios de carácter más occidentales que rigen Lazimpat.

Llegando a casa de Glòria y Oriol vemos un grupo de mujeres que se lavan en la fuente pública, en una plazoleta que queda escondida a la vista de la gente, nos saludamos amablemente con un ¡námaste![3] La cara más bonita de la ciudad vuelve a sonreír.

_____

3. Námaste es una expresión que se puede utilizar para saludar, despedirse, pedir, dar gracias, mostrar respeto o veneración y para rezar. Normalmente se acompaña por una inclinación ligera de la

Justo cuando acabo de instalarme, Oriol y Glòria me dan la buena noticia. ¡Esta noche se casarán! Será la segunda vez en pocas semanas, ¡pero esta vez según la tradición nepalí! Y lo harán en la Farm House, uno de los proyectos de Indira. La buena noticia me exalta, ¡ya tengo ganas de que llegue el momento!

Una vez hemos cenado, me acompañan a las oficinas de Nayabazar, donde Indira Ranamagar trabaja en su ONG, PA Nepal, y me dejan allí para que me reencuentre con ella. Ellos van a prepararse para la boda de esta noche y yo para el momento más esperado, reencontrarme con Indira.

Ya dentro de las oficinas me encuentro con aquella mirada, la que me había arrastrada de nuevo hasta aquí. Entre todos los presentes no me cuesta nada ver los ojos pequeños y almendrados, divertidos e ingenuos de la mujer que busco. Indira destaca en medio de la oficina por su tono de voz potente y desinhibido, paseando de arriba abajo con un sari estampado en tonos verdes y ocres combinados, mientras habla con sus colaboradores.

La mujer de facciones mongolas tarda un segundo en darse cuenta de mi presencia y se dirige hacia mí a saludarme con una sonrisa y un abrazo. Se la ve exhausta, pero sus ojos desprenden amor y energía.

Me explica que hoy no podrá atendreme por mí, porque le han surgido unos problemas graves y urgentes que debe resolver, pero no me deja en la estacada… Pide que paren el trabajo en la oficina y me presenta a sus colaboradores. Sacando fuerzas de la nada, explica a todos que soy un escritor (hecho que me pone nervioso, ya que realmente no lo soy) que vengo a escribir un libro sobre su vida y añade:

-¡Durante los próximos días él me seguirá a todas partes! – Dice, mirándome con cara traviesa y buscando las risas de todos los presentes en la oficina –¡Hasta me acompañará al baño!

cabeza hecha con las palmas abiertas y unidas entre sí, ante el pecho, en posición de oración.

Todos los nepalíes se ríen a gusto con la broma y hacen jaleo con frases que no entiendo. Indira sigue riendo y me da golpecitos afectuosamente en el hombro.

-¡Es broma! – añade-. ¡A los nepalíes nos gusta mucho reír! Siempre nos verás con una sonrisa.

Por desgracia la sonrisa le desaparece justo cuando sale del despacho, donde me deja con diversos miembros de su equipo que pasarán la tarde alimentándome a base de platos que suben desde la cocina y a base de té, mientras me explican aspectos sobre el funcionamiento de la organización.

Indira irá yendo y viniendo, arriba y abajo toda la tarde. Hará llamadas, reuniones con nepalíes, con extranjeros, más llamadas, toda la oficina trabaja a un ritmo trepidante siguiendo sus instrucciones. Parece que está inmersa en un asunto importante de verdad, ya que se la ve cansada y algo triste.

Ya al atardecer empieza a cambiarse para ir a la boda. Se pone un sari blanco aunque mientras se arregla no para de pasear por la oficina de arriba abajo hablando con todos. Poco a poco el ritmo de trabajo disminuye y parece que el problema que le preocupaba se ha solucionado. Posteriormente, me explicará que hace dos meses que tenía un conflicto con las casas de acogida que tiene, pero que finalmente, hoy parece haber encontrado una solución.

Es entonces cuando me doy cuenta de la gravedad de sus preocupaciones: la gente normal, cuando tenemos un mal día en el trabajo nos ponemos nerviosos y el estrés rápidamente hace acto de presencia. Pero en el caso de Indira, que dependen centenares de niños... Un problema es una gran pesadilla para ella y se puede traducir en la de muchas personas más, que no se pueden valer por sí mismas.

No obstante, parece que más o menos se ha resuelto e Indira se dispone a celebrarlo. Así que me coge a mí, a dos miembros del equipo, a una voluntaria belga que en aquel momento estaba allí y a Subani, su hija de diecisiete años y nos amontona a todos dentro de un taxi.

Indira, sin embargo, no ha querido irse sin Babu, una palabra que en nepalés significa hermano pequeño. Se trata de un niño de sólo dieciocho meses que ella rescató de la prisión donde nació y vivió encerrado durante seis meses. Cuando la madre Indira lo sacó y lo puso bajo la tutela de su ONG y se hizo cargo personalmente.

Circulamos con el taxi de Lila, el taxista que siempre pone sus servicios a disposición de Indira, por el centro de la ciudad, mientras Babu saca la cabeza entre los dos asientos de delante observando lo que está pasando. Hoy rompe su rutina y no quiere perderse ningún detalle. El Suzuki blanco nos lleva a lo alto de un cerro donde hay un pequeño vecindario, que queda sobre la capital, y allí, en una callejuela rodeada de huertos, llegamos a la Farm House.

Glòria y Oriol están en habitaciones diferentes preparándose para el gran acontecimiento y Subani corre a buscar a Glòria para ayudarla a ponerse el sari. Tiene la intención de convertirla en la novia más bonita que haya visto nunca Nepal. Indira, por su parte, se va directa hacia los fogones. Como la excelente anfitriona que siempre es, se quiere encargar personalmente de todo el banquete así que desaparece y yo mientras aprovecho para visitar el proyecto e intentar entender que hacen allí. Había estado ocho meses atrás, pero era de noche, y ahora con la última luz del día puedo contemplar mejor qué es lo que se cuece.

Sunil, un joven de 29 años, es el encargado de recibirme y explicarme un poco como funciona todo. Él, junto con Indira, es el fundador del proyecto y propietario del terreno donde nos encontramos.

Empezamos la visita por el huerto, espacio que queda justo a la entrada del recinto, delante de la construcción. Allí, los tres jóvenes que viven en el proyecto se encargan de las hortalizas que sirven para su propia manutención. En un rincón unas gallinas picotean, aunque parecen alteradas por el cambio de rutina que experimenta hoy el proyecto. Y es que poco a poco van llegando más invitados que saludan efusivamente cuando pasan por nuestro lado en dirección a la cocina, de donde empiezan a salir música y risas.

Sunil me explica que gracias al huerto y al ganado, los jóvenes que viven allí son prácticamente autosuficientes y que sólo necesitan arroz y algún otro alimento que PA Nepal les facilita. De hecho, el huerto les proporciona una dieta de mucha calidad y es que en Katmandú, aunque parezca imposible, cuesta encontrar productos ecológicos, ya que todo el valle, como en la mayoría de países del mundo ya está infectado de pesticidas.

La posición elevada y aislada respecto a la ciudad y el hecho que es de las pocas zonas de cultivo de aquella área permiten a la Pharm House producir hortalizas totalmente ecológicas.

Sunil aprendió el oficio de agricultor gracias a Indira. Me explica que, cinco años atrás, tenía problemas con la bebida y que su vida iba muy desencaminada. Deseaba tener una vida mejor, pero le faltaban las herramientas necesarias para tirar hacia delante. Él había escuchado hablar de una famosa trabajadora social que ayudaba a la gente más necesitada de la ciudad, y por casualidad, se encontró con ella, Indira, antes de que fuera demasiado tarde.

Ella lo sacó de la ciudad, de donde sólo recibía estímulos negativos, y lo llevó a Palpa, un lugar apartado de las grandes ciudades, y allí, en otro proyecto de PA Nepal, Indira le enseñó a trabajar la tierra siguiendo métodos ecológicos. Cuando Sunil aprendió el oficio y se había acostumbrado a un estilo de vida más saludable, volvió a la ciudad con la ayuda de Indira y PA

Nepal, construyeron la Pharm House en unos terrenos que él había heredado.

La idea era construir una pequeña casa rodeada de huertos ecológicos donde él pudiera vivir y conseguir su propio alimento. Al mismo tiempo, Sunil pretendía ofrecer su apoyo a PA Nepal y devolver, de alguna manera, el favor que le habían hecho. A partir de entonces empezó a trabajar a media jornada haciendo de agricultor en sus propias tierras, mientras que la otra media la dedicaba a ganarse un pequeño sueldo en una tienda de bicicletas de la ciudad. Indira consiguió la inversión inicial para poder construir las instalaciones que existen actualmente, hechas con materiales locales, naturales o reutilizados, y pudo instalarse.

Una vez acabada la visita al huerto nos acercamos al comedor. Se trata de una sala bastante grande con una gran mesa donde los invitados ya se van sentando y conversan con un tono de voz alegre y energético. La mayoría son nepalís, aunque también están Philip y Rose, un alemán y una holandesa, voluntarios de PA Nepal que se alojan en casa de Glòria y Oriol.

Mientras mis anfitriones se saludan y bromean, yo observo dos bicicletas de montaña que están en un rincón. Una de ellas, me explican, es la que utiliza Indira en sus pedaladas populares y para competir en carreras de montaña... Quiero preguntar más cosas respecto a este punto, pero mi guía ya ha acabado de saludar a todos e ilusionado, me quiere enseñar la sala de estar recientemente remodelada.

Nos acomodamos en las butacas de la sala, que resulta ser al mismo tiempo su habitación y la principal de todo el recinto. Allí estamos un rato más resguardados del ruido de la fiesta que ya se va animando en la sala de al lado. A primera vista me llaman la atención las plantas que hay en la habitación. Curiosamente, cuando se construyó la casa, Sunil dejó sin pavimentar algunas esquinas del edificio. Posteriormente, cuando subieron las paredes –con material de construcción reutilizable o natural extraídos de su entorno más cercano- reservaron unos surcos de suelo natural dentro de la propia habitación y en otras partes del edificio. De esta manera, en diferentes puntos de la casa, pudo plantar plantas dándole un aire personal y único a la construcción. Aun haciéndose con materiales sencillos, la casa resulta un auténtico *resort* alejado del ruido frenético de la ciudad. Por lo que veo tanto dentro de la casa, como lo que diviso desde la ventana, todo me hace pensar que estoy en medio de la jungla.

Aprovecho la tranquilidad del momento para pedirle qué significa Indira Ranamagar para él. Sabe que estoy escribiendo un libro para explicar la vida de Indira, y también es consciente que, si el libro contiene la información adecuada, puede ser una buena ayuda para su Aama, dicho de otra manera, madre en nepalí. Se pone nervioso y no consigue expresar todo lo que siente… Casi se le nublan los ojos y la describe como una diosa. Afirma que sin ella nunca lo habría conseguido, y que a fecha de hoy, ni el proyecto existiría, ni él habría puesto orden a su vida.

Aunque continuamos hablando de otros temas, a lo largo de la noche vendrá en diversas ocasiones para contarme cosas buenas sobre Indira. Sin quererlo, le habré dejado intranquilo, pensando que con sus palabras podría haber hecho más por la mujer que la ha dado una segunda oportunidad en la vida. Por mi parte, intento hacerle entender que tengo más de lo que necesito e intento transmitirle un poco de tranquilidad. Con su mirada, y la voz temblorosa en busca de palabras amables sobre ella, he tenido de sobras para ver la importancia que tiene Indira para él.

Con Sunil bastante intranquilo, pensando que no ha hecho suficiente por su socia, aama y diosa, seguimos la visita por la Farm House. Salimos de nuevo al exterior, esquivando a la multitud de invitados. En la parte posterior del comedor, desde la parte exterior, Indira hace funcionar los fogones de la cocina a pleno rendimiento. La cocina, que es exterior, pero cubierta, es uno de los espacios preferidos de Sunil. Me explica que después de haber iniciado el proyecto con PA Nepal, y gracias a su ayuda, y a las enseñanzas gastronómicas de muchos voluntarios que han pasado por la zona, él y sus compañeros de la casa han aprendido a cocinar todo tipo de platos. Desde los más típicos de la cocina nepalí, como los momos o el dal bhat, hasta pizzas y pasta.

De hecho, los compañeros de casa de Sunil están precisamente en la cocina e Indira les ordena que vengan conmigo a enseñarme el resto de la casa, mientras ella se apaña sola con todo.

Ahora, acompañado ya de tres jóvenes, paseamos por la construcción posterior, que consta de un edificio muy sencillo de dos plantas que contiene las habitaciones de Kumar y Suman, los acompañantes de Sunil, además de otras habitaciones que ahora mismo están vacías. Nos instalamos en una de ellas para poder hablar con más calma con los dos jóvenes que acabo de conocer.

A cambio del favor que Indira le hizo, Sunil puso la Farm House a disposición de PA Nepal para poder ayudar a otras personas que lo necesiten. LA ONG envió a Kumar y a Sumar. Tanto uno como el otro fueron rescatados de diferentes cárceles cuando eran muy pequeños y crecieron en casas de acogida de PA Nepal, y ahora, después de 16 años, tienen que empezar a buscarse un futuro. Al salir de la casa de acogida, Indira les dio la posibilidad de instalarse en la Farm House. A cambio de un techo y de trabajar un rato cada día en los huertos y con el ganado, Kumar y Suman, ahora tienen un lugar donde vivir sin tener que pagar alquiler y la posibilidad de seguir estudiando en la Universidad, pagada por PA Nepal, hasta que empiecen a trabajar de manera remunerada.

Los dos jovencitos me explican sus historias y como PA Nepal los ha ayudado. También dedican palabras cargadas de amor hacia Indira, y hablan de Sunil como si fuera su hermano mayor, que les ha enseñado todo lo que hay que saber para obtener la comida cultivada. Desde que han llegado, también han aprendido a cultivar y a cocinar.

Por la mañana, me explican, se levantan temprano y cuidan de los animales y después cada uno se marcha al centro para poder seguir sus estudios universitarios o de formación profesional. Uno ha estado estudiando para ser guía de montaña y ya está empezando a acompañar a grupos. El otro estudia finanzas y su aspiración es conseguir un puesto en la administración pública para intentar que Nepal sea un país mejor. Por la tarde vuelven a la Farm House y se reparten las tareas de recoger, labrar o sembrar –dependiendo de la época del año- y al atardecer cocinan a partir de los productos que han conseguido y de los que ha facilitado PA Nepal, siempre respetando los turnos de trabajo.

La función de la Farm House no acaba aquí. El resto de habitaciones vacías sirven para acoger voluntarios extranjeros que vienen a trabajar a la ONG de Indira, siempre y cuando paguen unos mínimos de manutención. Los tres jóvenes velan por el bienestar de los visitantes y disfrutan de un punto de intercambio cultural que les permite, tanto a unos como a otros, enriquecerse personalmente. Gracias a este contacto, aprenden inglés, cocina y conocen las nuevas tendencias del mundo occidental, mientras que los voluntarios también aprenden cocina local y viven más intensamente el contacto con la realidad nepalí.

Por otro lado, me explican que la Farm House es, también, un punto de juego para los críos de la casa de acogida que PA Nepal tiene en Katmandú. Algunos sábados, van acompañados de los miembros de la ONG y de algunos voluntarios para aprender sobre agricultura ecológica y poder estar un poco más en contacto con la naturaleza, huyendo por un rato de la jungla de asfalto y cemento que quedo un poco más abajo de donde estamos.

También es un lugar de encuentro entre estos pequeños y los niños del barrio donde se encuentra la Farm House, que facilita el contacto entre los que viven en la casa de acogida con los que viven con sus familias. Este sitio sirve para romper barreras sociales y crear vínculos entre niños de diferentes castas y procedencias sociales desde pequeños.

Después de toda esta explicación tengo la piel de gallina. De una barraca, hecha con materiales locales y, en su mayoría, naturales, se ha construido un pequeño *resort* muy acogedor, que sirve para cumplir diferentes y múltiples propósitos, en un entorno magnífico para crear un ambiente familiar y de hermandad. De una sola idea salen muchas otras que mejoran notablemente la calidad de vida de varias personas.

Justo cuando estoy acabando la charla con los tres jóvenes para entender qué es la Farm House, los dos novios llegan. La novia lleva un sari rojo, el vestido típico de las nepalís, y el novio, el durba sural que consta de unos pantalones –que son el doble de anchos que la cintura de la persona que se los tiene que poner, pero que una vez puestos quedan ceñidos – una camisa generalmente del mismo color y el topi, el gorro nepalés. La gente se reúne a su alrededor y sonríen al ver a los dos occidentales vestidos con la ropa típica nepalí. Las chicas jóvenes que corren hacia allá, rodean a la novia, mientras Indira, que todavía no ha salido de la cocina, está acabando los platos con los que tiene la intención de deleitarnos a todos. ¡Lo ha cocinado prácticamente todo ella sola! Después de todo el día batallando en mil asuntos diferentes… ¡aún tiene fuerzas para dedicarse a sus amigos!

Comen todos de pie mientras la música empieza a sonar, los invitados conversan los unos con los otros y a medida que vamos acabando con la comida, empiezan a bailar. No acaba de ser una boda típica nepalí, pero de todos modos, la euforia hace acto de presencia.

¡Empieza la fiesta! La Farm House, además de ser el núcleo de un pequeño proyecto social que ha sacado a una persona de una vida desencaminada, y de ser el hogar de dos jóvenes estudiantes que de otra manera no podrían estudiar y cumplir sus sueños, hoy también es la sede de la fiesta. Una fiesta de hermandad entre países y culturas diferentes, pero que trabajan en un mismo objetivo. La alegría está garantizada y los más jovencitos aprovechan para demostrar sus dotes de bailarines. Suman destaca como el mejor bailarín de la fiesta, suene música local o comercial.

Indira finalmente ya sonríe del todo y se muestra tan enérgica como siempre, y aun habiendo cocinado para casi veinte personas y sin delantal, lleva su sari blanco inmaculado. Todos los jóvenes de la Farm House quieren sacarla a bailar, y ella, muy contenta, se deja llevar por unos y otros, en una comparsa de música y alegría. Aun así, se la ve fuera de lugar y muestra poca soltura en el baile. Es mi primer día aquí y la veo de celebración, pero se ve claramente que esto de las fiestas no es nada habitual en su calendario. Hoy se ha dejado llevar para celebrar el enlace de sus amigos, y se la ve feliz de verdad.

A la fiesta asisten Debendra, un gran amigo nepalí de Glòria y Oriol, familiares de Indira, los miembros de la Farm House, Philip y Rose, dos voluntarios que se alojan también en casa de mis amigos y de otros miembros de PA Nepal. Todos con la sonrisa dibujada en la cara… ¡todos menos uno! ¡Babu! El pequeño de PA Nepal, cae rendido muy pronto, e Indira y yo, que mañana tendremos trabajo, nos retiramos pronto y nos lo llevamos a casa.

En el taxi, de bajada, Indira dice que me siente delante y me pone a Babu encima, ya que detrás van estrechos. Me dice "escucha su magia". Babu parece estar cómodo en mis brazos, aun siendo inexperto acunando niños pequeños. El taxi se mueve y se sacude de una forma terrible y yo lo protejo como puedo, pero él ha crecido siempre pasando de unos brazos a otros, dentro de la gran familia de PA Nepal, y por eso no desconfía para nada de mí y duerme como un tronco. Sí que noto alguna magia… Quizá sean mis pensamientos… Pero soy consciente que si la persona que hay detrás en el taxi no fuera quien es, en mis brazos ahora no estaría este niño. Este niño estaría encerrado en una cárcel, donde ni las propias autoridades lo cuidarían, y él, no sabría ni de la existencia de un mundo exterior… él solo conocería los pequeños lugares oscuros e insalubres que hay detrás de las rejas.

Al tenerlo en brazos, y sentir la tranquilidad con la que duerme, intuyo la faena y amor que le han dedicado muchas personas para poder salvar a esta criatura y especialmente, presiento la fuerza con la que su nueva Aama lo protegerá y lo guiará para que no siga el mismo camino errante que sus padres. Observo que ahora él forma parte de una gran familia, una familia no de sangre, sino de fuertes lazos, una familia que mañana podré seguir conociendo pero que toda ella gira entorno a una sola persona, a una sola Aama, Indira Ranamagar.

21

1. LA PEQUEÑA NIÑA DE LA SELVA

"En casa no teníamos nada... Pasamos hambre largas temporadas. Y ella de bien pequeña ya nos tuvo que ayudar. Recogía fruta, raíces, cangrejos de río y pescado para ayudar en casa. Y ya en aquel momento supe que nunca sería rica, ya que aunque teníamos muy poca cosa para llevarnos a la boca, ella siempre compartía lo que recogía con sus amigos o con quien lo necesitara más en aquel momento". Mana Maya Ranamagar (madre de Indira)

Indira nació el verano de 1970 en la región de Jhapa, en la zona sur-oeste de Nepal, en uno de los pueblos que hacen frontera con la India. Esta región situada en un extremo de la llanura del Terai, una zona llana como un sello, selvática y tropical que ocupa todo el tercio sur del país. Sus padres, Pratap Singh Ranamagar y Mana Maya, no eran originarios de esta zona, sino del Norte de Udayapur, una región situada entre la llanura de Terai y la cordillera del Himalaya, no muy lejos del Sagarmatha, más conocida como el monte Everest. Se trata de una zona rural marcada por la presencia de montañas, llenas de terrazas de arroz esculpidas por la mano humana y valles que oscilan entre los mil y los cuatro mil metros de altitud donde las etnias mongoles predominan dentro de la población de la zona.

Los abuelos maternos de Indira arreglaron un matrimonio de conveniencia para su hija cuando aún era una adolescente. Ella nunca quiso al marido que le habían escogido y, poco tiempo después del enlace, el marido se casó con otra mujer, pretendiendo mantener una relación poligámica. Esto fue lo que hizo decidir a la madre de Indira... Ella no formaría parte de este matrimonio. Además, hacía tiempo que amaba en secreto a un joven del pueblo y juntos decidieron huir hacia otro lugar. Tanto la madre que tuvo que renunciar a toda su familia, como el padre que aceptó como esposa a una mujer que ya se había casado, rompían todos los esquemas de la sociedad rural de aquel momento.

En aquella época y en aquella sociedad no era muy habitual que una mujer se revelara contra la familia y por este motivo tuvieron que huir, rumbo hacia el sur-este en busca de un lugar donde empezar una nueva vida. Se marcharon con los bolsillos vacíos y caminaron hasta Salbari, Jhapa, donde con bambú y hojas de palmera construyeron una cabaña de una sola habitación fuera del pueblo, en la selva, con la intención de empezar de nuevo.

Cuando los padres de Indira se instalaron allí, pocos nepaleses vivían en la selva, y el gobierno vendía terrenos a los campesinos que quisieran trabajar. Pero el padre de Indira era analfabeto, y nunca supo como tramitar las gestiones para comprar algún terreno ni tampoco consiguió el dinero suficiente para poder hacerlo. Así que tuvo que resignarse a trabajar como jornalero en los campos de arroz de los vecinos, cuando ellos accedieron a darle trabajo.

Por suerte, de pequeño había aprendido de su padre, a esterilizar cerdos, y se dedicaba puntualmente a esta otra tarea cuando algún vecino del pueblo o algún satar (hombre de la selva) se lo pedía. Aun así, con estos dos trabajos tan puntuales no tenía suficiente para alimentar a su mujer y a los hijos que empezaron a llegar. Así que empezó a buscarse otros pequeños trabajos. Con las sobras de arroz que conseguía de algunas de las faenas de campesino elaboraba raksi, una bebida a base de arroz fermentado, de unos 45° y que es la bebida popular del país. Cuando tenía suficiente producto, frecuentaba los mercados de las pequeñas poblaciones de alrededor y vendía alcohol que había elaborado, así como también otras frutas que recolectaba en la selva. Otras veces intercambiaba este vino con los satar a cambio de otros productos.

Durante los siguientes años, el matrimonio que había nacido fruto del amor y la pasión, y no a partir de ninguna conveniencia entre familias, tuvo ocho hijos, de los cuales dos niños y dos niñas murieron nada más nacer o a los pocos años de haber nacido, y sólo la mitad sobrevivieron hasta la actualidad. Las pocas comodidades que tenían en aquella cabaña de bambú y el poco dinero que el padre obtenía, no permitían poder tener acceso a los servicios más básicos, y ellos, una familia de casta media-baja, sufría la pobreza en su mayor exponente. En este panorama nació la pequeña Indira, la más jovencita de los hermanos.

A diferencia de sus dos hermanos, Indira y su hermana no pudieron disfrutar de la escolaridad, ya que la familia tenía poco dinero y sólo los invertiría en la educación de los dos niños, dejando que las dos niñas aprendieran a hacer las tareas de casa y ayudaran como pudieran en la subsistencia familiar.

El Nepal de aquellos tiempos, y aún en el actual, si la familia no podía pagar la escolarización de todos sus hijos, los padres optaban por escolarizar solo a los niños, ya que tenían preconcebido que el hombre es la persona que puede conseguir trabajos bien remunerados en caso de tener estudios, y que las niñas tenían que aprender las tareas del hogar para ser unas buenas esposas.

La madre, cuando podía, también tenía que trabajar, hecho que obligaba a tener que dejar a sus hijos en casa o llevárselos pero sin poder atenderlos como ella hubiera deseado. Los primeros recuerdos de Indira se remontan a cuando ella tenía dos o tres años. Recuerda empezar a aprender a hacer la colada con su madre por la mañana bien temprano mientras ella la imitaba y la ayudaba como podía, a la vez que bebía de su leche. Después, la madre marchaba con su hermana mayor a hacer faenas en diferentes campos y la dejaba a ella sola en la cabaña, ya que el padre iba de un lado a otro todo el día, y a veces pasaba largas temporadas en su región natal donde le era más fácil conseguir pequeños trabajos. Indira pasaba largos ratos sola, llorando, desnuda, al lado de la vaca que tenían. A veces jugaba con los animales para distraerse y otras veces se quedaba dormida entre ellos esperando a que su familia regresara a casa.

A menudo su hermano le gastaba bromas, y la pequeña Indira que no entendía el sentido figurado de las cosas se enfadaba y lloraba. Entonces su hermano para hacerla enojar aún más, le decía que parara de llorar y se casara de una vez, que ese lugar no era su casa y que quien la tenía que mantener era su futuro marido, su verdadero amo. Ya de pequeña la idea que algún día sería "la mujer" de alguien le empezó a asustar. Su hermano se lo decía en broma, una algo corriente al entendimiento de un niño de aquella época, pero no por eso menos cruel.

Estas bromas la encendían por dentro ya que ella quería ser igual que sus hermanos y no quería ser regalada, así que cuando aún no levantaba tres palmos del suelo, empezó a realizar las mismas actividades que ellos y a competir con ellos en todo lo que podía. Si ellos transportaban troncos, ella transportaba el doble y si ellos corrían rápido, por muy grandes que fueran, ella aún correría más. Sería igual o más fuerte que ellos… ¡Se lo demostraría a todos!

En el Nepal de los años 70, y de los años posteriores también, existía la idea preconcebida que tener hijas era una desgracia, ya que las hijas no podían trabajar como los chicos, no podían aportar la misma riqueza que ellos y, además, cuando la familia las daba para casarlas, tenían que asumir los gastos de la boda así como también gran parte de la nueva casa. A diferencia de otras familias los Ranamagar querían a sus hijas con locura, pero eso no quitaba que la sociedad siguiera ese funcionamiento, y por eso su hermano crecía rodeado de otros niños que opinaban así, y de pequeño, molestaba a Indira con esas bromas de mal gusto.

Para hacerse una idea de cómo era la sociedad de aquel momento, hace falta saber que muchas mujeres decidían abortar cuando tenían indicios de que su bebé podía ser una niña, aún ahora, en el Nepal de la actualidad, está prohibido por ley que los médicos digan el sexo del feto durante las ecografías para evitar que las mujeres aborten y que la población masculina se desecompense dentro de la sociedad.

Durante los primeros años de su vida, la familia de Indira vivía un tanto aislada dentro de la selva, pero poco a poco fueron llegando nuevos vecinos desde la India y empezaron a construir casas a poca distancia de la suya. Aun así, Indira recordaba largos ratos de soledad cerca de su barraca, donde alguna vez se tuvo que refugiar ante la visita inesperada de grupos de elefantes salvajes o de algún leopardo desorientado.

A medida que fue creciendo fue adquiriendo muchas responsabilidades. Con cinco años ya se encargaba de cocinar y pronto empezó a acompañar al padre a buscar setas y otros frutos dentro de la selva, o incluso le ayudaba a cargar piedras y maderas para alguna construcción del pueblo. Corriendo entre la selva fue como ella también se encontró con los satar, un grupo étnico de piel muy oscura que vivía dentro de las selvas de aquella región y con quien el padre hacia pequeños negocios a veces.

A menudo pasaba mucho tiempo con los niños de esta etnia jugando a lucha, cazando pájaros, pescando o bañándose en el río. Cuando no tenía tareas concretas que hacer, corría buscando a alguno de sus amigos con quienes pasaba muchos ratos jugando con los componentes que la naturaleza les daba, creciendo y haciéndose cada vez más fuertes. Aprendió a utilizar diferentes herramientas de caza, pero cuando se dio cuenta que el objetivo del juego era eliminar animales vivos, le entristeció e intentó seguir una dieta más vegetariana. Poco después cayó enferma, se puso débil y tuvo que empezar a comer carne, aunque a partir de ese momento y a lo largo de su vida ha intentado seguir una dieta vegetariana dentro de sus posibilidades.

Jugando con los niños de la selva, aprendió a pescar con las manos, siendo los cangrejos las presas más habituales porque son las más fáciles de coger. Aunque también llegó a pescar algunos peces y a veces también por equivocación alguna serpiente.

Cuando volvía a casa, de noche, tenía que seguir las lucecitas de las junkiris, unas luciérnagas voladoras, que iluminaban y mostraban el camino entre la selva negra. Aun siendo unos insectos pequeños, en la región de Jhapa hay millones, y gracias a estos insectos, conseguía encontrar su cabaña. Una vez en casa compartía con la familia su recolecta, normalmente frutas y raíces recogidas en la selva. No era extraño que lo que ella cogiera, algunos días sirviera para tener al menos un plato en la mesa. En épocas en que el arroz aún no se había recogido, las sopas de raíces, la carne de los cangrejos y las frutas eran lo único que les podía llenar el estómago, y aun así, pasaban hambre.

Su madre le decía que nunca conseguiría ser rica, porque siempre compartía todo lo que ella conseguía con sus manos, ya fuera con la familia o con los amigos satar de la selva.

Alguna vez, de muy pequeña, Indira inocentemente había cogido alguna caña de azúcar del campo de algún vecino y se la había comido porque estaba hambrienta. Su padre al saberlo se enfadaba, pero nunca la regañó. Sabía que si lo había hecho era porque tenía mucha hambre y también sabía que si en casa faltaba comida la responsabilidad era suya y de la situación en la que vivían y no culpa de su hija pequeña.

Los vecinos de alrededor que iban llegando construían casas mejores que la cabaña de Indira, y así fue como ella empezó a tener la noción y el sentimiento de pobreza. Durante las épocas de lluvia, el agua se filtraba por todas partes y mientras dormía las gotas le salpicaban el cuerpo. Cuando no sabía de la existencia de casas mejores, ella creía que aquello era normal, pero después viendo las casas de los nuevos vecinos fue entendiendo que ellos vivían en una situación de desventaja, y que le haría falta mucho dinero para cambiarla.

En general, los vecinos adoraban a Indira y ella, que siempre estaba dispuesta a ayudarlos en lo que fuera, a menudo recibía pequeñas recompensas. Ella iba haciendo amistad con algunos niños que iban llegando. A veces jugaba con ellos, pero las familias no dejaban entrar nunca a Indira en casa, ya que ella era de una casta inferior que la de los nuevos pobladores de origen indio, y entendían que les podía traer suciedad o contaminar su comida. Indira no podía entender aquel tipo de convenciones sociales y a menudo, con sus amigos, se colaban en las casas. Ella siempre intentaba hacer lo que le decían que estaba prohibido.

Nepal hacia siglos que se regía por un sistema de castas, que aunque tenían un origen religioso, había acabado centrándose en las profesiones y a partir de aquí se regulaban las relaciones sociales de los diferentes grupos entre ellos. Se puede encontrar una subdivisión de 36 castas, que en general se agrupan en cuatro grupos. Los Brahmas, o sacerdotes, que tenían la exclusividad de disfrutar de la educación, eran los encargados de almacenar todo el saber, y generalmente realizaban tareas espirituales o de alto rango dentro del gobierno. Los Kshatriya que eran los guerreros, encargados de defender el territorio y

29

se ocupaban de otras tareas dentro de la administración como defender la ley y el orden. Los Vaishya, que englobaban todas las castas de constructores newaris, comerciantes y agricultores, y los Achute o intocables, que se ocupaban de los trabajos más sucios e indeseables que nadie de las otras castas quería tener relación. El Hinduismo se basa en la reencarnación, y la propia población suele aceptar que si en una vida has obrado mal, en la siguiente te reencarnarás en un estatus inferior y que, por lo tanto, tendrás que aceptar tu nueva situación de forma incondicional.

Generalmente los matrimonios entre gente de diferente casta no están bien vistos, y las personas de castas superiores se pueden relacionar con todos, pero no invitarán nunca a nadie de una casta inferior a su casa y menos a su cocina... Situación que a la pequeña Indira le tocaba vivir, aunque eso era totalmente incomprensible para ella.

A la vez que ella sufría esa discriminación con las castas superiores a la suya, seguía jugando con los satar, que formaban parte de la casta de los intocables, una casta más baja que la suya, y ella comía con ellos y los invitaba a cualquier lugar. Ella ya iba rompiendo barreras, no por el hecho de ser radical, sino porque su mente no entendía nada de todo aquello.

De la misma manera, tampoco entendía la supremacía masculina que había impuesta. A menudo por las calles del pueblo más cercano o por la selva, encontraba hombres completamente bebidos que no vacilaban ni un segundo a la hora de golpear a su mujer, y tampoco era ningún secreto, ni siquiera a oídos de una niña pequeña, que los abusos y violaciones estaban siempre a la orden del día.

Un día, ya con siete u ocho años, cuando cargaba en la cabeza un fardo inmenso de troncos para una construcción, se encontró con dos niñas de familias más ricas, que llevaban uniforme y volvían de la escuela. Cuando ellas vieron a Indira, de casta más baja que ellas, cargada hasta lo alto de troncos la empujaron hacia un lado para mofarse de ella. La pequeña Indira no dejó caer ni una lágrima, ni por el golpe que se acababa de llevar, ni por la humillación. En su interior sintió una punzada de dolor terrible por el hecho que ellas se creyeran superiores. No podía entender por qué ellas habían hecho eso y se le metió en la cabeza la idea, que si ella iba al colegio, como aquellas niñas, se ganaría el respeto de los otros.

No deseaba escalar posiciones dentro de la sociedad, ni ser de ninguna casta superior, simplemente quería ser respetada igual que ella respetaba y quería a todos. Su cerebro no sintonizaba con la realidad social que le había tocado vivir, y la única estrategia para no salir maltrecha era haciéndose tan fuerte como los hombres y quizás, yendo a la escuela, para ser más respetada por los de su misma edad. Y hay que decir que… en su interior también deseaba poder vestir algún día algún uniforme tan bonito como el de aquellas dos niñas…

Así fue como empezó a dar la tabarra a sus hermanos para que le enseñaran a leer y a escribir. El hermano que por edad era más cercano a ella, Ran, le empezó a dedicar pequeños ratos a enseñarle a leer y a escribir. Algunos días con un palo sobre la arena, y otros días con los dedos dibujando sobre los restos de ceniza de la chimenea, la pequeña niña de la selva empezó a aprender las letras. No tenían hojas de sobras, ni siquiera lápices… Lo poco que tenían lo necesitaban sus hermanos para acabar su educación elemental. Así que cualquier cosa era válida.

A veces, con las pielecillas que Indira separaba de los granos de arroz, las esparcía por el suelo construyendo una pequeña alfombra de cáscaras, y así podía escribir, con un dedo o con un palo. Poco a poco fue aprendiendo todo el abecedario y los números, así como las operaciones más básicas. A partir de entonces, sus hermanos ya no pudieron ayudarla más. Aunque deseaba ir a la escuela, nunca se lo exigió a su familia porque era consciente que no lo podían pagar y que la necesitaban para las tareas familiares.

Los padres no se podían permitir ninguna escolarización más y como era niña, consideraban que era mejor que ayudara en casa. Aun así no les faltaban nunca lecciones que enseñar a Indira. Ellos eran analfabetos, pero no incultos. A Indira siempre la educaron para decir la verdad y ser honesta, para luchar por lo que ella quería, a trabajar muy duro y sobre todo siempre que tenían algo de tiempo le daban tanto amor como les era posible.

Ya con ocho años Indira era "pluriempleada"... Muy temprano ya empezaba con las tareas domésticas. Lavaba la ropa, preparaba los desayunos, alimentaba a los pocos animales que tenían y entonces recogía los excrementos de la vaca y elaboraba un producto que servía para desinfectar el suelo de la cabaña, ya que contiene substancias antibacterianas. Después de desayunar lavaba los utensilios que había utilizado como platos fregándolos con la ceniza de la chimenea y aclarándolos con agua. Durante el día iba a trabajar a los campos de los vecinos para conseguir dinero para la familia. Ella sabía las penurias que pasaban en casa y se esforzaba más que nadie en hacer su faena bien hecha, y generalmente más rápida que los demás jornaleros para poder tener más tiempo para hacer otras tareas. Cuando acababa de un campo pedía a otros vecinos si le podían dar más faena, y cuando no conseguía más corría por la selva jugando con sus amigos satar pero sin parar de recolectar frutas, raíces y setas que iba encontrando. Después de hacer la cena, con la luz de la hoguera o de algún farolillo de queroseno, seguía aprendiendo letras y números, leyendo todo lo que durante el día había podido recoger que tuviera letras o números.

Cuando ella tuvo nueve años ya era capaz de leer y escribir cualquier cosa y su aprendizaje avanzaba por su propia voluntad de aprender. Leía los diarios que había podido recoger del pueblo más cercano o cualquier trozo de papel que contuviera letras. Los hermanos no tenían demasiados libros, porque la familia no los podía pagar, pero los pocos que tenían, Indira los cogía para hacer lecturas nocturnas y seguir aprendiendo.

Su hermano mayor llegó a ser profesor de colegio, cuando ella tenía diez años, y estableció una buena relación con el director del centro. Un día el director del centro fue a cenar a la cabaña de los Rana y se encontró con la pequeña Indira. Sorprendido que hubiera aprendido a leer y a escribir prácticamente por su cuenta el director incitó a su hermano para que la apuntara a la escuela. El hermano le explicó que la situación familiar no permitía poderle pagar su escolarización y que ella, actualmente estaba contribuyendo activamente en las subsistencia familiar.

El director pensó durante unos días la situación y volvió a la cabaña con unas pruebas de nivel. Indira no sólo superó las pruebas de los cuatro primeros cursos académicos, sino que demostró estar a la altura de los alumnos de su edad que habían estado escolarizados desde el primer día. Cuando el director vio el verdadero potencial, pasando por alto la mala letra de la jovencita que casi nunca había escrito con lápiz y papel, decidió crear una beca para que ella se pudiera escolarizar durante un año y conseguir el quinto curso.

El director habló con la familia, pero ésta, que no estaba en desacuerdo, viendo que esto apartaría a Indira de sus obligaciones familiares y provocaría que algunos ingresos extras dejasen de llegar, no lo veía claro del todo. El hermano fue quien acabó de convencer a los Rana, diciendo que si Indira conseguía sacarse el quinto curso, sólo con un año de escolaridad, podrían arreglarle un matrimonio mucho mejor, y que las expectativas de vida de Indira mejorarían mucho. La opción de casarse pronto no entraba en los planes de Indira, pero de momento ella estaba más cerca que nunca de conseguir lo que hacía años que soñaba.

Finalmente la familia accedió, pero le pidieron a Indira que siguiera haciéndose cargo de los animales y encargándose de las tareas domésticas sin descuidarse de ninguna, y que si conseguía ratos libres tenía que intentar seguir trabajando. La motivadísima y energética niña de la selva se prometió a ella misma y a la familia que conseguiría hacer todas las tareas que le pedían y que además sería la primera de la clase... Así fue como, al día siguiente, Indira se incorporó en la escuela del pueblo, donde el curso ya hacía tres meses que había empezado. Una nueva etapa de su vida empezaba. Pasaba página de una primera etapa de su vida donde la felicidad de crecer y jugar libremente lo tenía que compaginar con la tristeza y las dificultades de la dura vida que le había tocado vivir, y donde las posibilidades de cumplir alguno de sus sueños eran más que remotas.

Ahora, el destino le había llevado una junkiri, que iluminaba un nuevo camino que ella había llegado a creer que sería imposible recorrer.

2. NAYABAZAR

"Para mí mi madre lo es todo... ha cuidado a muchos niños y niñas, pero yo nunca he sentido celos. Nunca me he sentido sola... He tenido una gran familia, que me han querido y me han cuidado."

"Claro que me hubiera gustado pasar más rato con ella, pero entiendo y respeto su trabajo y me siento orgullosa de ella."
"A veces me gustaría irme de aquí, pero estos pensamientos duran muy poco... en seguida pienso cómo sería mi vida fuera de aquí y ya echo de menos a los niños." Subani.

"Cuando visité los proyectos por primera vez, los niños la recibían a gritos e intentaban tirarse a sus bazos. Ella nunca me podía explicar los proyectos, porque siempre estaba con los niños, preocupándose por sus problemas y siguiendo de cerca sus progresos. Ella era realmente la madre de todos aquellos pequeños... Todos eran una gran familia. Eso me inspiró y en aquel momento decidí que trabajaría allí." Hari

Aunque ayer por la noche no me fui a dormir muy tarde, me cuesta levantarme. Me preparo rápidamente un bol de dhoi, una especie de yogur grumoso y muy azucarado donde añado cereales occidentales de chocolate. Me ducho rápidamente y salgo para seguir adelante con mi proyecto de escribir un libro. Cruzo adormilado el barrio newari, donde las mismas señoras de ayer voltean la misma fuente, pero hoy hacen la colada, y de nuevo me saludan con alegres sonrisas.

Al salir de Lazimpat, la temperatura aumenta. Hoy el monzón deja tregua y el sol pega con fuerza sobre el asfalto, y me obliga a hacer una mueca y a ponerme la mano en la frente como si fuera una visera. En seguida noto como se calienta el ambiente. Mientras voy a buscar un taxi rodeo un par de gallinas que, como perros, están atadas a una farola. Un niño se sienta en el escalón de entrada de una tienda y entre sus manos sostiene un refresco. El niño mira hacia el lado sur de Lazimpat, y por encima del hombro izquierdo, la cabra de la familia apoya su cabeza mientras que lame el refresco del niño, que permanece despistado. Tanto las gallinas como la cabra servirán de alimento para esta familia, pero tal como están colocados dentro de la escena, parecen animales de compañía.

Encuentro a un taxista adormilado y aprovecho para poner en práctica los trucos que Oriol me ha enseñado. Después del "Námaste" le digo el nombre del vecindario donde quiero ir y a continuación digo la palabra "ekxi", que significa cién. El taxista sonríe al ver a un occidental que sabe de números, pero me responde que él quiere el doble, ya que de hecho yo no dejo de tener la piel muy blanca y eso es sinónimo de tener muchos billetes en el bolsillo. Pero como que no es mi caso, le reclamo "eksi patash", que quiere decir ciento cincuenta, el precio real que estaba dispuesto a pagar desde el principio, y le añado un "Not for you, not for me". El taxista balancea su cabeza de derecha a izquierda varias veces, respuesta que aunque de entrada desconcierta, quiere decir que sí, que está de acuerdo.

El taxista rodea el Thamel, la principal zona turística y comercial de la ciudad, por el lado norte, y baja hacia Nayabazar, mi lugar de destino. Antes de acceder al barrio, tiene que superar una intersección donde llegan vehículos por los cuatro costados y nosotros tenemos que coger el callejón de más difícil acceso. Los vehículos nos llegan de frente y por los lados, sin orden alguno, y el taxista va metiendo el morro sorteando los vehículos que vienen de otras direcciones, aunque algunos no frenan hasta que casi tenemos su matrícula a dos dedos de mi nariz. Finalmente consigue enfocarse hacia el callejón que nos interesa a nosotros y dos minutos después me deja en la sede de PA Nepal.

Abro la puerta metálica que me separa del patio del edificio y me sorprenden los colorines de los columpios i del tobogán. Ayer, cuando me marché de aquí, Philip y Rose, dos voluntarios que ya han acabado sus tareas en la ONG, los empezaron a pintar de colores a modo de despedida. En pocas horas les habían empezado a dar color y el pequeño patio había cambiado completamente de aspecto, ahora mucho más alegre que antes.

También me quedo sorprendido de la actividad que hay de buena mañana, pensaba que no habría mucha gente, pero los niños y niñas corren por todas partes, mientras algunos jóvenes hacen la colada en el rincón donde está la fuente. Saludo a todos con un "Námaste" y algunos de ellos vienen a saludarme con un alegre "good morning uncle". No me tienen muy visto, pero siempre me tratan de "tío", igual que al resto de voluntarios que corren por allí. La proximidad con la que me tratan y la facilidad para establecer una conversación me conmueve. Les pregunto por qué no están en el colegio, ya que es la hora, y me responden con la cara de "¿no sabes que hoy es sábado?". ¡El único día libre de la semana y todavía se lo quiero quitar!

Una mujer de edad muy avanzada se sienta en cuclillas en la entrada del edificio. Esta manera de sentarse está muy extendida entre toda la gente de Asia de mediana y avanzada edad y consiste en encoger las piernas hasta que las nalgas descansan sobre los mismos tobillos, manteniendo los pies planos en el suelo. Al principio es muy incómodo, pero con la práctica te acabas acostumbrando. La abuela, con ropa típica de la gente de la montaña y con una cinta blanca alrededor de la cabeza, me saluda con un "Namascar", que sería la forma más respetuosa del "Námaste" y yo le respondo el saludo con la misma palabra y juntando las palmas de mis manos delante del pecho, igual que ella, e inclinando un poco la cabeza.

Algo indeciso, ya que nadie me ha invitado a entrar, paso al lado de la mujer con una sonrisa, me quito los zapatos, como es de rigor en la mayoría de los países asiáticos, y subo las escaleras de la izquierda hacia la primera planta, donde se encuentra la oficina de PA Nepal. Saludo a todos los que se encuentran allí e Indira se levanta a saludarme a la vez que pide que me traigan un té de limón. Instantes después ya estoy sentado en una de las sillas con un té hirviendo delante. Indira parece estar muy estresada y, finalmente me dice que hoy tampoco podrá atenderme. Aún quedan algunos aspectos para resolver el problema que estaba solucionando, pero hoy la veo con la energía de siempre y no dudo ni un segundo en que conseguirá lo que se propone.

Para que no pierda el tiempo, Indira va a buscar a Subani y la pone a mi disposición para ayudarme en lo que sea necesario. Pocos después aparece Subani con cara adormilada. Ella alargó un poco más que nosotros la fiesta de anoche, y me sabe muy mal molestarla… ¡especialmente en sábado! Su expresión de "¿por qué me levantan tan temprano en un fin de semana?" cambia a medida que se va despertando hasta que aparece una Subani más dulce y amable.

Si la madre es la bondad personificada, no tengo palabras para describir a su hija. Detrás de una apariencia adolescente, su espíritu también desprende ternura y amor incondicional hacia todos. No nos conocemos prácticamente de nada. Ella sabe que soy el amigo de Glòria y Oriol, y que hace ocho meses pasé por aquí pedaleando. Yo sé que ella es la hija de Indira y que tiene muy buena relación con mis amigos. Pero no hay nada más que nos una aparte de eso. En cambio, para ella estos dos simples hechos son suficientes para tratarme como un hermano más, y cuando el sueño ya le ha desaparecido, está encantadísima de ayudarme y hacerme de guía por Nayabazar.

Subani ha crecido prácticamente entre estas cuatro paredes y conoce de primera mano toda la faena que se ha hecho y todas las personas que han pasado. De hecho ella ha compartido este techo, aun siendo hija única, con decenas de hermanos. Nayabazar no es sólo una oficina de PA Nepal, sino también es la primera gran casa de acogida de la que dispuso la ONG.

Antes de comenzar la visita, Subani me acomoda en una de las habitaciones y hablamos un rato. No tarda mucho en abrirse y con los sentimientos a flor de piel me explica su infancia. De muy pequeña su madre la llevaba dentro de las cárceles y la dejaba con algunas reclusas mientras ella realizaba sus tareas como trabajadora social voluntaria. Subani estaba en brazos de diferentes mujeres, que le daban de comer o la entretenían. Recuerda muy especialmente de una mujer de la prisión que la cuidó como si fuera su hija, y que ella deseaba ansiosa visitar la prisión. Fuera cual fuera el centro penitenciario, cuando Subani entraba, buscaba a los amiguitos que había ido conociendo y jugaba durante largo rato.

También recordaba que de muy pequeña se tenían que mudar constantemente. Primero vivían en una sola habitación, donde la madre había empezado a acoger niños y niñas que sacaba de las cárceles, para que no crecieran tras los barrotes. En Nepal, cuando encierran a una persona que tiene hijos, también los encierran a ellos si no hay nadie que se quiera hacer cargo. Indira, casi sin recursos, había empezado a rescatar a niños de la prisión, con el consentimiento de los padres, y los cuidaba y los acogía en su habitación de alquiler. Así fue como Subani empezó a tener a los primeros hermanos "adoptados", pero que serían los primeros de una larga lista. Después, cuando ya no tenían mucho espacio en la habitación, se trasladaron a un piso de dos habitaciones y su madre siguió recogiendo niños.

Aunque queda un poco confuso y lejano para Subani, recuerda que una noche en la que su padre pasó por el piso, después de una de las muchas ausencias, discutió fuertemente con su madre. Esa misma noche, Indira, Subani y el resto de niños, se fueron de casa y a partir de aquel momento su familia no ha tenido nunca más ninguna propiedad para su propio uso. Se fueron con lo que tenían puesto y no se llevaron nada más. Eso pasó cuando Subani tenía unos tres años o cuatro años y desde entonces se fueron mudando a los diferentes lugares que PA Nepal, la reciente ONG fundada por su madre, iban alquilando. De su padre sólo heredó el apellido y la pasión por la música, aunque afirma que le quiere porque no deja de ser su padre biológico, ve que su madre tuvo que asumir toda la responsabilidad de criarla y es la que le ha dado la posibilidad de llegar a ser la chica inteligente y educada que es hoy.

Prisoners Assistance Nepal, o PA Nepal, experimentó un gran crecimiento nada más nacer, y muy pronto pudieron alquilar la casa de cuatro plantas de Nayabazar que se acabó convirtiendo en el hogar actual y el que prácticamente la ha visto crecer. La casa empezó acogiendo una treintena de niños procedentes de diferentes cárceles e incluso, al principio, disponía de una escuela propia con muy poca capacidad, pero que servía para escolarizar a los niños y niñas que salían de las prisiones y así darles una formación previa antes de asistir a otras escuelas de la ciudad.

Actualmente, la casa de acogida de Nayabazar acoge a veintitrés niños y jóvenes, una cifra más adecuada a la capacidad de la casa ya que ahora la ONG tiene otros centros de acogida donde colocar a más niños. Estas veintitrés personas son las que corren hoy de arriba abajo por la casa disfrutando de su día libre.

Salimos de la habitación y Subani habla un momento con un miembro de la ONG en nepalís, momento en el que una niña de unos seis años se me acerca y después del "¡tío!" de presentación, me pide que le infle una pelota de playa. Con el cosquilleo molesto en los mofletes característico de después de inflar algún objeto que se resiste, veo marchar a la pequeña corriendo, aguantando la inmensa pelota sobre la cabeza, gritando de alegría y gritando a sus compañeros de juego, que salgan de la habitación y la persiguen escaleras abajo, para ir directos al patio a jugar.

Subani en seguida vuelve a estar conmigo para enseñarme la casa de alquiler de cuatro plantas, que la organización tiene desde hace más de trece años. En la planta baja, al lado del patio donde ahora los niños juegan con la pelota hinchable, hay una enfermería donde descansan los niños y niñas que están enfermos, que por suerte, cuando Subani me la enseñaba, resta vacía. Al lado hay una sala de juegos que hasta hace poco también era una biblioteca. La sala tiene un mapamundi gigante, pintado directamente sobre la pared, con el nombre de todos los países del mundo. El mural lo hicieron unos voluntarios con los niños y niñas y es ideal para que Subani me indique por donde ha viajado con su madre.

Dentro de la casa de acogida ella siempre fue una más y tuvo que respetar y seguir todas las normas, pero en el fondo ella no dejaba de ser la hija de Indira. Por eso, cuando su madre empezó a hacer sus viajes, invitada por entidades extranjeras para explicar su vida y sus proyectos, en alguna ocasión, la pudo acompañar.

Subani, sobre el mapa, me explica un poco las zonas de Nepal que ha visitado y se extiende explicándome su viaje a Tailandia. Hace poco tuvieron la ocasión de ir invitadas a Bangkok y a Chiang Mai, momento en que Subani pudo disfrutar de la compañía de su madre durante unos días seguidos. Eso la hizo muy feliz, ya que siempre ha deseado pasar más tiempo con ella, y me explica alguno de los pocos momentos libres que tuvo para visitar las dos ciudades. Aunque se lamenta porque no pudo ver el mar desde ninguna playa. Yo la animo, diciéndole que desde Estocolmo, donde irá el próximo otoño por un motivo muy especial, quizá si pueda ver el mar, aunque en noviembre no será muy recomendable darse un chapuzón.

En el suelo, detrás de nosotros dos críos juegan al Carrom (o Karam). El juego consiste en chutar con los dedos unas fichas situadas sobre un tablero y, haciendo carambola, tienen que intentar meterlas dentro de unos agujeros situados en las esquinas. Los niños juegan muy motivados y, si no fuera porque la visita con Subani es aún más interesante, a mí me hubiera faltado tiempo para tirarme al suelo y jugar con ellos.

Al lado de la sala de juegos está el comedor y poco después la cocina, donde las didis empiezan a preparar la comida. En nepalís, didi significa hermana mayor y es la palabra de respeto que se utiliza para dirigirse a chicas o mujeres que son un poco más mayores que tú. Algunas jóvenes también están en la cocina y ayudan a las didis, a la vez que aprenden a cocinar.

Subimos de nuevo las escaleras y reaparecemos en la planta donde están las oficinas, donde la actividad no ha parado y se acumulan las visitas de colaboradores y voluntarios que esperan poder hablar con Indira y su personal.

Subani me enseña su habitación que está justo al lado del despacho. Desde hace dos años tiene una habitación más o menos propia para poder tener un poco más de intimidad, y digo más o menos, porque siempre hay gente que a falta de más espacio, la utilizan de despacho para pequeñas reuniones. Subani ha ido creciendo dentro de Nayabazar y ya tiene más de 16 años, edad en la que sus compañeros tienen que irse de la casa de acogida y empezar a buscarse su futuro. Generalmente PA Nepal les tutoriza y les ayuda los primeros años, como es el caso de Suman y de Khumar. Pero el caso de Subani es diferente. Ella, aunque su madre podría haber optado por tener un piso propio, ha crecido en una casa de acogida con otros niños y niñas, algunos huérfanos, pero la mayoría procedentes de prisiones. Esa era su casa, y ahora que ha llegado a la mayoría de edad, lo sigue siendo y empieza a asumir funciones dentro de la organización.

Al otro lado de la oficina hay una sala de estar repleta de actividad y con la televisión a todo volumen. Estamos cerca de la final del mundial de fútbol de Brasil, y los pequeños no se desenganchan de los programas deportivos, pendientes de las últimas novedades. Subani me explica que normalmente no les está permitido ver tantas horas de televisión, pero que, igual que para el resto del país, el mundial de futbol es una ocasión especial.

Estiro la cabeza hacia la habitación y veo que casi una docena de niños y jóvenes se acumulan, la mayoría tirados por el suelo y otros encima de las dos camas que hay. Son las camas de Indira y su madre. Rodeada de niños veo a la señora mayor que antes estaba arrodillada en la puerta. No sé cómo no me he percatado antes… Bajo una apariencia envejecida, veo a la misma Indira Ranamagar. Se trata de su madre que ya supera los ochenta años y que ahora ya pasa largas jornadas instalada en Nayabazar, lejos de la selva donde dio a luz a todos sus hijos.

La última habitación de la planta es la habitación de la house mother, la tercera y última persona de la plantilla de la casa de acogida de Nayabazar, sin contar a la propia Indira. Es la mujer que se encarga que los niños y niñas sigan unos horarios y que las didis siempre tengan todo preparado. Es la trabajadora social contratada como plantilla de la ONG y que trabaja única y exclusivamente para velar por el buen funcionamiento de la casa. A partir de este piso hacia arriba, todo son habitaciones para los niños y jóvenes de la casa. Las dos siguientes plantas están repartidas entre habitaciones de chicos y chicas, que obviamente duermen separados.

Los más jovencitos duermen en unas habitaciones más numerosas y a medida que va haciéndose mayores van cambiando,
reduciendo cada vez más el número de jóvenes por habitación
y así darles el máximo de privacidad posible cuando entran en
la adolescencia. Subani me enseña su habitación de cuando ella
era pequeña y me explica brevemente como ha sido crecer aquí.
Muy segura de sí misma dice que ella no ha tenido nunca ningún privilegio especial dentro de la casa por ser hija de quien
es.

Cuando era pequeña, su madre pasaba mucho tiempo trabajando en las cárceles y en sus proyectos y ella se crió con el resto
de críos. No lo dice con ningún sentimiento de pena, sino todo
lo contrario, se le ve afortunada y orgullosa de tener un número
tan grande de hermanos. De pequeña seguía las instrucciones
de las didis y del personal de PA Nepal. Siempre había alguna
hermana mayor dispuesta a ayudarla en sus tareas.

A medida que fue creciendo, igual que la resta de chicos y
chicas, fue adquiriendo responsabilidades dentro del funcionamiento de la casa, en un sistema de hermano mayor – hermano
pequeño, que Indira ha establecido en todas las casas de acogida. El sistema consiste en que los jóvenes de más de doce y trece
años, progresivamente empiecen a tutorizar y a hacerse cargo
de los niños y niñas más pequeños del centro. Los ayudan a
ducharse, aunque sólo una vez a la semana porque las instalaciones no dan para más, a vestirse y a acompañarlos al colegio o
donde vayan, si es necesario. Por la noche son los encargados de
que los más pequeños no hagan escándalo y se duerman.

Ella ha tenido tres hermanas pequeñas a quienes ha podido
cuidar pero que ahora ya han llegado casi a la adolescencia y se
valen por sí mismas. Este sistema, me explica, sirve para que los
chicos y chicas mayores vayan adquiriendo responsabilidades
dentro de la sociedad, hecho que les obliga a ser más responsables con ellos mismos, y reduce en gran parte el trabajo de la

plantilla de los trabajadores, que lógicamente no es muy extensa ya que se mantiene con fondos externos. Por otro lado, los más pequeños, tienen un referente, una persona a quien seguir y dirigirse en caso de tener dudas o pequeños problemas.

Seguimos subiendo hasta la terraza de la casa donde hay una zona cubierta que unos voluntarios ayudaron a arreglar y pintar y que ha acabado siendo la nueva y acogedora biblioteca donde los críos pueden ir a estudiar y a leer en sus horas libres. La habitación, que no deja de ser una zona cubierta pero abierta, desde donde se puede divisar una parte de la ciudad hasta el cerro donde está situado el Suayambunath, más conocido como el templo de los monos, y donde hay un stupa que corona la ciudad. Desde aquí el ruido de los niños queda amortiguado y la visión de la ciudad tiene un aspecto diferente. Es un buen lugar para reuniones más informales o para venir a hacer los deberes si hace falta.

Observando la ciudad, desde un punto de vista más elevado pienso y me intento poner en la piel de estos niños. Han tenido mucha suerte de que alguien haya hecho todo esto por ellos. La mayoría de asociaciones se centran en los niños huérfanos, que evidentemente también necesitan mucha ayuda, pero esto me lleva a recordar la misma pregunta que hace ocho meses me estoy haciendo: ¿Qué clase de persona ayuda a los presos? ¿Por qué a ellos? Estas dos preguntas me las reservo para la protagonista del libro, pero a Subani sí le puedo hacer la tercera que se me acaba de ocurrir…

Le pregunto si los niños y las niñas procedentes de la cárcel tienen y/o mantienen algún contacto con sus padres. La respuesta es afirmativa. Una vez al año, me afirma la joven, los diferentes trabajadores de la organización en plantilla, que ahora mismo ya suman cuarenta y uno, acompañan a los hijos e hijas de presos hasta los diferentes centros penitenciarios. No es una tarea fácil ya que en Nepal hay más de setenta prisiones repartidas por todo el territorio.

Los pequeños pueden disfrutar del festival de Dashain con sus padres. Se trata de un festival que dura todo el mes lunar, es decir 28 días, y entre muchas cosas se celebra la victoria de los Dioses sobre los demonios. Es el festival más importante de Nepal y todo el país se detiene para reunirse con sus familiares. Los que viven fuera del país vuelven a casa, y los que viven en la ciudad vuelven al pueblo. Es muy importante según su creencia pasar este festival en familia y aprovechar la ocasión para unir lazos familiares.

Durante estas semanas, los niños y niñas vuelven a la cárcel, siempre que la familia así lo desee, para no romper el vínculo familiar y seguir sabiendo cosas los unos de los otros. No obstante, detrás de todo esto se esconde otra función social. El hecho que los pequeños crezcan en un entorno favorable les da posibilidades de conseguir un futuro mejor, y la utopía de Indira sería que los propios hijos e hijas, en un futuro, sean los que acaben de ayudar a sus padres a reinsertarse, si alguna vez consiguen salir de la cárcel, ayudándolos a estabilizarse y frenar la criminalidad que a veces se produce por el círculo vicioso de la pobreza y la ignorancia.

Volvemos a bajar escaleras abajo y cuando pasamos por la sala de estar, Subani me dice que quiere presentarme a su abuela. La mujer que todavía está sentada en la esquina de la cama rodeada de niños, se pone muy contenta al vernos entrar. Subani me la presenta y le explica mis objetivos. La mujer se pone aún más contenta cuando ve que un extranjero viene a hablar, exclusivamente con ella, durante un rato. Subani apaga el televisor y envía a los niños y niñas al comedor. El ruido de los disparos de una película del estilo del Far West pero con escenografía bolliwoodiense se acaba y los pequeños y no tan pequeños se levantan sin decir ni pío. Aunque no están contentos porque se les ha acabado el entretenimiento audiovisual (que de hecho ya se alargaba más de lo permitido) se van sin protestar escaleras abajo, donde justamente las didis ya han acabado de preparar la comida.

Subani se sienta al lado de su abuela preparada para hacer de intérprete y yo veo dos cara iguales pero que el paso del tiempo se ha encargado de hacerlas exageradamente diferentes, con los ojos fijos en mí. Las dos tienen algo en común: la misma mirada bondadosa. Este aspecto ha saltado ya dos generaciones sin perder su esencia, pero sus vidas han sido radicalmente diferentes. Una ha palpado la pobreza en su máximo extremo, viviendo en la selva, subsistiendo de una manera similar a la que subsistían los europeos de clase baja en la Edad media y ha visto morir a la mitad de sus hijos cuando aún eran muy pequeños. La otra, ha crecido en unas circunstancias que bajo la mirada de cualquier occidental podrían asustar… Ha crecido visitando prisiones desde pequeña, yendo de mano en mano de muchas reclusas y compartiendo habitaciones pequeñas con muchos hermanos. Pero a diferencia de la primera siempre ha tenido un plato en la mesa, especialmente los últimos trece años. Ha crecido rodeada de gente que la ha querido por encima de todas las cosas y ha recibido una educación que le ha permitido, entre otras cosas, hablar un inglés perfecto. Ahora incluso tiene un móvil sencillo pero de nueva generación y sabe usar las redes sociales como cualquier joven de un país completamente desarrollado.

Entre las dos ha habido un salto evolutivo que en Europa costó siglos que se produjera, pero que esta mujer ha presenciado en pocos años. Ahora, al final de su vida, la mujer se desvive por elevar las posibilidades para su hija, la que la ha sacado de la selva y la ha llevado a acabar sus días con calma, rodeada de nietos, que aunque no son de sangre, los quiere igual.

La mujer me explica cómo era Indira de pequeña. Ya se veía entonces que era una persona especial y que conseguiría grandes cosas, pero también se intuía que nunca sería rica, me afirma, mientras me explica cómo compartía todo lo que recogía por la selva o en sus faenas.

-¡No hay nada imposible! – me dice. –Todo lo que ha conseguido mi hija lo ha conseguido en una posición de desventaja, desde la pobreza y siendo mujer, un gran hándicap en este país. Si todos actuaran como ella, ¡el mundo cambiaría en un instante!

Salimos de la sala de estar, o mejor dicho de la habitación de las matriarcas, con mucha información que me servirá para completar el primer capítulo de la vida de Indira y nos instalamos en la habitación de la House Mother de Nayabazar, donde me quedo embobado mirando el sistema solar que hay en el techo. Subani me ofrece un plato de patatas hervidas con otros vegetales. Antes de tragarme la primera cucharada ya saco fuego por el esófago, pero aun así está buenísimo. El arroz inflado y seco, me ayuda a aligerar el picante y a poder seguir hasta acabarme el plato.

Mientras comemos pregunto qué planes de futuro tiene Subani. Lo tiene muy claro. Académicamente, estudiará sociología. Pero lo que realmente sueña, y en mi opinión es más que posible, es llegar a ser cantante. La genética del padre, un famoso cantante nepalís, tendría que salir por algún lado, y Subani ha heredado una bellísima voz y un carisma perfecto para salir y arrasar en cualquier escenario. Dice que desde allí, si llegara, se volcaría igualmente en ayudar a su madre.

De momento, ella quiere conseguir una cierta autonomía y dejar de ser una carga para la asociación. Ve que el poco dinero que su madre le da a veces para poder realizar alguna de las mismas actividades que hacen los jóvenes de su edad viene de un salario que la misma madre se ha negado a recibir, es por eso que justo ahora, con casi dieciocho años, empieza a adquirir el cargo de coordinadora de voluntarios. Así ganará un pequeño sueldo y no tendrá que pedir nada a nadie. Desea valerse por sí sola.

Su función dentro de la asociación consistirá en velar por el bienestar de los voluntarios que llegan a la organización, tanto extranjeros como autóctonos, hacer un seguimiento de sus tareas y atender los posibles problemas o contratiempos con los que se puedan encontrar.

Cuando llega un voluntario, Indira lo acoge personalmente (siempre que le es posible). Previamente, el voluntario ya tiene que haber enviado información sobre su perfil laboral y/o académico para que Indira y Subani ya hayan podido pensar dónde pueden aplicarse las cualidades de aquella persona. Posteriormente, se hace una entrevista con él o ella para poder acabar de conocer a la persona y le hacen firmar un contrato conforme seguirá las normas de funcionamiento que la ONG tiene establecida.

Se trata de normas sencillas pero que hay que dejar muy claras. Cualquier voluntario tiene que seguir unas pautas de comportamiento y trabajo, como un horario, que se acuerda con Subani, no beber alcohol dentro del proyecto o justo antes de ir, tratar al niño con la dignidad que se merece o no hacer fotos sin el consentimiento de la organización, entre muchos otros aspectos de sentido común.

Una vez acabada la entrevista Indira y Subani proponen al voluntario o voluntaria una tarea o más de una dentro de los diferentes proyectos que tiene la ONG. Generalmente, si el voluntario está menos de un mes y medio o dos, no se le suelen dar grandes tareas. Se considera que con menos de dos meses el voluntario no tiene tiempo suficiente para entender cómo funciona el país ni acabar de asimilar la filosofía de la ONG. Tampoco acostumbran a aceptar voluntarios que se quedan menos de un mes, porque significa romper muchas veces y demasiado frecuente los vínculos que estos establecen con los niños.

Se piden que las tareas que desarrollan los voluntarios se hagan de manera más o menos continuada, y aunque a veces la propia Indira es la que rompe la rutina, y cuando tiene que ir a visitar alguno de sus proyectos a la otra punta del país, coge los voluntarios que en aquel momento están por allí y se los lleva a enseñarles sus proyectos, si ellos quieren. Generalmente movilizan todos los voluntarios y se desplazan en transporte público de una punta a otra del país.

Hace parar al conductor del autobús, no en el lugar donde tiene establecido él para parar a comer (y que se lleve comisión del restaurante), sino en locales regentados por gente humilde, que cocina con productos de la tierra o de manera ecológica, o los hace parar en pueblos que necesitan más ayuda que otros. Así el gasto de los pasajeros, que hubiera sido obligatorio igualmente, se reparte mejor por el territorio. Para los voluntarios es una ocasión de conocer puntos no turísticos del país, y sobre todo, entender mejor el trabajo de esta mujer y su ONG.

Las tareas que pueden hacer los voluntarios, dentro de la ONG, son muy variados, me explica Subani. Actualmente la organización se centra de desarrollar programas de sostenibilidad, es decir, hacer que la ONG gane en autonomía y no dependa tanto de ayudas externas. Para conseguirlo se han abierto diferentes proyectos de agricultura y ganadería para poder producir sus propios alimentos. Así, un agricultor, un ganadero o una persona aficionada a trabajar la tierra y con ganas de aprender sobre agricultura ecológica o aprender sobre productos típicos de Nepal, será muy bienvenido a la ONG y la faena no se le acabará.

No obstante, PA Nepal tiene múltiples necesidades y cualquier oficio puede acabar teniendo una utilidad práctica. Un informático puede ayudar en las oficinas a mejorar los sistemas para gestionar mejor la información o ayudar con la página web, un carpintero o un herrero pueden ayudar a mejorar las instalaciones, etc. Aunque lo más habitual es tener voluntarios centrados en el campo de la educación.

A este tipo de voluntariado se les suele dar tareas como ayudar a los niños y niñas de la casa de acogida a hacer los deberes o establecer unos hábitos de estudio, aunque también suelen organizar talleres y actividades extraescolares que permitan mejorar los niveles de lenguaje. Estas actividades pueden ser artísticas, deportivas o para mejorar el autoconocimiento. En ocasiones puntuales pueden realizar tareas de refuerzo al profesorado de la casa o hasta los especialistas y expertos en diferentes materias pueden llegar a ayudar a Indira, con el consentimiento de ella para realizar tareas de formación del profesorado para mejorar el desarrollo de su tarea y proporcionarle así más herramientas.

Hay que tener en cuenta, me remarca, que los niños y adolescentes de la casa de acogida, ya son autónomos con el sistema del hermano mayor hermano pequeño y que el voluntario tiene que venir mentalizado en que su tarea tiene que servir para enriquecer el funcionamiento de la casa y no sólo para cubrir unas necesidades mínimas, porque estas ya están cubiertas.

En el campo de la sanidad, a veces necesitan médicos, enfermeras y dentistas para que hagan revisiones periódicas a los chicos y chicas y hagan talleres para mejorar algunos hábitos de higiene corporal.

A todos los voluntarios, sean del campo que sean, se les ofrecen diferentes posibilidades y la oportunidad de conocer otros proyectos, aunque a veces no estén centrados en sus posibilidades. Por ejemplo, me dice una jovencita, todos estarán invitados, si lo desean, a pasar unos días trabajando en el campo y disfrutar de la magnífica paz a los pies del Himalaya…

En el campo de las prisiones no se aceptan voluntarios, ya que dentro de los centros penitenciarios sólo se aceptan trabajadores del país y los voluntarios de PA Nepal no tienen permiso para realizar ninguna tarea.

En algunas ocasiones también han acogido voluntarios que vienen con un proyecto propio y una idea determinada para desarrollarlas en un contexto concreto. Son aportaciones que no crean dependencia y que encajan con la filosofía de la ONG. Subani me pone el ejemplo de unos europeos que vinieron a construir un parque para niños en el proyecto de Sankhu. Ellos vinieron con todo el material y conocimientos para la construcción y en pocos días acabaron su trabajo, que fue muy bien recibido por toda la comunidad de aquel proyecto.

Subani, con sólo dieciocho años, empieza a afrontar un cargo que es más difícil de lo que parece, pero que con su inteligencia y la voluntad que muestra en todo, seguro que lo llevará a cabo de maravilla.

Después de comer pasamos de nuevo por la oficina, y dejo descansar a la pobre Subani, que no la he dejado en paz en toda la mañana. Indira se despide ya que tiene una reunión fuera, pero me dice que mañana estará todo el día conmigo y que además me tiene reservada una pequeña sorpresa. Antes de irse, me presenta a Hari, el contable de PA Nepal.

Hari lleva cinco años trabajando en la ONG y me explica por encima los proyectos de la organización. Actualmente trabajan en una quincena de proyectos simultáneos en diferentes ámbitos. La actuación de la ONG va desde los pequeños que tienen en las tres casas de acogida, rescatados directamente de las cárceles, y las dos escuelas, hasta los programas de discapacitados de dentro de las cárceles o los pisos tutelados por los jóvenes, pasando por los programas para mujeres. Me explica, igual que Subani, pero con otras palabras, que actualmente la ONG está trabajando para ser sostenible económicamente, o más sostenible de lo que es ahora, para no depender tanto de ayudas externas. Actualmente tienen dos programas de agricultura de donde sacan la mayor parte de los alimentos de las casas de acogida, pero que aún están lejos para no necesitar comprar productos externos. En los próximos años intentarán centrarse en mejorar este aspecto y ya hay proyectados dos programas más para conseguirlo, aunque falta financiamiento para ponerlos en marcha.

Al terminar la breve entrevista con Hari, donde sólo hemos hablado de aspectos económicos de la ONG, doy por finalizada la visita por hoy. Me han dado mucha información que tengo que asimilar y ordenar para poder redactarla más o menos de forma coherente. Así que me despido de Subani que está rodeada de gente dentro de su habitación, y de personal de la oficina, para ir a buscar el taxi de regreso.

Eso sí, antes de salir de la casa, paso por la sala de juegos donde otros niños juegan al Carrom. Tímidamente les pido si puedo jugar y me responden con un "of course, uncle!". Me espero a que acaben la partida que habían empezado y debuto en los juegos tradicionales de Nepal. En un principio el juego parece bastante sencillo, pero cada vez que chuto una de esas fichas con la punta de la uña, la ficha sale en la dirección que le da la santa gana. Aunque disfruto como un niño, prefiero no hablar del resultado final de la partida... ¡Me llevo un recuerdo agradable de una más que escandalosa derrota!

3. LA ADOLESCENCIA

"Ahora ya no me cuesta tanto reconocerlo. Ella era mucho más rápida que los niños, incluso más que yo. Se pasaba el día corriendo para no llegar tarde. Venía desde mucho más lejos que nosotros y cuando la veíamos llegar corriendo por la selva, intentábamos correr para llegar al colegio antes que ella. Y aunque ella llevaba más rato que nosotros, tengo que admitir que siempre nos acababa adelantando". Pradep Basnet, comentarista deportivo de la televisión nepalí y exjugador y ex entrenador de la selección nacional de fútbol nepalí.

Los primeros días de Indira en la escuela no fueron precisamente un jardín de flores. La mayoría de los profesores y compañeros de clase no entendían como podía ser que una niña que no había estado nunca escolarizada empezara directamente en quinto grado. Algunas familias y bastantes profesores comunicaron al director, Hastar Pariyaar, su desacuerdo con la decisión de poner a una niña de diez años que no había pisado nunca un aula con los otros alumnos de su edad. Decían que se equivocaba y que retrasaría el ritmo del grupo. Hastar, que precisamente era el tutor de ese grupo, tuvo que enseñar las pruebas de nepalí, matemáticas y de alfabeto latino que le había pasado a la chica, a sus compañeros de trabajo. Estos quedaron sorprendidos. Aunque su caligrafía no era muy buena, las pruebas las había superado con éxito y por lo tanto merecía la oportunidad de probarlo, aunque la mayoría seguían convencidos de que seguramente no sería capaz de hacerlo. Los compañeros de clase no fueron tan rápidos de convencer, Indira necesitó tiempo para conseguirlo.

Durante las primeras semanas Indira llegaba justa, e incluso a veces un poco tarde a clase, ya que tenía que cumplir con sus tareas familiares. Cuando entraba en clase sudada por haber corrido y con su harapienta ropa, se olvidaba de pedir permiso al profesor para poder entrar, una falta de respeto para el funcionamiento de aquella época. A menudo esto provocaba las risas de los compañeros y a veces una colleja por parte del profesor, cosa que provocaba aún más risas entre los compañeros.

Otras veces también se olvidaba de levantarse cuando algún profesor entraba en clase, y se repetía la escena anterior, con más risas y más collejas. Ella no entendía aquellas normas de comportamiento y le costó aprenderlas, eso sí, a base de pescozones.

Los compañeros asistían a clase con uniforme, que de hecho era obligatorio, pero Indira que no tenía dinero para comprarse uno, llevaba los únicos harapos que tenía y tardó bastante tiempo en poder llevar una ropa algo más elegante. Todos estos aspectos hicieron que durante las primeras semanas a Indira le costara relacionarse. Además, a la hora del recreo tenía que correr hasta casa para seguir realizando sus tareas.

Tenía la suerte que la escuela sólo quedaba a unos cuantos centenares de metros de su casa y durante la media hora libre, tenía el tiempo justo para ir corriendo, realizar una de las tareas y volver a la escuela, a la que solía llegar de nuevo tarde.

Por la mañana cuando se levantaba tenía que preparar el desayuno, hacer la colada y limpiar la cabaña de seis metros cuadrados donde dormían los seis miembros de la familia. Durante el día tenía que asegurarse que el nuevo ganado que habían podido adquirir estaba bien cuidado. Y por la tarde y hasta el atardecer tenía que seguir trabajando en lo que fuera para ganar algo más de dinero, a la vez que seguía estudiando y haciendo los deberes que las nuevas actividades escolares le exigían. Los sábados y el resto de días festivos tampoco se libraba de trabajar en los campos vecinos. ¡Nunca tenía descanso!

Como todo era imposible de compaginar, la jovencita se inventó un sistema. Ataba a los animales que tenían, con diferentes cuerdas por el pescuezo o por la pata. Antes de irse al colegio los dejaba atados en un lugar donde pudieran pastar medianamente bien y tuvieran así acceso a comida y agua. Entonces corría hacia la escuela donde iba a las primeras clases. A la hora del patio iba hasta donde había dejado a los animales y los cambiaba de lugar para que pudieran comer hierba más fresca, una vez hecho esto corría nuevamente hacia el colegio, donde a veces las clases ya se habían retomado. Una de las primeras veces que llegó tarde, después de haber recibido una cuantas collejas por no respetar las normas de cortesía, Indira llegó corriendo y desde el medio del patio ya pidió gritando "¿Señor profesor, puedo entrar?". De nuevo la clase empezó a reír ya que había aprendido la norma, pero no la aplicaba desde el umbral de la puerta como debía ser, sino desde el medio del patio, corriendo y gritando.

Aunque en general Indira había superado las mismas pruebas que los compañeros, ella no tenía el mismo bagaje escolar que los demás. Tenía ciertas lagunas de conocimiento ya que los otros habían trabajado algunos contenidos que ella desconocía absolutamente. Eso tuvo que superarlo para no quedarse atrás. Durante las sesiones ella prestaba más atención que nadie, sin perder nunca el hilo de la explicación y cuando llegaba a casa repasaba la lección y estudiaba tanto como podía.

En casa la situación había mejorado un poco. El padre había podido conseguir una cabaña algo mejor y se mudaron a unos centenares de metros de donde había nacido la jovenzuela. Atrás pudieron dejar la cabaña sin ventanas ni muebles. La cabaña de

bambú que la había visto crecer y que el hollín había ennegrecido por dentro ya que cocinaban en el interior y no había prácticamente agujero de ventilación. Ahora accedían a una cabaña
un poco más elevada del suelo para evitar las inundaciones o
para dificultar un poco más la entrada de alguna serpiente dentro de la casa. En aquella zona no es extraño encontrar cobras u
otras serpientes que te pueden matar en cuestión de minutos.

La nueva casa seguía siendo de una sola habitación pero por
lo menos era algo más espaciosa, pasando de unos seis a unos
diez metros cuadrados, pero lo más importante de todo: ¡con
ventanas! Al nuevo hogar ya no fue la hermana mayor, que hacía unos años que se había casado y ya había tenido una hija,
Souba, que era casi de la misma edad que Indira. El hermano
mayor pronto seguiría los mismos pasos y en la nueva casa sólo
vivirían cuatro personas.

En esta nueva cabaña Indira tenía algo más de espacio y con
luces de queroseno o velas alargaba sus horas de estudio y lectura tanto como podía. Su hermano mayor, Jagat, a menudo
tenía que recogerla del suelo, donde se había quedado dormida y la llevarba hasta la manta que utilizaba como cama. En
otras ocasiones mientras cocinaba deletreaba palabras que encontraba escritas en diferentes papeles que iba recogiendo de
cualquier parte, sólo para poder practicar la ortografía. También
solía repasar la lección en voz alta mientras realizaba otras tareas domésticas.

Jagat estaba orgulloso de los progresos de su hermana pues
veía que, simplemente con que consiguiera el quinto curso, aunque fuese con notas mediocres, ya podría conseguirle un marido mejor, más instruido o quizás de una familia más rica que
la suya. Aún así, Indira seguía sin estar de acuerdo con esos
planes. Cada vez era más consciente de la violencia de género
que existía en la sociedad en la que vivía y cada vez tenía más
claro que ella no quería que nadie que la poseyera o la pegara.

Sus ansias de libertad iban creciendo y las ganas de aprender y de seguir con sus estudios también.

Al cabo de unas cuantas semanas corriendo de arriba abajo, siguiendo un horario inhumano, levantándose antes de que amaneciera para hacer las tareas domésticas, asistiendo a la escuela, corriendo hacia casa durante los descansos sin olvidar sus tareas, trabajando y estudiando por las tardes y noches, llegaron los primeros exámenes. Contra todo pronóstico, Indira no sólo no suspendió, como algunos se temían, sino que sacó los mejores resultados de la clase.

Nepal tiene un sistema de enseñanza muy competitivo, estableciendo rangos entre los alumnos según los resultados. En este caso, Indira se colocó en primera posición dentro de la clase, algo que sorprendió a todos y que le permitió empezar a tener el apoyo de toda la comunidad educativa. Los profesores ya no tenían ninguna duda que aquella beca tenía que ser para ella, y los compañeros empezaron a cambiar su actitud hacia ella.

Poco a poco los niños y niñas de la clase empezaron a acercársele y el talante amable y afectuoso de la niña le permitió acabar siendo acogida, aceptada y querida por todos sus compañeros de clase. Algunos por interés, quizás, ya que Indira no dudaba en ayudar a los compañeros con más dificultad en ratos libres en la escuela, pero la mayoría por admiración. Aun así, si bien fue plenamente aceptada dentro del colegio, Indira muy pronto descubrió la falsedad intrínseca de la especie humana. Fuera de la escuela seguían siendo pocos los que se dirigían a ella, ya que sus ropas y su origen seguían siendo los mismos.

Pradep fue uno de los primeros compañeros en acercarse tanto dentro como fuera de la escuela. Rápidamente se hicieron amigos y él le regalaba chocolatinas de la tienda de víveres de sus padres. Muchos compañeros se quejaban preguntándole por qué de repente sólo invitaba a la pequeña Indira, él la defendía, diciendo que ella era muy inteligente, que tenía mucho talento y que además era muy buena persona.

A la hora del patio la empezaron a invitar a jugar y cuando se acababan las clases Pradep y otro compañero también le pedían que se quedara, pero ella no olvidaba nunca sus tareas y casi siempre tenía que rechazar aquellas invitaciones. Poco a poco, con las faenas extras que hacía, consiguió un dinerillo demás que le permitió comprarse ropa nueva. Indira recuerda el primer día que fue a la escuela bien vestida, y recuerda con mucho afecto aquel momento, donde todos los compañeros y compañeras la elogiaron por lo guapa que estaba. La junkiri que iluminaba su futuro empezaba a brillar con un poco más de fuerza.

Llegó el final de curso y de nuevo Indira consiguió los mejores resultados de la clase. Visto el éxito de sus resultados, el director animó a la familia para que la preadolescente pudiera seguir estudiando. Pero un nuevo obstáculo se interponía ante sus estudios. El colegio de Salbary sólo era hasta quinto curso. Los alumnos que querían seguir tenían que desplazarse hasta el pueblo de al lado a bastantes quilómetros a través de la selva. Pero el mayor problema no era la distancia ni el tiempo que dejaría de dedicar a las tareas domésticas. El problema era que tendría que pagar las tasas de escolarización.

Indira se pasó el verano trabajando más que nunca, sin ningún tipo de descanso para conseguir el dinero necesario, y visto su éxito escolar, sus padres permitieron que siguiera con sus estudios.

Ahora ya no podría volver a casa a la hora del patio, ya que desde la escuela hasta casa había más de una hora de camino corriendo sin parar por la selva. Así que tendría que trabajar aún más duro las horas que estuviera en casa.

Empezó el curso y la chica tuvo que levantarse más temprano cada mañana. Seguía haciendo las tareas que ya hacía, menos la de dar de comer al ganado, porque ya no lo podía llevar a pastar, y a continuación se echaba a correr, por un camino llano, pero con ciertos obstáculos naturales, hojas y raíces, que Indira tenía que esquivar sin parar de correr ni un momento.

A veces la acechaba algún animal peligroso y tenía que decidir cómo actuar, si pararse en seco y no hacer ruido o seguir corriendo sin parar. Por suerte, ningún animal la atacó nunca. Conocía tan bien aquel camino que cuando llegaba al final del trayecto, acostumbraba a parar al lado de unos bambús concretos y a través de ellos observaba la altura del sol. Si veía que los rayos se asomaba por encima de unas ramas concretas, quería decir que estaba llegando tarde y que tenía que correr aún más rápido.

Normalmente, a pocos minutos de llegar a la escuela, atrapaba a Pradep y a los demás amigos de su primera escuela que, como ella, habían seguido los estudios. Cuando la veían venir corriendo, se apresuraban para compatir en broma con ella, aun así, ella más acostumbrada que nadie a correr por la selva, los adelantaba y conseguía llegar al colegio antes que ellos.

La vena competitiva de Indira ya había surgido a estas alturas de su vida. Le gustaba ser la primera de la clase y se esforzaba en serlo. Pero no se conformaba con eso, también tenía que ser la más rápida y la más fuerte físicamente. El entrenamiento natural que había recibido jugando con los satar y las carreras que tenía que hacer cada mañana para ir al colegio le permitían sin duda alguna, ser más fuerte y rápida que la mayoría de niños, y a menudo, ganaba en la mayoría de juegos. Quizás Pradep era más hábil en el fútbol, pero ella era más rápida que él e igual o más fuerte.

Su fortaleza, determinación y voluntad la llevaron a, no sólo ser de las primeras de la clase, sino también la nueva delegada y entre sus cargos tenía que hacerse responsable del grupo cuando un profesor no estaba. Indira, que no perdía el hilo en los estudios y en muchas asignaturas iba avanzada en la materia, cuando se daba esta situación, volvía a revisar la lección si hacía falta, y cuando algún chico intentaba aprovechar la situación para distorsionar el funcionamiento de la clase, ella se imponía sin miedo e iba aprendiendo estrategias para hacerlo cada vez de una manera más efectiva.

Los esfuerzos económicos para pagarse la escuela hicieron posible que además pudiera adquirir suficiente material escolar, hecho que Indira solucionaba haciendo algunas clases particulares. A cambio de ayudar a entender problemas o a repasar diferentes materias, los compañeros y compañeras le daban hojas de papel para escribir y a veces algún lápiz. En más de un curso, Indira no había podido tener los libros de estudio y cada noche tenía que ir a casa de alguno de los amigos de verdad que había hecho para copiarse las lecciones.

A la hora del patio ya no podía volver a casa y era el momento en que aprovechaba para avanzar faenas y ayudar a los compañeros. Mientras que algunos de ellos comían un segundo desayuno, ella hambrienta les ayudaba y se aguantaba las ganas de comer. De vuelta, se entretenía unos minutos para buscar mangos u otras frutas y así saciar el hambre atroz que tenía. Después volvía corriendo a casa para iniciar de nuevo el círculo de tareas y para estudiar sin parar.

Los meses fueron pasando y los cursos también. Y aunque la nueva escuela acogía a más de cien alumnos en cada curso, ella siempre se mantenía en las tres primeras posiciones, en lo que se refiere a calificaciones, obteniendo la primera posición la mayoría de las veces.

En el verano entre el octavo y noveno curso Indira no pudo conseguir las treinta y seis rupias que valían las tasas de escolarización (unos treinta céntimos de euro actuales). Bien, de hecho sí que había trabajado y había conseguido el dinero, pero la familia las había necesitado para invertir en otras prioridades, así que ella no pudo pagar y no fue admitida. Por suerte, una amiga se enteró y le pagó el dinero que le faltaba, ya que habían forjado una fuerte amistad. Gracias a ella Indira pudo seguir.

Los estudios iban aumentando su dificultad y la adolescente cada vez tenía menos margen para estudiar. No podía dejar las tareas domésticas, tenía que correr todos aquellos quilómetros entre la selva dos veces al día y no tenía el tiempo extra que ella necesitaba. A menudo, después de la escuela aún tenía que ir a darse unos chapuzones para pescar o buscar frutas por la selva porque todavía les faltaba comida. Los ingresos no eran nunca regulares, había meses de más bonanza y meses donde faltaba el plato en la mesa. En estos últimos era cuando Indira iba más ajetreada. Recogía plátanos de los árboles para vender en el mercado y hasta aprendió a elaborar rasky para que el padre lo pudiera vender, al mismo tiempo que nunca rechazaba una faena en el campo como jornalera.

Los profesores estaban cada vez más encantados con ella y su rendimiento. Escuchaba, prestaba atención, no fallaba nunca una pregunta y ayudaba a los compañeros que lo necesitaban. En octavo, el nuevo profesor de inglés se quedó pasmado con su nivel, que sobresalía por encima de los demás. Cuando ella tenía sólo 14 años, él ya le veía un futuro próspero, seguramente en algún país fuera de Nepal. Él captaba las ansias de libertad de la chica, su especial convicción de ser diferente del resto y a no dejarse domar por una sociedad patriarcal y machista. Pero el único camino para conseguirlo, pensaba él, sería yéndose del país a otro lugar donde la figura de la mujer estuviera plenamente considerada.

-¡Tú, algún día irás a los Estados Unidos! – Le decía medio en serio, medio en broma, cada vez que Indira le sorprendía con su nivel.

Precisamente, a esa temprana edad, sufrió un incidente que aún le hizo anhelar más las ansias de libertad y de valerse por sí misma. Su hermano mayor ya hacía tiempo que se había emancipado plenamente y trabajaba a media jornada en un puesto de la administración pública. El padre aún seguía de un lado a otro buscando faena, y la madre ahora, que ya tenía los hijos mayores, en alguna ocasión se había ido con él hacia las montañas. Una noche, su hermano Ran, el más jovencito, pero mayor que ella, salió mientras ella repasaba los apuntes por última vez desde la cama. De repente, alguien forzó la puerta de la cabaña y entró. A causa de la oscuridad, Indira no pudo saber nunca quién era, pero lo más seguro que debía de ser alguien que sabía perfectamente que la jovenzuela estaba sola en casa.

El hombre se lanzó sobre ella y empezó a tocarla. Ella intentó deshacerse de él con todas sus fuerzas, y como la jovencita ponía mucha resistencia, el hombre sacó un cuchillo. Antes que se lo pudiera poner sobre el cuello, Indira consiguió cogerlo por el otro extremo, con las manos desnudas directamente sobre la hoja, cortándose profundamente las palmas, consiguió arrebatárselo después de un intenso cuerpo a cuerpo. Con aquel cuchillo, ya en manos de Indira aprovechó para lanzarse por la ventana, y después de una caída de casi dos metros de altura, se reincorporó y se puso a gritar.

Los vecinos ya no estaban tan lejos como antes, ya que la zona se había seguido poblando. Así que no tardaron mucho en salir alertados por los gritos y a ver qué pasaba. Antes que llegaran, el acosador ya había huido. Esto hizo que Indira tuviera aún más miedo del género masculino, y se prometió a ella misma que se pondría más fuerte y que aprendería lo que fuera necesario para defenderse de ataques por si alguna vez se repetían.

La jovencita seguía creciendo y en noveno empezó a dar clases particulares a otros alumnos y así ganaba un sueldo extra. Pero sus motivaciones no sólo eran el dinero. A través de sus experiencias iba creciendo su consciencia social y algunas noches a la semana enseñaba a leer y a escribir a chicas y mujeres del pueblo que no habían tenido acceso a la educación y lo hacía de forma altruista. Entre todas recogían el dinero necesario para comprar queroseno y dedicaban aquellos ratos a alfabetizarse.

Muchos hombres del pueblo transmitieron su queja a la familia Ranamagar. Decían que si todas las chicas del pueblo disfrutaban de un buen nivel cultural, acabarían yéndose y el pueblo no tendría futuro. Opinaban que era mejor mantener a las mujeres dentro del círculo del analfabetismo para mantener a la sociedad rural que ellos conocían.

Jagat, el hermano mayor, fue el encargado de intentar persuadir a la jovencita, pero esta, más indignada que nunca con la mentalidad retrógrada de su sociedad, nunca se echó atrás y siguió durante años con aquellas clases gratuitas.

En décimo curso, el último de la escuela básica, una profesora y su marido que también era profesor, pero de otro centro, la acogieron en su casa para que no tuviera que ir y volver desde Salbary cada día. Quizá este fue el curso más tranquilo de la adolescente, ya que esta familia era de casta superior, educados y bastante ricos. Tenían una sirvienta e Indira tuvo más tiempo que nunca para estudiar. Precisamente, esta familia disfrutaba de un buen nivel cultural y no tenían prejuicios respecto al sistema de castas, fueron los que ayudaron a pulir un poco los modales de la tozuda chica de la selva.

Durante unos cuantos días a la semana se ahorraba las prisas, las carreras y las tareas familiares y se pudo concentrar en los estudios. Además le dieron un sari nuevo y otras piezas de ropa. Eso sí, los festivos siempre tenía que volver a casa y ayudar en todo lo que fuera necesario.

Durante este curso, Indira ya realizaba sistemáticamente clases a los alumnos más jóvenes como faena extra, hecho que le permitía ganar algún dinerillo que enviaba directamente a sus padres. El rumor que ella era buena profesora corrió tan rápido que incluso acabó dando clases a alumnos de su misma edad.

Tener más tiempo y recursos le permitieron leer e inspirarse con las biografías de grandes personajes históricos como la Madre Teresa y su obra solidaria o Einstein de que no sólo había aprendido algunos de los principios de la ciencia, sino que extrajo los fundamentos para su filosofía. Las metáforas y pequeñas historias del gran científico resultaban moralizantes y motivadoras para la jovencita. Aún hoy, recuerda alguna de las historias, como la de dos niños que pescaban sobre el hielo, en algún lugar remoto de Europa, que ni tan siquiera sabía situar en el mapa, cuando de repente se rompió el hielo y uno de ellos se cayó y quedó atrapado. El compañero, empezó a golpear el hielo con una piedra hasta que consiguió romperlo y sacar a su amigo. Después cuando los bomberos llegaron para atender al niño, quedaron sorprendidos al ver cómo el niño había conseguido romper el hielo sólo con una piedra. Uno de los bomberos, con curiosidad, le preguntó cómo lo había conseguido si él, que era mayor, más musculoso y más fuerte seguro que no hubiera podido romperlo con aquella piedrecita. Entonces un anciano del pueblo los interrumpió y dijo que él sabía cómo lo había conseguido. La cuestión era que cuando el niño cogió la piedra para romper el hielo, nadie le había dicho todavía que eso que iba a hacer era imposible.

Historias como estas motivaban a la adolescente. Descubría que en el mundo todo es posible si te esfuerzas y lo deseas, si eres imaginativo y buscas nuevas soluciones a los problemas de siempre, ya que las mismas soluciones de siempre, ya se ha demostrado que no son siempre válidas.

Seguía leyendo y leyendo… Mahatma Gandhi y la no violencia o Indira Gandhi, viendo en esta última, la lucha de una mujer, que en una sociedad patriarcal había llegado a la cúspide del gobierno del segundo país más poblado del mundo, y por casualidad, ¡Se llamaba igual que ella! Rousseau también la inspiró a través de *Emilio o de la educación*, y poco a poco fue creándose una filosofía y una personalidad cada vez más fuerte y diferenciada.

Pero no todo fue tan fácil. Justo cuando se acercaban los exámenes finales se puso enferma. Y aun estando mal siguió estudiando hasta el último momento e hizo las pruebas con una gran febrada y con unas ampollas de un aspecto extraño bajo la axila. Contra todo pronóstico, las superó, aunque no obtuvo el resultado esperado. Quedó en el tercer rango de alumnos, los que habían sacado más de un 55% de la nota. Esto le podría dificultar el paso a estudios posteriores en el supuesto caso que la familia estuviera de acuerdo.

Acabado el décimo curso, si quería acceder a cualquier universidad, tenía que conseguir el título "diez más dos", una enseñanza superior que prepara a los alumnos de 16 a 18 años para asistir a la enseñanza universitaria. La academia más cercana para poder realizar este bachillerato, estaba situada en Damak, una ciudad a más de 5 horas a pie de Salbary.

Antes de marchar se tuvo que rechazar numerosas ofertas de matrimonio, que recibía por parte de los amigos de Jagat, que estaba obstinado en casarla antes de que se hiciera mayor. Algunos de ellos eran ricos y estaban dispuestos a pagarle los estudios. Indira las rechazó todas, y su hermano enfadado le decía que se encontraría muchos problemas en la vida si seguía con aquella actitud.

Sus padres, viendo la firmeza en las decisiones de la joven, no se opusieron a dejarla seguir, es más, la animaron diciéndole que tenía que ser ella quien escogiera su propio camino. Así fue como Indira se plantó en Damak, a más de 30 Km de su casa, después de trabajar como profesora durante el verano. El director de la academia, sorprendido al ver que una chica, sola y jovencita se presentara allí, viniendo de tan lejos, exigió a la joven que la matrícula la tenía que hacer con su padre.

En aquel momento el padre estaba en la montaña e Indira no sabía cuánto tiempo tardaría en localizarlo y convencerlo para que fuera hasta la ciudad para tramitarle la matrícula, pero tenía claro que antes de que lo consiguiera, el periodo de matriculación ya se habría acabado y ella se quedaría sin poder seguir con los estudios. En aquel momento cada año de su vida era una oportunidad única y la idea de perder uno, simplemente porque el director no la quería matricular sin el permiso de su padre, cuando al resto de chicos sí que lo podían hacer, llevando su expediente académico y el dinero de la matrícula, hizo que se deshiciera en un mar de lágrimas justo allí, en las escaleras de la entrada de la academia.

Justamente por allí, pasó un profesor, mientras lloraba de impotencia. El profesor no pudo evitar preguntarle por qué estaba llorando. Cuando ella se lo explicó, el profesor fue a hablar con el director, y unos minutos después la jovencita ya estaba matriculada.

El primer curso en Damak Campus fue de los más duros que Indira recordaba de los primeros años de su vida. Se trasladó a vivir allí y para encontrar sitio para dormir tuvo que ofrecer sus servicios como sirvienta en una casa. Así que de golpe, a cambio de sólo comer y dormir, tuvo que hacerse cargo de más tareas que las que tenía cuando vivía en su casa Cocinaba, limpiaba, lavaba la ropa, iba a comprar, cuidaba del ganado y además a la propietaria nunca le parecía nada bien. Quizá esta era la diferencia más grande con su casa. Por la noche se encerraba en su habitación para estudiar, el único momento del día en que realmente podía. En la habitación ponía un farolillo de queroseno y estudiaba tanto como podía ¡hasta que la pillaban!

La dueña de la casa le había prohibido a la jovencita que utilizara el farolillo para estudiar ya que gastaba mucho queroseno y valía mucho dinero, e Indira se quedaba sin poder estudiar. Más adelante desarrolló la estrategia de hacerse la dormida, y cuando ya había pasado un rato y la casa ya estaba en silencio, entonces hincaba los codos.

Además también tenía que compaginar su trabajo como sirvienta y los estudios con los de profesora particular, donde conseguía dinero para enviarlo directamente a casa.

El trayecto entre casa y la escuela tampoco era del todo agradable. De nuevo la academia estaba a cinco quilómetros desde donde ella dormía. Y si antes eran los animales salvajes los que la podían atacar, ahora eran los jóvenes más atrevidos del pueblo, que con curiosidad por la chica nueva que había llegado, a menudo la seguían y la perseguían para hablarle, e incluso en alguna ocasión, la habían intentado tocar.

Ella no se dejaba intimidar por nadie. Ya de muy jovencita aprendió a que con determinación y valentía, utilizando un tono de voz estridente y mostrándose segura de sí misma, conseguiría cambiar la situación y ser ella la que intimidaba a los que la quería dominar. Cada vez se mostraba más valiente ante estas actitudes, hecho que desconcertaba a los chicos y la alejaba del peligro. Al final ya ni se inmutaba, cuando le decían alguna cosa pasaba con la cabeza bien alta, mirando hacia delante fingiendo no tener miedo y sin vacilar seguía su trayecto como quien no quiere la cosa… Pero por dentro, lo vivía con el miedo y lo pasaba realmente mal durante aquel trayecto, porque no sabía hasta qué punto podrían molestarla esos chicos…

Aunque es cierto que quería ser libre, en alguna ocasión quedó prendada de algún hombre. Pero nunca se atrevió a verbalizarlo ni a mostrar ningún síntoma de interés real, ya que se había propuesto unos objetivos y estaba encabezonada en conseguirlos. No quería caer en la trampa de intentar entender el amor.

Al acabar el primer curso de bachillerato, de nuevo con notas espléndidas, conoció a una mujer que la acogió. Aún hoy la recuerda como a una segunda madre, y los primeros meses del último curso de bachillerato, estuvo viviendo con su familia, que la cuidaban con ternura. Aunque tenía que ayudar con las tareas del hogar, no la trataban con el despotismo de la primera casa. Aun así, la estancia duró poco. El padre de Indira cayó enfermo y como todos los hermanos ya se había casado y emancipado, hacía falta alguien que pudiera cuidar de la casa y de los padres.

Al llegar al pueblo se tuvo que conformar con un trabajo como trajinera. Con el cesto a la espalda y soportando el peso de la carga con una cinta que le pasaba por la frente, Indira veía cómo de repente se alejaba de los objetivos que se había planteado. Por suerte, pronto conseguiría trabajo como profesora substituta, ya que ella era la persona más cualificada del pueblo y pudo trabajar durante un tiempo.

Cuando se le acabó la sustitución que cubría en la escuela, le ofrecieron otra plaza de profesora en un internado d'Ilam, una provincia al norte de Jhapa, justo donde empieza la zona de cerros y valles. Estuvo trabajando unos meses hasta que recibió la noticia que en la escuela del pueblo había una nueva vacante. Participó en el concurso, para obtenerla, con sus credenciales ganó de sobras el concurso, pero el jefe del departamento educativo de la administración le hizo propuestas indecentes a cambio de darle la plaza, y cuando la tocó, de su interior, guiada por la rabia y el asco, salió un escupitajo que fue a dar a la cara del funcionario. A pesar del incidente siguió con la posibilidad de optar a la plaza, pero ella renunció. No quería estar cerca de una persona que la había intentado dominar y no quería que volviera a repetirse la situación.

Durante ese periodo de tiempo en Salbary, Indira fue cambiando de trabajo constantemente, pero no tenía suerte. Ninguno de los trabajos que encontraba eran adecuados a su perfil, y el único que había encontrado la ponía en una situación de desventaja. Incluso con sus múltiples tareas, las clases de alfabetización que daba de forma voluntaria y cuidar de la familia, no desistía en estudiar. Y con los libros que había traído de Damak había seguido estudiando cada noche desde que había vuelto. Cuando llegó la época de exámenes, la muchacha se presentó de nuevo en la academia y consiguió aprobarlos todos. Así que volvió de nuevo a Salbary, con el título de "diez más dos" en el bolsillo. Un título que le abría las puertas a seguir estudiando en la universidad. Durante el trayecto de vuelta a casa fue decidiéndolo todo. Seguiría estudiando, seguiría luchando para abrirse paso por un futuro mejor. Iría a Katmandú y allí intentaría seguir ganando dinero para enviar a casa e intentaría ingresar en alguna universidad.

Cuando llegó a casa, de nuevo Jagat le presentó nuevos pretendientes y ella los rehusó a todos. Comunicó su decisión, y dejó a Ram, su hermano pequeño, y a su nueva cuñada a cargo de sus padres. La cuñada le dio un sari para que fuera a la ciudad bien vestida e Indira se llevó 300 Rp que había conseguido ahorrar con su esfuerzo, se despidió de ellos y fue a buscar un autobús, que por primera vez la sacaría de la selva y la llevaría a una gran ciudad.

La acompañaron hasta la estación y subió al bus sin mirar atrás. En uno de los asientos había una chica de piel blanca y bastante rubia. Era la primera extranjera que veía Indira y no dudó ni un segundo en ir a sentarse a su lado y practicar la lengua extranjera.

-	¡Hola! ¡Me llamo Indira! ¿Cómo te llamas?

La chica americana gratamente sorprendida de ver que alguien dominaba algo el inglés en aquella zona tan remota le respondió con una sonrisa:

-	Me llamo Marisol. ¿Dónde vas?

Y la conversación se alargó durante horas y horas.

4. *SANKHU: UN GRAN REFUGIO FUERA DE LA CÁRCEL*

"Es una gran persona que nos inspira a todas las mujeres y nos recuerda constantemente que somos capaces de conseguir lo que realmente queremos". "Nuestra sociedad ve a las mujeres como máquinas de tener niños… Ella está cambiando esta visión, ella está cambiando nuestra sociedad". "No ve diferencias entre sus niños, todos son iguales dentro de su corazón, es una auténtica aama". "Cada momento que paso con ella aprendo una cosa como mujer o como educadora". "Estoy muy orgullosa de poder trabajar en su organización".
Bimala

Me presento de buena mañana en Nayabazar donde he quedado con Indira. Creo que hoy será el primer día que la tendré a mi disposición al cien por cien para conseguir toda la información posible y así avanzar el libro. Me presento emocionado y con mucho material para recopilar cuanta más información mejor. Hoy visitaremos Sankhu uno de los proyectos más grandes de PA Nepal, pero antes de ir, Indira me recuerda que me tiene reservada una sorpresa y me deja muy intrigado.

Mientras Indira se prepara para salir de casa me pide si le puedo avanzar faena y rellenar los formularios para obtener el visado tailandés para poder irnos antes. Dentro de unas semanas la han invitado nuevamente a este país para asistir a unas conferencias para que hable sobre la situación de la mujer en Nepal. Habrá mujeres activistas de diferentes países que también expondrán su realidad.

Su pasaporte, o mejor dicho, sus pasaportes, están llenos de sellos de entrada y salida de diferentes países... Los últimos años se ha movido tanto para hacer crecer su organización y para colaborar en diferentes reuniones que ahora lleva dos pasaportes, uno grapado al otro para poder recoger y mostrar a las autoridades todos sus movimientos, porque ya no caben sellados sólo en uno.

Justo cuando acabo aparece Indira de nuevo. Viste un sari donde los ocres y los rojos combinan con unos pendientes hechos de semillas. Me abruma la sencillez de su vestido... No lleva nada que le haya podido costar mucho dinero, ¡pero aun así su presencia irradia de elegancia! Ya en este momento me temo que mi vestimenta no será la más adecuada vayamos donde vayamos o sea cual sea la sorpresa.

Cogemos el taxi de Lila e Indira me dice que vaya sentado delante otra vez. Son los primeros momentos con ella a solas e impacientemente empiezo a preguntarle cosas para conseguir información para el libro. Pero ella tiene la cabeza en otro lugar: anda pensando en la reunión que tenemos dentro de unos instantes, piensa en Tailandia y en la próxima conferencia y conseguir el visado, también la tiene en Sankhu donde iremos dentro de unas horas pero sobretodo no olvida Babu y el resto de niños. Me resulta imposible obtener buena información para el libro, pero en el fondo, esta es la mejor de todas...

Inidira ha llegado a un punto donde su vida no tiene marcha atrás. Muchas personas y muchos niños dependen de ella y tiene que compaginarlo todo, realiza malabarismos para poder abarcar todo y su cerebro trabaja sin descanso, sin pausa, saltando de un lugar a otro en décimas de segundo. Hasta ahora lo ha conseguido y con éxito... Así que supongo que esta imagen que veo ahora es la auténtica Indira Ranamagar, la de una mujer, que lo sacrifica todo por abarcar lo que se propone, lo cual tiene un coste y es que su cerebro no puede parar nunca a descansar.

Mientras intento seguir el hilo de la conversación, porque habla muy rápido, con un inglés con acento profundamente nepalí y cambiando de tema constantemente, intento adivinar cuál es nuestro destino. No me suena ninguna de las calles por donde estamos yendo y de repente estamos atravesando una zona que me parece más pobre que el resto de la ciudad.

Lila, que siempre conduce de forma calmada y toca pocas veces el claxon, a diferencia de sus compatriotas que lo utilizan mil veces más que los intermitentes, toca el claxon dos o tres veces, de manera rápida y breve, y un joven que está en medio de la carretera se aparta. En el momento en que lo pasamos, el joven da la vuelta, y sobre la oreja, en medio del parietal, le veo una herida profunda y grande como una nuez, toda al descubierto y medio encostrada e infectada de un pus amarillento. El taxi sigue su camino y yo creo que soy el único del interior que lo ha visto o al menos el único que le ha prestado atención, ya que supongo que esto no es del todo raro en esta ciudad. Pero yo no puedo sacarme la imagen de la cabeza.

El taxi vira en la entrada de unas instalaciones. Unos policías armados nos paran, nos observan y nos dejan pasar. El camino sigue entre un pequeño bosque que va a para a un jardín y a un edificio inmenso de obra vista, de nuevo de imitación nepalí. Varias banderas ondean en la entrada y por un momento creo que debemos de estar en una embajada para tramitar algún visado o alguna cosa por el estilo. En seguida veo que no es así.

Bajamos del taxi y subimos las escaleras del porche que sirve de recepción de un hotel de bastante categoría de la ciudad. Sin que nadie me haya explicado nada tengo que ir deduciendo la situación y muy pronto acabo descifrando lo que está pasando.

Sentados en la entrada del hotel un hombre y su numerosa familia nos esperan y nos invitan a entrar. El hombre, una persona bastante rica y con aires de ser bastante importante, procedente de un país oriental y practicante de una religión minoritaria (deduzco por su vestimenta), se ha puesto en contacto con Indira hace un par de días y la ha invitado a ella, y de rebote a mí, a comer para hablar de una posible colaboración.

Así es como, con ropa de viajero acabo sentado en un restaurante de mucha categoría y vivo alguna de las nuevas situaciones del nuevo día a día de Indira mientras lo comparto con ella.

Intento no llamar la atención y pasar desapercibido, ya que me siento sucio en comparación con todo lo que me rodea, y eso que me he duchado hace un par de horas. Me sorprende el contraste y el cambio de escenario que he vivido en pocos metros. Hace sólo unos minutos cruzábamos un barrio muy desfavorecido de la ciudad, y ahora estoy en un restaurante de categoría, donde la persona de menos cargo viste con ropas diez veces más caras que las mías. Hace unos minutos me sentía afortunado por tener una vida más o menos solucionada, y de repente, me siento el más sucio y pordiosero si me comparo con la gente que me rodea.

La comida consiste en un self-service de platos nepalís y asiáticos. Todos se llenan el plato hasta arriba, menos Indira y yo que cogemos los platos más pequeños y los llenamos con moderación de alimentos variados y exquisitos.

Esta era la sorpresa que me tenía preparada… ¡Esta deliciosa comida! Pero sinceramente, no la saboreo mucho porque todavía estoy pensando en la imagen que he visto cuando veníamos hacia aquí. También veo que Indira está fuera de su medio. Está receptiva y es amable con el anfitrión que justo después de sentarnos en la mesa se ha dedicado ha explicar su proyecto, pero transmite un punto de tristeza en la mirada y se le nota que no acaba de disfrutar.

Él es el fundador de una organización solidaria, con sedes en todos los continentes del mundo. Ahora está pensando en abrir algún proyecto en Nepal y quiere el consejo de Indira, y quien sabe si quizás una posible colaboración.

Indira se alegra de conocer a alguien con tanto poder adquisitivo y que se implique tanto con las causas sociales y dedique gran parte de la comida a conocer e intercambiar opiniones. Los dos tienen filosofías propias y diferentes, pero con un punto en común; ayudar a la gente. Indira explica a groso modo cómo empezó en la organización, y admite que echa algo de menos aquel tiempo. Antes todo era más difícil, pero su día a día era con los niños. Ahora, en cambio, tiene que irse a menudo para poder mantener y hacer crecer más la organización y pasa demasiado tiempo separada de los suyos. La magia y la energía que la mueve vienen de sus niños y no quiere separarse. Mientras explica esto se le ve claramente en sus ojos que no acaba de estar cómoda en aquel ambiente tan lujoso, y que si está, es porque realmente es uno de los caminos que a veces tiene que tomar para ayudar a las personas que quiere; los más necesitados.

Con esta conclusión finaliza la comida, e Indira, que ya no puede esperar más para ir a ver a sus pequeños en Sankhu, invita al hombre y a su familia a visitar el proyecto. Instantes después estamos en la entrada del hotel de nuevo donde dos minibuses particulares de nuestro anfitrión esperan para llevarnos hacia Sankhu. Los empleados del hotel y los miembros más jóvenes de la familia cargan muchos paquetes en las furgonetas y se van.

De nuevo cruzamos toda la ciudad y nos ponemos dirección a Sankhu, un pueblecito fuera de la capital, pero aún dentro, del Valle de Katmandú. Se trata de un pequeño pueblecito donde hay poca cosa para ver, pero en el que se puede sentir la esencia de la cultura y la arquitectura newari, la cultura de los primeros pobladores del valle.

Pasamos por las calles tranquilas de Sankhu, donde no se ve ningún turista, aunque el pueblo aparece en la "Lonely Planet" y salimos del centro por el otro extremo. Justo donde empiezan los cierros, aparcamos los minibuses y las cerca de veinte personas que forman esta expedición inician el camino hacia la gran casa de acogida de PA Nepal. La caminata es breve pero la subida pronunciada. Los más jóvenes de la familia van cargados hasta las orejas de bolsas y paquetes y tienen que hacer una parada en un rellano antes de continuar la última subida.

Mientras descansamos aparece un yogi[1], un hombre entregado a la meditación y a la religión. Viste con una tela anaranjada de cintura hacia abajo y luce la piel bien coloreada. Lleva todo el pelo recogido sobre la cabeza, enrollado en unas rastas que seguramente le llegarían al suelo. El hombre camina contra dirección y nos mira con cara de sorpresa… No sabe de dónde ha salido tanta gente de repente.

Aprovecho el descanso para situarme en un buen lugar y ver el espectáculo que se producirá en unos instantes. Indira inicia la recta final de la subida, desde donde se ve la casa, y desde donde por primera vez, la expedición es visible para sus habitantes. Acto seguido decenas de niños se ponen a gritar. Primero es sólo una voz, después son dos, y en instantes se ve una columna de niños y niñas bajando como una estampida gritando "¡aama, aama!". Si no fuera porque entiendo la palabra y sé que quiere decir "madre", daría media vuelta corriendo y

---

1. Persona entregada a practicar el yoga y la medición siguiendo las filosofías de diferentes religiones indias, ya sea el budismo, el hinduismo o el jainismo.

muy asustado, porque la energía y entusiasmo con el que bajan parece que nos tengan que pasar por encima.

La columna de niños siguen galopando montaña abajo y se frenan en seco delante de Indira, que la reciben con abrazos, eso sí sin ahogarla ni tirarla por el suelo, como en un principio parecía. Se detienen justo delante y esperan su turno para abrazarla o cogerla de la mano y acompañarla hacia la casa.

Tengo la suerte de haber disfrutado del espectáculo dos veces. Ahora y hace ocho meses. Aun siendo la segunda vez, ha sido tan intenso y emotivo como lo recordaba, ni una pincelada más ni una menos.

Unos minutos más tarde, la comitiva llega en el patio de la casa de acogida y como los visitantes traen muchas bolsas y paquetes, que son obsequios para los pequeños, Indira los organiza y los hace sentarse en unas escaleras que sirven de gradas e improvisa rápidamente una pequeña ceremonia.

Como Indira prevé que en los próximos minutos estará muy ocupada, me deja en manos de Sagar, su sobrino, hermano de Souba y actual coordinador del proyecto que PA Nepal tiene en Sankhu, para que me explique el funcionamiento de la casa. Como ya he dicho, hace ocho meses visité el lugar, pero de nuevo hago como si no supiera nada y dejo que Sagar me explique todo de nuevo.

La casa actualmente acoge a noventa y tres niños y jóvenes, que en general tienen entre cinco y dieciséis años. Indira no suele recoger a niños y niñas más pequeños de cinco años si no es extremadamente necesario. De joven, cuando empezó a recoger criaturas de las cárceles se encontraba con que los más pequeños, por la noche intentaban alimentarse de su leche… leche que ni siquiera tenía porque todavía no había nacido Subani.

Así que decidió que los niños y niñas más pequeños estarían mejor con sus madres, aunque fuera dentro de las prisiones y que los recogería pasados los cinco años si tenía plazas disponibles. Aun así, siempre ha tenido que hacer excepciones, como en el caso de Babu que murió su madre cuando él tenía medio año. En estos casos, los recoge pero los acoge en Nayabazar donde ella en persona puede estar más tiempo.

La casa de Sankhu consta de tres edificios, uno para las chicas, uno para los chicos y el último donde se encuentra la cocina y la escuela, siendo esta última una de las diferencias entre esta casa y la de la ciudad. La segunda diferencia es el ambiente rural que la rodea.

En esta casa los niños pueden crecer en un entorno rural corriendo arriba y abajo por la montaña, como la pequeña niña de la selva que la fundó. Los pequeños pueden crecer en contacto con la naturaleza y aprender de ella y principalmente para conseguir alimentos. Para que no haya diferencias entre estos pequeños y los de Nayabazar, de vez en cuando la organización hace pequeñas rotaciones, de esta manera todos los niños de la asociación tienen la oportunidad de disfrutar de esta experiencia durante unos años.

Lo primero que encuentras en la entrada de las instalaciones es un patio muy grande donde los pequeños juegan al escondite o a "cazar conejos" que en nepalís seguro que no se llama igual, pero que por lo que observé la última vez, se juega exactamente igual que en España. El patio queda elevado formando una terraza natural sobre el valle de Katmandú y justo debajo de la terraza está el huerto.

El huerto hace bajada, pero eso no es ningún inconveniente para que crezcan docenas de árboles frutales, desde mangos, naranjas, mandarinas, peras y otros tipos de fruta. En medio de los árboles, crecen diferentes hortalizas como cebollas, pepinos, berenjenas, etc. También plantan lechugas y tomates, pero ahora no es temporada, me explica Sagar, y por eso no los puedo ver.

Me explica que la comida que obtienen del huerto, actualmente cubre prácticamente el 50% de las necesidades alimentarias de la casa, y que están pensando en cómo expandirlo para poder mejorar aún más estas cifras de sostenibilidad. Me explica también, que los alumnos de la escuela, una vez por semana van a cuidarlo, siembran, recogen, y limpian las malas hierbas cuando es necesario. También se ocupan del compostaje, añadiendo restos de comida a la compostadora, que no es ningún contenedor sino una montaña con restos orgánicos que van mezclando hasta que están preparados para devolverlas a la tierra.

Los alumnos no sólo aprenden a obtener sus propios alimentos si no a hacerlo siguiendo unas pautas ecológicas. Está absolutamente prohibido regar el huerto con ningún tipo de pesticida ni utilizar abono químico. Alrededor del huerto tienen diferentes plantas y flores que captan la atención de los insectos, evitando que vayan a las hortalizas y frutas, y que perjudiquen los cultivos. Además, los alumnos aprenden qué insectos y qué animales pueden ser buenos para eliminar las plagas y cuando es necesario, los buscan y los introducen, en las plantas infectadas, manualmente.

Visitar huertos, es una cosa que me gusta desde hace unos años, pero ver un huerto escolar tan frondoso, ecológico y que además sirva de alimento para los propios chicos... Me apasiona.

Seguimos la visita y volvemos al patio, donde Sagar me explica por encima la historia de la casa de acogida de Sankhu. Resulta que la casa hace unos siete años que funciona, primero era sólo un edificio que acogía pocos niños, pero las inversiones extranjeras conseguidas gracias a los viajes de Indira permitieron que el lugar creciera rápidamente.

De hecho, ocho meses atrás el edificio de los chicos no estaba acabado, es más, lo estaban empezado. Así que, con curiosidad, atravieso el patio donde los niños van aplaudiendo cuando van destapando los regalos y subo las escaleras hasta llegar al nuevo edificio. La casa ya está cubierta y en las dos primeras plantas ya duermen los chicos. Las habitaciones de abajo son más numerosas y acogen a los pequeños y las de arriba contienen cada vez menos camas y son para los mayores. En la tercera planta aún están haciendo obras, pero me quedo maravillado de la rapidez con la que se ha hecho todo.

Vuelvo al patio donde Sagar me sigue explicando el proyecto mientras unas chicas adolescentes hacen la colada aprovechando el día soleado. Pasamos por su lado y vamos al edificio de la última casa de las chicas. En la siguiente terraza, subiendo unas escaleras está la cocina, un lugar bastante espacioso donde dos didis y algunas adolescentes están cortando verduras.

Sagar me explica, que la cocina es muy espaciosa para poder enseñar a cocinar a los jóvenes, y dos didis, se encargan diariamente de cocinar y enseñar diferentes platos que les permita ser más competentes para enfrentarse con el mundo que les espera a fuera.

Rodeamos la escuela y vamos a visitar los patios de atrás y el ganado. En los patios hay unas construcciones donde con maderas y otros materiales, los voluntarios europeos que me había comentado Subani, construyeron unos toboganes y unos pequeños rocódromos con cuerdas donde los niños pueden jugar a trepar y deslizarse. Más allá, frente a la selva, unas cabras pastan a su aire. Cuando vine, las cabras eren muy pequeñas y los niños jugaban a cogerlas y llevarlas arriba y abajo como unas compañeras de juego más. Ahora ya son adultas y ya no deben estar para tantos juegos.

También hay una vaca de la cual sacan un poco de leche para

los niños y niñas de la casa. Las cabras no serán tan afortunadas de sólo dar su leche, cuando llegue Dashain, el festival hindú por excelencia aquí en Nepal, serán vendidas a gente del pueblo y servirán como obsequio para los dioses… ¡y para una buena comilona familiar! Sea como sea, con el dinero que conseguirán por haberlas cuidado podrán comprar más y les sobrará dinero para adquirir más provisiones, ayudando a mejorar la sostenibilidad económica de la casa.

Volvemos a bajar y mientras rodeamos la escuela, ahora ya vacía del todo porque las clases ya hace rato que han acabado y los niños asisten felices a la reunión para recibir a los visitantes, vemos a Bimala, una profesora de la escuela. Sagar nos presenta y como el inglés de la joven nepalí es excelente, me deja en sus manos para acabar la visita.

Bimala es profesora de la escuela desde hace cuatro años. Cuando acabó los estudios escuchó hablar de PA Nepal a través de su prima. Poco después ella se presentó como voluntaria y vino a trabajar aquí a Sankhu durante tres meses. Quedó tan maravillada del proyecto de Indira, de su filosofía y de lo que ella representaba para la lucha de los derechos de las mujeres, que hizo todo lo posible para ser profesora de la plantilla de la ONG. Lo consiguió rápido y ahora es la profesora oficial de inglés de la escuela Junkiri, situada dentro del mismo recinto donde está la casa de acogida.

Ella no ha crecido en PA Nepal, a diferencia de otros profesores, que son chicos y chicas que han salido de la casa de acogida e Indira les ha dado una formación y una profesión. Ella viene de fuera, pero se le nota la pasión y la admiración que tiene por Indira, su lucha y sus ideas.

Me explica que "junkiri" quiere decir luciérnaga, y que es un animal muy representativo para Indira. Dice que ella había vivido en la pobreza y en entornos analfabetos, donde la población vivía en sistemas sociales arcaicos e injustos… o metafóricamente, en la oscuridad. Dice también, que Indira cree que la educación, es la luz que puede guiar a las personas hacia un futuro mejor tal y como ella ha experimentado en primera persona, llegando a ser no sólo una mujer autónoma en una sociedad machista, sino un modelo de referencia a seguir. Y de la misma manera que las luciérnagas iluminaban el camino hacia su casa, ahora espera que las "junkiris" guíen a sus alumnos hacia un futuro más próspero, llegando a ser personas honradas que luchen por un futuro mejor para los demás y para ellos mismos.

Posteriormente Indira me explicará esta misma filosofía y podrá decir que son palabras suyas, pero como observador de los proyectos, me ha gustado ver que sus colaboradores palpan y viven la misma filosofía que ella.

Bimala me cuenta que por la labor que desarrolla en la escuela conoce a todos los alumnos, ya que da clases a todos los niveles. Eso sí, aunque enseña inglés, no se libra de las actividades colectivas como el huerto, la danza o la música.

Me explica que el sistema Junkiri es un sistema que inicialmente se había creado para niños y niñas que habían vivido en la prisión, partiendo de la base que la educación "estándar" no era válida para los pequeños que habían podido haber vivido traumas graves, como ver morir un familiar, casos de abusos graves, o simplemente haber nacido y vivido siempre entre rejas. La escuela normal no podía atender estas necesidades especiales, y por eso se vieron con la necesidad de abrir una escuela propia. Primero servía de puente para preparar a los niños y niñas para asistir a otras escuelas de la ciudad, pero viendo que el método que había creado, con el mismo nombre del colegio, Junkiri, era válido para todos, tanto los que venían de las prisiones como los que no, decidió instalar permanentemente la escuela en Sankhu y atender a los niños y niñas desde los cinco años y hasta que tuvieran la edad para ir al instituto.

Actualmente, los jóvenes de la casa de Sankhu van al instituto del pueblo donde establecen una relación con otros chicos y chicas de su edad, integrándose así paulatinamente a la sociedad. Las tasas de escolarización de estos chicos y chicas corren a cargo de PA Nepal.

La escuela Junkiri por su lado, atiende a los niños y niñas de entre cinco y doce años que viven en la casa de acogida y al mismo tiempo atiende también a treinta y cinco alumnos más procedentes del pueblo, las familias de los cuales no se pueden permitir pagar las cuotas de las demás escuelas.

El colegio ofrece también a estos alumnos los materiales y la ropa necesaria para asistir a las clases, gratuitamente, así como también los acoge en el comedor dándoles una dieta más adecuada y equilibrada de la que seguramente podrían recibir en sus casas.

El sistema de enseñanza Junkiri se centra en desarrollar aquellas habilidades que los alumnos necesitarán y que les serán útiles para su futuro. Tal y como he podido observar, los alumnos saldrán de Sankhu sabiendo trabajar la tierra y sabiendo cocinar, dos habilidades que les facilitará su futura vida.

Las asignaturas se imparten tanto dentro como fuera de las aulas. Los profesores intentan trasladar las actividades para enseñar matemáticas y lengua fuera del aula tanto como les es posible, aunque éstas las suelen realizar mayoritariamente en el interior, eso sí, con ratios muy bajas; entre siete y doce alumnos por aula. Aun así, y en la medida que es posible no es extraño ver como los alumnos hacen matemáticas en el patio o en la selva e incluso en los alrededores de la nueva construcción, midiendo superficies, distancias o contando y calculando los ladrillos que hacen falta para construir la pared. La idea es enseñar a los alumnos con el máximo de libertad posible e intentando que la curiosidad por el aprendizaje nazca de ellos mismos.

Los más pequeños exploran los alrededores y aprenden vocabulario a partir de la experimentación y el contacto directo con la natura y el entorno. Pasean por el huerto, tocan las plantas y las frutas y experimentan a partir del tacto, las olores y las experiencias. Prueban los diferentes sabores y buscan las palabras que necesitan para transmitir aquellas sensaciones que perciben. Posteriormente, cuando aprenden la lectoescritura, intentan plasmar en un papel las nuevas palabras que van incorporando, escribiendo sobre las vivencias experimentadas en primera persona. Los profesores intentan dirigir este aprendizaje a partir de las curiosidades de los pequeños.

Bimala da clases de inglés también fuera. Cuando van al huerto o cuando van a dar una pequeña vuelta por el pueblo o por los alrededores, ella les habla en inglés, familiarizando a los alumnos con el vocabulario que hay en su entorno y que será el que necesitarán para establecer las primeras conversaciones.

El dibujo y los trabajos manuales también se potencian dentro y fuera de las aulas. Se intenta que los alumnos con habilidades por estas artes tengan un lugar para poder desarrollar el sentido creativo y se les dota de herramientas para poder mejorar su destreza. El arte y la confección de artículos tradicionales tienen mucha salida comercial gracias al gran número de turistas que visitan el país, y desde el sistema Junkiri se ve este ámbito como una posible salida laboral más para sus alumnos. Así, los alumnos interesados, además de tener un espacio dentro del horario lectivo para trabajar la plástica, también tienen la posibilidad fuera de las aulas para poder desarrollar estas habilidades.

La música y la danza también son dos aspectos claves de la escuela Junkiri. Los últimos años la juventud ha marchado del campo hacia a la ciudad y han copiado tanto como han podido la forma de vida occidental, olvidando parte del patrimonio cultural y artístico propio del país. El sistema Junkiri intenta mantener las tradiciones típicas nepalís, creando un arraigo entre el alumno, la tierra y su cultura. A menudo cantan y bailan canciones tradicionales, aprendiendo nuevas palabras y su significado a través de la música.

En general, el sistema Junkiri prepara a los alumnos para que cuando salgan estén preparados para aprender y desarrollar cualquier tipo de trabajo, pero en el fondo anhela que una buena parte de los alumnos vuelvan al campo y allí se conviertan en miembros activos de comunidades rurales y que ayuden en el desarrollo sostenible y ecológico de éstas.

La ciudad, que en estos momentos ya está muy contaminada, aparece bajo una imagen de falsa esperanza para la juventud, que acaba realizando jornadas laborales de catorce horas por salarios que les permiten, en el mejor de los casos, alquilar una o dos habitaciones. Muchos acaban optando por probar suerte en el sector de la construcción en países árabes, siendo Dubai y Qatar dos de los destinos principales.

Los últimos días paseando por aquí, he sentido ya tres veces la misma cifra... Hasta cuatro mil personas se prevé que morirán en el sector de la construcción en Qatar, sólo para preparar las instalaciones que servirán para llevar a cabo el Mundial de Futbol de 2022. Actualmente ya han muerto más de mil inmigrantes en estas obras, de las cuales más de cuatrocientas personas son de origen nepalí.

Viendo los tres posibles escenarios donde estos niños acabarán viviendo; el mundo rural, la ciudad y las opciones como inmigrantes en el extranjero, realmente parece que la mejor opción para ellos es volver a los pueblos, donde podrán cultivar su propia comida y además buscar un segundo trabajo para obtener más ingresos. Con el tiempo, estos chicos tienen las herramientas para acabar siendo referentes para la gente del pueblo. Tendrán una educación, una o más vocaciones y entenderán la prioridad de ayudar a las personas necesitadas. Quizá todo funciona bien a nivel teórico y después en la práctica no sale tan bien como se esperaba, pero una cosa está clara, es un futuro más tranquilo y seguro que el de la construcción en países extranjeros.

Bimala me enseña la escuela, que está formada por diferentes aulas. En cada aula, tal y como me ha dicho, puedo contar que hay un lugar para aproximadamente una docena de alumnos como máximo, permitiendo así una buena atención por parte del profesor. El aula de los pequeños está cerca del patio de los toboganes y está muy coloreada, y dotada de biblioteca y algunos juguetes, donde los niños, hace ocho meses, jugaban y leían en diferentes rincones según sus intereses.

Hoy, hemos llegado un poco tarde y ya no están en las aulas. Me arrepiento de no haber cogido más días cuando compré los billetes de avión y así tener más tiempo para visitar todos los proyectos. Ya había visto un poco lo que se cuece, pero me gustaría tener más tiempo para saborearlo. Me hubiera gustado ver como todo lo que me explican se traduce en hechos, en prácticas diarias, poder ver y aprender de cómo los profesores guían, sus alumnos en su educación contemplando todas las dimensiones de la figura humana. Ver cómo afrontan los aprendizajes cognitivos, artísticos, con el propio cuerpo, etc. Todo esto en un contexto rural fantástico que les permite correr y desarrollarse armónicamente, tanto de cuerpo como de mente, y con unos tutores y unas trabajadoras sociales que se preocupan por su bienestar emocional, permitiendo así una evolución holística de su aprendizaje.

El profesorado que está formado principalmente por antiguos chicos y chicas que han salido de las casas de acogida de PA Nepal reciben un programa de formación especial en el sistema Junkiri, para dotarlos de las herramientas necesarias, no sólo para saber enseñar sino también para saber dar el trato emocional que los alumnos necesitan.

Finalmente volvemos al punto de inicio para visitar el edificio principal que es el que acoge a las mujeres que trabajan y también los despachos. El edificio de tres plantas contiene una biblioteca con algunos ordenadores bastante viejos, una oficina general, una sala de juegos y muchas habitaciones. En la terraza hay decenas de cuerdas para tender de donde cuelga la ropa de todos los críos esperando que los rayos de sol la sequen.

De bajada, paramos a observar la biblioteca de la casa más detenidamente, donde Bimala me explica, que está abierta a toda la comunidad del pueblo y desde PA Nepal se intenta motivar a todas la mujeres del vecindario a participar dentro de la escuela Junkiri, que también ofrece clases de lectura y escritura para aquellas que no han estado escolarizadas o quieren mejorar su nivel. Veo como, para Indira han pasado los años, pero sus deseos para mejorar la situación de la mujer no han cambiado. Y ahora con más recursos que cuando era jovencita, puede ofrecer más ayuda y llegar a más gente.

En la oficina me presenta a Birmala, la House Mother, y me hace de intérprete. Me explica que en la casa actualmente trabajan siete personas. Ella es la encargada de asegurarse que los niños y las niñas siguen unos horarios y velar por su salud, igual que su homóloga de Nayabazar.

Ella es también una trabajadora social que vive aquí las veinticuatro horas del día y conoce a la perfección todos y cada uno de los críos. En teoría ella debe intentar resolver todos los conflictos, pero me afirma que pocas veces los hay. Con el sistema de hermano mayor – hermano pequeño, los niños y niñas solucionan prácticamente solos la mayoría de problemas. Los mayores, que ya tienen un uso de razón muy desarrollado ayudan a resolver los problemas de los más pequeños. Igualmente los ayudan con la colada, la ducha y el trabajo del resto de la plantilla es más de supervisión y otro tipo de tareas.

Hay dos didis que se encargan del mantenimiento del ganado y del huerto, y que cuando es la hora guían a los niños para que realicen correctamente las tareas. Otras dos didis que trabajan en la cocina son las que, aparte de cocinar para noventa y tres niños y el personal, también enseñan a los jóvenes los platos más tradicionales de la cocina nepalí. Birmala siempre tiene que ayudar en la cocina mientras los niños están en la escuela porque entre todos no dan al abasto.

Por último, está Sagar, el coordinador de todo el proyecto, sobrino de Indira, y el máximo responsable del lugar. A parte de todos ellos también hay casi una decena de profesores que se encargan de enseñar a los niños y niñas y de desarrollar el sistema Junkiri.

Birmala, a través de Bimala, me explica que los voluntarios que vienen aquí, pueden ayudar en la escuela, mejorando el inglés de los niños y sobre todo organizando actividades extraescolares de deportes, yoga, meditación o relajación o incluso de música o danza. Me explica que los voluntarios, para acceder aquí deben de tener el compromiso de estar más de un mes, son un modelo muy bueno para los niños, con quien juegan y aprenden inglés y que enriquecen el funcionamiento de la casa.

El voluntariado puede ser una figura magnífica siempre que venga muy concienciado de lo que viene a hacer y no a hacerse sólo amigos de los niños. Tienen que tener unos objetivos claros, porque para los niños y las niñas es difícil decir adiós una y otra vez, cuando han acabado estableciendo cierto vínculo, así que lo que se espera es que su estancia sea realmente valiosa. Contentas, las dos me afirman que hasta ahora todo ha ido así y que los voluntarios se han ido con tantos o más aprendizajes como los que ellos han podido aportar. Se van sabiendo cocinar algunos platos típicos nepalís, habiendo puesto en práctica ideas propias y con una riqueza de vivencias que recordarán siempre entre muchos otros aspectos.

Acabada la visita bajamos de nuevo hacia el patio donde la ceremonia ya se ha acabado y es el turno de hacerse fotografías para recordar el momento. La familia entera se pone con los pequeños y yo acabo haciendo de fotógrafo.

La visita ha sido a gran velocidad, pero al ser la segunda vez, me voy con un concepto mucho más claro de qué es Sankhu, qué trabajo se hace y sobre todo me voy notando la felicidad con la que viven estos niños. Es cierto que algunos arrastran problemas internos, y que todavía tardarán años en cicatrizar algunas heridas, pero ahora, su presente, su día a día, es sencillo y agradable. Corren, juegan, aprenden y ahora vienen a decir adiós tan contentos como nos han dado la bienvenida... Ya están acostumbrados a que la Aama venga y se vaya constantemente.

Yo me despido de mis guías, y muy especialmente de Bimala que se ha tomado mi visita muy en serio y profesionalmente me ha dado informaciones muy valiosas... A pesar de su juventud ya se ve que domina su trabajo y que en la medida de lo posible, seguirá los pasos de Indira.Nos dirigimos hacia las dos furgonetas. Lila también ha venido con el taxi hasta aquí y juega con una cabra. La hace enfadar hasta que la cabra se levanta sobre las dos patas traseras y enviste con su cabeza cornuda a Lila, que hábilmente se aparta y la vuelve a hacer enfadar... La cabeza del animal tiene pinta de ser bastante dura y me aparto, no sea que me tocara una rótula... Seguro que me quedaría hecha trizas.

El resto de los veinte espectadores disfruta con el espectáculo hasta que Indira nos pone en marcha a todos hacia abajo. El camino de regreso lo hago con Lila en su Maruti. Indira va con las furgonetas y nos encontramos en Nayabazar, donde seguirá la excursión de los cooperantes. Yo me despido allí… Por hoy ya he recogido suficiente información.

Indira me dice que me prepare que mañana me llevará hacia la selva durante unos cuantos días y que descanse bastante por la mañana, porque por la tarde nos espera un viaje muy duro. ¡Ahora sí! Me voy contento de veras, a partir de mañana tendré a Indira Ranamagar unos cuantos días ¡sólo para mí!

Regreso a casa de mis amigos, pero esta vez caminando. Ya que no tendré tiempo de hacer turismo, al menos me quiero impregnar un poco más de las imágenes que puede ofrecer Katmandú. Es una buena caminata, pero disfruto bastante, menos por una cosa… Hoy todos los jóvenes llevan camisetas de la "albiceleste" o de la selección alemana. Hoy es la gran final del mundial de fútbol y el país se está paralizando. Todos estarán pendientes del partido y me pregunto cómo puede ser posible que la gente sea tan fanática, especialmente la de aquí de Nepal si se prevé que hasta cuatro mil trabajadores morirán para que se pueda realizar la edición de Qatar. Quizá alguno de estos jóvenes que hoy llevan alguna de estas camisetas sufrirán en primera persona alguno de estos incidentes…

La mañana siguiente me conecto a internet y veo que el mundial de Brasil acabó con la victoria de Alemania por la mínima. Aprovecho que estoy en el ordenador para corroborar las estadísticas que me habían dicho y lamentablemente parecen ciertas. Las condiciones de trabajo de los inmigrantes que viven en Qatar son inhumanas y el número de accidentes laborales es increíble. La falta de seguridad, las caídas y los golpes son las causas más comunes de los accidentes mortales, aunque también leo que algunos mueren también por ataques al corazón debido al intenso calor y a las largas y continuadas jornadas de trabajo. En otro "post" veo imágenes de inmigrantes durmiendo dentro de módulos metálicos, donde la temperatura debe de ser infernal.

Nepal seguramente no participará futbolísticamente en el mundial del 2022, pero de momento es una de las cuatro nacionalidades que está participando más, y perdiendo por derrota. Una derrota que aunque al final pudieran participar deportivamente, nunca compensará el precio que están pagando…

5. LLEGADA A KATMANDÚ

"Es un caballo salvaje. Es como el agua del mar, que lo abraza todo, pero no puede ser capturada por nadie" Sukunya Waiba, hermana de Parijat.

La primera vez que Indira vio una mujer occidental fue el mismo día en que se iba de su casa para empezar una nueva vida en la ciudad. La chica se llamaba Marisol y tenía 28 años. La conoció justo al subir al autobús que las llevaría hasta la capital.

Durante el trayecto se pusieron a hablar, Indira no quería dejar escapar la oportunidad de practicar el inglés por primera vez con alguien que lo hablaba como lengua materna. Rápidamente se hicieron amigas y el trayecto desde Jhapa hasta la capital, que de por sí ya duraba dieciocho horas, se alargó más de la cuenta ya que el autobús pinchó una rueda y se quedó horas esperando en la carretera.

La americana se quedó muy sorprendida al conocer una joven de menos de 18 años, que hablaba el inglés con cierta fluidez y que decidía ir a la ciudad por su cuenta e intentar empezar una nueva vida.

Así fue como Indira, llegó acompañada, por primera vez, a la capital de su país, Katmandú. Entonces el tráfico no era el de la actualidad y la ciudad no estaba tan contaminada, no obstante, la jovencita se quedó parada al ver tantos edificios, tanta gente y tanto ruido. Marisol al ver que la que chica no sabía exactamente hacia donde ir y que estaba casi superada por las novedades, le ofreció pasar dos noches con ella en Katmandú Guest House, en el Thamel, que aún hoy existe.

El primer día lo pasaron juntas por la ciudad y así la jovencita de la selva pudo empezar a orientarse y ubicarse dentro de la ciudad, y el segundo, Marisol insistió en enseñarle Bhaktapur, la ciudad nepalí por excelencia donde se encuentran los templos y palacios mejor conservados del valle. Marisol hizo de guía de Indira en su propio país.

Durante las noches, Marisol dormía abrazada a un mono de peluche y decía que siempre le hacía compañía y así no se sentía sola. En un principio Indira se extrañó por el inusual hábito de dormir con el animal inanimado que tenía su amiga… Pero al cabo de unos días, decidió sacar su ejemplar de *Emilio, o de la educación* de Rousseau, que ya había leído y releído unas cuantas veces pero que había decidido llevarse, y dormir con él, para no sentirse sola. Antes de dormirse leía algunas frases salteadas y se impregnaba del naturalismo del autor y dormía soñando con Emilio y con un mundo ideal donde poder nacer y crecer en libertad.

Los dos días con Marisol pasaron volando y se tuvieron que despedir. Como Indira no tenía trabajo ni piso, no le pudo dejar ninguna referencia para mantener el contacto y no se volvieron a ver más.

Sin Marisol y después de acabar las primeras vacaciones que Indira había hecho en su vida, vacaciones de tan solo dos días, tuvo que empezar a buscarse la vida. Por suerte tenía un contacto, la dirección de una amiga del pueblo que le había dicho que la fuera a ver si alguna vez iba a la ciudad. Consiguió localizar el lugar y se presentó, pero la habitación que tenía era tan pequeña que no se podría quedar demasiado tiempo, así que tenía que buscar trabajo y empezar a buscar un lugar para ella.

Sólo llevaba dos días en el piso de su amiga y ya tuvo un buen susto. Cuando volvía a casa al atardecer, justo en el momento que cerraba la puerta, un hombre intentó colarse. En el piso no había nadie, así que ella sola tuvo que espabilarse para aguantar la puerta e impedir que el extraño entrara. Con todas sus fuerzas Indira intentaba cerrar la puerta, pero no lo conseguía del todo, porque el brazo del agresor ya estaba dentro y la golpeaba tanto como podía con tal de conseguir su objetivo. Indira no era una presa fácil y continuó ofreciendo resistencia hasta que el agresor desistió. De nuevo, el miedo la volvería a perseguir una temporada.

Indira había escuchado hablar de gente con buena posición social que ayudaba a los inmigrantes, especialmente a las más jovencitas, a buscar algún trabajo, pero ella nunca optó por pedir ayuda a nadie. La desconfianza hacia los hombres hacía que ella quisiera valerse por sí misma sin ayuda de ningún desconocido que acabara utilizando su trabajo o su cuerpo para alguna finalidad. Ella tenía claro que se movería en entornos cercanos y siempre dando pequeños pasos, valorando cada nueva situación con pies de plomo.

El tercer día su amiga le enseñó el taller de costura donde trabajaba e Indira también consiguió un puesto de trabajo. Le pagarían 20 rupias (Rp) al día por trabajar. Indira sólo llevaba 300 Rp en el bolsillo, con las que tenía que conseguir sobrevivir, y con el nuevo sueldo de 20 Rp al día no tendría suficiente para vivir y ahorrar lo que le faltaba para cumplir sus objetivos. En aquel momento un plato de dal bhat[1], el plato más típico de Nepal, y que un nepalí considera que no ha comido nada si al

 1. Plato a base de arroz (Bhat) y sopa de lentejas (Dal) que suele acompañarse de otras verduras y especies, generalmente bastante picantes. (Abre el enlace para ver la receta)

menos no toma un plato al día, valía 12 Rp en el local más económico que la chica había encontrado.

Precisamente en este local pidió a los dueños si podía comer sólo medio plato por la mitad de precio. Los dueños, un matrimonio, aceptaron el precio, pero como el dal bhat, es un plato que cuando te lo acabas tienes derecho a repetir, los propietarios acababan poniéndole la ración normal. Cuando tuvo algo de confianza después de tratarlos unos días ella les enseñó sus títulos, desde el "ten plus two" hasta títulos de actividades deportivas que había ganado por ser la más rápida del instituto. El matrimonio se quedó sorprendido por las credenciales de la jovencita y empezaron a hacerle preguntas para poder entender mejor a la chica recién llegada de la selva. Al principio sospechaban que se había escapado de casa, pero Indira les explicó que había venido a la ciudad para seguir sus estudios en la universidad. Pronto le ofrecieron una habitación en su casa a un precio mucho más económico del que solían alquilar, a cambio de dar clases particulares a su hija.

Indira pudo dejar el piso de su amiga, sólo al cabo de cuatro días de haber llegado y se instaló en la habitación que esta familia le ofreció, eso sí, pagando las 150 Rp que le pedían. Era una habitación apartada y sin lavabo ni cocina, con poca intimidad.

En el taller de costura le costó aprender el trabajo, pero se esforzó mucho y cuando le cogió la práctica de nuevo era la trabajadora que más piezas hacía al día. Los propietarios del taller también se enteraron que Indira tenía estudios y no dudaron en ofrecerle que fuera la profesora particular de sus tres hijas.

Indira no se conformaba con aquello. No ganaba suficiente como para pagarse la matrícula de ninguna carrera universitaria y tampoco para enviar dinero a casa, así que las primeras semanas no paraba de buscar nuevas posibilidades. Muy pronto encontró un trabajo de contable en una empresa y dejó el taller de confección, eso sí manteniendo las clases particulares de las tres hijas de los propietarios del taller y las clases particulares de la hija de la casa donde vivía.

Para acceder al trabajo de contable le exigieron que tenía que vestir mejor, así que le dieron un adelanto para que se pudiera comprar un sari nuevo. Allí ganaba 600 Rp al mes, prácticamente lo mismo que en el taller, pero haciendo menos horas y un trabajo que sabía realizar mejor.

Al cabo de un mes que Indira vivía en la capital había pasado ya por diferentes trabajos, y había encontrado un lugar para vivir. Había aprendido también a minimizar sus gastos, pero no dejaba de buscar un trabajo mejor, que le permitiera ganar dinero para poder seguir estudiando y al mismo tiempo reunir una pequeña cantidad para enviar a casa.

Indira cada día cogía prestadas las páginas de anuncios del diario de los dueños del restaurante y buscaba trabajo como profesora fija de alguna escuela. Así fue como un día encontró una plaza vacante en una escuela de la ciudad. Decidió presentar su currículum y rápidamente consiguió la plaza. El sueldo era de mil doscientas rupias, el doble que como contable y eso le permitió ahorrar la cantidad necesaria para matricularse en la universidad.

Durante los siguientes meses Indira se adaptó muy bien al colegio, donde impartía clases durante las mañanas. De nuevo tenía que correr para llegar a la universidad en la que recibía clases de contabilidad, la carrera más económica que se había podido pagar, y al atardecer, corría de nuevo para poder seguir con sus clases particulares. El horario era infernal y no tenía demasiado tiempo libre, salvo los sábados, pero estaba cumpliendo su sueño y aún le sobraba algo de dinero para enviar a casa.

En la escuela estaba muy bien valorada por su gran labor y muy pronto estableció una buena relación con la directora,

Sukanya Waiba. Precisamente allí, en el colegio, vivía también la hermana de la directora, una famosa escritora de la India y de Nepal, Bishnu Kumari Waiba, más conocida con el sobrenombre que ella se había puesto, Parijat[2], que quería decir "flor de jazmín". Además de ser una famosa escritora de poemas y novelas, Parijat sobre todo era una activista y defensora de los derechos humanos y de los derechos de la mujer, una activista completamente entregada a su país.

Ella y su hermana, procedían de Darjeling, una ciudad India pero con bastante población nepalí, que históricamente había sido centro cultural de la lengua y las artes nepalíes. Su padre era un prestigioso psicólogo que dio la mejor educación posible a sus hijas.

Cuando Parijat tenía 18 años se trasladó a Katmandú con su familia donde siguió sus estudios. A los 26 años su movilidad de cintura hacia abajo quedó reducida por una enfermedad que le iría arrebatando la energía paulatinamente, y desde entonces vivió con su hermana que la cuidó en todo momento hasta el final de su vida. Fue entonces, cuando empezó a dedicarse a fondo a la literatura, para evadirse de su realidad personal y se convirtió en una de las mejores escritoras de todo el subcontinente.

Para escribir sus novelas y sus poemas a menudo se inspiraba en personajes reales y situaciones que existían en Nepal durante aquellos años. Siempre cambiaba los nombres de los personajes y un poco la situación para que no se les pudiera reconocer, pero a partir de éstas denunciaba los graves abusos hacia las diferentes libertades de las personas y en especial la de las mujeres. A

2. Biografía de Parijat. Wiquipedia (en inglés).

partir de los poemas y novelas que creaba desde su habitación, la sensibilidad de los problemas que vivía la sociedad de aquel momento la conmovían cada vez más, y con la máquina de escribir se dedicó a publicar artículos de denuncia en diferentes diarios.

Cuando Indira llegó a la escuela que dirigía su hermana, Parijat tenía poco más de cincuenta años, pero estaba sentada en una silla. Incluso escribir le provocaba un inmenso dolor, pero ella aprovechaba este dolor para denunciar con más firmeza que nunca las injusticias que veía, encontrando en cada paso, palabras más fuertes y superándose como escritora. El dolor era la energía que le permitía visitar las partes más profundas del ser humano y escribir con más fuerza y sensibilidad que nunca.

Por la ventana de su habitación, de donde casi nunca salía, se fijó en Indira, en la manera de jugar con los niños y como a veces daba clases en medio del patio, y cuando su hermana, Sukanya, le explicó la historia de auto superación de aquella empleada la quiso conocer personalmente.

Sólo hacía unos tres meses que Indira había llegado a la ciudad cuando conoció a Parijat en persona… La joven en seguida notó que alguna cosa en su vida estaba a punto de cambiar. Indira empezó a visitar a Parijat periódicamente. Parijat la dejó leer sus poemas y sus historias, pero lo que más llamó la atención a Indira fue la lucha social que la mujer había llevado a cabo desde su silla. Ella había vivido, y hasta hace poco vivía aún, en primera persona el sufrimiento de la pobreza y así fue como la jovencita se ofreció para realizar las tareas que Parijat por su enfermedad no podía hacer.

Un día Parijat le pidió a Indira si podía acompañarla a visitar una cárcel ya que ella no podía ir sola. El objetivo era que entre las dos recogieran algo de información sobre la realidad de las prisiones del país. Durante los últimos años la situación política había estado cada vez más tensa, con los maoístas creciendo en diversos puntos remotos del país y el número de presos políticos había ido incrementando.

Indira no dudo ni un momento a la hora de ayudar a aquella mujer a la que había empezado a admirar, y de hecho lo vio como una oportunidad para crecer y aprender de ella. Así que, un sábado, ya que era uno de los pocos momentos en que Indira tenía libre, cogió a Parijat con la silla de ruedas y la acompañó hasta la prisión más cercana. Como no tenía permiso para entrar, ni representaban a ninguna entidad, ni tenían el pase de ninguna administración, se tuvieron que dar por satisfechas al poder hablar con los presos desde el otro lado de las rejas de espinas.

La primera imagen fue chocante. Una imagen que la joven de dieciocho años nunca más olvidaría y que le cambiaría el rumbo de su vida para siempre. Detrás de las rejas de espinas no sólo había criminales y delincuentes que tenían que ser apartados por el bien de la seguridad pública, como ella se había imaginado… Detrás de las rejas había niños y niñas desnudos y sucios, jugando. Esta imagen se le quedó grabada en la retina. Era exactamente todo lo opuesto a sus sueños de crecer en libertad, todo lo contrario a sus ideales de naturalismo, todo lo opuesto a lo que la especie humana necesita para crecer en armonía y de forma saludable. En aquel preciso instante su vida dio un giro de ciento ochenta grados. Fuese cual fuese la razón por la cual aquellos niños y niñas estaban encerrados, aquello no se podía permitir.

Desde el otro lado de la barrera tuvieron la oportunidad de conversar con algunos presos y entre las muchas preguntas que les hicieron, se centraron en pedir el motivo por el cual estaban encerrados. Casi todos respondieron que estaban esperando el juicio y que llevaban años presos preventivamente esperando a que alguien les ayudara desde el exterior. Pero la mayoría no tenía a nadie que les pudiera ayudar o si lo tenían, era sin recursos económicos para poder hacerlo. Muchas de las causas se podían resolver medianamente bien simplemente pudiendo tener los servicios de un abogado, pero el propio país no podía ofrecer uno de oficio para todos, así que los presos más pobres esperaban preventivamente de manera indefinida.

Los presos aseguraban que no querían que sus hijos tuvieran que vivir allí dentro, algunas de las madres lo afirmaban con lágrimas en los ojos, pero cuando las encerraron no encontraron a nadie que se hiciera cargo del hijo o hija de un presunto criminal y con el permiso del director del centro penitenciario, tenían que ocuparse de la criatura dentro de las rejas.

En una sola cárcel había hombres y mujeres. Pudieron hablar con las mujeres, que estaban en un módulo más pequeño e insalubre, dentro de la misma cárcel que los hombres. Una aseguraba que estaba encerrada porque se había casado con un hombre de una casta superior, la familia del cual no estaba de acuerdo y la había denunciado y acusado de delitos inexistentes. Otras habían sido violadas y en defensa propia habían conseguido matar o herir a sus agresores. Otras estaban porque sus maridos se habían metido en política y se había movilizado en contra del gobierno del momento. Alguna simplemente había abortado… un delito mayor en el país. Un país que culturalmente no deseaba tener hijas porque suponía la ruina familiar, hecho que provocaba que muchas mujeres pobres abortaran cuando tenían algún indicio de que su bebé podía ser una niña.

Aseguraban también que dentro de la cárcel pasaban hambre. Decían que cada día comían lo mismo y poca cantidad, que las celdas eran oscuras y húmedas y que algunos niños habían fallecido en su interior.

Durante las siguientes semanas Indira visitó otras prisiones de la ciudad y un sábado tras otro fue corroborando estas informaciones, aunque estas visitas las tuvo que hacer sola, ya que no ir con Parijat a todas partes. La mayoría de las prisiones sufrían las mismas deficiencias, no porque el gobierno no se interesara por las condiciones de los prisioneros, sino porque tenía otras obligaciones y prioridades.

La situación dentro de las cárceles era tan grave que Parijat e Indira decidieron empezar a trabajar centrándose única y exclusivamente en este campo, y durante los siguientes dos años pusieron las bases de lo que acabaría siendo la ONG PAM, Prisoners Asistance Mision. Parijat ya era vicepresidenta de una entidad que luchaba por la defensa de los derechos humanos y de las mujeres, pero la nueva entidad nacería con la voluntad de dar cobertura legal a aquellas personas que muy probablemente eran inocentes, para intentar sacarlas de la cárcel, y también dar asistencia al resto de presos, defendiendo sus derechos humanos dentro de los centros penitenciarios.

Mientras Parijat redactaba artículos en los diarios para denunciar la situación, y se ponía en contacto con diferentes abogados de la ciudad para que ayudaran a la gente que había quedado atrapada dentro de un sistema jurídico desbordado, Indira seguía haciendo el trabajo de campo, eso sí siempre trabajando desde fuera de la prisión, hasta que no fundaron legalmente la ONG.

Ella no tenía formación de trabajadora social, así que trabajaba desde el corazón y con la voluntad de ayudar a los demás. Al principio llevaba diarios y ropa para los presos y con permiso de los policías se lo entregaba a través de la puerta de entrada principal. Los periódicos los llevaban para que pudieran estar informados de la situación al mundo exterior, lo que era importante para los presos políticos, pero al mismo tiempo vio que los diarios servían para enseñar a leer y a escribir a la mayoría.

En la prisión el rumor de que una jovencita corría por los barrotes del perímetro de la zona penitenciaria ofreciendo ayuda corrió muy rápidamente, e Indira muy pronto fue ganando la confianza de muchos presos, ya que era un hecho inusual que alguien fuera a verlos desinteresadamente y para ayudarlos. Así que muchos empezaron a acudir a hablar con ella, a través de la reja de espinas y pedirle ayuda. Ella informaba a Parijat de los diferentes casos que iba encontrando, mientras que por su parte, buscaba maneras de ayudar a aquella gente.

Aún fundando la PAM, una entidad dedicada a las prisiones, los guardias no daban acceso a Indira. Decían que una mujer no tenía que meterse en asuntos de estado y se burlaban de ella. En aquella época no había ninguna mujer policía y todas las cárceles estaban custodiadas por hombres. Indira tenía que sufrir la burla y las bromas de algunos guardias.

¿Qué hacía una chica joven visitando prisiones? ¿Qué buscaba? En mentes machistas, que por suerte no eran las de todos los guardias, la respuesta sólo podía ser una… e Indira tenía que escuchar todo tipo de comentarios. No obstante su insistencia y ante la obviedad que Indira sólo iba a ayudar, y especialmente a los más pequeños, se fue ganando el respeto de la mayoría de los carceleros y poco a poco dejó de ir trabajando desde fuera, para empezar a hacerlo desde dentro, hasta que al final, todos la conocían. No obstante, a menudo había nuevos carceleros e Indira tenía que volver a discutir para conseguir de nuevo sus objetivos. Pero nunca se echó atrás, y siempre, de una manera u otra acababa entrando.

Muchos prisioneros habían perdido el contacto con sus familias, ya que no querían saber nada de alguien que tenía problemas con la justicia, aunque se tratase de un miembro cercano. Así que Indira empezó a hacer de intermediaria, enviando cartas que los presos escribían a sus familias. Quizás, al final algunas familias accederían a ayudar a algunos de los prisioneros que simplemente necesitaban un abogado.

Algunos presos se tomaron tan en serio la oportunidad que empezaron a estudiar entusiasmados. Algunos no habían tenido la oportunidad de aprender cuando eran pequeños... Otros sí, pero no habían entendido la importancia de la educación hasta que se habían visto encerrados en aquel pozo.

Parijat, gracias a sus contactos conseguía libros para que aprendieran a leer y libros para continuar con estudios superiores y se los daba a Indira para que los llevara. Hasta conseguía gafas graduadas para quien lo necesitara. Como el caso de un joven que gracias a las gafas y los libros de estudios superiores que le facilitaron, poco después de salir de la cárcel consiguió licenciarse y con los años acabó siendo profesor de universidad.

Mientras Parijat buscaba recursos, Indira empezó a buscar casas de acogida para los niños que estaban en las prisiones. Era difícil, pero cuando encontraba alguna corría a hablar con las familias y las autoridades y así fue como empezó a sacar a algunos niños de entre las rejas.

Muchos presos pedían ayuda a Indira y ella, que se comprometía más de lo que podía, a menudo acababa haciéndose cargo de uno o dos niños durante algunos días, en su propia habitación, hasta que conseguía encontrar un centro de acogida para ellos. Alguna vez incluso, había llegado a asistir a las clases de la universidad acompañada de alguna niña que no había sabido dónde dejarla.

El trabajo como voluntaria que las dos iban haciendo, una desde la habitación, con una pluma y la máquina de escribir y la otra desde fuera de los barrotes fue creciendo. Cada vez pretendían ayudar más porque cada vez conocían a más presos que necesitaban ayuda y el trabajo dentro de las prisiones no se acababa, así que a petición de la célebre escritora, Indira algunos días no asistía a las clases de la escuela ni de la universidad.

Referente a la universidad, la única perjudicada era la propia Indira, pero en el trabajo empezaron a haber tensiones entre la directora, la propia hermana de Parijat, y la joven. Le remarcaba que su principal obligación era su trabajo como profesora y la emocional y explosiva muchacha de la selva le contestaba que había gente que tenía necesidades mucho más urgentes que los niños de la escuela y que alguien les tenía que ayudar. Cabe decir, que siempre que le llamaban la atención se comprometía a intentar respetar más los horarios establecidos. Aun así este compromiso se rompía a menudo.

Cuando hacía unos dos meses que habían fundado la PAM, Indira perdió definitivamente su trabajo de maestra, porque un día, cuando se dirigía a la escuela, la chica se encontró una mujer tendida en medio de la calle con convulsiones. A gritos, la joven pedía que alguien la llevara a un hospital, pero como nadie lo hizo, decidió llevarla ella misma y hasta que no estuvo en buenas manos no volvió a la escuela. Cuando llegó, las clases ya se habían acabado y la decisión ya estaba tomada. Aunque Parijat insistió para que la mantuvieran en plantilla, la escuela no se podía permitir pagar el sueldo de una trabajadora que no estaba, así que Indira tuvo que buscarse otro trabajo como profesora. Gracias a la carta de recomendación que Sukanya le hizo, muy pronto encontró otro trabajo en una escuela, pero en Bhaktapur, fuera de la capital.

Esto hizo que perdiera más tiempo en desplazamientos y como su lucha social se iba definiendo en un proyecto cada vez más firme a través de la asociación que habían creado junto a Parijat, acabó dejando de asistir a sus clases de la universidad. Ahora ya nunca acabaría sus estudios de contabilidad… Pero había una razón. Las injusticias que veía dentro de las prisiones y sobre todo los pequeños que allí vivían eran un motivo más grande para trabajar que cualquier título universitario.

Indira ya no tendría que pagar más materiales para estudiar ni matrículas universitarias, hecho que le permitió mandar más dinero a casa. Seguía recibiendo un sueldo de mil doscientas rupias, más las seiscientas rupias de las clases particulares y conseguía enviar algo más de la mitad a Jhapa, donde gracias a esto sus padres pudieron empezar a construir una nueva casa. Tradicionalmente, el encargado de ayudar económicamente a la familia siempre eran los hijos, pero en este caso la persona que más aportó a la construcción del nuevo hogar fue Indira, siendo así un ídolo para el pueblo de donde se había ido hacía ya un par de años y especialmente para sus padres.

Cuando pasó el curso trabajando en Bhaktapur, decidió dejar aquella escuela y buscar otra más cercana. En la nueva escuela, las cosas no salieron como ella esperaba. El éxito que tenía con sus alumnos y la buena relación que establecía con ellos nunca gustó a sus compañeros. Tampoco agradó mucho su dedicación extra a causas ajenas a la escuela. La dirección no le pagó durante los últimos dos meses que estuvo trabajando allí y durante este periodo Indira, ya con veintiún años, volvía a tener problemas para pagarse la comida por lo qué volvió a pasar hambre. Sólo tenía las seiscientas rupias de las clases particulares que había podido mantener, que no eran suficientes para llegar a fin de mes.

Siempre había ahorrado mucho, comiendo lo mínimo y lo más económico para poder enviar el máximo dinero posible a casa, pero estos dos meses ni siquiera tenía para pagarse la comida más esencial. Por suerte, la hermana de Parijat, a insistencia de ella que decía que no podía trabajar sin la jovencita, accedió a reincorporarla a su claustro.

La relación entre Indira y Parijat se fue fortaleciendo, al mismo ritmo que se agravaba la enfermedad de la mujer. Durante el tiempo que había estado trabajando fuera sólo se habían podido ver las noches del fin de semana cuando Indira le pasaba sus informes de las prisiones, pero ahora de nuevo reestablecieron un contacto más cercano. Parijat cada vez estaba más débil y los dolores eran más fuertes e Indira pasaba muchas horas trabajando con ella, pero también haciéndole compañía. Indira componía canciones que le cantaba a cappella, canciones que reflejaban la situación que estaban viviendo, las injusticias y la situación de las mujeres en Nepal. Eran canciones cargadas de sentimientos de esperanza y al mismo tiempo de tristeza.

Indira se inspiró mucho en la figura de Parijat, que se mantuvo soltera toda la vida y que había sido una mujer libre y económicamente autosuficiente gracias a sus trabajos literarios, que más adelante se llegaron a estudiar en universidades de países anglosajones. Indira quería ser una mujer libre, pero incluso la propia Parijat le decía que podía encontrar un marido que la respetara y la apoyara en su trabajo. Pero la joven, viendo la realidad en la que vivía no lo tenía tan claro como la escritora.

Por otra parte, cada día estaba más cansada de los insultos que recibía por parte de los vecinos y personas que la conocían poco. No entendían qué hacía una joven de veintidós años, soltera, visitando cárceles y sin casarse. En aquella época, y todavía hoy, una mujer nepalí en su país, no está cumpliendo con sus obligaciones como mujer si no se casa y tiene hijos. Indira vivía sola en una habitación de una familia que no era la suya y la gente no entendía qué estaba haciendo. Corrían rumores que su familia había estado encarcelada y que por eso se volcaba en este trabajo, otros decían que estaba enamorada de algún criminal… Fuese lo que fuese la mayoría opinaba que Indira estaba loca, ya que su manera de vivir no era nada normal y a veces la trataban con desprecio.

Si bien era cierto que tenía algunos amigos en la ciudad, pocas veces se reunía con ellos y cuando lo hacía, era incapaz de reír como lo hacían los otros, no se quería permitir el lujo de acercarse demasiado a los demás y apartarse de los nuevos objetivos que iba determinando. El dolor que vivía a su alrededor era tan fuerte que, día y noche, se centraba de nuevo en sus tareas. Años atrás no descansaba para labrarse un futuro mejor, y ahora, no para intentar dar un futuro a los más desafortunados.

En las cárceles empezó a trabajar con los presos que sufrían diferentes discapacidades psíquicas, intentando ayudarlos a establecer unos hábitos de higiene básicos. Ella les ayudaba a limpiar la habitación y el estrecho vínculo que iba creando con ellos le permitía reñirlos, afectuosamente, cuando ellos unas semanas más tarde descuidaban alguna de las rutinas que la joven les había exigido.

Desde fuera, la PAM intentaba convencer a las administraciones para que ubicaran a los presos en diferentes módulos, separando a hombres y mujeres y también a las personas con discapacidades psíquicas.

Parijat seguía manteniendo contactos para liberar presos políticos y ofrecer defensas legales contra situaciones injustas. Desde dentro, Indira cada vez se centraba más en el trabajo social y en intentar ayudar a las personas que, quizás no eran inocentes, pero que habían llegado allí por la falta de educación. Algunos de los presos habían llegado allí engañados por las mafias que los habían extorsionado o comprado para realizar los trabajos más peligrosos. Muchos por no pasar hambre habían delinquido conscientemente y otros de manera inconsciente.

Su prioridad siempre eran los más pequeños. Desde el principio Indira vio, que además de ser los inocentes más inocentes de todas las prisiones, si esos niños y niñas recibían la oportunidad de recibir una educación y se les dotaba de las herramientas necesarias para poder ser personas responsables en la sociedad, rompería el círculo de la delincuencia. Si aquellos chicos crecían y con dieciséis años les dejaban libres sin más, probablemente volverían a delinquir para no morir de hambre o para volver al único entorno que ellos conocían como su casa, las prisiones. Así que dentro de lo que el horario le permitía, intentaba realizar con cierta frecuencia clases de lectoescritura a los niños de más de seis años.

Cuando encontraba algún pequeño enfermo buscaba ayuda externa para poder atenderlo. Quizás no había recibido la formación de trabajadora social... pero para ayudar a aquella gente no hacían falta estudios... ¡Sólo voluntad! Ella veía una necesidad y como nadie tenía herramientas para actuar, lo hacía ella, desde el corazón y siguiendo cada día adelante. Todo estaba por hacer, y cualquier solución que ella aportara, era mejor que la falta de atención que tenían aquellas personas.

La función de Indira, que no podía estar siempre allí, era dinamizar a los presos para que ellos empezaran a desarrollar un programa de reinserción. Las herramientas de las que disponían eran mínimas y el espacio era un rincón de la cárcel que antes estaba lleno de trastos viejos para tirar. Pero a base de visitas y más visitas, el pequeño espacio se convirtió en la primera escuela dentro de una prisión nepalí.

Indira tampoco olvidaba a las mujeres e intentaba realizar dinámicas para que expusieran los diferentes problemas que habían tenido y buscaba la manera de ayudarlas a fortalecerse, para intentar superar los diferentes traumas que hubieran podido vivir.

Los primeros cálculos que hizo la PAM demostraron que la mayoría de presos eran o inocentes que esperaban un juicio o eran presos políticos o eran personas que habían cometido delitos leves por extrema necesidad o incluso por ignorancia, sumando hasta aproximadamente un 75% del total. Pero evidentemente, una cárcel también contiene presos altamente peligrosos... En una ocasión un preso, acusado de secuestrar niños en diferentes mafias, pidió una entrevista con Indira. El preso nunca había hablado con nadie desde que estaba en la cárcel e Indira, aunque Parijat se le desaconsejaba, se la concedió. El preso le pidió cómo podía sobrevivir y conseguir un buen nivel de vida sin delinquir y sin depender de ninguna mafia. Indira le respondió con una parábola de Einstein.

"Una vez un chico fue a ver al Dr. Einstein para pedirle cómo podía ganar más dinero. Einstein le respondió que, siendo tan joven y saludable, podría vender su cuerpo a la ciencia, que seguro que por sus órganos y extremidades le darían un dineral. El chico evidentemente protestó y alegó que, si vendía su cuerpo, ya no necesitaría el dinero para vivir. Entonces Einstein le contestó que en vez de vender sus órganos y sus extremidades, las podía utilizar para trabajar duro cada día y de forma honrada, y que seguro que al final acabaría ganando más dinero que vendiéndolo a la ciencia".

Con esta pequeña parábola que Indira había leído del célebre científico, hizo ver al criminal, que quizás hoy no estaría en la cárcel si en vez de intentar ganar mucho dinero a la vez, se hubiera esforzado cada día en ganar poco, pero de forma honrada y constante. Seguro que la segunda opción no le habría solucionado los problemas graves que él tendría en su vida anterior ni le habría proporcionado el buen nivel de vida que él deseaba, pero seguro que también, ahora tendría una vida allí fuera.

Sin darle ningún consejo aquella historia hizo reflexionar al joven que poco a poco visita tras visita se fue interesando en su alfabetización. Indira creció con esta historia… vio que a través de las palabras y del amor se podían conseguir muchas cosas y esto hizo que aún creyera más en lo que hacía. Le dio más fuerza que nunca y siguiendo la moraleja, sacada de los libros de Einstein, dedicaba todos sus esfuerzos físicos y psíquicos para seguir trabajando. Sin dinero y sin recursos, pero con las manos, la cabeza y el corazón.

Otros casos como este surgieron con el tiempo e Indira pasó a ser un amuleto dentro de las prisiones, alguien a quien todos escuchaban y lo más importante… alguien que les escuchaba. Se iba convenciendo cada vez más de que todo el mundo necesita una segunda oportunidad y que la reinserción era la clave para mejorar la sociedad. Ella tenía que hacer este papel y aún más especialmente, alguien lo tenía que hacer con los pequeños que vivían allí dentro. Ella tenía que ser el cambio que quería ver el mundo, tal y como había leído alguna vez de un tal Gandhi.

En 1992, una reclusa le suplicó que se llevara a su hija fuera de la prisión y le consiguiera un lugar mejor para vivir. Sin pensarlo mucho Indira se llevó a la pequeña sin tener cerrado ningún trato con ninguna casa de acogida. A diferencia de otras veces, que le había costado encontrar algún lugar, normalmente algunos días o hasta alguna semana, esta vez en ninguna casa la querían aceptar… Era hija de presos y eso, tal y como les había demostrado la experiencia, era sinónimo de problemas. Por eso que Indira la alojó en su casa, durante más de dos meses.

Durante este periodo Indira tuvo que esforzarse en encontrar nuevos argumentos y medidas de presión para poder conseguir que las casas de acogida cambiasen de opinión, y encontró nuevas maneras de convencer a la gente. Se obligó a sí misma a llamar a más puertas y su red de contactos empezó a crecer. Mientras, durante las mañanas llevaba a la pequeña a una guardería de confianza y por las tardes se la llevaba a todas partes.

Finalmente, después de escribir en los diarios, llamar a mil puertas y molestar a gente importante, no sólo consiguió colocar a esta cría en una casa adecuada sino que a partir de aquel momento, rescatar niños de la cárcel se convertiría en su principal tarea. Ella era un puente entre las familias de las presas y el exterior. Cogía a los niños y niñas de los padres que lo pedían y buscaba casas de acogida sin descanso. Aunque la primera vez le hubieran dicho que no, ella volvía e insistía hasta que la persistencia le daba su fruto. Cuando no tenía la respuesta que quería simplemente insistía, buscaba nuevos argumentos y luchaba para poder sacar cada vez más niños de la cárcel. Si le costaba conseguirlo, alojaba a los niños en su casa de forma indefinida. Esta tarea ya no la dejaría de hacer en toda su vida.

Llevaba una vida agotadora pero desde pequeña estaba acostumbrada a este ritmo y a enfrentarse a nuevos retos. El trabajo duro y no descansar había sido su modus vivendi y lo seguiría siendo. En pocos años había cambiado la selva por el asfalto y el polvo, y sus objetivos también habían cambiado. De esforzarse para ayudarse a sí misma y a su familia a esforzarse para seguir ayudando económicamente a su familia y a los presos de las cárceles con su trabajo. Seguía yendo a cualquier lado a pie, a menudo corriendo ya que tantos años de entrenamiento le permitían ir de un lugar a otro igual o más rápido que los rickshaws, los rudimentarios taxis formados por un carruaje tirado por una bicicleta, que se ahorraba pagar.

Algunas noches cuando volvía a casa o se quedaban en el propio colegio donde dormía algunas veces para aprovechar el tiempo con Parijat, se repetían los sustos con hombres que querían alguna cosa de ella. Esto había provocado que en alguna ocasión tuviera que defenderse, pero sobre todo de sus piernas, que eran generalmente más rápidas que la de la mayoría de los hombres, y aún más si estos estaban ebrios.

Parijat presentaba a Indira a sus colegas y amigos diciéndoles que la chica era como el océano. Que ella era una fuerza inagotable capaz de abrazar y querer todo lo que le rodeaba. Las dos formaban un equipo perfecto. Una desde la experiencia y la sabiduría, con la pluma y la máquina de escribir, con la burocracia y los contactos sociales adecuados y la otra desde las ganas de emprender nuevos proyectos e implicándose en el trabajo de campo. Fueron casi inseparables… Pero la enfermedad de la escritora se fue apoderando de ella rápidamente y cuando aún no hacía cuatro años que se conocían Parijat tuvo que abandonar la escuela e ingresar en el hospital de donde ya no saldría nunca más.

Indira fue la persona que más horas pasó con ella durante los últimos días. Su hermana también la visitaba tan a menudo como sus tareas se lo permitían, pero Indira prácticamente estuvo con ella todas las horas en las que no trabajaba.

Parijat no recibió muchas visitas las últimas horas de su vida, pero cuando sus ojos se cerrarón por última vez, la noticia de su muerte corrió por todo Nepal y el país entero se volcó en homenajear a la escritora.

Cuando corría el año 1993, Indira tenía veintitrés años y se quedó huérfana de su segunda madre o de la madre que le había mostrado el camino que ella quería seguir, su líder espiritual, su inspiración. Con veintitrés años había tenido una existencia dura, pero perder a Parijat fue el golpe más duro de todos. La escritora la dejó poco después de haber iniciado una organización juntas, que ahora tendría que liderar ella sola con tal de poder seguir adelante.

6. ¡DE EXCURSIÓN AL PARAÍSO DE LA AAMA!

*"Aun estando en de la cárcel me siento segura desde que co-
nocí a Indira. Sé que alguien está cuidando a mis hijos y eso
me da tranquilidad. Sé que están lejos de cualquier actividad
que pueda resultar peligrosa para ellos. Sé que vela por su
alimentación, por su salud y su educación. Ella está siendo
la madre que yo no he podido ser para mis hijos. Y algún día,
cuando salga, gracias a ella podré reencontrarme con ellos y
con su ayuda sé que todo irá mejor". Prisionera anónima de
Beni.*

¿Qué narices me lleva a andar de noche por la selva lloviendo
a cántaros y cargado hasta arriba de bolsas y mochilas? No es
la situación más extraña en la que me he encontrado en la vida,
pero es lo que me viene a la cabeza cuando haciendo equilibrios
tengo que atravesar un puente de madera inestable por encima
de un río que no veo por la oscuridad pero que me retumba por
la fuerza con la que llueve…

Hace unas nueve o diez horas nos encontrábamos en una de
las estaciones de autobuses de Katmandú donde Indira y yo nos
despedíamos de Lila. Antes de subir al autocar hemos sacado
del maletero del taxi un saco lleno de arroz, una guitarra vieja
y tres mochilas, dos de Indira y una mía, muy pequeña, donde
al mediodía había metido dos camisetas y unos pantalones de
recambio… nada más. Cada vez me gusta viajar más ligero, lo
que todavía no sé si esta vez será suficiente.

Una vez en el autocar, Indira me ha regalado una panocha que acababa de comprar a un chico con las manos bien negras. Justo cuando daba los primeros mordiscos, el autocar ha arrancado y ha cruzado los barrios del oeste de Katmandú rumbo a la carretera que nos lleva a Pokhara. Nos ha costado librarnos del tráfico de la ciudad, pero yo iba disfrutando de mi merienda mirando un videoclip boliwoodiano hasta que unas risas me han apartado del hipnotizador videoclip y su pegadiza canción. Al volver la vista me he visto dos jóvenes sentados en los asientos del otro lado del pasillo, riéndose de mí. En un primer momento me ha desconcertado, pero enseguida he entendido que les hacía gracia mi torpe e incívica forma de comer panochas. Nadie me ha enseñado nunca, e igual que cuando viajaba en bicicleta, he ido royendo el maíz arrancando los granos con los dientes. Entonces he descubierto que Indira, un poco ausente y mirando por la ventana los desgranaba hábilmente con los dedos.

He decidido corregir, pero aun cambiando y puliendo mis maneras, parece que a los jóvenes les hace gracia alguna cosa más de mí, lo que me indica que a la zona donde vamos no hay demasiados turistas.

Nada más salir de la ciudad, el autocar ha parado en uno de los restaurantes que ofrecen Dal Bhat a los viajeros. Indira me ha avisado que sería la última comida que haríamos en varias horas así que he comido tanto arroz y he repetido de Dal, la sopa de lentejas, intentando evitar los ingredientes picantes que completan el plato.

Subiendo de nuevo al autocar, Indira me ha recomendado también que intentara dormir, ya que nos quedaban muchas horas de carretera. Como los asientos de atrás habían quedado vacíos he decidido instalarme allí para poder estirarme si me apetecía. Indira me ha aconsejado que no lo hiciera, yo le he dicho que así ella tendría más espacio y yo también. Me ha dicho que está acostumbrada a dormir de cualquier manera y que no necesitaba más espacio, pero yo tozudo y deseando tener la ventanilla cerca para oler el aire de esta tierra, ya fuera de la capital, me he trasladado rumbo al final del destartalado autocar.

Un minuto más tarde he entendido porqué me lo desaconsejaba. La suspensión del autocar era inexistente y mi columna vertebral ha absorbido todos y cada uno de los miles de millones de baches de la carretera.

Antes de dormirse, Indira ha vuelto la cabeza para asegurarse que yo estuviera bien y con una sonrisa le he dicho que sí, mintiendo bastante para no reconocer mi error... Las siguientes seis horas las he pasado dando saltos sin parar y yendo de un lado a otro de los cinco asientos que tenía para mí solo. El autocar, que al principio circulaba por la autopista principal del país, que no dejaba de ser un puerto de montaña zigzagueante que bajaba por una de las vertientes montañosas y fregando algunos precipicios, ha corrido como nunca había visto un vehículo en este país.

Como de noche hay menos tráfico, se ha permitido el lujo de ponernos los pelos de punta a todos los pasajeros, haciéndonos botar y balancearnos en cada giro. Cuando aparecían vehículos de frente frenaba de golpe y en un par de ocasiones, he chocado con el asiento de delante. El golpe más fuerte me lo he llevado en la cabeza en un bache que me ha hecho saltar hasta el techo.

Hasta que no hemos dejado la carretera principal y nos hemos dirigido a Terai, he pasado una de las peores noches de mi vida sin duda. Una vez en Terai, ya fuera de la zona de montañas y con rumbo a Butwal la carretera ha mejorado. Aunque los baches siguen siendo constantes, las últimas tres horas de viaje han sido en línea recta.

A pesar de estar oscuro, por la ventana he percibido un cambio en el paisaje. De paredes, precipicios y curvas cerradas, hemos pasado a una explanada con palmeras y otros árboles de hojas grandes que no podía acabar de distinguir. El aire se ha vuelto más cálido y el olor a humedad y vegetación se ha intensificado.

Justo al principio de la zona más llana hemos cruzado el Narayani, amplio, calmado y salvaje con un reflejo de la luna sobre él. Una nueva frontera para mí. Nunca había visitado nada más lejos de este río en esta dirección.

Unas horas después el autocar nos dejaba en Butwal donde un taxista nos esperaba. Antes de subir al taxi, hemos estirado un poco las piernas y hemos aprovechado para contemplar las estrellas. Eran las tres de la madrugada y faltaba media hora más de camino... Mañana, o mejor dicho hoy, me levantaría en un lugar nuevo y estaba emocionado.

El taxi ha abandonado Butwal y con la ciudad también hemos abandonado el Terai, rumbo al norte, volviendo a la zona de montañas de nuevo. Después de un par de curvas hemos pasado por debajo de una puerta gigante, hecha de dos pilares de piedra que aguantaban una gran madera de decía "Bienvenidos a Palpa". El pequeño Maruti ha pasado por debajo transportándonos hacía una jungla montañosa... un nuevo lugar por descubrir.

Unos minutos después el taxi ha parado en medio de una curva de la carretera y hemos salido del coche. Ya no había ni rastro de las estrellas. Tampoco había rastro de ninguna casa ni ciudad... Ninguna luz. Justo con el tiempo para descargar nuestro equipaje ha empezado a llover inesperadamente. Es lo que tiene el monzón... Viene y va sin avisar y con un temperamento muy repentino.

Indira, con el saco de arroz sobre la cabeza, ha iniciado un camino entre unos matojos que discurren pendiente abajo y como era muy oscuro he intentado buscar la linterna. En seguida me he dado cuenta que unas horas antes me había pasado de listo y que de tan poco equipaje que quería llevar… ¡me la había olvidado!

He puesto mi mochila pequeña, las dos maletas de Indira sobre la cabeza, he cogido la guitarra con la mano que me quedaba libre y he seguido a Indira antes que desapareciera entre la selva.

Hemos bajado unos cincuenta metros y como no veía me he resbalado un par de veces. La lluvia se ha intensificado y yo ya no tenía ni un centímetro de mi cuerpo que no estuviera en contacto con el agua. Cuando el panorama ya no podía ser peor, ha aparecido el puente donde me encuentro ahora mismo…

Antes de poner el primer pie en la estructura, Indira ya lo ha cruzado ágilmente y desde el otro lado, gritando con fuerza para hacerse oir sobre el rugido del río, me indica que vaya con cuidado porque hay agujeros.

Paso a paso empiezo a cruzar el puente. No estoy seguro de ver el agua, porque bajo el puente todo está oscuro. Lo que sí que sé es que si no veo alguno de los agujeros y me caigo, de este río que baja enfurecido desde miles de metros arriba y malhumorado porque todavía quedan unos saltos más, no saldré nadando. Por suerte los ojos ya se han acostumbrado y detecto el único peligro muy pronto. Justo al principio del puente hay un espacio grande entre dos tablas, pero llego al otro lado con más facilidad de lo que esperaba.

Cruzado el obstáculo toca trepar más de cien metros montaña arriba. Después de no dormir y de pasar ocho horas en el autobús saltando como una palomita en una sartén, me cuesta un poco subir y aún más, hacerlo siguiendo el ritmo de Indira que trepa sin pausa y a buen ritmo. El peso que llevo tampoco me ayuda mucho e intento desvincularme de las sensaciones incómodas que mi cuerpo, quejoso y empapado envía a mi cerebro… ¡Pero cuesta!

Finalmente llegamos a una primera construcción, donde descansamos dos minutos, justo hasta que la lluvia cesa un poco. De allí subimos hasta una segunda edificación que será donde dormiremos hoy.

Indira me abre la puerta de una de las habitaciones y me alumbra hasta que me quito la ropa empapada y me meto en la cama. Me desea una buena noche y se va, y con ella la poca luz que tenía. Cierro los ojos intentando no pensar en los posibles animales que podría haber dentro de la habitación. Me cuesta poco no pensarlo, porque aunque caminar bajo la lluvia debería haberme desvelado, mi cuerpo está rendido y no tardo más de diez minutos en caer en un profundo sueño.

En algún momento de la madrugada he abierto los ojos y he visto la sombra de Indira pasando por el otro lado de la ventana. –Bien, ¡ya se despierta y es muy temprano! – He pensado – ¡Así aprovecharemos al máximo el día! – Pero este pensamiento se ha desvanecido en seguida bajo mis músculos doloridos y he me he vuelto a quedar dormido de nuevo.

Mi subconsciente sabe que se va haciendo de día, sabe que Indira ya está afuera, sabe que yo deseo hacer cosas en el exterior, pero mi cuerpo no responde, hasta que unas horas más tarde, aunque aún es temprano, mi cerebro gana la batalla.

Me levanto con el cuerpo dolorido y medio aturdido voy hasta la puerta y la abro. La luz me ciega la cara y tardo unas décimas de segundo en entender el paisaje que me rodea. Delante de mí tengo un porche pequeño que comunica con las otras habitaciones. El porche está suspendido sobre una terraza natural que me proporciona una vista panorámica a uno de los proyectos preferidos de Indira.

Delante de mí el suelo se descuelga decenas de metros abajo formando pequeñas terrazas de cultivo hasta una explanada gigante que a la vez es la cima de una colina más pequeña. Se trata de una zona verde y llana que queda elevada un centenar de metros sobre el río que atravesamos anoche. Justo al otro lado del río, la montaña llega hasta una carretera y después sigue hacia arriba formando unas montañas selváticas bastante altas y recortadas con formas curiosas.

Diviso a Indira trabajando en el campo. Justo al final de la explanada está el edificio que cruzamos ayer por la noche y queda justo al lado de una de las muchas zonas de cultivo de la instalación.

Bostezando y despejándome bajo las escaleras en dirección a la cabaña de abajo. A media bajada paro a observar un establo. Cuatro vacas y tres cabras pastan cerca de allí. Sigo el camino e Indira me saluda secándose la frente.

No entiendo cómo puede haberse levantado tan temprano y haberse puesto a trabajar si el trayecto de ayer fue… ¡infernal! Y no sólo la he visto trabajando en el campo, sino también ha tenido tiempo de prepararme el desayuno. Yo, con casi una quincena de años menos que ella, y aun estando medio en forma no podría haberme levantado como ha hecho ella. ¡Y menos después de la pasada noche!

Nos sentamos para comer un Dal Bhat mientras Indira se disculpa por no ofrecerme nada más. Últimamente, me explica, en este proyecto las cosas no han ido como ella hubiera querido y no tiene nada más para ofrecerme a parte de un vaso de té con leche escondida bajo una capa de nata. Intento explicarle que no necesito nada más, pero de todas formas se siente mal.

Justo cuando nos acabamos de sentar me presenta a la única persona que ahora mismo vive allí. Se trata de un chico de dieciséis años que vino con otros chicos ahora hace unos cuantos años. Sólo queda él ya que los otros han cumplido la mayoría de edad y han decidido valerse por sí mismos.

Los coordinadores del proyecto, un matrimonio mayor, ahora están en Katmandú, ya que han tenido que operar al hombre de urgencia. De hecho los conocí en la Farm House, el día de la boda, donde se alojaban después de la operación.

El joven se ofreció voluntario para quedarse cuidando los animales hasta que volvieran los coordinadores, aunque como lo compagina con sus estudios los animales se han comido gran parte de los pastos durante su ausencia.

Cuando Indira lo ha visto esta mañana, se ha desesperado bastante… Desde que se fueron la mayoría de los chicos, el proyecto había ido en decadencia y ahora sin la ayuda del matrimonio que vive allí, prácticamente no queda nada de lo que un día fue esplendor.

Recuerdo que Sunil se formó aquí como agricultor y que esto le proporcionó un futuro, y sé que un día este proyecto funcionará. También sé que Indira, juntamente con mis amigos, se están volcando con todas sus fuerzas en este proyecto y que de aquí a dos meses volverá a brillar aún con más fuerza que antes.

El joven que vive aquí, Umseh Rai, vivió primero en Nayabazar y después en Sankhu. Pero su actitud era algo violenta y todos los espacios se le quedaban pequeños. Así que hará unos tres años, Indira lo envió con otros tres jóvenes, algo más grandes que él, a vivir al proyecto de Palpa. Aquí ha podido seguir con su escolarización y además ha aprendido el oficio como payés y ganadero.

El chico reconoce, algo avergonzado, que unos años atrás él era una fiera indomable, pero que correr por la selva y trabajar en el campo le había ido muy bien para quemar energías negativas y mejorar su actitud. De hecho le había ido tan bien, que ahora que se podría haber ido, se había quedado para salvar el proyecto, que cree que será bueno para otros chicos mientras siguen sus estudios en el pueblo de al lado.

Cada día tiene que coger el autobús y hacer los cinco minutos de trayecto hacia la escuela, aunque reconoce que a veces le gusta hacer el recorrido a pie. El resto del día cuida de los animales e intenta salvar las hortalizas que aún no se han comido… pero, en estos momentos, es una tarea imposible.

Como no tenemos más que arroz que ha traído Indira, y el que él aún tenía, Indira le da dinero para que vaya a comprar volviendo de la escuela. Mientras hablan en nepalí, yo saboreo mi té con leche, apartando la nata con la cucharilla. Aprovecho para despertarme con la calma sentado en el porche de la cocina, que es el primer edificio que atravesamos ayer. Una cabra aparece precisamente de dentro de la cocina y atraviesa delante de mí y me mira con los peculiares movimientos desarticulados de estas bestias.

Acabado el té, Indira me dice que quiere ir a plantar y que aproveche para descansar… ¡Realmente me conoce poco si se creé que me quedaré aquí parado mientras ella trabaja! ¡Me muero de ganas de colaborar, por poco que sea, en este proyecto del que hace tanto oigo hablar!

Aunque los animales han destruido parte de los huertos, Indira tiene la intención de plantar café, y lo hará dentro de la selva, aprovechando las sombras de algunos árboles y al mismo tiempo lejos del ganado que muy probablemente no se acercará a pastar dentro de los matorrales.

Un centenar de plantas esperan ser colocadas y nos ponemos manos a la obra. Empezamos a plantar siguiendo el perímetro de la finca mientras Indira me explica más detalles del proyecto "in situ".

El proyecto de Palpa consta de tres edificaciones. Una es la cocina donde hemos desayunado que me recuerda a un refugio grande de alta montaña, aunque aún falta acabar de arreglarlo.

El segundo edificio, algo más empinado por la vertiente, es un gran establo para el ganado, y el tercero, ya en lo alto de la montaña es un edificio bastante acogedor donde hemos dormido y donde están las habitaciones que un día alojaron unos cuantos jóvenes que querían aprender a ser agricultores. La intención de Indira es retomar esta actividad en breve rebautizando el proyecto con el nombre de "Aama Paradise Home".

A partir de enseñar métodos de trabajo ecológicos quiere que los chicos que vivan aquí aprendan a cultivar su propio alimento al mismo tiempo que acaban su escolarización. El objetivo en sí, sería el de mejorar las herramientas y los métodos agrícolas tradicionales, implementando mejoras que las nuevas tendencias de agricultura ecológica pueden aportar e intentar reestablecer la población rural como base de la sociedad, ya que en las ciudades, excepto el sector turístico, no se encuentran muchos trabajos que no resulten inhumanos.

Indira quisiera que los chicos pudieran vivir en libertad, adquiriendo los hábitos de trabajo necesarios para su propia supervivencia a partir de entender estas necesidades y de buscar soluciones. Además, aparte de ser el hogar de acogida de unos jóvenes que han salido de la prisión y que en la ciudad no han acabado de encontrar su lugar, también tiene que acabar siendo uno de los puntos de producción de recursos básicos de la asociación.

Por eso no cultivará arroz sino que plantará árboles frutales, café y hortalizas. Con unas conseguirá comida variada y saludable para los propios habitantes del proyecto Palpa y por otro lado, una fuente de ingresos, ya que el café, un producto que se vende a buen precio en los mercados del país, es mucho más productivo que el té. La idea no es esclavizar a los chicos a trabajar en el campo, sino que de plantas que no requieren un trabajo intenso, sacar el máximo rendimiento.

De hecho, mientras plantamos voy observando los árboles del

perímetro. Aunque aún no se ha hecho todo lo que se tenía que hacer, la mayoría de árboles son árboles frutales de los cuales cuelgan papayas, mangos, bananas y "jackfruits[1]" o jaques, una especie de fruta más grande que un melón, de piel rugosa y puntiaguda de color verde, y que cuelga a bastante altura. Los frutales, realmente, son los que menos trabajo han dado e incluso han conseguido sobrevivir perfectamente al descuido de las últimas semanas.

Una vez hemos plantado más de la mitad, Indira se obsesiona en limpiar una parte del terreno de cultivo que ha quedado cubierta por las malas hierbas. Si en un país mediterráneo, como el mío, te olvidas unos días, crecen abundantes hierbas que hay que arrancar, pero si en un país tropical descuidas un trozo un solo mes, la faena es de locos.

Con las manos empezamos arrancar malas hierbas que abarcan más de un metro de altura y la siguiente hora nos la pasamos resoplando, luchando contra todo tipo de plantas que ya están bien arraigadas. Aunque trabajamos con todas nuestras fuerzas y dedicamos mucho rato, no conseguimos vener todo lo que tendríamos que hacer, pero hemos adelantado mucho. Aun así, tendremos que seguir en otro momento porque de golpe y porrazo la lluvia ha decidido volver a visitarnos de nuevo.

Nos refugiamos en el porche de la cocina y con otro té en las manos hablamos un buen rato. Dentro de pocos días, me asegura Indira, los coordinadores podrán volver y además esta vez tendrán la colaboración de la asociación de mis amigos que están a punto de obtener la inversión necesaria para adquirir

---

1. Es la fruta de los fruteros de cultivo más grande del mundo. Puede llegar a pesar 35 kg. Aunque es originario de India se ha cultivado en distintos países tropicales, pero solo se ha integrado en la dieta habitual en los países del sur de Asia.

ganado nuevo para el proyecto. La idea es volver a acoger chicos aquí en el proyecto, ya que Sankhu está llegando a sus límites. Indira traerá adolescentes rescatados de las prisiones que no hayan estado escolarizados previamente, para poder tratar mejor su reincorporación a la sociedad. De esta manera, aquí podrán disfrutar de las oportunidades de aprender un oficio, tener espacio para correr y una socialización más pausada que si de golpe los colocaran en un instituto de la ciudad. También llevaría a chicos que se han criado en otros proyectos y que manifestaran interés por la tierra y la vida rural.

Aparte de los coordinadores su intención es potenciar el voluntariado en esta zona para que los chicos tengan la oportunidad de practicar inglés y al mismo tiempo romper la monotonía que la vida rural les aportaría. El voluntariado tendría un papel importante a la hora de organizar talleres y actividades para que, desde el ámbito del ocio, se trabajasen hábitos y valores que serían enriquecedores para ellos.

Con el nuevo ganado, que constará de más vacas, cabras, gallinas y cerdos, además de los cultivos, habrá suficiente alimento para la docena de personas que vivirán aquí y sobrará para vender y conseguir más recursos para la asociación. Entre esta docena de personas será más fácil realizar todas las tareas. De hecho el proyecto es tan ambicioso que hasta consta de dos estanques, que ya están construidos y que acogerán quinientos peces que, si todo va bien, se tiene que reproducir y darán más variedad a la dieta haciéndola más rica en proteínas.

Cuando para de llover, aprovecho para ir a ducharme, ya que empieza a hacerse tarde y yo estoy de barro hasta la cabeza. La humedad me ha hecho sudar como nunca y estoy realmente sucio de arriba abajo.

Indira, que no ha querido ayuda, empieza a hacer la cena y yo atravieso la verde explanada y subo montaña arriba hacia la zona de dormitorios. Antes de la ducha decido curiosear un poco. El edificio de arriba es de dos plantas, con cuatro habitaciones grandes en la planta de abajo y cuatro más en la de arriba. Encima del porche hay una terraza de madera desde donde las vistas son más que magníficas.

Bajando por las escaleras de madera diviso los estanques y también voy a mirarlos. Dos piscinas muy grandes recogen el agua de un pequeño riachuelo, haciendo dos pozas artificiales. Dentro de poco serán las nuevas viviendas de los peces de los que antes me contaba Indira.

Ahora sí… Toca ducha. Siguiendo el porche hasta el otro lado de la casa llego a un baño abierto. Una de las paredes del baño es la propia selva que sube montaña arriba. La otra pared sólo hace un metro de altura y me permite contemplar todo el paisaje mientras me ducho completamente al aire libre. Quizás es porque estoy muy sucio o quizás es porque el calor ha aflojado pero me siento como nuevo de repente.

Cuando bajo, habiendo rejuvenecido unos cuantos años, Indira todavía está haciendo la cena y sigue rechazando mi ofrecimiento para ayudarla. Cocina en el suelo, con leña puesta en una esquina. Un agujero en la pared de piedra permite que el humo salga y se vaya. Hace algún tiempo (tal y como había visto en algunas fotografías) tenían una cocina exterior muy acogedora, pero debido a las fuertes lluvias se derrumbó.

El sol ya se ha ido del todo y la oscuridad se apodera rápidamente del habitáculo donde estamos hasta que reconozco las sombras que me dieron ayer la bienvenida. Umesh, en el porche acaba de reparar las cuerdas de la guitarra vieja que su "aama" ha traído, y mientras Indira cocina cantamos unas canciones. En un primer momento, cuando cojo la guitarra pienso que se ha desafinado y la afino a mi manera. Canto un par de canciones, con un Umesh muy atento e interesado y cuando acabo se la doy a él. Toca unos cuantos acordes y me dice que está desafinada.

Así que vuelve a mover las clavijas, buscando una entonación diferente a la que yo le he dado. Ninguno de los dos la teníamos desafinada… acabo descubriendo que simplemente, utilizamos el mismo instrumento de diferentes maneras. Incluso con las diferentes tonalidades que le da a cada cuerda me acaba cantando canciones americanas e inglesas.

Con la luz de un farolillo cenamos Dal Bhat de nuevo, pero esta vez hay algo de cerdo de guarnición. La bandeja gigante de la que comemos con los dedos está llena de arroz y Dal, y rodeados por unos pequeños trozos de carne y bastantes verduras, especialmente judías.

Aunque hay poca luz, puedo detectar un trozo de una verdura que me parece sospechosa y pido a mis compañeros de mesa si se trata de una judía o de un trozo de chili que se ha escapado. Me dicen que es una judía y confiado me introduzco el extraño vegetal de dos centímetros de largo dentro de la boca. Tardo cinco segundos en confirmar que se han equivocado y que yo tenía razón, y diez segundos más en sacar fuego por la boca y en hacer reír a los dos nepalíes que están sentados junto a mí.

No me suele sentar nada bien el picante y en medio de la selva y habiendo olvidado el papel higiénico, preferiría no tener problemas gastrointestinales… Pero por un trozo no pasará nada, me consuelo yo mismo…

A continuación encuentro un segundo trozo sospechoso, pero como la luz es muy tenue y dudo, les vuelvo a preguntar. Me aseguran que no sufra que el anterior ha sido un accidente aislado pero que no han puesto nada picante especialmente pensando en mí. Pero el chili es tan popular en este país que debe entrar solo en las ollas, porque efectivamente al cabo de diez segundos ¡vuelvo a sacar fuego por la boca! Mi cara arranca más risas inocentes y estas aumentan de volumen cuando salgo corriendo con un paraguas dirección a la selva.

Indira me pide disculpas mil veces cuando nos vamos a dormir. Por nada del mundo estoy molesto y recordamos con risas las caras que he hecho cuando mi garganta ardía en llamas a causa de las especies. Un rato de risas no nos van nada mal, porque igual que ayer por la noche, Indira parece estar algo triste.

La aama tiene la excelente idea de que durmamos en la terraza cubierta de arriba, y así, una vez las nubes se hayan ido podremos dormirnos contando las estrellas. Después de instalar los colchones en fila, nos sentamos cada uno en nuestro colchón y sacamos de nuevo la guitarra. Antes de empezar a cantar unas canciones, y de dormir diviso un coche que se mueve de forma extraña por la carretera. Hace luces de manera intermitente y en zigzag.

Umesh que me ve mirando en la dirección de las luces me dice:

-      ¡Mira! ¡Una junkiri!

Hasta que no lo dice no soy capaz de ver que las luces no están a uno o dos quilómetros de mí sino a menos de cinco metros de mi nariz y que pertenecen a una de las millones de luciérnagas de Terai. Me emociono… Hacía tres años que no veía ninguna… ¡No recordaba la fuerza con la que brillan!

A petición de Indira canto una canción en catalán para ir a dormir y después cedo el turno a Umesh. Al acabar su canción Indira nos confiesa que está muy triste y que echa de menos a Babu. Subani la ha llamado y le ha dicho que el pequeño no para de preguntar por su aama y esto le ha entristecido. Para ahogar las penas decide cantar también canciones propias. Lo hace a cappela. Me explica que son las canciones que componía cuando Parijat todavía estaba viva… Al final de cada canción me traduce su significado. Todas son metafóricas y tienen elementos de la naturaleza para explicar sus sentimientos, al mismo tiempo que en todas resalta una tristeza y un deseo de lucha para arreglar las penas de su país. Desde la situación de la mujer, hasta canciones de estilo nacional para ensalzar los ánimos de los compatriotas que las puedan escuchar. Todas se armonizan en melodías suaves que invitan a la calma y a ver cómo van apareciendo más junkiris mientras poco a poco vamos cerrando los ojos.

"¿Por qué mis ojos empiezan a llorar?

¿Cómo puedo explicar mis sueños si estos empiezan a quemar?

¿Por qué siento este dolor en el pecho?

Como una herida abierta en el corazón.

Cómo me gustaría estar en el océano

y volcar mi amor

para convertirme en tempestad

y regarlo todo."

Canción que Indira compuso hace 22 años. [2]

[2]   Audio de la canción.

¡Abrir de nuevo los ojos y ver este paisaje no tiene precio! ¡Hacerse el perezoso cinco minutos rodeado de aire puro que te impregna todo los poros es un lujo! Quien quiere un hotel de cinco estrellas pudiendo dormir al aire libre, con chispas de luz voladoras que pasan como estrellas fugaces y despertar con vistas panorámicas a la selva ¡No hay mejor despertar!

Buen despertar... ¡pero tarde! ¡De nuevo me avergüenzo de mí mismo! No sé si hace mucho que se han despertado o no, pero Indira ya no está en su cama y vuelve a estar trabajando en el campo y de Umesh tampoco queda ni rastro.

Como el día anterior, bajo de la colina por las escaleras y me paro a observar las cabras. Corretean cerca de una especie de pozo. Me acerco y efectivamente lo parece, pero no es un pozo de agua. Después me explicarán que es de gas y que se ha construido con la subvención de las administraciones. Más que un pozo acabará siendo un depósito de estiércol que servirá para producir gas y por consiguiente energía. Realmente será un paraíso autosuficiente cuando esto esté en marcha del todo.

Mientras desayunamos Indira me explica que este terreno y las dos cabañas son las únicas propiedades personales que tiene. Las consiguió gracias a las recompensas económicas de diferentes premios y reconocimientos que ha recibido a nivel continental e internacional, y que aunque son las únicas propiedades a su nombre, no serán para su uso propio, sino para desarrollar sus propios sueños.

Después de desayunar, Indira me quiere enseñar el atractivo turístico de la zona y nos vamos a dar una vuelta por la selva. Mientras nos adentramos entre los matorrales me explica las propiedades medicinales de algunas plantas y hasta encontramos una esparraguera salvaje, que comparada con los espárragos que yo conozco, estos son de proporciones descomunales.

Su intención inicial es llevarme hasta lo alto de una colina, a una o dos horas caminando, para enseñarme las cumbres nevadas del Himalaya. Me asegura que en un día claro se ven perfectamente las cimas del Manaslu y del Annapurna junto a sus parientes de la zona. Incluso con la tentación de ver las colosales montañas que ya conozco, pero que tanto me enamoran, desistimos de hacer la caminata entera ya que hay bastantes nubes y seguramente no podríamos verlas. Ahora pega bastante el sol, pero somos conscientes que sólo se trata de un claro momentáneo.

Acabamos la excursión en una cascada que curiosamente y aunque muestra signos de que a veces baja con fuerza, ahora está bien seca, aun y las fuertes lluvias de las últimas horas.

De nuevo en las instalaciones acabamos de plantar unas cuantas plantas de café mientras ella me sigue explicando sus planes de futuro para el proyecto. Le gustaría encontrar voluntarios que supieran hacer de agricultores y vinieran a echar una mano de vez en cuando. Le gustaría que algunos extranjeros pasaran por aquí frecuentemente para que los chicos siguieran aprendiendo inglés y tuvieran a alguien más supervisando sus hábitos. Está convencida que los voluntarios que vinieran aquí, por mucho o poco que supieran de agricultura ecológica acabarían aprendiendo otras formas de cultivo y conociendo nuevas especies. Tal y como me lo explica veo más claro que ella que el enriquecimiento sería más para los voluntarios que no para el propio proyecto, que sin duda también saldría beneficiado.

De hecho, la tranquilidad y la paz que transmite este lugar ya es un aliciente magnífico para venir a pasar unos días. Aunque me supone mucho trabajo y tengo mil cosas que me rondan por la cabeza, después de trabajar la tierra, y ver como poco a poco hemos modificando el aspecto de los huertos, me siento satisfecho y calmado. Una sensación agradable que me recorre todo el cuerpo y se me pasa por la cabeza la idea de quedarme aquí durante una buena temporada. Bromeando le digo a Indira, con un gesto serio, que dejo la idea de escribir un libro para ella y que me quedo a vivir en Palpa plantando café. Aunque, en un principio, parece que le sabe mal no acabar el libro, en seguida parece estar de acuerdo con la idea y todo, y me empieza a explicar lo que podría hacer yo allí… Así que rápidamente le digo que es broma y me mira con cara sonriente, y veo claramente como el amor y la sencillez brillan en sus ojos. Me repite que igual que cuando era pequeña, aún hoy no suele entender las bromas, aunque esta, confiesa, le ha parecido divertida.

Para variar la dieta de arroz, Indira prepara unos fideos para comer. Mientras cocina me explica algunas de las situaciones complicadas que ha tenido que vivir, y hace hincapié en situaciones de violencia que ha vivido y me demuestra, que ahora actualmente sabe perfectamente cómo defenderse. La primera herramienta que suele utilizar es hablar alto y sin tapujos ante los hombres que intentan intimidarla. Sin faltar el respeto marca los límites y a menudo con esto es suficiente. No le gusta la violencia y no la ha utilizado casi nunca sólo para defenderse, no obstante en charlas que ha hecho en convenciones sobre la situación de las mujeres en diferentes países ha participado en talleres y ha aprendido técnicas de autodefensa.

Pasamos la tarde en el porche y por fin llega el momento más esperado para mí. Por fin tengo todo el rato del mundo para preguntarle por su infancia y su vida en general. Aunque no paramos ni un momento de hablar y yo de trabajar recogiendo tanta información como puedo, la tarde pasa volando y en seguida se nos hace oscuro. La lluvia cesa de nuevo y las junkiris, una a una salen a saludar. No hay muchas, ¡pero a mí me parecen las suficientes como para adornar un árbol de Navidad inmenso! No tengo ni idea de cuántas debe de llegar a haber en el mundo…

Por tercera mañana consecutiva soy el último en despertarme. ¡Pero hoy tenía excusa! El día no acompañaba. La lluvia es más intensa que los días anteriores y me cuesta encontrar un momento para bajar hasta la cocina.

Después de desayunar me ofrezco, tal y como hice ayer, para lavar los platos, y con la ceniza de la hoguera y un cepillo me pongo en la piel de la pequeña Indira. Los lavo uno a uno y los seco en cuclillas, al lado de un manantial de agua natural que hay al lado de la cocina.

Hoy nos tendríamos que ir hacia Pokhara donde Indira quería seguir enseñándome las diferentes tareas que está llevando a cabo por el territorio pero por lo que parece ha debido haber algún desprendimiento en la carretera, ya que desde lejos vemos como vienen vehículos hacia Butwal, pero no sube ninguno. Esperamos unas cuantas horas mientras seguimos hablando de su vida. Unas horas más tarde, el tráfico se ha reanudado y no vamos del proyecto después de dar dinero a la hija de los coordinadores que ha venido al proyecto justo cuando no íbamos. Ella, una mujer ya casada, con un hombre que vive y trabaja en el próximo Oriente y con un hijo, se hará cargo del proyecto durante los próximos días, hasta que sus padres puedan volver a ocuparse del todo. De esta manera Unesh no se quedará solo y ella podrá vigilar mejor el ganado.

De nuevo cruzamos el puente y me considero afortunado de no haberlo visto bien de noche. Da más miedo verlo que pasarlo a ciegas. Lo que sí veo son los saltos de agua que hace el río sobre las rocas gigantes que intentan mantenerse quietas en medio del paso. Sería imposible hacer rafting aquí. Aunque también es cierto que en las estaciones más secas los chicos que viven y los voluntarios bajan a darse unos chapuzones para refrescarse.

Llegamos al punto donde el taxi nos dejó hace tres días y esperamos unos minutos. Un autobús local para a recogernos y los pasajeros miran extrañados la extraña pareja que sube. Una nepalí de unos cuarenta años y un joven blanco bastante más joven que ella. Nadie dice nada, pero todos miran con curiosidad. Especialmente a mí.

Una piedra de la carretera me indica que hay cerca de 130 Km hasta la segunda capital del país y yo mentalmente calculo que si la velocidad media del último trayecto fue de unos 30 Km/h… Tardaremos unas cuatro horas. No tengo ni idea de hasta qué punto me equivoco.

Tardamos cerca de ocho horas en completar el trayecto, pero no precisamente porque el autocar no corra. En las bajadas va como un loco, y cuando llega a los pueblos hace paradas de más de veinte minutos sin ningún tipo de explicación. Y en las subidas incluso las bicicletas nos avanzan.

Precisamente en este momento le comento a Indira que la próxima vez que venga haremos el mismo trayecto pero pedaleando, y ella me responde que este trayecto ya lo ha hecho varias veces en bicicleta pero que será un placer repetirlo.

Una de las pasiones de Indira es la bicicleta de montaña, me explica. De hecho sé que en parte le llamé la atención por eso unos meses atrás cuando llegué pedaleando a su país.

Ella corre carreras de montaña e incluso ha ganado algunos títulos nacionales. Pero en este caso, ya no para ser la número 1, como cuando era pequeña. Ahora compite, para protestar contra la sociedad patriarcal establecida. Ella monta en bicicleta como protesta por los derechos de las mujeres. En Nepal no está bien considerado que una mujer circule en bicicleta, motivo por el cual Indira no solamente monta en bici, sino que también se presenta a la competiciones oficiales de este deporte de montaña.

La carretera no es nada fácil para hacerla en bicicleta, sube y baja de manera irracional y rompería las piernas a todos los ciclistas que participan en el tour si hicieran una etapa por aquí.

Aun así, el paisaje seguro que les reconfortaría. Las terrazas de arroz se apropian de todas y cada una de las vertientes con formas casi artísticas.

Me llama la atención una de las colinas bajas que en un momento determinado queda al otro lado de la carretera unos centenares de metros más allá (sí, sí, centenares, ya que la carretera trascurre haciendo funambulismos cerca del cielo…), la colina en sí está escarpada del todo por la mano humana y no hay un solo espacio libre de terrazas. Pero lo más curioso es la terraza circular que corona la cima. Es un círculo perfecto, seguido de terrazas concéntricas que bajan la colina, como las curvas de nivel que describen en el mapa. La imagen, simplemente es genial… Y creo que es la terraza de arroz más estética que he visto nunca, aunque dudo que buscaran este aspecto, sino simplemente la subsistencia.

Llegamos a Pokhara con los últimos rayos de sol y lo hacemos detrás de la stupa internacional. A pocos quilómetros de la ciudad ya reconozco algunos tramos de la carretera y me siento feliz de volver a un lugar tan agradable como este. El turismo siempre inunda la ciudad y los alrededores del maravilloso lago Phewa, pero siempre encuentras lugares tranquilos donde evadirte y disfrutar de uno de los mejores paisajes del país y del continente.

Hoy toca noche de hotel ya que Indira no tiene ningún proyecto propio en la ciudad. Cenamos en una terraza cerca del lago y volvemos rápido a nuestras respectivas habitaciones… Quizás he estado feliz al dormir al aire libre, pero a mi cuerpo le sentará muy bien dormir en la cama limpia del alojamiento.

A las seis de la mañana del día siguiente alguien llama a la puerta… Abro sin recordar donde estoy. Indira ya con el sari inmaculado a punto me dice que en cinco minutos nos vamos. Y sí, sí… al cabo de cinco minutos ya estamos en un taxi que nos lleva hacia otra parada de taxis. En la segunda parada de taxis negociamos el precio con un segundo conductor que nos llevará hasta Beni, el último pueblo del circuito de Annapurnas, a unas siete u ocho horas en autobús, o tres con el transporte que hemos escogido por falta de tiempo.

Nada más salir del centro de la ciudad el Machupuchare[3] ha decidido regalarnos su deslumbrante silueta. Él y todo el macizo de las Annapurnas está imponente sin ninguna nube, sólo con un vestido de nieve que llega hasta lo más bajo que había visto nunca. De todas las veces que lo he visto, ¡hoy ha sido la que más me ha impresionado! No puedo ni pestañear… Hasta los propios nepalís, el conductor y dos clientes más con quien compartiremos gastos, señalan arriba… Durante el monzón no se deja ver mucho, y esta vez está más nevada de lo normal. Se ve maravillosa. Estoy contento de volver a uno de los puntos que más me gustó del país, pero hoy, veré cosas diferentes… una realidad oculta que se esconde justo al lado del camino donde los excursionistas pasan felizmente después de completar grandes retos dentro o en lo alto de las montañas.

3. Machupuchare. Montaña sagrada del mazizo del Annapurnas prohibida para los escaladores. 6993 metros.

Alrededor de las diez el taxista nos deja a medio quilómetro de Beni. Un arroyo se ha desbordado y no lo quiere cruzar con el pequeño Maruti así que nos descalzamos y lo hacemos a pie. El soleado pueblo, al pie de las montañas más grandes del mundo y que sirven de puerta hacia poblaciones tibetanas, está como lo recordaba. Bastantes edificios urbanos están amontonados en medio del verdor y rodeados de ríos caudalosos que sólo pueden superarse atravesando puentes colgantes.

3. Montaña sagrada del macizo de los Annapurna. 6.993m

Cruzamos el pueblo, cegados por el sol y cruzamos también uno de los puentes para salir del núcleo en dirección a una de las selvas. Al otro lado del puente dos hermanos nos esperan, una chica de unos quince años y un chico de unos trece. Se nota que están contentos de ver a mi amiga, pero con gran timidez y respeto.

Juntos, y yo sin entender bien donde vamos con estos chicos, ponemos rumbo por un sendero que sigue el cauce del río hasta una edificación con fuerte presencia policial. En seguida me doy cuenta de dónde estamos. Haré mi primera visita a la prisión.

Después de pasar un primer control, nos encontramos en un gran descampado que sirve de lugar de ocio para algunos policías que viven por allí. Antes de pasar a la zona de visitas, tenemos que hacer una entrevista con el director del centro. En seguida entiende los propósitos de mi visita, que no son para desprestigiar el sistema penitenciario nepalís, sino para apoyar a Indira que es una de las pocas personas que se vuelca en ayudar a mejorar este sistema.

Así que con la autorización de la máxima autoridad del recinto atravesamos la explanada dirección a los muros coronados con rejas de espina. A medida que nos vamos acercando mís sentidos se agudizan. No sé qué me encontraré pero algo de miedo hace que esté más alerta de lo normal y mi atención aumenta, hecho que me permite ver más cosas de las que soy capaz de observar normalmente.

Entramos en el edificio, después de atravesar unas rejas de hierro, y accedemos a un pasadizo desde donde se pueden observar los dos pequeños módulos de la zona penitenciaria, uno para los hombres y otro para las mujeres. Ante las dos puertas hay hombres armados con fusiles y bayonetas que vigilan una segunda línea de barrotes cerrados con llave y candado. Delante de las dos rejas hay bancos para las visitas.

Primero nos dirigimos al final del pasillo, a la sección de mujeres. La primera visión desde la reja, mirando dentro del módulo, no es tan escalofriante como me había imaginado. Tras la reja hay un patio luminoso con un pequeño huerto, rodeado por cuatro pequeños habitáculos que sirven de habitaciones para las mujeres.

Yo no había visitado nunca ninguna cárcel anteriormente y por un momento la lógica de mi cerebro, me dice que de los barracones que hay detrás de los barrotes de ninguna manera pueden salir personas. Pero sí… Cuando el guardia golpea los barrotes con la culata de la metralleta para avisar a las reclusas, de dentro de las casas aparecen caras que vienen corriendo a saludar a Indira. De entre las faldas de una de las mujeres aparece un niño pequeño chupándose el pulgar y se me parte el corazón.

De repente he entendido a Indira… De repente he entendido para qué trabaja. He entendido porqué alrededor de esta causa ella ha construido todo su proyecto, toda su vida y está destinada toda su energía. ¿Cómo es posible que este niño esté encerrado como si fuera un criminal?

Cedo los taburetes a los dos hermanos que nos acompañan ya que una de las mujeres encerradas es su madre. Hablan unos minutos y después la madre se dirige a Indira.

Hace muchos años que Indira conoció a esta señora y está segura de su inocencia. Dice que diferentes personas de castas superiores se pusieron de acuerdo para acusarla de un crimen que ella no había cometido, y ahora hace nueve años que está entre rejas.

Gracias a Indira y a PA Nepal, sus tres hijos han podido seguir sus estudios y han recibido ayudas para comprar comida y ropa. De hecho hoy estamos aquí por eso. Indira le ha traído dinero de la asociación para la mujer, que directamente se lo da a sus hijos. Indira manda firmar un recibo en una libreta, a la mujer, conforme ha recibido este dinero.

Finalmente, Indira nos hace de intérprete. La mujer me explica cómo gracias a Indira, sus hijos evitaron estar en la cárcel. La ONG había cubierto todos los gastos necesarios para que los niños pudieran seguir con su escolarización fuera de la prisión y tuvieran ropa y alimentos. Indira había colocado a los dos hermanos que ahora están a mi lado y a una hermana mayor que ellos, a cargo de una mujer ciega. A cambio que los chicos la ayudaran a sobrevivir, la mujer tenía que darles techo y que la hermana mayor realizara todas las tareas para que los pequeños vivieran bien

Con esta solución, Indira se ahorraba acoger a tres niños más en sus casas de acogida que en aquel momento estaban demasiado llenas y al mismo tiempo daba a una mujer invidente la oportunidad de poder seguir viviendo en su casa. Eso sí, haciendo un seguimiento constante del estado de los niños y contribuyendo económicamente con ropa, comida y material escolar.

Ahora ya hace un tiempo que la hermana mayor está en Brahktapur, en uno de los proyectos de Indira para jóvenes, y la mediana ha cogido su camino. La reclusa no tiene palabras para describir su agradecimiento y aunque hace ocho años que vive encerrada, no puede reprimir las lágrimas de agradecimiento por lo que la activista ha hecho por ella y su familia.

Después que los chicos se despidan, dejamos el módulo de mujeres y paramos a saludar a un hombre que, está de pie detrás de los barrotes del módulo de hombres, ya que Indira también lo conoce. Mientras el director me enseña una sala donde guardan todos los productos manufacturados por los presos a modo de inserción. Entre diversos objetos, fabrican taburetes de mimbre que después venden en el mercado para conseguir dinero para cubrir sus gastos ya que el propio gobierno no es capaz de cubrir tantas necesidades.

Acabada la visita, vamos a comprar. Indira está convencida que los dos jovencitos se gastarán el dinero en lo que toca, pero quiere participar en la compra y asegurarse de todas maneras que tiene todo lo que necesitan. Primero vamos a la librería, donde la hermana consigue los nuevos libros de texto que necesita para seguir el curso. Después pasamos por la zapatería donde compramos calzado nuevo para los dos, y yo aprovecho para arreglar mi mochila agujereada por todos los lados. Finalmente vamos a comprar ropa nueva.

Al final de la mañana, acabamos en uno de los restaurantes del pueblo y comemos juntos antes de despedirnos. Bajamos por una rampa hasta la parada de los autobuses, donde pasé con la bicicleta ahora hace ocho meses. Precisamente, en este momento, dos ciclistas parece que han acabado el durísimo circuito. Aunque la anécdota de los ciclistas puede ser irrelevante a ojos del lector, me quedo sorprendido cuando Indira me dice que vaya a saludarlos, ya que son españoles. Yo le digo que no lo parecen, pero finalmente me acerco a saludarlos y resultan ser de Guadalajara. Me quedo sorprendido por la precisión de la mujer. Debe haber tratado con muchos occidentales, pienso. Van llenos de barro, y sonriendo de oreja a oreja por haber conseguido su objetivo.

La última vez que estuve aquí, me sentía tan eufórico como ellos. Disfrutaba de un día espléndido después de haber hecho un descenso de cinco mil metros de desnivel y ¡haber visto unos paisajes increíbles! Hoy el sentimiento es diferente... ¡Pensar que pasé tan cerca sin saber lo que había allí! Hoy el recuerdo de Beni tiene un sabor completamente opuesto. Hace ocho meses, la euforia de haber superado una dificultada física muy grande me corría por todas las venas y arterias de mi cuerpo. Hoy por estas mismas venas sólo circula tristeza e impotencia. Pienso en las cosas que yo había disfrutado cuando era pequeño, veo las cosas que hasta algunos niños de las familias más humildes que ahora mismo pasan por aquí pueden hacer... Y pienso en que aquel niño pequeño de la prisión se está perdiendo la oportunidad de aprender, de relacionarse, de correr arriba y abajo o darse un chapuzón en el río y jugar a salpicar a sus amigos. Hoy me siento exactamente al contrario de cómo me sentí, entonces.

Volvemos a Pokhara en tiempo récord, ya que no había ningún taxista dispuesto a hacer el recorrido, y al final uno ha cedido, pero parece que quiere acabar la faena rápido. No sé cómo consigo dormir, pero por suerte lo consigo, ya que incluso Indira lo ha pasado mal.

Ya en Pokhara, creyendo que hemos acabado la jornada, Indira me lleva a visitar a otra familia. Se trata de una familia muy pobre de la ciudad. El barrio donde vamos a verlos queda escondido de cualquier turista y durante un rato me olvido que estoy en el punto más turístico del país.

Indira ha apadrinado a los tres hijos de la familia. El mayor ya es ingeniero y la segunda hija es informática, los dos acaban de empezar a trabajar hace pocas semanas y pronto la familia podrá subsistir de forma autónoma por primera vez en quince años. Ahora sólo ayuda al tercer hijo, que con un inglés perfecto me explica que sin Indira él no habría podido ir nunca a la escuela. El joven con el que nos encontramos, el hermano más pequeño, está a punto de acabar la escolarización y sus notas del 94% sobre cien hacen que sea el primero de la clase. De nuevo paseamos por librerías y zapaterías hasta que el niño vuelve a casa cargado de paquetes que seguro aprovechará. ¡Se despide con mucha alegría!

De nuevo veo la luz de Indira, iluminando una familia que durante la guerra civil se vio fracturada y privada de un futuro digno.

Indira me explica que uno de los proyectos de PA Nepal precisamente consiste en realizar esta tarea. A lo largo de los años han intentado ayudar a hijos e hijas de presos o a familias en un estado de gran vulnerabilidad, madres solteras o viudas, intentando darles un hogar o dotarles de las herramientas necesarias para mantener ese hogar y poder así mantener las estructuras familiares intactas. Ha intentado dar el apoyo económico posible para que las familias puedan seguir su vida con normalidad, intentando interferir lo mínimo en su manera de organizarse.

En el caso de los chicos de Beni, les ha dado un hogar y les ha ahorrado vivir en la prisión o en un centro de acogida. Al mismo tiempo una mujer invidente ha podido mantener su autonomía gracias a estos chicos que ahora, en parte, también son hijos suyos.

En el caso de la familia de Pokhara, Indira y PA Nepal han impedido que la familia se rompiera debido a la pobreza extrema que sufrían, y han podido dar la educación que los hijos necesitaban para poder adentrarse dignamente en el mercado laboral. No se trata de un proyecto físico, simplemente han dado ayuda a la sociedad, en los casos de más vulnerabilidad que ellos han ido encontrando. A lo largo del país múltiples familias se benefician de estas ayudas. Eso sí, nunca envían dinero directamente sino que buscan maneras de asegurarse que se gastan en los materiales y alimentos que necesitan. En algunos casos envían dinero a directores de escuelas de confianza y ellos lo administran bajo la supervisión de PA Nepal, o en ocasiones Indira u otros miembros de la plantilla realizan personalmente la tarea que he visto hoy.

Aunque ya empieza a oscurecer, Indira aun quiere pasar a ver el orfanato de unos amigos suyos y yo, arrastrando el alma la sigo exhausto. ¡No sé de dónde saca las fuerzas! La visita es sólo de cortesía, ya que no se trata de ningún proyecto de PA Nepal, pero ha querido aprovechar que estaba en Pokhara para saludar a unos colegas de profesión.

He estado soñando desde hace meses hacer este viaje con ella y ¡estos días de excursión han sido perfectos para conocerla e

inspirarme! Aunque tengo que reconocer que su ritmo de trabajo, o de vida, que al fin y al cabo en su caso es lo mismo, es casi
demasiado intenso para mí, aunque me considero una persona
trabajadora. Finalmente volvemos al hotel donde me dejo caer
sobre la cama. Mi última visita a Pokhara se ha acabado. Mañana volvemos a Katmandú.

Antes de dormirme me pasa por la cabeza la imagen del niño
escondido bajo la falda de colores de la madre, tras los barrotes.
Una imagen que me cuesta y me costará sacarme de la cabeza.
¿Cuántas veces hemos visto situaciones injustas por la televisión? ¿Cuántas veces nos han puesto imágenes mientras comemos? Algunos de nosotros, de tantas veces que las hemos visto
quizás nos hemos vuelto inmunes y ya no nos afectan, otras
quizás no nos dejan indiferentes, pero la impotencia de no saber
cómo ayudar nos obliga a aparcar estas historias en un rincón
de nuestra mente para no caer en una retahíla de sentimientos
negativos. Muchas veces creemos que sólo nos queda intentar
valorar lo que tenemos, y si lo conseguimos ya es mucho…

Hoy, no son imágenes de la televisión. No por este motivo son
más reales, pero sí que evidentemente me afectan mucho más
que desde la distancia, más que si lo hubiera visto en un docu-
mental o más que si lo hubiera leído en un libro.

Hoy he entendido finalmente a Indira y he entendido porqué
hace lo que hace. Y desde este punto de vista, cuando por fin la
entiendo a ella, la pregunta que me hago ahora es a la inversa.
¿Por qué la mayoría de nosotros no hacemos lo que hace ella?

No todos podemos ser una Indira Ranamagar y quizá tampoco hace falta que dediquemos el cien por cien de nuestras vidas en desvivirnos por los demás. No es imprescindible coger
las maletas e irse a otro país para ayudar a nadie. Pero sí, si
pensamos, en nuestras manos tenemos más herramientas de las
que imaginamos para ayudar a los que lo pueden necesitar. De
nuevo, muchas veces, creemos que no sabemos cómo hacerlo y

que las soluciones de los problemas están más allá de nuestras posibilidades.

Indira tampoco sabía qué hacer la primera vez que se encontró con los ojos de niños y niñas detrás de los barrotes. Pero hizo lo que le salió del corazón para ayudarlos. Fue investigando las diferentes opciones que tenía y este esfuerzo, además de bastantes dolores de cabeza, siempre le aportó muchas recompensas.

Y es que realmente para ayudar, no hace falta ir a ninguna universidad, no hace falta tener ninguna formación, simplemente saber escuchar al corazón y esforzarte por cambiar aquello que no te gusta. Visto así, quizás si tenemos más posibilidades en nuestras manos, ¿no?

Quizás nos falta dar unas cuantas vueltas y seguro que todos podemos encontrar una manera u otra de hacerlo. Somos seres imaginativos y podemos encontrar maneras que no sólo sabemos hacer, sino que además nos acabarán resultando agradables. No todos somos Indira, y la vida que lleva ella no todos la podríamos aceptar… No todos somos iguales y cada uno tiene que encontrar su camino. Pero al fin y al cabo todos somos personas y en algún momento necesitamos ser ayudados y en otros momentos, quizás seamos nosotros los que podamos ofrecer esta ayuda.

7. AMOR MÁS ALLÁ DE LAS REJAS

"En la prisión, todos los días eran iguales... Y los días se convertían en semanas y las semanas en meses. Escuchaba ruidos que venían de fuera, pero no sabía qué los producía. (...) Pero había días en que el ambiente era más festivo y la atmósfera de la prisión cambiaba. Eran los días que venía aquella mujer que nos traía comida y ropa... " Nima Rima

Con la muerte de Parijat todo cambió. Indira apareció por primera vez en algunos medios de comunicación. El eco mediático de la muerte de la escritora, el lazo tan estrecho que tenían las dos y los poemas que la joven escribió para su "maestra", no pasaron desapercibidos.

Indira cayó en una tristeza y un vacío absoluto que le costó más de un año empezar a dejarlo atrás. En un primer momento decidió volver unas semanas a su pueblo natal, aprovechando el primer periodo de vacaciones escolares.

Una vez allí, tuvo tiempo para pensar cómo encaminar su futuro, pero desde la casa la empezaron a presionar. Comenzaba a ser una mujer adulta, de hecho, con 23 años ya superaba bastante la edad con la que suelen casarse la mujeres nepalís, y siguiendo los consejos de su mentora, que le había recomendado dejarse enamorar al menos una vez en la vida por una persona y disfrutar de esa experiencia, accedió a dejar que su familia le presentara algunos pretendientes. No obstante, aún pasaría un tiempo antes de que se decidiera por alguno, ya que ella tenía más presente que nunca el dominio del hombre dentro de la sociedad patriarcal en la que vivía y no quería dejarse arrastrar por nadie que no le permitiera seguir luchando por lo que ella creía.

Al volver de vacaciones un nuevo comité se había formado en la PAM. La muerte de Parijat había dejado un vacío que la misma hermana quería llenar. Su legado no podía quedar desatendido, su lucha por la defensa de los derechos humanos tenía que continuar, ya que es lo que la activista deseaba. Con su muerte, su causa se hizo más presente y diferentes abogados y miembros de la burguesía de Katmandú se ofrecieron para realizar tareas dentro de la asociación.

Había mucho trabajo que hacer. La mayoría de presos eran analfabetos y desconocían qué estaba pasando en el exterior ya que no sabían leer los pocos diarios que llegaban al centro. De hecho, la situación del país se iba agravando paulatinamente. Los maoístas (o miembros y seguidores del Partido Comunista de Nepal), hasta entonces partido del Frente Unido Popular, partido que participaba en la vida política del país, se acababan de dividir después de años de quejas contra la monarquía y el sistema político nepalés el cual acusaban de feudalista. Esta escisión empezaba a provocar enfrentamientos armados entre la policía y los maoístas de ahí que el número de presos empezó a aumentar.

Muchos de los presos estaban encerrados preventivamente a la espera de juicio, tanto des de antes del inicio del conflicto como después. Si antes del conflicto había presos que llevaban años esperando a que se resolviera su caso, con la llegada del conflicto el sistema judicial se colapsó y los casos sin resolver se multiplicaban.

En este punto la PAM tenía muchísimo trabajo por hacer y la mayoría de sus miembros, que se dedicaban sólo a tiempo parcial, querían centrarse en esta tarea burocrática. Sus objetivos se focalizaban en conseguir mejorar la situación de los derechos humanos dentro de las prisiones y ofrecer ayuda legal a los presos desamparados.

Indira, que cada día, antes y después de ir a trabajar y durante todos los festivos, incluidas sus vacaciones, visitaba las prisiones por dentro, veía muchas más necesidades que el amparo legal. Sin duda era necesario, pero ella entraba en las cárceles, vivía los problemas desde dentro, y cuánto más entraba y conocía más necesidades descubría. Ella empezó a hacer de intermediaria entre los presos y las administraciones, pidiendo mejoras urgentes para garantizar sus derechos humanos, tarea que tampoco dejaría de hacer nunca más. Ella buscaba incansablemente contactos en el exterior para rescatar a niños, hablaba con entidades, ONGs locales y extranjeras, casas de acogida, buscaba recursos y financiamiento para poder aportar soluciones reales para todas las personas que veía que sufrían.

Era la única de la PAM que se dedicaba en cuerpo y alma a la empresa, y ella era la que veía las condiciones insalubres en que vivían los presos. Más que los presos, las presas que estaban encerradas en los módulos más pequeños dentro de las propias cárceles de hombres, situación que resultaba peligrosa para ellas ya que no estaban del todo aisladas del resto de reclusos que podían aprovecharse de la situación en algún momento. Estos módulos, además de ser más pequeños eran los que estaban en peores condiciones. Para acabar de rematarlo, no había mujeres policía… Todos los miembros de seguridad de todas las prisiones eran hombres, lo que las ponía en una mayor situación de desventaja.

Indira era la única que veía como los pequeños vivían dentro de las prisiones, la única que escuchaba los problemas de los presos en primera persona, y que compartía la información con todos, era a la que más le afectaban las historias que escuchaba y la que más se implicaba en esta causa. Esta visión única le llevó a tomar decisiones extraordinarias. Decisiones que se alejaban de la línea de trabajo que el resto de miembros estaban dispuestos a seguir. Ella veía los problemas de alfabetización, la falta de nutrición de los niños, la falta de ropa y de recursos para todos… Y tenía que actuar.

Como años atrás, continuó llevando periódicos que pagaba con su sueldo de profesora y organizaba a los presos de tal manera que en los muchos ratos libres que tenían dentro de la prisión, los que sabían leer enseñaban a los que no. Haciendo que unos se pudieran alfabetizar y otros se sintieran útiles, un sentimiento que no es nada común entre los presos.

Les seguía animando a leer y a escribir para que escribieran a sus familiares y para que cuando salieran, estos aprendizajes les ayudaran en su vida diaria y así aumentarán las posibilidades de encontrar trabajo. Al principio algunos no escuchaban, pero poco a poco fue ganando adeptos. Y es que no era nada normal que una chica sana, atractiva y joven, sin ningún conocido en la prisión se dedicara a pasear por allí, escuchando los problemas de quien se le acercaba.

No tenía suficiente tiempo para impartir todas las clases ella misma ya que tenía muchas misiones a la vez, pero llevando diarios y sembrando la semilla del beneficio que les podía aportar la lectura, muchos presos empezaron a hacerle caso y a buscarse la vida para aprender a leer.

Indira escuchaba sus casos y los llevaba a la PAM, donde el equipo de miembros los estudiaba y atendía a los que podía. No obstante ella no estaba contenta, consideraba que la tarea que hacía el equipo era insuficiente. Dentro de las prisiones había miseria, miseria pura y enseñar a leer o conocer las historias no cambiaban suficientemente la situación. Así que en cada visita recogía ropa vieja de gente que ya no la quería y recogía alimentos o compraba fruta con su dinero. En todo momento pensaba en cómo solucionar los pequeños problemas, uno a uno. Centrándose en los más vulnerables, independientemente de si se trataba de hombres, mujeres, niños o presos con problemas de salud física o mental.

Su compromiso con la sociedad eran tan grande que tenía que hacer todo lo que estuviera en sus manos, el dinero que no enviaba a su casa lo gastaba en los demás y ella subsistía con lo justo para comer. Uno de sus deseos era dar sangre regularmente pero gastaba tanta energía y comía tan poco, que nunca la dejaron ser donante ya que siempre estaba por debajo del peso recomendado.

Cualquier necesidad se tenía que solucionar fuese como fuese y de este tipo de acciones hacía dudar a los miembros de la PAM. Indira empezó a tomar decisiones y a realizar acciones de forma pasional, animada por la unión con los reclusos, especialmente con las mujeres y los niños. Y estas acciones podían parecer ilógicas para las personas que no habían visto con sus propios ojos las situaciones en el interior de los centros penitenciarios.

En este punto empezaron los roces entre ella y los miembros de la PAM, que con el paso de las semanas se irían haciendo mayores hasta crear un ambiente tenso. Todos perseguían el mismo objetivo final que era mejorar la situación de la población nepalí y especialmente que se cumplieran los derechos humanos con los presos. Pero mientras unos lo hacían desde un despacho y luchando contra un sistema judicial colapsado, y sólo durante algunas horas libres a la semana, ella lo hacía a diario desde dentro de las prisiones, viendo mil posibilidades para resolver las cosas con sus propias manos, pero utilizando métodos poco ortodoxos.

No es una historia de buenos ni de malos sino de personas que tienen diferentes puntos de vista y diferentes maneras de trabajar. Unos ofreciendo una parte de su tiempo con el fin de contribuir legalmente para arreglar las cosas y la otra ofreciendo su vida, su energía, su potencial y su corazón para mejorar la cotidianidad real y presente de aquel momento.

El trabajo de Indira no pasaba desapercibido entre los trabajadores sociales ni las otras ONG que en aquel momento ejercían en el país ya que buscando apoyo había llamado a muchas puertas. Fue entonces cuando los Sentinells, una ONG con sede en Suiza ofreció a Indira la posibilidad de ir a trabajar con ellos. La joven Indira, con 25 años, decidió detener su actividad con la PAM, sin dejar de ser miembro para no romper los lazos afectivos con la hermana de Parijat.

Un nuevo mundo de posibilidades se le abrieron con Sentinells. Ellos la habían reclutado para las tareas que había hecho hasta ahora en las prisiones, pero al mismo tiempo su trabajo de campo era otro y esta ONG le daba la posibilidad de librarse totalmente del trabajo de profesora en la escuela, ya que por primera vez recibiría un sueldo, que aunque era bajo, le permitía sobrevivir, dedicándose plenamente al trabajo social.

Con Sentinells pudo ampliar su trabajo dentro de las prisiones, a tiempo parcial, y le dieron cobertura para que pudiera visitar casi todas las prisiones del país. Fue durante el medio año que trabajó con ellos que tuvo la oportunidad de visitar sesenta y cinco de las setenta prisiones del país, muchas de ellas en regiones remotas.

A menudo viajaba con Christian, el responsable suizo de la organización, a zonas alejadas y mientras él analizaba la situación laboral de menores de diferentes zonas del país, ella pasaba días recopilando información de la situación de los presos, del número de niños que habían y elaborando planes para poder mejorar su situación.

Continuó realizando las mismas acciones que ya realizaba con la PAM, pero ahora con la ayuda de una entidad diferente. Entraba en las cárceles, hablaba con los presos, les llevaba ropa, comida y diarios, los escuchaba y ayudaba a resolver problemas con los guardias o les daba pautas a las madres sobre cómo atender mejor a sus hijos en aquel entorno tan desfavorable, y cuando era necesario, rescataba niños y los recolocaba en casas de acogida externas. Seguía haciendo de puente entre las familias y el mundo exterior y cada vez era más frecuente que se tuviera que hacer cargo de dos o tres niños a la vez mientras no encontraba un destino seguro para ellos.

Otras veces tenía que viajar sola por un país en el que acababa de estallar la guerra, una guerra civil que se cobraría la vida de muchos inocentes y que se extendería durante una década. Viajaba sola por regiones lejanas frecuentadas por guerrillas maoístas y lo hacía rescatando niños, una actividad que aún resultaba más peligrosa vista la situación de ese momento.

En más de una ocasión los guerrilleros la habían parado y acusado de espía o habían intentado quedarse con alguno de los pequeños. Por suerte siempre había podido salir airosa. Las guerrillas maoístas secuestraban niños de zonas rurales para tener mano de obra fácil. Obligaban a los críos a cocinar, cargar paquetes y escavar trincheras o abrir caminos… A algunos de ellos incluso les obligaban a luchar en el frente.

Era por este motivo que tanto Sentinells como Indira tenía una función muy importante. Rescatar tantos pequeños como fuera posible de esa situación de vulnerabilidad y sacarlos de las zonas rurales. Pero el trabajo con Sentinells no acababa aquí. Dentro de Katmandú tenía que visitar diferentes calles, fábricas, establecimientos e incluso burdeles y buscar a niños y niñas en situación de peligro. Buscaban casos de pequeños que habían sido explotados y que vivieran en condiciones en contra de lo que los derechos humanos y los derechos de los niños dictan. Cuando encontraba alguno, tenía que intentar convencer al pequeño o al adolescente de que ella le podía ofrecer un futuro mejor dentro de alguna de las muchas instituciones que colaboraban con Sentinells.

Esto le permitió conocer aún más desgracias del país y tener una opinión más clara de la maldad de la gente y de los riesgos que tendría que correr. Hoy en día, es incapaz de recordar la cifra de jóvenes y niños a los que ayudó, pero no ha olvidado nunca a uno de los casos. Es el de un niño con una discapacidad psíquica que encontró en la calle. El niño era muy pequeño y debía de llevar más de un día abandonado en medio de la ciudad, donde decenas o centenares de personas lo habían visto mucho antes de que Indira pasara por allí. Tenía el rostro cubierto de moscas y síntomas claros de deshidratación. Indira no dudó ni un segundo en recogerlo y tomar un taxi, transporte que no solía utilizar, para llevarlo rápidamente al hospital. Fue dado de alta esa misma tarde y ella llamó a Christian. Aquella misma noche el pequeño ya durmió en un centro de Sentinells.

Al cabo de unos días, después de muchas visitas de Indira, el niño empezó a hablar y manifestando el retraso que padecía, pudieron entender el motivo de su abandono. No obstante, al cabo de pocas semanas la madre del pequeño se presentó en el centro después de buscarlo por muchos lugares y les explicó que ella quería a su hijo, pero que el marido, sin su consentimiento, había decidido abandonarlo ya que su cuidado causaba un gasto que ellos no se podían permitir, y menos con un hijo que más adelante no podría cuidar de ellos.

La mujer quería recuperar al pequeño e Indira y sus compañeros se aseguraron de que la situación no se volviera a repetir más. Así que al cabo de poco, se lo devolvieron e hicieron un control de seguimiento. Efectivamente, la situación no volvió a repetirse pero tardaron un tiempo en levantar la vigilancia sobre este caso.

Aunque con Sentinells Indira creció como persona y sobre todo profesionalmente, su vida profesional volvió a cambiar de rumbo nuevamente. Con Sentinells se había acercado algo más a lo que ella buscaba, pero aún no lo había conseguido del todo... Y por otro lado las discrepancias con la PAM habían disminuido y el equipo empezaba a ver la necesidad de recuperar el trabajo de campo que hacía la joven. De hecho, otros jóvenes voluntarios de diferentes lugares del mundo, habían contactado con la PAM para trabajar desinteresadamente y apuntaban en la misma dirección que Indira. Era necesario hacer un trabajo desde dentro de las prisiones.

Durante los siguientes años, desde 1996 hasta el 2000, Indira volvió a la PAM, debido al pequeño cambio de rumbo que había tomado la entidad y sobre todo por el vínculo emocional que tenía con la que había sido cofundadora. La PAM, que había crecido un poco y había conseguido fondos, también accedía a darle 2000 Rp al mes lo que le permitía dedicarse única y exclusivamente a esta tarea. Con este dinero se podía permitir una habitación pequeña, sin cocina, pagar las comidas de todo el mes comiendo dos platos al día, comprar cosas a los presos y enviar una pequeña parte hacia Jhapa.

Fue precisamente en este periodo que pudo trabajar con diversas voluntarias extranjeras. Dos de las voluntarias que pasaron más tiempo con ella fueron Cheng Chu, una trabajadora social de Singapur y Carol Lyin, otra trabajadora social canadiense, que se convirtieron en sus compañeras de trabajo en diferentes momentos de su trayectoria. Eran dos jóvenes salidas de la universidad que buscaban la experiencia de trabajar y hacerlo en contextos claramente desfavorables. Fue de ellas de quien realmente aprendió la base de la profesión que ya llevaba un tiempo ejerciendo desde dentro de su corazón.

Ella aprendía los principios teóricos gracias a las voluntarias, y las voluntarias aprendían cómo realizar la práctica por parte de la joven nepalí. Era una situación que las retro alimentaba y les hacía crecer a todas. Hacer la tarea de traductora también ayudaba... Ella adquiriría cada vez más vocabulario técnico de la profesión y las voluntarias podían comunicarse con su entorno. Aprendían las unas de las otras constantemente.

Como el número de pequeños que rescataban iba en aumento y recolocar estos pequeños en centros externos era difícil, ya que la mayoría seguía siendo reticente a acoger niños de las prisiones, la PAM abrió un centro propio para acogerlos aunque como era poca la capacidad pronto se llenaría y tuvieron que seguir buscando más centros donde colocar a otros niños.

A pesar de los esfuerzos, como el número de presos había seguido creciendo y en consecuencia el número de pequeños entre rejas también, no conseguían colocar ni un ínfima parte de los casos. Así que la mejor opción o la única, para poder alfabetizar a aquellos niños y niñas, era a partir de la creación de escuelas dentro de los centros penitenciarios. Así que ella junto con las voluntarias empezaron a dar clases con más frecuencia dentro de las prisiones e intentaron habilitar espacios para poder acoger mejor a los críos. Como no abastaban a todo, también animaron a las madres y a los padres que sabían leer a realizar esa tarea.

Junto con las voluntarias empezaron programas exclusivos para mujeres, para poder atender sus necesidades. Muchas venían de entornos en los cuales habían abusado de ellas y que habían delinquido consciente o inconscientemente por culpa, precisamente, de su situación.

Estos programas pretendían precisamente mejorar la situación de las reclusas dentro de las prisiones, ofreciendo recursos y charlas para mejorar su higiene y prevenir enfermedades graves, dotarlas de herramientas de cara a una posible reinserción y además concienciar a la administración del riesgo de tener mujeres en aquellas condiciones y la necesidad de mejorar su situación.

También daban recursos a las madres realizando talleres de educación emocional. Les enseñaban cómo tratar los sentimientos de sus hijos, sus miedos, su angustia, rabia, etc. Cómo gestionar el hecho de ser madres y cómo educarlos para que pudieran ser felices en un entorno tan desfavorable.

Uno de los colectivos más importantes eran las mujeres embarazadas o en periodo de lactancia que necesitaban más atención, por eso las tres jóvenes dedicaban a ellas los mayores esfuerzos y buscaban fórmulas para conseguir alimentos para seguir una dieta mínimamente equilibrada y los recursos que necesitaban para poder seguir adelante.

Cheng Chu y Carol Lyin volvieron a sus respectivos países en diferentes momentos, pero no rompieron sus lazos con Nepal y desde el exterior conseguían financiación para seguir con los proyectos de la PAM, con los que cada vez rescataban más niños y niñas.

Económicamente Indira ganaba poco, pero casi todo lo que ahorraba lo seguía enviando hacia su pueblo. En una de las visitas, en aquellos tiempos, pudo ver como, gracias al dinero que había enviado a lo largo de los años, los padres habían podido acabar las obras del nuevo hogar. La casa de bambú estaba hecha con materiales del entorno, pero con tres habitaciones y bastante elevada para evitar inundaciones.

Precisamente en aquella visita su hermano mayor le presentó al que acabaría siendo su futuro marido. En un primer momento ella accedió a conocerlo para no discutir con nadie, pero en él vio algo diferente. Era un joven músico con bastante talento, y nada más conocerlo pudo hablar un rato en privado. Ella le comentó su pasión por su trabajo y la necesidad que tenía de sentirse libre. Para ella era importante su carrera profesional para poder demostrar que ella, una mujer nepalí, podía hacer cualquier cosa que se propusiera pero sobre todo, había visto la necesidad y la miseria muy de cerca. Ella quería contribuir en la mejoría de aquella sociedad injusta y patriarcal.

El chico, de entrada, entendía a Indira y le prometió que respetaría su vocación. Nunca hubo ninguna boda, no hubo ni celebración ni ningún papel oficial que confirmara su enlace matrimonial, pero de regreso a la ciudad se fueron a vivir juntos como si fueran un matrimonio y nadie supo nunca si estaban casados o no. Todo el vecindario lo daba por hecho.

De repente, ya en Katmandú, las miradas indiscretas de algunos vecinos, las malas lenguas que hablaban de ella por el barrio, por el hecho de saber que aquella chica soltera visitaba presos sin tener ningún familiar en la cárcel y toda la presión social que existía en entorno a su trabajo disminuyeron bastante, simplemente poque, que ya seguía una vida adecuada al lado de "su" marido. De nuevo en la ciudad y por primera vez, dejando que los sentimientos hacia la otra persona fluyeran más allá del amor de que por sí ofrecía a todos, empezaron una nueva etapa juntos en una habitación del centro de Katmandú.

Precisamente en esta habitación Indira continuó recogiendo niños y niñas de las prisiones en espera de poderlos colocar en la amplia red de casas de acogida que había ido consiguiendo que le hicieran caso. Desde el principio al marido no le hizo demasiada gracia el tener que compartir el piso con críos que salían de las prisiones... Él tenía que aceptar vivir con ella sin entender el alcance de las consecuencias, y en el fondo lo que deseaba era una vida normal, vivir de la música, ganar dinero y conseguir el bienestar para él y su futura familia.

De nuevo los vecinos empezaron a quejarse, ya que no entendían de dónde salían tantos niños e Indira tuvo que mudarse en diferentes ocasiones. El marido cada vez más cansado de la situación empezó a pasar largas jornadas fuera de casa y a veces volvía ya de madrugada y ebrio.

En 1997 Indira se quedó embarazada pero la relación cada vez era peor. Ella era consciente que su trabajo en la cárcel era complicado de entender y de gestionar para un compañero sentimental, pero durante el poco tiempo que habían estado juntos ella había intentado ser una buena esposa. Se había enamorado y pensaba luchar por la relación. Y así fue como decenas de noches, Indira embarazada iba por las calles de Katmandú buscando al padre de su futura hija. A menudo le encontraba bebido y a veces flirteando con otras mujeres. Después de algunas discusiones el chico decidió ir a hacer una gira por el Tíbet, lo que le llevaría a estar lejos de Indira durante la mayor parte del final del embarazo.

En este punto Indira ya no tenía suficiente con el trabajo social. Llegada la edad adulta veía como la mayoría de las mujeres vivían esclavizadas bajo las órdenes de sus maridos, sin la posibilidad de escalar socialmente o de realizarse profesionalmente. Ella no estaba en esta situación, porque ella misma no se había dejado llevar por los deseos de su marido y deseaba luchar contra la tradición machista que predominaba en su sociedad, lo que la llevó a participar en diferentes asociaciones y manifestaciones cuando era necesario e incluso a realizar meetings y colaborar en tertulias de la radio.

Subani nació en este panorama. Nació en un piso compartido con otros niños, con unos padres que poco a poco habían ido perdiendo su pasión. Su padre cada vez pasaba más tiempo fuera de casa y ella tenía un futuro para compartir con decenas de hermanos no biológicos.

Sólo siete días después de nacer la pequeña Subani Indira ya decidió volver al trabajo y como no se quería separar de su pequeña joya, se la llevaba con ella dentro de las prisiones. Mientras realizaba las tareas, las prisioneras cuidaban el bebé y vigilaban que no le faltara nada. En cada cárcel la pequeña Subani era la reina y el centro de todas las atenciones, y todas las reclusas brillaban de ilusión al verla.

En 1999 la BBC se puso en contacto con la PAM. Querían hacer un reportaje sobre la situación de las mujeres en Nepal e Indira les explicó el caso de Minmin Lama, una joven reclusa en una región remota de Nepal. Tal y como explicó el caso, los dos reporteros extranjeros decidieron que aquel sería el eje de su reportaje y pidieron que las guiaran para encontrar a aquella chica.

La Minmin Lama era una presa que estaba encerrada en un distrito lejos de la capital y nadie de la PAM se ofreció voluntario para ir excepto de Indira. Sukanya, la hermana de Parijat le pidió que no lo hiciera porque el conflicto armado pasaba por uno de los momentos más graves y era excesivamente peligroso ir por aquella zona, y todavía más, yendo acompañada de periodistas extranjeros. No obstante, la decidida joven no dudo ni un instante. Dejó a Subani y a otros pequeños a cargo de la hermana de su mentora y se llevó a los dos reporteros hacia la prisión donde estaba Minmin Lama.

Minmin Lama era una adolescente de 14 años que había sido violada por el hermano de su cuñada. Cuando esto sucedió la joven se lo explicó a su cuñada, en quien confiaba mucho, pero ésta no la quiso creer. Poco después descubrieron que la adolescente se había quedado embarazada durante la agresión y su cuñada para ahorrar problemas a su hermano decidió darle una sustancia para hacerla abortar sin su consentimiento.

La joven Minmin Lama, sin saber de las intenciones de su cuñada, se despertó sangrando y rodeada de gente que la acusaban de haber abortado. En Nepal en aquel momento, abortar era un delito grave y así fue como la adolescente quedó arrestada y sentenciada. Mientras el hermano de la cuñada continuó con su vida como si no hubiese pasado nada.

Indira estaba especialmente indignada por este caso y no dudo en acompañar a los reporteros hasta ella. Tuvieron que desplazarse de noche para evitar las guerrillas maoístas, y se escondían de día hasta llegar al distrito de la joven Minmin.

Durante el reportaje, entrevistaron a la joven que dio su versión de los hechos y después fueron a visitar a la familia. Cuando llegaron a la casa familiar, los vecinos ya habían alertado a la cuñada de la presencia de unos periodistas que la buscaban, así que no encontraron al hermano de Minmin ni su mujer.

No obstante, tanto Indira como los periodistas, consiguieron esconderse entre los matorrales de una selva cercana a la casa y montaron guardia. Esperaron hasta la noche, cuando el hermano y la cuñada, pensando que ya no habría peligro volvieron a casa. Después de unos cuantos gritos y mucha alteración familiar, los periodistas con la ayuda de Indira consiguieron hacer presión sobre la cuñada hasta que esta, para sorpresa de toda la familia y de los vecinos, acabó explicando entre lágrimas la verdad.

El reportaje se emitió por la BBC y llegó a verlo el propio rey nepalí. Cuando éste se enteró del caso, movió los hilos necesarios para dejar en libertad a Minmin inmediatamente. Pero el eco del reportaje no acabó aquí, la indignación generada fue tan importante que las mujeres se movilizaron en masa por todo el país y en pocas semanas conseguirían que el aborto pasara de ser de ilegal a "legal en algunas circunstancias". El caso generó tanta audiencia que la figura de Indira saltó al primer plano nacional en lo referente a trabajo social. No obstante, aunque su carrera profesional iba creciendo, el mundo volvía a temblar bajo sus pies.

Aunque es cierto que sus esfuerzos empezaban a dar frutos, seguía teniendo problemas con el comité ya que su metodología de trabajo nunca encajaba con la de la PAM. Su filosofía era diferente y en muchas ocasiones se encontraba atada y no podía actuar tal y como ella quería. En algunas ocasiones sí que lo hacía, generando todavía más crispación…

Por ejemplo en el caso de Minmin Lama, la PAM nunca aprobó que Indira se pusiera en peligro, tampoco aprobaba el eco mediático que había provocado la historia y aún menos que cuando todo se acabó, los periodistas quisieran darle dinero a Indira por su ayuda y ésta, lo rehusara. Sukanya intervino y aceptó el dinero en nombre de la PAM, pero las diferentes maneras de trabajar, de nuevo, volvían a abrir una brecha entre ellas.

Hasta el punto que un buen día Indira lo tuvo claro. Si quería seguir avanzando y materializar un cambio en las personas más desfavorecidas, ella tenía que crear su propia institución. Necesitaba poder trabajar siguiendo su propia filosofía y sin tener que depender de nadie. Tenía que construir desde cero su propia organización. Y esto suponía parar la actividad con la PAM y, sin ningún tipo de sueldo ni fondo económico, crear su proyecto.

Por otra parte, en aquel mismo momento la relación sentimental también llegaba a su límite. Él no podía soportar más que Indira pusiera en primer lugar su trabajo y llegados a este punto, él le hizo escoger: o su trabajo o él. Para Indira fue doloroso expresar su respuesta pero era clara e irrefutable, ayudar a los demás era más importante que sus sentimientos. Si dejaba de hacer su trabajo, renunciaría a ser ella misma. Por lo tanto con una hija que aún no tenía tres años y en una sociedad donde esto era inaudito, decidió separarse.

Con Subani con tan sólo tres añitos, sin ahorros y con críos que no eran suyos rondando por su piso, Indira hizo su último salto profesional. Decidió dejar de trabajar para la PAM y montar su propia ONG.

Por primera vez tenía contactos e influencias, y aunque no tenía recursos económicos, estaba dispuesta a mover cielo y tierra para construir una entidad con la línea de trabajo que ella deseaba, centrada en la acción directa dentro de las prisiones y en mejorar la vida de las personas que había tras los barrotes.

8. SIGUIENDO UNA JUNKIRI

"Mi padre dio un terreno a Indira justo antes de morir y le dijo <<Puedes escoger si utilizar el terreno para uno de tus proyectos o para una casa que sea para ti>>. Como ella no tiene tiempo para vivir en un único lugar decidió construir esta escuela en lugar de hacerse una casa propia como hubiera sido lógico." Ran B. Ranamagar, hermano de Indira y director de la escuela Junkiri de Jhapa.

"Ella ya trabajaba de profesora cuando aún era una adolescente. Enseñaba a leer y a escribir a los niños pobres y lo hizo mucho antes que ninguna institución fuera a ayudar. ¡Fue la mejor profesora que tuve!" Padre del consejo escolar de la escuela Junkiri.

"Una de las cosas de las cuales me siento más orgulloso de mi vida es haber sido profesor de Indira Ranamagar. Nuestra nación necesita más "Indiras"..." Hasta Pariyar

Sólo han pasado un par de días desde que volvimos de la excursión por el oeste de Nepal cuando Indira, Babú y yo nos plantamos en la terminal de vuelos internos de Katmandú. Hoy nos vamos a la selva que vio nacer a Indira ya que me quiere enseñar los proyectos que tiene por aquella región y quiere que me haga una idea de cómo era el lugar donde creció.

Hemos decidido coger una avioneta ya que tiene poco tiempo y esta visita no estaba prevista dentro de su agenda que rebosa de actividad. Normalmente se desplaza en autobús haciendo un trayecto de dieciocho horas para llegar, pero esta vez el elevado número de compromisos de la activista nos obliga a ir volando.

De camino al aeropuerto hemos pasado por el centro de Patan, una ciudad pegada a la capital por su lado meridional, donde Indira ha tenido que hacer un par de encargos rápidos cerca de la plaza Durbar, lo que me ha permitido contemplar rápidamente los magníficos palacios nepalíes de la zona. Aunque la visita ha sido fugaz he tenido los nervios a flor de piel todo el rato, ya que la hora de volar se nos acercaba y parecía que las tareas de Indira no se acababan, aun así, finalmente hemos llegado bien de tiempo a la terminal de vuelos internos.

Esta vez Indira no ha querido preocuparse por tenerse que separar de Babú. Me ha dicho que no quería sentirse tan triste como en los últimos días que hemos estado por Palpa, así que de nuevo, el pequeñín, nos acompaña con su frescura y espontaneidad que nos hará sonreír durante todo el viaje. Con camisa y con unos pantalones cortos nos sigue dando brincos al lado del carro donde llevamos las maletas.

De repente Indira lo sube en el carro para pasearlo por los alrededores de la terminal y se muestra encantadísimo... ¡esto si es romper la rutina! Con los ojos bien abiertos observa sin parar todo lo que le rodea. A Indira también se la ve contenta y me pide que le haga una foto.

Acabamos de atravesar la destartalada entrada de la terminal de vuelos internos y nos acercamos al mostrador de la compañía aérea que nos tiene que llevar a Jhapa. Cuando llegamos al mostrador, Babú quiere ir a curiosear en otra dirección, y como Indira está haciendo los trámites y el check in, cojo al pequeño en brazos.

No soy consciente de mi error... En aquel preciso momento, el chico de la aerolínea está mirándome e Indira se da la vuelta y afectuosamente me quita a Babú de los brazos y habla en nepalí con el chico. Acto seguido Indira se va con el pequeño y dice que me quede donde estoy, hasta que pasados unos minutos vuelve con los billetes. Resulta que han pensado que Babú era mi hijo y por eso le querían cobrar más dinero, ya que las tarifas para los extranjeros no son las mismas que para los locales. Por eso que ha tenido que ir a las oficinas de la aerolínea y demostrar que ella era su tutora legal.

Pocos minutos después, la avioneta de dos hélices inicia el vuelo, huyendo de nuevo de la capital. Si nunca me ha gustado volar, ahora estoy listo. Aunque la avioneta es pequeña, el servicio es bastante bueno y hay que decir que apenas se tambalea. Indira me explica cosas del paisaje que tenemos debajo e intenta que Babú mire por la ventana, y aunque en ningún momento llora, prefiere mirar en otra dirección.

El paisaje es muy curioso… Por la ventana derecha, el suelo queda muy abajo y es absolutamente llano y de un color verde intenso. El verdor sólo queda roto por algún río, marrón y brillante, que se desliza perezosamente por el Terai. Por la ventana izquierda las colinas no quedan muy lejos de nuestros pies y se distinguen muy bien los campos de cultivo y las casitas, y al final, no mucho más allá, el Himalaya se deja ver entre algunas nubes monzónicas a la misma altura que nosotros, o incluso más arriba. Después de un rato volando, la avioneta ya vuelve a bajar y el ruido se intensifica. Babú sigue sin llorar, pero está cansado de mirar un paisaje que no acaba de entender y siente que alguna cosa está pasando. Creo que se quiere alejar de la ventana. Según Indira necesita unos brazos más fuertes que le protejan del peligro que él intuye… Sea como sea en pocos segundos lo tengo en mi regazo y el crío me coge las manos, y diciendo "tío, tío!" me las pone sobre sus orejas. Definitivamente está asustado, ¡pero lo que no sabe es que ha ido a sentarse con el pasajero más asustado de todos!

El aterrizaje, aunque es suave, es muy ruidoso y el pequeño, sin llorar, oprime aún con más fuerza mis manos contra sus orejitas. Eso sí… cuando se apagan los motores, de un salto, vuelve al regazo de su aama.

El aeropuerto de Bhadrapur (Jhapa) no es más que una pista de asfalto en medio de la selva y el territorio es tan llano, que por detrás de las palmeras no veo nada más. Todo lo que existe desde este punto de vista es una sofocante pista de aterrizaje en medio de la jungla… Recogemos nuestras maletas sobre el mostrador hecho de hierros oxidados en el exterior, y de allí salimos directamente del recinto del aeropuerto donde nos encontramos con un miembro de PA Nepal que nos ha venido a buscar.

Tendremos que viajar los cuatro en una moto y cargando las maletas. Yo no lo veo nada claro pero justo antes de empezar la peligrosa actividad acrobática un hombre se acerca y habla con Indira. Yo no entiendo nada de lo que hablan, pero finalmente Indira y Babú suben en un coche y el miembro de PA Nepal y yo cogemos la moto, eso sí, cargando todas las maletas ya que el coche está lleno hasta los topes.

Durante unos minutos circulamos por una pista asfaltada por una zona de arrozales y palmeras. El sol brilla sobre los campos y la humedad es elevadísima. Ni siquiera yendo en moto sin casco consigo disminuir la sensación de bochorno. En un cruce perdemos a Indira de vista pero mi conductor habla contento y dice que estamos cogiendo atajos para ir más rápido, al mismo tiempo que me va aportando diversas informaciones sobre la zona.

Me explica que la frontera con la India está justo a un quilómetro a nuestra izquierda y aunque no lo parezca, Bangla Desh está a unos veinticinco quilómetros después, en línea recta.

Estoy confuso por esa información, pero después comprobaré en el mapa que, efectivamente, el lado sud-este de Nepal queda a muy pocos quilómetros de Bangla Desh, formando un pequeño estrecho por donde India conecta con sus territorios más orientales.

Detrás, aparecen unas colinas muy altas, que ya corresponden a la franja intermedia entre Terai y el Himalaya. Mi guía me informa que un día de estos también subiremos allí, pero que ahora, nos adentraremos en la selva donde nació Indira, justo en este punto tan fronterizo.

La moto ha seguido avanzando, diría que en dirección sur mayoritariamente, aunque no estoy demasiado seguro porque el sol pega sobre mi cabeza y no tengo más referencias para orientarme. Después de coger diferentes caminos acabamos yendo por una pista que circula entre chabolas, campos de arroz, búfalos de agua y cerdos pastando. Aunque el conductor no va excesivamente rápido, yo voy dando saltos detrás intentando aguantar las maletas como puedo. Pensaba que lo más peligroso de hoy había sido la avioneta, ¡pero veo que me equivocaba!

Se ven pocas casas y muy separadas las unas de las otras, la selva no es como me la había imaginado. Lo que es selva propiamente dicha no queda demasiada, ya que poco a poco se ha ido substituyendo toda por campos de cultivo. Las pocas palmeras y bananeras que han sobrevivido son las que delimitan unos terrenos con otros o zonas que han quedado aisladas por aguas estancadas y que no deben ser productivas para el cultivo.

Por el camino nos vamos cruzando de vez en cuando con hombres que llevan a pastar a los búfalos de agua, jóvenes con motocicletas y chicas con bicicletas arriba y abajo. Cuando estoy del todo perdido y no sabría volver al aeropuerto de ninguna de las maneras, Ranjit, mi guía, para la moto en la explanada que aparece entre dos casas. Una hecha de bambú y la otra de obra. Me acomoda en el porche de la entrada de la casa de obra y dice que me espere allí hasta que al cabo de unos minutos llegan Indira y Babú en coche.

Indira parece estar contenta de haber llegado a casa. Después de hablar con el hombre que les ha traído hasta aquí y despedirse, se sienta a mi lado y entonces me atiende. Desde el porche vemos la cabaña de bambú y me explica que aquella cabaña es la casa que construyeron sus padres con el dinero que ella había estado enviando durante los primeros años viviendo en la ciudad y que aún hoy es la casa de su madre, aunque ella se haya instalado en Nayabazar.

Me invita a visitarla y cruzamos el pequeño patio de arena, que separa la casa de obra, propiedad de su hermano, de la cabaña, que se aguanta sobre pilares de bambú de un metro y medio de altura. De nuevo me explica que la cabaña está elevada para evitar que el agua inunde la casa en épocas de monzón y al mismo tiempo para que las serpientes no entren tan fácilmente. Me remarca que una picada de serpiente de esta región puede ser mortal.

Un tablero de madera sirve de rampa para entrar en la casa, y sube desde el costado del camino hasta el interior de la construcción. La barraquita, que aunque tiene ventanas son bastante pequeñas y dejan entrar poca luz, consta de tres habitaciones. Nada más entrar hay una habitación de unos nueve metros cuadrados que comunica con las otras dos habitaciones más pequeñas. En cada habitación hay una cama que ocupa la mayor parte del espacio y algún mueble o tocador decorado con algunas fotografías antiguas que ya empiezan a perder color. En una de las habitaciones hay una antena y una televisión bastante vieja, me sorprende el contraste entre la casa y el aparato.

Volvemos a salir hasta la explanada donde Babú, ahora, juega a perseguir a unas gallinas que huyen de él aterrorizadas. En la parte trasera de la casa de bambú quedan dos barracas más. Una está aún de pie y actualmente sirve de cocina. Se trata de una barraca de una sola habitación que no debe de tener más de seis metros cuadrados y con un agujero en la pared para que se vaya el humo. El interior, ennegrecido de hollín, es bastante oscuro y sólo se cuela la luz por algunos agujeros del techo. Aquella barraca resulta ser una de las primeras casas donde vivió Indira con sus padres y sus hermanos.

Justo al lado, hay otra barraca inclinada y medio desmontada e Indira me explica que aquella barraca la construyó ella y fue la primera escuela que abrió en Jhapa para dar una educación a los niños y niñas sin recursos de la zona. La construyó ella misma, a mano, en menos de una semana, y con el dinero de otros premios que había ganado pudo pagar a una profesora para que pudiera atender a las criaturas que no podían ir al colegio.

Cuando su padre murió, dejó a Indira las tierras de delante de la casa. Se trataba de un campo que al final de su vida había adquirido gracias a las administraciones por el hecho de haber vivido y haberlas trabajado durante tantos años. No obstante, viendo el trabajo de su hija, le dejó el terreno para que construyera una escuela más grande y pudiera seguir con su labor.

Salimos de la cabaña destrozada y cruzamos el camino de carro por el que hemos venido. Justo unos metros más allá hay un edificio de obra vista, es la segunda escuela Junkiri de la asociación.

Gracias al terreno de su padre, la inversión de PA Nepal y el apoyo de la administración al final pudieron construir un edificio de obra con capacidad para muchos alumnos. Se trata de un edificio de una sola planta con diferentes clases que dan directamente al patio. Como ahora es época fuerte de monzón, llego en mal momento para visitar la escuela ya que hacen un corto periodo de vacaciones, no obstante, entramos para visitarla.

Aun siendo vacaciones, unos niños juegan en el patio y vienen corriendo a saludar a Indira, de nuevo con alboroto y abrazos. Uno de los hermanos de Indira, Ran, que estaba trabajando en uno de los despachos, nos ve y también se acerca. Él es el director de la escuela y entre los dos me explican de nuevo el funcionamiento del sistema Junkiri. El discurso es prácticamente el mismo que el que me había explicado Birmala en Sankhu... La escuela Junkiri de Jhapa pretende escolarizar a todas aquellas criaturas que por motivos económicos no puedan asistir a otras escuelas de pago de la región.

Actualmente, esta escuela acoge a ciento catorce alumnos de la zona dándoles una educación que de otra manera no podrían tener, y aportándoles ropa, comida y material para poder disfrutar plenamente de su escolaridad con normalidad.

Esta escuela no tiene casa de acogida y es por eso que no hay pequeños procedentes de las prisiones, sólo niños y niñas que, como Indira cuando era pequeña, tendrían que subsistir vagando por los campos buscando cómo sobrevivir y ayudar a la familia. Eso sí, con una diferencia respeto a hace cuatro décadas, que ahora la selva ha quedado reducida a pequeñas islas entre campos de cultivo y los niños en lugar de recoger frutos por la selva vagarían por los caminos o por los alrededores de la ciudad de Bhadrapur.

La escuela cuenta con nueve profesores, cinco de los cuales están pagados por PA Nepal, y la mayoría de ellos son chicos y chicas que han salido de las casas de acogida, o personas a quien PA Nepal ha ayudado y ha dado una formación. Dos de los otros profesores están a cargo del estado, que tal y como me han comentado varias veces, no es que no se preocupe de sus ciudadanos sino que no tiene los recursos suficientes para proporcionar los servicios mínimos necesarios a toda la población. En este caso, PA Nepal y la administración han encontrado un equilibrio para poder colaborar. Ambos se necesitan mútuamente y del entendimiento ha surgido un proyecto dirigido por la asociación pero del que se beneficia toda la comunidad.

También me comentan que actualmente dos voluntarios nepalís ayudan a los docentes en sus tareas y que están dispuestos a acoger también voluntarios extranjeros, aunque aquí, al encontrarse en un distrito tan apartado de la capital, pocas veces se aventuran los voluntarios internacionales.

Además de los voluntarios, en la escuela Junkiri de Jhapa se invita a las madres a entrar y participar de la educación de sus hijos. Algunas participan en clases para aprender a leer y a escribir y así en casa practican con ellos y se comparten su aprendizaje. Otras madres asisten a talleres impartidos por miembros de la asociación que pretenden darles las herramientas para mejorar la educación de sus hijos desde casa, intentando abolir el sistema de castigo físico que es habitual en la mayoría de hogares y buscando caminos donde el trato emocional les permita mejorar la relación con sus hijos. Junkiri intenta hacer ver a las familias que la educación es cosa de todos y no sólo de la escuela.

Finalmente, Indira y Ran me enseñan una explanada de hierba muy grande que queda fuera de la escuela, por la parte trasera. Media docena de árboles tropicales crecen en medio del claro directamente hacia las nubes. Un lugar particularmente verde y acogedor. Me explica que los días que hace buen tiempo, como el rato de sol que estamos teniendo ahora, los niños salen a correr y a jugar por allí, a cantar y bailar con los profesores o incluso a leer o a escuchar historias que explican los maestros. Insiste en la importancia que ella le da a poder crecer en un lugar abierto y cómo de los recursos y materiales que aparecen de manera natural en el entorno, los profesores intentan enseñar el contenido necesario para los niños.

- ¡No es bueno para el cerebro de los niños estar todo el día encerrados en una sala! Su cuerpo pide correr, saltar… A través de este movimiento ellos ya aprenden y sobre todo predispone a sus cerebros a seguir con los aprendizajes. – Me afirma Indira con voz casi de enfado. ¡No lo está! Simplemente está defendiendo los derechos de los niños y no se imagina a ella de pequeña encerrada en un aula todo el día… ella quería aprender, ¡sí! Pero de los días de la selva vienen muchos de sus aprendizajes y por eso quiere la misma libertad para los niños y niñas que ayuda.

Volviendo hacia los despachos me presentan a Angat Dhimal, el coordinador del proyecto GEN o Girls Education Nepal. El proyecte Gen, me explican también entre todos, se encarga de localizar exclusivamente niñas de todo el país que han estado privadas de ir a la escuela, sea por el motivo que sea, y ayudarlas económicamente para que puedan iniciar o seguir con su educación. El proyecto se coordina entre el despacho de la escuela, donde trabaja Angat y Nayabazar, donde Sagar, el sobrino de Indira junto con tres miembros más de la plantilla dan cobertura al resto del país.

Las niñas y chicas que se benefician de este proyecto, cerca de una veintena en esta región, reciben subvenciones de PA Nepal y como en los demás casos disfrutan de una escolaridad, uniformes y material para asistir a las clases, además de una comida al día. Estos pagos económicos, me explican de nuevo, no se hacen directamente a las familias sino a las escuelas e instituciones colaboradoras, para asegurarse que las familias no se gastan el dinero en otras cosas.

Además, me asegura Indira que, las niñas de la zona del Terai que se benefician de estas becas se les da bicicletas a las que viven lejos de la escuela. De esta manera no tienen que perder tanto tiempo caminando como lo hacía su protectora. No obstante, por las zonas más montañosas del país este transporte no es posible ya que a menudo para ir a la escuela los pequeños tienen que ir por caminos donde el desnivel sólo puede superarse a través de escaleras.

Este proyecto lo inició Indira juntamente con Nonna, una finlandesa que durante años ha buscado recursos en el extranjero para poder financiar la escolaridad de estas chicas. Aunque hace algún tiempo que no se ven, Nonna sigue colaborando con la organización de Indira a través de su asociación.

Después de la visita a la escuela hacemos un tentenpié a base de galletas y té en la sala de estar de la casa de obra. La casa es del hermano mayor de Indira, Jagar Magar, que actualmente se gana bastante bien la vida haciendo de político y por eso ha podido construir una casa de mejor calidad. Mientras comemos se acerca Babú corriendo por la sala, con pasos rápidos pero irregulares, coge una silla y la arrastra hasta la mesa donde estamos nosotros. Con un doble salto se sube a la silla primero, y después encima de la mesa y avanzando a cuatro patas por encima coge el paquete de galletas, se mete una en la boca y se lleva dos más en la mano, y haciendo piruetas deshace el camino y se va más rápido de lo que ha venido. Todo esto antes de que nos diera tiempo a pestañear.

Arranca las risas de todos, pero a mí además, me deja boquiabierto. Los niños de España de su edad justo empiezan a caminar con inseguridad… pero en cambio él ya corre, escala, salta y busca la manera de conseguir lo que quiere o lo que necesita. Su vocabulario es más avanzado de lo que toca y su motricidad también. También me he dado cuenta que no llora nunca. Otro niño quizá habría venido a pedir galletas llorando esperando a que el adulto entendiera que le pasaba. Él no. Él ha actuado con naturalidad y autonomía y si la acción que tiene que hacer no es correcta ya se lo dirán después, pero mientras él se va espabilando por su cuenta.

Por la tarde nos dirigimos con la moto hasta Bhradapur, la ciudad más importante de la zona. Indira, Babú y Ranjit viajan en una moto mientras Angat y yo lo hacemos en otra. Allí Indira ha sido invitada a un centro de atención de mujeres. El marido de la responsable del centro viajaba en el mismo avión que nosotros, y, me entero en aquel momento, era el hombre que se ha ofrecido a llevar a Indira en coche esta mañana. El hombre que ha reconocida la famosa activista nos ha invitado a visitar el centro de su esposa.

Así, puedo conocer un poco del día a día de Indira. De nuevo es reconocida e invitada, esta vez a un proyecto de mujeres. El proyecto en sí consiste en un taller de confección artesanal. Un grupo de mujeres están produciendo colgantes hechos de arcilla de colores, realizando un trabajo en cadena alrededor de una mesa. La directora del centro nos recibe con una sonrisa acogedora. Otra vez me encuentro con una persona con una mirada que no te deja indiferente y que rebosa energía y amor. No es habitual encontrarse con estas miradas, por eso estoy aquí siguiendo a Indira. Supongo que precisamente por eso, es capaz de atraer personas que vibran en su misma frecuencia.

La figura de Indira, atrae a todo tipo de personas. Unos que quieren ayudar, otros que actúan en beneficio propio y otros que simplemente curiosean... Hoy sus acciones la han llevado junto a otra mujer que trabaja por el bien de los demás y que no busca beneficio.

La directora realiza una tarea de terapia emocional y psicológica mientras las mujeres trabajan. Posteriormente me enteraré que todas las mujeres de alrededor de esta mesa han sufrido diferentes abusos, por parte de sus maridos o de otros hombres. De ahí que en un principio me miran con desconfianza y no acabo de sentirme bien recibido. No desconfían de mí, sino del género masculino en general... Aun así la directora nos hace invita una rueda de presentación y después de presentarme me dedican algunas sonrisas tímidas y me preguntan alguna cosa.

Los colgantes que fabrican se venden en diferentes mercados y el dinero recaudado es para que la asociación pueda funcionar y ayudar económicamente a las mujeres que más lo necesitan. Al finalizar la visita, Indira y la mujer hablan en nepalí un buen rato. Me imagino que hablan de posibles colaboraciones o de cómo ayudarse en el caso que más adelante lo puedan necesitar. Finalmente la directora también se despide de mí y me explica que en breve irá a Barcelona para participar en unas conferencias… Su deseo final es que ojalá, algún día vea lo que he escrito en este viaje y que se dé a conocer aún más la figura de Indira.

De allí nos adentramos por un laberinto de carreteras y caminos de carro de nuevo hacia la selva. Creo que nos vamos acercando a la casa de Indira, pero si tuviera que decir sobre un mapa donde estamos, no sabría hacerlo de ninguna manera. Nos detenemos a saludar a un amigo íntimo de Indira, cuando Babú se pone a gritar:

- "Paniporioooo, paniporiooo" – Palabra que escucho cada vez que noto gotas sobre mi cabeza y que ya he aprendido lo que quiere decir… "llueve!".

Así que corremos a refugiarnos en casa del amigo y aprovechamos la tormenta que se ha desencadenado para tomar unos tés en su casa mientras voy sabiendo más cosas sobre la Indira de hace 25 años, pero especialmente me queda grabada la descripción que el hombre hace de Indira.

- ¡Era la chica más bonita de la zona! Aunque no era una princesa… ella era como un hombre. Igual de fuerte, igual de valiente e… ¡igual de deslenguada o más! Quizá porque se parecía tanto a un hombre no me enamoré totalmente de ella… - Acaba bromeando.

Cuando por fin para de llover cogemos las motos de nuevo y nos ponemos en marcha. Creo, que el motivo real de la visita, además de conseguir más información para mi libro, es que el hombre es uno de sus mejores amigos y ella necesitaba recargar pilas y energías, y verlo a él, era una manera de hacerlo, ya que no se pueden ver muy a menudo.

Ha sido una lluvia torrencial, pero ahora el sol brilla con mucha fuerza, como si no hubiera pasado nada de nada. Paramos, otra vez, en un pequeño vecindario de la selva. Cuesta entender la construcción urbanística del terreno. Todo es selva, campos con casas grandes, barracas o a veces aparece un núcleo de tres casas e incluso algún templo separado de todo. En este caso se trata de un vecindario de unas cuantas casas adosadas.

Damos la vuelta por la parte posterior y allí encontramos por sorpresa un hombre mayor que nos recibe con mucha alegría y vitalidad. Nada más recibirnos nos hace subir al segundo piso, en una pequeña pero acogedora habitación repleta de fotografías antiguas y nos ofrece té.

Se trata de uno de los profesores de Indira, concretamente el profesor de lengua extranjera que tuvo en la segunda escuela donde fue. El hombre después de servir el té se ausenta unos instantes y vuelve con un vestido blanco, reservado para ocasiones especiales. Se le ve satisfecho, orgulloso y contento por la visita, a la vez que nervioso, ya que para él Indira es una de las personas más especiales que ha conocido nunca, y se enorgullece de su visita.

Durante un largo rato hablan en nepalí y se ponen al día de sus respectivas vidas. Hacía años que no se veían y la alegría de la conversación se nota entre las risas y las sonrisas. Posteriormente, cuando sabe que el objetivo de la visita es hacerle una entrevista para conseguir información de cuando Indira era adolescente, cambia a un tono más formal y una pose "profesional".

Me hace levantarme y me dirige a la habitación de al lado, donde tendremos más tranquilidad para hablar sin tapujos. Allí, enciende un ventilador que nos permitirá estar más confortables y empezamos la entrevista. Me explica cosas de Indira que hasta entonces nadie me había dicho. Se nota que es un hombre con estudios y que ha salido de la jungla y del país en más de una ocasión. No trata a Indira como una diosa o como una madre, como muchos de los que entrevistado anteriormente, sino de una persona con una capacidad de auto superación extraordinaria y admirable.

Recuerda que antes de ser su profesor ya escuchaba hablar entre sus compañeros y cuando él la tuvo como alumna entendió el por qué. A menudo, admite, Indira conocía las respuestas antes de haber trabajado los temas, ya que estudiaba tanto que se avanzaba al temario. El hombre me explicaba que la familia Ranamagar era de las más pobres de la zona y que su situación era prácticamente insostenible. Aun así me comenta que Indira siempre se presentaba limpia y se sentaba en primera fila con todos los deberes hechos. Me explica también que hace unos minutos Indira le ha dicho que ha sido nominada a un premio internacional muy importante por su trayectoria profesional y que como él pronosticó años atrás, ella ha tenido la oportunidad de salir del país. El hombre casi con lágrimas en los ojos recuerda que cuando era joven él la animaba y le decía, "no te preocupes, algún día tú podrás ir a vivir a algún otro país y huirás de esta situación injusta que te ha tocado vivir", para consolarla, porque ya entonces protestaba por la situación de las niñas y las mujeres.

Aun así, me reconoce el hombre, no esperaba que después de tener la oportunidad de irse, decidiera quedarse y luchar por cambiar estas injusticias. Hace años que sigue su carrera y ver que el esfuerzo que él puso para que tuviera un futuro mejor, se ha traducido no en que ella se marchara, sino en que se quedara para dar la misma oportunidad a mucha otra gente, esto le llena de orgullo… con voz temblorosa pide mirando en alto, que el Nepal vea nacer muchas más "Indiras".

Se acuerda de cómo de seguro estaba que aquella niña era diferente, y hoy, se emociona viendo que hasta un extranjero ha venido para hablar con él para saber más cosas de aquella niña tan especial. En un momento, casi acabando la entrevista, se emociona aún más y me coge la mano, y me explica la importancia del trabajo del profesor.

- "Ser profesor permite preparar a los niños para que ellos construyan un futuro mejor. El verdadero poder del profesor es este. El profesor puede ayudar a preparar a las nuevas generaciones para que den la vuelta a todo aquello que no funciona en el mundo y busquen nuevas soluciones para arreglarlo. Yo, viendo a Indira, veo que una parte de mis esfuerzos han tenido su fruto… ¡Veo que he ayudado a crecer a alguien que está cambiando el mundo! ¡Y lo está haciendo para mejorarlo! No es mérito mío, sólo he participado, pero me llena de orgullo plenamente".

Acabada la entrevista, volvemos a la sala donde Indira y Babú nos esperan comiendo galletas con la mujer del profesor y siguen hablando un rato más. Se nota el cariño que maestro y alumna se tienen mútuamente… Ha sido una entrevista, especial. Todas lo son, pero ésta, me ha dado mucha información para entender los inicios de esta mujer tan excepcional.

La noche nos ha sorprendido en el mercado de delante del campo de fútbol. Indira ha querido presentarme a decenas de personas para que yo recopile información de los años setenta u ochenta, cuando ella era pequeña o adolescente. Me cuesta ubicar cronológicamente las cosas que explican porque los calendarios son diferentes. Según el calendario nepalí ya estamos en el año 2070 y muchas de las entrevistas me hablan de los años que transcurren entre el 2030 y el 2048, y yo me lío bastante para situarme. En Katmandú la mayoría de la gente cuando habla con los extranjeros ya adopta el calendario occidental, pero realmente en las zonas rurales no estamos en el año 2014…

Son muchos los curiosos que nos rodean mientras hago las entrevistas. Y a ella se la ve tan contenta de poder tener un rato para hablar con gente que hacía tanto tiempo que no podía conversar con algo de tranquilidad, que en algunas ocasiones se olvida hasta de traducir las respuestas a mis preguntas.

Entre la multitud que se va acumulando, insiste en presentarme a otro de sus mejores amigos, Pradep, al que se ve eufórico también por este reencuentro.

Estamos delante de la tienda de víveres de sus padres, donde de pequeño, me explica el hombre, él cogía prestada alguna cosa para alimentar a su hambrienta amiga. Y aunque muchos reconocían que la pequeña niña de la selva había sufrido discriminaciones de todo tipo, también se ve cómo se había ganado el respeto de algunos compañeros. Especialmente el de los niños, que aunque eran más hábiles con una pelota en los pies, ninguno de ellos podía atrapar a Indira cuando corría.

El espíritu de auto superación ya le venía de pequeña, tal y como ella me había explicado, pero dicho en boca de este hombre las palabras tienen más valor. No porque no crea el testimonio, más que válido de Indira, sino porque tal y como me explican me encuentro ante uno de los deportistas más apreciados del país. Pradep fue jugador de la selección nacional y posteriormente entrenador de ésta. Actualmente es un admirado locutor nacional de los partidos de fútbol.

Él reconoce, sin ningún problema, como la mujer que tengo delante, un día fue más rápida y más fuerte que él, pero repite con una sonrisa... no tan hábil con un esférico en los pies.

Me encuentro en medio de dos de las figuras más admiradas de Jhapa, una trabajadora social con una trayectoria formidable y un futbolista. A pesar de las pocas posibilidades de futuro que tenían por el contexto donde habían crecido, hay que ver lo que ha dado de sí este pueblo. Quizá, el tesón de Indira, ya de pequeños, inspiró a más de uno a superarse, me dice el hombre, su promoción fue la que más alumnos consiguieron pasar de quinto a sexto nivel.

Nos desplazamos del mercado a una casa unifamiliar unos metros más allá. Empieza a refrescar y siento que un aire más puro entra en los pulmones. Es el primer momento del día en el que me sentiría en condiciones de trabajar algo.

En la casa, un matrimonio nos ofrece un té hirviendo y de nuevo me explican batallitas de juventud hasta que finalmente y ya a oscuras, volvemos en moto por el camino de vuelta. Antes de arrancar me piden que me fije en la distancia que recorreremos. Estamos a pocos metros de la primera escuela de Indira, la más cercana que tuvo. Circulamos por un camino que atraviesa lo que había sido la selva. Pero ahora lo hacemos por un camino de grava, y de la selva no queda más que vestigios. En algunos puntos sí que se ven árboles altos, pero el bosque está totalmente talado.

Durante un rato circulamos casi a oscuras hasta llegar a una zona de campos de cultivo. Allí me quedo maravillado del espectáculo. Miles de junkiris ya han salido y sobrevuelan los márgenes y los campos de arroz. Realmente con su luz, podría avanzar por el camino sin caerme en ningún campo.

Entre junkiris llegamos a casa de Indira, después de un trayecto de diez minutos en moto, el mismo trayecto que ella tenía que hacer cuatro veces al día y corriendo descalza durante el primer año de escolaridad.

Ya reposando en el patio me siento en un taburete, rodeado de miembros de su familia, mientras ella prepara la cena para un Babú que todavía tiene cuerda y se presenta con un gato bien cogido el pescuezo. El animal, resignado, se deja llevar viendo que no tiene nada que hacer…

Después de hablar un rato con los dos hermanos, salgo a pasear por la selva. La tranquilidad se respira en el ambiente y me dejo llevar por la luz de las luciérnagas e intento imaginar cómo debía sentirse aquella mujer, hace unos años, justo en aquella cabaña, pero sin la presencia de las casa vecinas ni los campos que hoy dejan entrar la luz de la luna.

Para mí el paisaje y la tranquilidad son un regalo… Pero intento imaginar cómo es sobrevivir en una zona tan bochornosa y con tantos peligros como son las enfermedades tropicales, la fauna que habita e intentando conseguir recursos de una tierra tan pantanosa… y me estremezco.

Después de cenar Indira me acomoda en mi habitación. Me han dejado una cama de matrimonio dentro de la casa de obra mientras ella y Babú dormirán en la cabaña de su madre. Me tratan como un rey… pero el bochorno no me dejará pegar ojo.

Pronto, por la mañana cogemos un 4x4 que hemos alquilado y nos encaminamos hacia un nuevo proyecto. De camino, Indira hace algunas paradas para presentarme todavía a más gente, y todos me explican lo mismo una y otra vez. Todos destacan la alegría y la iniciativa de aquella niña cuando era pequeña y la tozudez en mejorar la situación de su familia. Todos los vecinos y conocidos quieren participar en el hecho y dejar constancia en mi grabadora sobre quién es ella y qué ha hecho por la comunidad, de su entusiasmo confirmo las mismas alabanzas una vez tras otra…

Finalmente, nos dirigimos hasta la casa de acogida de PA Nepal que dirige la sobrina de Indira en Jhapa. Para llegar circulamos con el coche durante más de quince minutos e incluso tenemos que cruzar un río, el agua del cual nos llega hasta la mitad de la puerta. Mientras lo atravesamos Indira me explica que cuando iba a la segunda escuela tenía que recorrer toda esta distancia, entre la selva y que en épocas de lluvia también tenía que ingeniárselas para atravesar ríos como este.

Al fin llegamos a la casa de acogida que se encuentra rodeada de campos y de huertos y brilla bajo un sol de verano infernal. La sobrina de Indira, Souba, es una mujer unos tres años menor que ella pero que, como Indira, parece más joven y desprende vitalidad. Nada más recibirme me enseña las instalaciones donde actualmente acogen a una decena de niños y niñas. Lo que diferencia esta casa de las demás es que esta sí que se abastece por sus propios medios y esto es debido al extenso huerto que cultivan en la parte posterior. Allí un hombre occidental de unos cuarenta años, pero que aparenta diez menos, con camiseta de tirantes, trabaja bañado de sudor y barro.

Es Zach, el marido de Souba, con quien tiene un hijo de siete años. Zach sale a recibirme y me explica el funcionamiento del huerto ecológico aunque se guarda los detalles de su gran "secreto" para la visita de la tarde.

La hermana mayor de Indira, la madre de Souba, también está por aquí y comemos en el suelo con los niños. Mientras engullimos un plato de legumbres con verduras observo a la mujer. Se ve mucho más mayor que Indira, exactamente a medio camino entre ella y su madre. Habiéndolas conocido a las dos ahora, ya me puedo imaginar cómo será Indira dentro de veinte años y de aquí a cuarenta… Las tres son iguales.

Después de comer, pasamos a saludar a los vecinos. Indira se ha enterado de la muerte del patriarca y vamos a darle el pésame. Encima de una mesa hay una cajita donde los vecinos y conocidos dejan pequeñas cantidades para ayudarse los unos a los otros para pagar los trámites funerarios y ayudar así al sostén familiar. Después de contribuir, volvemos a la casa de acogida y vemos que el 4x4 ya está en marcha, y nos subimos Indira, Babú, Zach, Souba y su hijo, el conductor y yo. No me han dado muchos detalles sobre la casa de acogida ya que el funcionamiento es igual que el de Sankhu o Nayabazar, pero a pequeña escala. De hecho, Souba fue durante años, la coordinadora de Sankhu y por eso sé que la filosofía es la misma.

Dejamos Terai rumbo al norte, hacia unas colinas donde se encuentra la provincia de Ilam. Allí Indira me quiere enseñar el proyecto de Zach, que me servirá para entender también cómo funcionan los huertos de la casa de acogida. Aunque el proyecto que vamos a ver en Ilam es exclusivamente del canadiense, gran parte de los beneficios que consigue son para PA Nepal.

El todoterreno se encamina hacia las colinas que se ven en el horizonte, que parecen increíblemente lejos por dos motivos. Uno es la humedad del ambiente que desdibuja el contorno de la montaña. Y el segundo, es que Terai es tan llano y hay tantas palmeras que no dejan divisar el inicio de las montañas. Pero en menos de veinte minutos el vehículo empieza a subir montaña arriba y pocos minutos después ya hemos subido más de mil metros y ahora es el Terai, el que va despareciendo enturbiándose bajo la calima.

Medio adormecido por el aire más confortable que entra por las ventanas y por el balanceo del vehículo llegamos a lo alto de la primera franja de colinas. Rondamos los dos mil metros y el Kanchenjunga hace acto de presencia en el horizonte mezclando el blanco de su nieve con las diferentes tonalidades de blanco de las nubes de tormenta. A la derecha de la carretera, el margen se precipita hacia un valle profundo que forma parte de la India, pero ni esta, ni el ocho mil que queda al fondo pueden robar protagonismo al paisaje más cercano a la carretera.

Circulamos por la cresta de una montaña que zigzaguea por unas colinas repletas de plantas de té. Parece que de repente, alguien haya reducido el Jeep a la medida de una pulga y que circulamos por la cresta de un dragón verde reluciente y gigante. He visto carreteras y carreteras, pero quizás ésta es la más bonita que he visto nunca.

Después de circular un rato por esta cresta de dragón, el Jeep nos deja en el margen de una curva donde iniciamos una caminata de un cuarto de hora hacia el proyecto de Zach. El camino, típico de la zona intermedia entre Terai y el Himalaya sube abruptamente y el barro y el musgo nos hacen resbalar varias veces. A la izquierda nos queda como siempre un precipicio de terrazas, pero el té domina estos cultivos a diferencia de las otras zonas del país.

Al final del camino llegamos a un refugio que Zach ha construido con materiales típicos de la zona. Sólo ver la pequeña edificación centenares de estímulos me llegan de todas partes. Había escuchado mucho hablar de su proyecto, y quizás por las expectativas, o quizás porque veo muchas cosas que me sorprenden, creo que estoy acercándome a un lugar que guarda muchas respuestas a muchas preguntas que podrían mejorar el mundo.

Ya de entrada, la casa de piedra y madera tiene un ventanal muy grande en la fachada principal. Zach me explica que siguiendo un sistema de construcción sostenible encaró la casa hacia donde da el sol de tal manera que durante los meses más fríos los rayos de sol pudieran penetrar en el interior y así calentar un poco la casa.

Antes de entrar en la casa, Zach me invita a sentarme en un banco de madera que hay en la entrada, justo al lado de un estanque artificial que él mismo ha construido. Allí Zach me introduce en su particular manera de entender la agricultura, el cual tiene un nombre concreto… permacultura.

La permacultura, me explica el canadiense, es una disciplina que estudia cómo sacar el máximo rendimiento de la tierra a partir de la observación de la propia naturaleza y de diseñar sistemas de producción que se puedan llevar a cabo sin alterar los ecosistemas. Dentro de la permacultura encontramos diferentes categorías o disciplinas que se podrían estudiar independientemente y que en este proyecto, Zach, ha intentado compaginar. Una de ellas es la acuicultura y el estanque que tenemos delante sería un ejemplo de cómo diseñar un ecosistema acuático para extraer diferentes tipos de beneficios, no sólo alimentarios.

Zach me cuenta que el estanque cumple una triple finalidad, sino hay nada que le pase por alto explicarme... Para empezar, el estanque está puesto de manera estratégica sobre el terreno de tal manera que, en invierno cuando el sol está más bajo, los rayos de sol impacten sobre la superficie y vayan directamente al ventanal del refugio, lo que ayudará a aumentar más la temperatura interna sin la necesidad de quemar ningún combustible para mantenerla atemperada, o como mínimo reducir su uso. Que el estanque esté delante de casa, afirma el hombre, ayuda a crear un microclima templado, igual que el mar hace con las ciudades costaneras.

Por otro lado, dentro del estanque hay unos cuantos centenares de peces que servirán para conseguir proteína fresca. Igual que en Palpa, este alimento sirve para enriquecer la dieta de los niños de la casa de acogida de Jhapa o para las personas que viven o pasan temporadas aquí. El hecho que el agua esté tan cerca de la casa hace que los pájaros no se acerquen tanto y que los peces estén más seguros.

Me asegura que los peces pueden vivir allí sin que él tenga que destinar horas a su cuidado y que el único trabajo que le habrá dado será haber cavado el agujero. En este punto de la conversación yo le pregunto cómo lo hará para que el agua de los peces no se pudra con sus propios residuos. La idea parece buena, pero un mínimo de mantenimiento creo que sí necesitará... Es entonces cuando él me sorprende con la tercera finalidad. Alrededor, y entre el estanque, crecen nenúfares y flores de loto, entre otras plantas, que oxigenan el agua y la limpian de residuos al mismo tiempo que propician la proliferación de otros microorganismos que servirán para alimentar los peces, librando a Zach de cualquier tipo de faena extra. Pero lo más impresionante de esto es que las flores, las hojas o hasta las raíces... ¡son medicinales! Algunas de ellas producen flores, hojas o raíces que pueden ser útiles para la elaboración de remedios caseros o farmacéuticos, y por lo tanto, son productos que Zach podrá vender a buen precio, con el mínimo de esfuerzo y con la finalidad, no de enriquecerse, sino de alimentar los peces que tienen que dar la sostenibilidad al proyecto de Jhapa. Increíble, ¿no?

Aún maravillado y mirando de vez en cuando el estanque, entramos al refugio. Se trata de un edificio de dos plantas. Aunque la fachada es de piedra, en el interior predomina la madera. Es la madera de los árboles que cortaron para vaciar el espacio donde tenían que construir la casa. Aprovechando al máximo los recursos del propio terreno.

El refugio, aunque acaba de ser recientemente inaugurado, ya acogía antes de estar acabado y seguirá acogiendo, estudiantes y voluntarios internacionales atraídos por la idea de aprender permacultura. Actualmente han pasado más de una treintena de estudiantes y mientras paseamos por las habitaciones del piso superior veo a tres chicas tailandesas que ya recogen después de estar unas semanas. En breve se espera la llegada de más gente.

El concepto de la permacultura es relativamente reciente. Nació a finales de los años 70, pero en diferentes países del mundo esta práctica se ha ido extendiendo tímidamente y en algunos lugares, como donde estamos ahora, ya se realizan clases y talleres.

Tal y como he visto con el estanque, la permacultura permite al propietario, al trabajador o a la persona que trabaja la tierra, librarse del trabajo más duro, convirtiendo su patrimonio, no en un espacio de ingresos activos, donde la persona está obligada a trabajar constantemente para recoger el fruto (literalmente) de su esfuerzo, sino un espacio de ingresos pasivos, donde después de diseñar un ecosistema, la propia naturaleza es la encargada de acabar ofreciendo el fruto final, librando al hombre de la esclavitud de la vida rural.

Este aspecto es el que hace que Zach pueda dedicarse a estar en la casa de acogida con los niños de Jhapa u organizar talleres y clases sobre permacultura, mientras el fruto de su trabajo crece y se mantiene, casi, por sí solo.

En resumen, concluye Zach, la permacultura es el conjunto de técnicas y conocimientos que permiten obtener un buen rendimiento de la tierra con un consumo energético (manual o mecánico) bajo, dejando el máximo de espacio a la vegetación "salvaje". La idea es que la tierra sea productiva ella sola y que los cultivos que se incorporan tengan alguna función para el propio ecosistema.

Mucha gente se llena la boca hablando de agricultura ecológica… - Me comenta. – Pero realmente ¿crees que es ecológico cortar una selva para hacer campos de cultivo?

Esta granja-escuela no sólo sirve para extranjeros que vienen a estudiar aquí, de los cuales hoy en día ya empieza a tener beneficios económicos por sus servicios prestados, sino que también es un centro abierto y gratuito para todos los agricultores de la zona (o nepalíes) para que puedan venir a aprender técnicas para mejorar, no sólo el rendimiento de sus tierras, sino la calidad de vida. Y es que como ahora me demostrará el canadiense, la permacultura libera al hombre del trabajo esclavo que los propios humanos a veces nos hemos impuesto para obtener beneficios de la tierra.

Zach me dirige fuera de la casa… Ya me ha explicado como obtiene alimentos y dinero del estanque sin tener que destinar muchas horas, pero siento mucha curiosidad en que me explique cómo obtiene alimentos y beneficios económicos de la tierra sin tener que deslomarse cada día bajo el sol. Esta rama de la permacultura, dice que se llama "forestculture", que buscando la traducción me tendré que conformar con silvicultura, aunque como veré, tiene poco que ver con el concepto que yo tenía por esta ciencia. Me explica que para obtener alimentos ha optado por cultivos "perennes", es decir, que son permanentes y no de un solo ciclo. El ejemplo perfecto, aunque no el único, son los frutales. Para conseguir fruta, Zach sólo tendrá que tener cuidado de los frutales los primeros años, y aun así no le llevará la misma faena que a los campesinos que sólo trabajan el arroz o el té. Estos frutales irán creciendo entre la selva, sin talar absolutamente ningún árbol.

Justo delante de la casa, pendiente abajo se despliega una selva que forma parte de su parcela e iniciamos una ruta circular dentro de ésta, y entre muchos frutales que producen mangos, bananas y otras frutas tropicales encontramos también algunos frutales que encontraríamos en otras tierras como melocotoneros, perales, manzanos y ciruelos. También encontramos árboles que producen frutos secos como cacahuetes y otras variedades de frutos típicos de la zona.

Estas frutas servirán para alimentar a los niños de Jhapa, y más adelante también a niños y niñas de otras casas de acogida, pero en caso de excedente o que la fruta corra peligro de estropearse por el transporte, es un producto muy intercambiable por grandes cantidades de arroz u otros alimentos que él no cultiva, garantizando así tener suministro de todo lo que necesitan.

Entre los frutales encontramos muchas coles, coliflores y brócolis y otras hortalizas que no acabo de identificar, aunque Zach me explica que a partir de octubre y durante ocho meses, hasta que no vuelva el monzón, suele cultivar tomates, pepinos, berenjenas, zanahorias y todas aquellas hortalizas que sueles encontrar en los huertos que conocemos. Por otro lado también encontramos esparragueras silvestres que crecen a su ritmo y de forma natural casi sin ningún tipo de mantenimiento.

Zach me explica que la clave para evitar las plagas, igual que en la agricultura ecológica, no sólo recae en tener la diversidad de plantas adecuadas sino también en no tener excesiva cantidad de un solo cultivo demasiado junto. Si no hay mucha comida de un solo tipo junta, o dicho de otra manera, si no creamos una superpoblación de un solo tipo de vegetal, no habrá ningún insecto que se reproduzca creando ninguna plaga peligrosa. No obstante, siguiendo las pautas de la agricultura ecológica él busca igualmente que las plantas que cultiva sean compatibles entre ellas y que unas beneficien a las otras.

Por eso no faltan plantas aromáticas, las cuales, también tienen propiedades medicinales y de nuevo podrá vender a buen precio. Estas plantas atraen o repelen insectos y están colocadas estratégicamente, para favorecer los cultivos. Por ejemplo, por el perímetro, lejos de las hortalizas está lleno de flores rojas que llaman la atención de los insectos, mientras que por el interior ha plantado algunas plantas aromáticas que los repele. No obstante, cuando hay una plaga (que no ha tenido nunca ninguna), puede elaborar una infusión con las plantas que repelen los insectos y la rocía en los cultivos, sin utilizar ningún pesticida ni producto químico. De nuevo, Zach ha jugado con la naturaeza, diseñando cada espacio para favorecer el ecosistema sin perder en producción y ha utilizado, o sabe cómo utilizar recursos que la propia naturaleza ofrece para beneficiarse.

En uno de los extremos más soleados, donde el antiguo propietario tenía unas cuantas terrazas de arroz, fuera de la selva, Zach ha plantado diferentes tipos de legumbres, garbanzos y lentejas, principalmente, y ha dejado mucho trozo para una plantación de maíz. Estas terrazas quizás serán las que le llevarán algo más de trabajo aunque no tanta como a los vecinos, que se ven a lo lejos, deslomándose bajo el sol empujando búfalos por las terrazas o agachados recogiendo hojas de las plantas de té.

Volviendo a hacer el recorrido entre la selva, Zach me enseña uno de sus mejores secretos… Aunque "secreto" quizás tampoco es la palabra ya que no sólo está abierto para compartirlo sino que se encarga de difundirlo entre los compañeros de profesión nepalís de los terrenos más cercanos y no tan cercanos. Este secreto se llama "cardamomo" y según él, es la segunda especie más cara del mundo después del azafrán, aunque se disputa este honor con la vainilla. Sea como sea, la plantación de esta especie sale muy rentable ya que con su venta, de nuevo, consigue dinero para adquirir alimentos que él no cultiva y así abastecer mejor la casa de acogida de Jhapa.

El cardamomo además de ser una especie de alto valor gastronómico también sirve para elaborar medicamentos ya que sus propiedades son buenas para curar múltiples enfermedades respiratorias y hasta diarreas. Y precisamente, los pies del Himalaya es uno de lugares del mundo donde crece, no sólo cardamom, sino un gran número de plantas medicinales, que por culpa de la deforestación están desapareciendo y es necesario preservar. Precisamente, la permacultura permite proteger esta riqueza natural, y sin forzar su crecimiento ayuda a mantener este ecosistema que por sí solo es productivo también a nivel económico.

Finalmente, subiendo por la parte más sombría y apartada de la parcela, me enseña dos estanques más. Estos estanques recogen las aguas residuales que vienen de la casa. En las dos balsas crecen unas plantas que cogen el jabón de la ducha y las aguas residuales y las filtran dos veces. De nuevo estas plantas tienen rasgos medicinales, y servirán para conseguir más dinero a la vez que dejan el agua limpia. Este sistema de purificación está patentado por él mismo y aún está esperando a que las muestras enviadas al laboratorio le certifiquen si el agua final se podría considerar limpia o no.

¡Me quedo asombrado! Siempre he pensado que tendríamos que encontrar la manera de poder sacar más beneficio de nuestros residuos ... Poder generar una actividad económica que genere beneficios y que permita devolver los elementos a la naturaleza tal y como los habíamos cogido, o poder volver a utilizar estos elementos sin necesidad de utilizar más. Pues bien, Zach ha intentado esto… De las aguas residuales hace crecer plantas medicinales y devuelve el agua limpia a la natura, aunque todavía tiene que esperar a ver los resultados del invento. La naturaleza sale ganando y él, de los residuos quizá acabará ganando dinero.

Las sorpresas no acaban aquí. Zach este año ha empezado a plantar paulonias, unos árboles de crecimiento rápido que son capaces de crecer en tierras poco fértiles. Estos árboles son de los que más contribuyen a impedir el calentamiento global, y además, en cinco años son suficientemente altos como para cortarlos y sacar un buen rendimiento de su madera, una de las más apreciadas en el mundo del snow y el esquí. Sus hojas, que han ido cogiendo dióxido de carbono y nitrógeno de la atmósfera son absolutamente enriquecedoras como abono natural, lo que enriquecerá aún más el suelo de la selva de Zach.

Acabando la ruta le hago la pregunta que no puede faltar. Hace rato que me pregunto cuánta gente puede subsistir con los alimentos que obtiene de esta parcela que no llega a los dos mil metros cuadrados, o para hacernos una idea más clara, una cuarta parte de un campo de fútbol, aproximadamente, Zach, ya se esperaba la pregunta, pero no tiene calculada exactamente la respuesta, ya que justo ahora está iniciando el proyecto y sólo hace dos años que cultiva… Aun así, y aunque la mayoría de frutales son jóvenes, me responde que de la producción actual se podrían mantener unas cinco personas perfectamente. No obstante, me recalca que el mayor trabajo lo está teniendo ahora que está acabando de diseñar los espacios y que aún no ha llegado al máximo potencial del terreno. Me afirma que en los próximos años la finca llegará a abastecer hasta una veintena de personas sin la necesidad de trabajar constantemente. Todo esto sin contar con las ganancias económicas que puede obtener de las clases de permacultura para extranjeros.

Actualmente, la casa de acogida de Jhapa ya disfruta de los productos procedentes de la permacultura gracias a los cultivos que Zach tiene en la misma casa, justo aquí donde lo he conocido trabajando esta mañana. No obstante una de las metas de Zach es poder abastecer Nayabazar de productos ecológicos y si es posible enviar también algunos alimentos a Sankhu para acabar de hacer de PA Nepal una organización autosuficiente a nivel alimenticio. Y sobre todo, garantizar que todos los niños tengan acceso a comida saludable.

De nuevo en lo alto del refugio, por la parte posterior, veo las gallinas y los cerdos que evidentemente no pueden faltar. Hay poco ganado pero se alimenta exclusivamente de recursos de la selva que Zach considera que son de una utilidad concreta y permite así producir también proteína animal a la dieta sin dar ningún tipo de pienso a los animales.

Zach me vuelve a recalcar que el esfuerzo no está en la faena que tendrá, sino en el diseño de cada una de las partes del terreno. La palabra permacultura, dice, proviene de la palabra permanente y me intenta hacer ver que el trabajo recae en construir un patrimonio que crezca solo y en armonía dentro de la selva de forma permanente y sin la necesidad de intervenir constantemente. Para conseguirlo, hay que dedicar muchas horas a diseñar los espacios, observar los resultados y modificar aquello que no funciona. Este trabajo, sólo se tiene que hacer una vez y una vez hecho, este patrimonio ya trabajará casi por sí solo, y permite a Zach disfrutar de la familia y de los niños de la casa de acogida.

Muy brevemente Zach me explica que su pasión siempre había sido la agricultura y que hace muchos años había llegado a Nepal y había comprado parcelas para dedicarse al arroz. No obstante, rápidamente se dio cuenta de que como la mayoría de los agricultores del país, no sólo resultaba inhumana, sino que la mayor parte del arroz se tenía que tirar ya que el mercado está saturado de este producto. En el mejor de los casos lo que se podía hacer con el arroz era malvenderlo a los productores de resky, aquella misma bebida alcohólica a base de arroz fermentado que el padre de Indira elaboraba.

Justo en aquel momento un amigo suyo le dio un libro sobre permacultura y la idea le cautivó tanto que empezó a viajar por el país y aprender de diferentes agricultores que ya utilizaban estas técnicas, hasta que finalmente, hace pocos años, decidió comprarse una parcela propia y empezar a aplicar sus aprendizajes.

Todo esto combinado con el hecho de haberse cruzado con Indira, y especialmente Souba, le condujeron a Zach a dejar atrás definitivamente la posibilidad de volver a vivir en Canadá y trabajar para pagar dinero al banco (como dice él), para construir un proyecto que le permitiera conseguir una subsistencia y que además contribuyera de forma desinteresada con una causa mucho mayor.

Volvemos con el resto del personal que está por los alrededores del estanque y me siento a observarlo, mientras noto que tengo la piel de gallina por todo lo que acabo de ver. La permacultura es una herramienta muy poderosa y hasta ahora no la conocía. Bien, sí que lo había escuchado hablar en Palpa, pero antes de este viaje no. Y realmente ahora entiendo porqué Indira dice que sus niños pueden llegar a ser líderes de las diferentes comunidades rurales. Realmente si sus chicos asimilan estos aprendizajes y los llevan a la práctica en todo el territorio la subsistencia rural podría estar garantizada, aportando más calidad de vida a los agricultores y dándoles más tiempo libre, que se puede dedicar a muchas otras actividades económicas o formativas. Realmente es un camino… Realmente es una posibilidad… Para los más pesimistas puede seguir siendo una utopía pero cualquiera que tenga un poco de juicio puede ver que realmente lo que la permacultura aporta es una solución sostenible en un mundo que se rompe a pedazos.

Sin querer estos pensamientos se me escapan en voz alta. Y Zach me mira con cara de como si me hubiera vuelto loco.

- Si dices que la permacultura puede ser una solución para resolver los problemas del mundo donde vivimos vas equivocado. – Me suelta de repente. – La permacultura no solucionará los problemas de Ucrania, ni los de Palestina... El mundo no se puede salvar.

Y es que por mucho que parezca que Zach es el típico naturalista idealista que ha ido a vivir a las montañas, es todo lo contrario... es una persona con las ideas muy claras, que utiliza el método científico y de sus conclusiones extrae conocimientos que sirven para producir alimentos y contribuir a mejorar las comunidades más cercanas a él. El mundo es demasiado grande para arreglarlo. En resumen, es de las personas más inteligentes con quien me he encontrado nunca, y su amor por Indira le han inspirado a trabajar también por el beneficio de los demás y de la comunidad en general. Y es en la comunidad, donde él sí que cree que puede generar un pequeño cambio.

Sentado, sigo reflexionando, mientras a mi alrededor siguen una animada conversación en nepalí... "Nepal, necesita más "Indiras", recuerdo que me había dicho el profesor de inglés de Indira. El mundo necesita más "Indiras" y más "Zachs", añado yo, pero sobre todo, lo que más necesita son cambios de mentalidad. Ninguna de estas dos personas actúa en beneficio propio, si bien una sí que tiene unas propiedades personales y la otra no, ambas actúan pensando en cómo pueden ser de ayuda para aquellos que lo necesiten. Zach podría haber optado por una vida en Canadá, donde el consumismo le hubiera llevado, igual que el resto de sus amigos (tal y como me ha dicho), a llevar una vida hipotecada para pagar todas la propiedades personales. Hubiera sido, sin duda, una vida más lujosa, pero en cambio en Nepal ha aprendido a vivir de otra manera. Ha aprendido cómo trabajar la tierra, respetándola, y cuidando especies que están en peligro, ha aprendido a hacerlo de manera que la propia tierra será la que trabajará por él, consiguiendo liberarse de una dura jornada laboral y así le permitirá dedicar más tiempo de amor hacia su hijo, que ahora mismo corre por la selva jugando con un vecino, pudiendo implicarse más en su educación, pudiendo dedicar su tiempo libre a los otros niños de la casa de acogida que proceden de diferentes prisiones y dedicándose también a enseñar a los demás campesinos cómo mejorar su calidad de vida… Al mismo tiempo que comparte el fruto de su trabajo con quien lo necesita.

Hay muchas maneras de vivir, pero la mayoría vivimos en una prehistoria emocional que nos impide ver más allá de nuestro punto de vista y de lo que nos conviene a nosotros mismos. Esto nos lleva a querer acumular beneficios y beneficios, propiedades y propiedades, o a endeudarnos para poder conseguirlas… En general no nos importa nada para conseguir nuestros objetivos, ni la naturaleza, ni las personas fuera de nuestro entorno más cercano y en algunos casos ni esto. Seguimos la ley del más fuerte, aunque ahora no lo hacemos desde el punto de vista físico, sino económico.

En un mundo de siete millones de personas, no nos podemos permitir más esta actitud, ya que los recursos son limitados y tendremos que empezar a replantearnos muchas cosas. Lo que está claro, y lo que hoy me ha quedado demostrado, es que la educación, la racionalidad y la sensibilidad por el mundo que nos rodea pueden llevar a las personas a encontrar soluciones que parecían imposibles.

Hasta hoy me parece imposible que del interior de la selva se pudiera producir tanta comida y sin destruir la naturaleza.

Como ya he dicho, somos seres imaginativos, y seguro que podemos encontrar maneras de vivir, como Zach en este caso, que nos permita tener unos niveles mayores de felicidad de lo que en general tenemos actualmente, sin tener que hipotecar nuestro tiempo, nuestra vida a trabajar en cosas que no nos aportan nada.

En este libro quería hablar de una persona que lucha muy duro para cambiar las cosas. Y resulta que me he encontrado con diferentes personas que intentan lo mismo, con diferente intensidad y de diferentes maneras, pero he visto que Indira está rodeada de personas que también quieren lo mismo que ella. Son personas que se han dejado llevar por su pasión y liderazgo, pero que a la vez son piezas clave en su vida. Ella seguiría haciendo lo mismo si estas personas no existieran, seguiría ayudando y dejándose la piel, pero hay que admitir que las personas que nos rodean también nos hacen a nosotros, y creo personalmente, que la visión de Zach es la que ha encaminado a PA Nepal a luchar por la autosostenibilidad, a hacerlo con más firmeza y con una idea más clara de cómo hacerlo.

Acabamos la jornada sentados en los bancos que rodean el pequeño estanque. Una chica sale de la cocina con un buen plato de garbanzos cogidos de la propia finca. Están salteados con diferentes verduras que desconozco, una de ellas parece rabanitos. De nuevo, la sensación de comer sano, de comer ecológico, de comer productos de la tierra que no han sido infectados por productos químicos me invade el paladar. Es una explosión de sabor y texturas única. Quizá es psicológico… o quizás no, pero el plato me llena de vitalidad.

Indira me explica que la chica que ha salido de la cocina fue rescatada hace más de diez años, en plena guerra, de un poblado donde ella había estado retenida y esclavizada haciendo de niña soldado. Indira la rescató ya en su adolescencia, y con una gran sonrisa, me afirma que la chica había aprendido a leer muy rápido y que, como ella, había empezado la escolaridad directamente en quinto. Cuando cumplió dieciséis años siguió estudiando y se quedó en Sankhu trabajando mientras estudiaba, hasta que un día conoció a un belga de quien se enamoró y finalmente se casaron. Ahora la joven, que vive la mayor parte del año en Bélgica, ha venido a pasar unos días de vacaciones y está visitando a todos los que conoció durante sus años en PA Nepal, ya que no dejan de ser su familia.

Indira también me presenta un jovencito que me afirma que él es el principal ayudante de Zach y el que mejor conoce el proyecto después de él. Indira cuenta que lo rescató de una de las muchas prisiones del país y que cuando era muy pequeño ya mostraba mucho interés por la agricultura. El jovencito me afirma que le encanta la permacultura y que no quiere vivir en otro lugar que no sea aquí, en Ilam. Me explica también que cuando Zach y Souba se casaron y dejaron Sankhu para abrir una casa de acogida en Jhapa, él les pidió ir a vivir con ellos y fue así como acabó siendo un hijo más.

Mientras hablo con unos y otros veo que la mayoría siguen conversaciones animadas y se respira un ambiente… ¡vivo! Se nota que las personas que viven aquí, o que pasan temporadas, ¡viven! Trabajan la tierra, pero desde la sombra de la propia selva, con una intensidad diferente de la que es habitual, y el resto del día se dedican a formarse, a leer, a estar por los demás, a cuidarse los unos a los otros, y en el caso de los más pequeños que hoy corren por aquí, a jugar montaña arriba y montaña abajo. ¡Babú también! Ya ha atrapado todas las gallinas cinco veces, pero no se ha atrevido con el cerdo que se lo ha ido mirando mucho rato desde lejos y con mucho respeto. Todo llegará…

Ya con la última luz deshacemos el camino hecho. Voy mirando las otras fincas, repletas una y otra vez del mismo producto. Té. Sí que es verdad que en todo el mundo consumimos mucho, pero, se ve más claro que las cantidades que hay aquí son excesivas y que no puede ser un producto rentable.

Veo a los nepalís que trabajan. No han tenido una vida nada fácil. No han tenido educación y simplemente ha hecho lo que los vecinos hacían para subsistir. El gobierno no los ha podido ayudar prácticamente en nada, y la geografía del país se ha encargado de mantener las comunidades aisladas las unas de las otras. Las carreteras brillan por su ausencia y la electricidad es un bien que todavía no llega a todas partes. Incluso con este panorama, Zach ha encontrado a personas que le han enseñado qué es la permacultura y trabajando duro y con imaginación tienen las herramientas que necesitan para ir hacia delante. Mucha gente viene a Nepal pensando "pobre gente, los tenemos que ayudar", me ha comentado Zach. Él en cambio afirma que Nepal le ha enseñado muchas cosas, y que PA Nepal, ahora mismo, a día de hoy, es un referente a nivel mundial en lo referente a trabajo social y auto sostenibilidad. Me afirma que los voluntarios que vengan recibirán más de lo que darán…

Yo no soy ningún voluntario. No en el sentido de venir a desarrollar un proyecto "in situ". Mi aportación era hacer un libro que les pudiera ayudar a obtener más recursos, y confirmo su afirmación. Yo espero aportar dinero y difusión de PA Nepal, pero PA Nepal, antes que yo haya aportado nada, ya me ha dado a mí mil aprendizajes y muchos valores… Sobre todo nuevas formas de entender la vida y de ver el mundo. Lástima que no tenga más tiempo para quedarme y aprender más…

Ya en el coche de bajada hacemos una parada e Indira que ha querido parar en una barraquita de la carretera para comprar queso, se me acerca por la ventana del coche con una sonrisa. Como siempre que paramos en algún lugar, me ofrece un regalo. Queso de yak en barra. Se trata de una pieza alargada como un regaliz. Me faltaría otra fila de dientes extra para morderlo como hacen ellos… Pero voy chupando hasta bajar a Terai. Un sabor curioso me queda en la boca, un sabor que me faltarían palabras para describir y que ni tan solo puedo decir si me acaba de gustar o no… me acompañará toda la noche.

Incluso con el bochorno me levanto más despierto de lo habitual. Ya me quedan pocos días en Nepal y ¡justo ahora el cuerpo se me ha acostumbrado al horario! Qué le vamos a hacer… Hoy toca avioneta de nuevo y ya me ha entrado un gusanillo en la barriga sólo de abrir los ojos y recordar que tengo que volver a subir en aquel hipopótamo con hélices. Eso sí, antes de llegar al aeropuerto, quedan visitas por hacer. Así que muy temprano, justo después de desayunar, bombeo agua de un pozo del patio para llenar la cantimplora y cogemos las motos poniéndonos rumbo a la prisión de Jhapa, bajo un sol que podría fundir el hierro.

Después de circular un rato con la moto y atravesar Bhadrapur, una ciudad que me ha recordado más a India que a las ciudades de Nepal que conozco, veo un muro alto de reja de espino retorcido detrás de unas palmeras y ya sé que estamos llegando al destino.

Antes de llegar paramos en unas viviendas que están a pocos metros del muro. En una de las plantas bajas de este bloque de pisos, en el que podría haber habido una tienda o un garaje, encontramos uno de los diferentes centros de día que PA Nepal tiene cerca de las diferentes prisiones. En el garaje reconvertido con mucho gusto, pero pocos recursos, en una guardería, hay dos educadores que entretienen a los pequeños. Se trata de una decena de niños y niñas que no tienen edad escolar y que durante el día salen de la cárcel para jugar y aprender fuera de las rejas. Las paredes del garaje están repletas de libros infantiles, la mayoría cedidos por organizaciones externas y viajeros que han conocido el proyecto.

Justo cuando llegábamos una de las educadoras leía un cuento a los niños con una mascota de peluche en las manos. Los pequeños han parado la actividad para ir a saludar a la aama que de nuevo ha llegado cargada de pequeños obsequios para ellos. Fruta y algunos libros más. La mayoría se muestran vergonzosos pero muy felices con los regalos.

Indira optó por esta fórmula para intentar no separar a los pequeños de sus padres bajo ningún concepto antes de los cinco años. Durante los primeros años recogiendo niños de las prisiones, había acogido a niños más pequeños en su propio piso, pero más de una vez se había despertado con el niño encima, intentándose alimentar de ella. Esta situación le rompía el corazón, y exceptuando a Babú, y algún otro caso puntual, había intentado ayudar a los pequeños con este otro sistema y así no cortar el vínculo de los más pequeños con sus padres. Un vínculo que en los primeros años de vida es esencial para la formación de la propia identidad y autoestima. Estos niños, de esta manera, disfrutan de un servicio educativo que les permite salir de la prisión, recibir una atención individualizada y empezarse a preparar para la etapa escolar pero sin romper el vínculo familiar.

Después de la visita al centro de día, seguimos nuestro camino hacia la prisión. Los guardias no se muestran tan amistosos conmigo como en mi primera visita a una prisión y me prohíben hacer ninguna grabación. Así que tendré que recordar de memoria las entrevistas y tomar nota posteriormente.

Una vez superado el trámite con la policía nos dirigimos, desde el exterior mismo del muro, hacia un módulo de mujeres que tiene una reja que comunica el exterior directamente con la sala de visitas, lo que me permite entender como Indira había conseguido establecer contacto con los presos, desde el exterior, hace veinte años.

Aunque este modelo arquitectónico le facilitó el trabajo en su momento, hay que admitir que es un peligro y que pone a las mujeres del interior en condiciones que no ayudarán a mejorar su situación.

Ahora no es el caso, o podría serlo pero no lo he visto claramente… Pero antes de nuestra llegada un hombre de edad avanzada y de aspecto enfermizo rondaba muy cerca de la reja del módulo de mujeres, pero se ha ido nada más vernos. Así que no puedo decir que se produzca, pero sería posible que diferentes personas buscaran el favor de las reclusas a cambio de pocas monedas, aprovechándose de la desesperada situación. Aun así, esto es una sospecha personal y no puedo decir que pasen estas situaciones con seguridad.

Sea como sea… Esta prisión me genera un mayor malestar que la de Beni. Primero porque el número de reclusas apelotonadas en la sala de visitas es muy grande. En segundo lugar porque el contacto entre ellas desde el exterior es demasiado sencillo y finalmente porque a través de la sala de visitas consigo ver el patio interior, donde crecen malas hierbas entre los charcos de agua sucia. Los mosquitos también hacen acto de presencia y la situación del patio, sin duda podría ser una fuente de malaria o de otras enfermedades tropicales…

Las mujeres se ponen muy contentas al ver a Indira, y ésta presta especial atención a una recién llegada que no conocía. La jovencita, tímida y respetuosa con Indira le explica su historia. Se trata de una chica de 14 años que tuvo problemas con la familia y la denunciaron. No acabo de entender muy bien por qué, pero el caso es que está encerrada y resulta que el bebé que otra persona tiene es sus brazos es su hijo. Se me parte el corazón.

Por otra lado, el resto de presas quiere explicar su historia. Una de ellas afirma ser dependienta y que un hombre le pidió si le podía guardar un paquete. Pocos instantes después llegó la policía y le abrió el paquete. Resultó que el contenido eran drogas y sin ningún juicio ella fue a la cárcel, en espera de que se resuelva el caso. Ya han pasado dos años…

Indira atiende las peticiones de varias mujeres que pacientemente esperan su turno. Es imposible diferenciar a las inocentes de las que tienen algún tipo de culpa, las que han delinquido conscientemente, de las que han cometido una estupidez, de las que han cometido crímenes irreparables, de las que han roto una norma moral que sólo se impone a las mujeres, pero por detrás de la sala veo como los mosquitos siguen volando… Está claro que el castigo seo justo o injusto, es abusivo, e inútil. No es una solución.

La mayoría de ellas saldrán enfermas de la prisión y les costará rehacer sus vidas, sea por malaria o por otras enfermedades que no quiero ni nombrar, ya que no tengo la certeza que se puedan producir… Aunque mi sospecha es grande. Las que consigan salir sanas quedarán estigmatizadas para el resto de sus vidas, ya que aunque la sociedad nepalí es encantadora con los viajeros, no lo es tanto con las mujeres ex convictas.

De nuevo la intención del libro no es cargarme el sistema penitenciario, ni a sus trabajadores. Los pocos recursos del país no dan para más y durante el viaje conoceré policías y funcionarios que se preocupan por estas situaciones, pero que no tienen recursos para cambiarlos.

Nos vamos de la prisión… Y esta vez con una imagen más cruel que la última vez. La niña de catorce años, con su hijo en brazos, me despide guiñándome un ojo de manera "seductora". Se me encoge el estómago y bajo la mirada. De nuevo me da asco el mundo donde vivimos. Realmente… ahora he entendido el significado de una sociedad machista. Y este concepto está tan arraigado que las propias niñas de catorce años en su subconsciente "tienen claro", que los hombres son los que mandan y que solo a través de favores, ellas pueden obtener lo que necesitan. El machismo está arraigado con fuerza, incluso entre las mujeres, y ya desde pequeñas. Quizás lo ha hecho porque soy blanco… pero también tengo la certeza que si fuera una mujer blanca, no lo habría hecho. La necesidad de existir del proyecto GEN es increíble… Tiene que existir y tiene que crecer urgentemente. Quizá si esta niña hubiera sido una de las beneficiarias, ahora no estaría aquí…

El rato hasta coger lo avioneta lo pasamos en silencio. Indira debe pensar en sus cosas… No sé exactamente cuales, pero si cada vez que visita una prisión tiene que irse cómo yo me estoy yendo hoy, no sé de dónde saca las fuerzas… Me siento abatido en todos los sentidos. Soy consciente que ella no ha visto la insinuación de la jovencita y soy consciente que tendría que explicárselo, pero en inglés me cuesta encontrar las palabras adecuadas para explicar una cosa, que aunque no he provocado yo; me avergüenza.

Babú corriendo por el aeropuerto cae al suelo y se hace daño en el brazo… Ni siquiera llora. Cae rendido en los brazos de Indira y con el brazo colgando se duerme hasta Katmandú. Durante el vuelo los tres estaremos callados. Mi único pensamiento es:

- ¡Cuánto trabajo ha hecho Indira! Pero cuánto le queda por hacer…

9. PA NEPAL: UN FARO EN LA OSCURIDAD

"Ella siempre dice que lo tiene que decir y discute con quien tenga que discutir para conseguir sus objetivos. ¡Nunca se echa atrás! Y todo esto en un país donde las mujeres aún están consideradas inferiores. Ella es una anomalía" Karen (voluntaria)

"No puedo decir que los presos sean inocentes… Pero sí he visto que muchos de los presos que hay en las prisiones son personas que se habían quedado sin opciones para sobrevivir… Muchos de ellos han cometido estupideces (y eso no es ninguna excusa) pero la cárcel, no es la solución, ni aquí ni en ningún país del mundo… No es la solución, sólo crea más problemas. ¡PA Nepal sí que es la solución! Son los únicos que han estado luchando por los derechos de esta gente, los que les han brindado oportunidades, han instaurado programas de prevención, de reinserción, han trabajado en los pueblos asegurándose que las niñas pobres pudieran ir a la escuela, han ayudado a los hijos de las madres solteras o viudas que no podían tirar adelante, han contribuido a mantener comunidades enteras… ¡han dado a esta gente nuevas opciones!" "Sacar a niños de la cárcel ha sido el trabajo más grande… Hay pequeños que han presenciado asesinatos, han sido víctimas de abusos e incluso algunos han estado a punto de caer en redes de prostitución… Coger a estos críos y encarrilarlos, ¡éste es el gran éxito que está consiguiendo PA Nepal!" "Hemos crecido y cada día ayudamos a más gente,

pero desgraciadamente los mismos problemas siguen existiendo," "¡Ella realmente es un modelo a seguir! Un líder tiene que ser visionario, creativo, muy trabajador, observador, comprensivo, comunicativo y estas habilidades son difíciles de encontrar, pero especialmente aún más encontrarlas en alguien que trabaja desinteresadamente y desde el corazón. Indira tiene todas estas cualidades. Muchos voluntarios que vienen lo ven, pero yo soy afortunado de ser su sobrino y puedo decir que además de estas cualidades también las tiene con la familia." "He viso ONGs que con presupuestos mucho más grandes, exageradamente más grandes, sólo han conseguido hacer una pequeña parte de lo que ha conseguido Indira y han necesitado el doble de tiempo. La imaginación, la tozudez y trabajar desde el corazón le han llevado a conseguir soluciones más eficaces y más duraderas que muchos otros." "Trabajar durante veinticuatro años, sin vehículo propio, viajando por todo el mundo y por todo Nepal, sin una casa propia y sin ni siquiera tomarse tres semanas de vacaciones para ella, es una cosa que no he visto nunca, tampoco en ningún líder. Es un ejemplo cómo una sola persona puede aportar un cambio real a una comunidad o a una sociedad... Es una fuente de inspiración para mí y para mucha gente y nos lleva a ser personas más exitosas en nuestras vidas, a ser, también nosotros, un cambio para nuestras comunidades. Es un ejemplo de como con pocos recursos se pueden obtener grandes resultados..." Zach

A inicios del 2000 la vida de Indira dio un giro drástico. Ni su vida personal ni laboral acababan de llevar el rumbo que ella quería. El padre de Subani no estaba nunca en casa y la relación se había deteriorado mucho. Su trabajo de músico, le llevaba de un lugar a otro, por las noches casi nunca estaba en casa y cuando estaba, no aceptaba el rumbo que iba tomando el trabajo de Indira. En este punto él empezó a presionarla y a hacerle decidir entre él o su trabajo. Las tensiones entre ellos dos ya hacía tiempo que iban creciendo y cada vez faltaba menos para que cayera la gota que llenara el vaso.

Un día que Indira fue a una radio nacional para hablar de la situación de las mujeres nepalesas, ante el micrófono, generalizó diciendo que las nepalís vivían en una sociedad machista donde todas ellas estaban esclavizadas por sus maridos.

Su marido al escuchar eso, se ofendió mucho, ya que se dio por aludido, aunque no era la intención de la chica. Esto le violentó y pocos minutos después le encontró más exaltado de lo que era habitual. Aunque no tenía intención de hacerla daño, su actitud agresiva hizo decantar definitivamente a Indira por su trabajo. La relación acabó en aquel mismo instante. Él ya no formaría parte de su vida. Si quería mantener la amistad y hacerse cargo de su papel como padre de Subani, no habría ningún problema, pero ya no serían nunca más pareja.

El hombre, indignado por la decisión de Indira desapareció una buena temporada, dejando a Subani a cargo de su madre. Y la relación se mantuvo así durante años hasta que el hombre, tras algunos problemas acabó reconstruyendo su vida con otra mujer. Años después volvería a reconstruir un poco los lazos con su hija.

El año 2000 fue un punto de inflexión. Indira se quedaba sola, decidía separarse de su pareja e iniciar un nuevo camino centrado totalmente en sus objetivos profesionales… o mejor dicho, existenciales. Ella había nacido para hacer lo que estaba haciendo, y ayudar a los demás no sería exactamente un trabajo, sino la razón de vivir.

Cansada de las negativas de las casas de acogida para atender niños, (había acogido muchos, pero el número de no admitidos siempre había sido mucho mayor), decidió empezar a acogerlos ella misma. Las casas de acogida en realidad no estaban preparadas para atender niños que había sufrido trastornos emocionales severos, que había sufrido violencia o vivido situaciones angustiantes, que habían nacido o crecido entre rejas o que sufrían algún tipo de trastorno en su desarrollo derivado de la falta de libertad. Ella, sabía mejor que nadie qué necesitaban, así que cuando se cruzó con Anjali, una pequeña que se encontró durmiendo en el muro exterior de la prisión, decidió hacerse cargo ella misma, pero ya no de forma temporal, sino permanentemente, pidiendo su custodia.

Cuando Indira encontró Anjali, la pequeña hacía días que dormía a la intemperie. Su madre había muerto y su padre se negaba a poner a su hija dentro de la prisión, pensando que era lo mejor para ella. Así pues, Indira que justo acababa de legalizar su propia entidad, Prisioners Assistance Nepal (o PA Nepal), decidió hacerse cargo de aquella niña personalmente. Y la acogió en su habitación.

Los principios no suelen ser fáciles, pero los múltiples contactos, locales o extranjeros, que Indira había podido hacer a lo largo de sus diez largos años que hacía que trabajaba en las prisiones, y el crecimiento mediático de su figura, le permitieron crecer con cierta rapidez.

Sentinells, que dejaba de operar en Nepal, fue uno de los impulsores para Indira. La ONG cerraba y tenía que recolocar niños que habían rescatado, cuando aún trabajaba con Indira, en diferentes orfanatos. Además tenían algunos fondos que tenían que gastar para no cerrar con beneficios económicos… Era poco dinero pero que sirvió para ayudar a arrancar la organización de Indira.

Fue entonces cuando tuvo que recolocar un centenar de niños en diferentes centros, y los pocos que no encontró dónde colocarlos, acabó acogiéndolos ella misma junto con Anjali.

Si las primeras semanas sólo acogió a dos niños, en seguida

llegaron unos cuantos más y se tuvo que mudar a un piso de dos habitaciones. Con el poco dinero que Sentinells le había podido dar, empezó pagando el alquiler y los servicios de una didi (que en nepalí quiere decir hermana), la Minu, para que cuidara a los pequeños que iba acogiendo.

Simultáneamente a la acogida de niños en su propia casa, Indira seguía visitando prisiones mientras la Minu cuidaba a los pequeños de la casa. Durante este periodo Indira abrió también su primera escuela para mujeres dentro de la prisión. El objetivo era alfabetizar a las mujeres para dotarlas de herramientas para reinsertarse en la sociedad. En un principio ella sería la educadora dentro de la escuela, pero a medida que pasaran los años conseguiría financiamiento para tres maestros e incluso, viendo el éxito del programa, el gobierno pagaría el sueldo de una cuarta trabajadora.

A mediados del 2000, Souba, sobrina de Indira y con quien de pequeña había tenido una estrecha amistad, se mudó también a la capital. De hecho fue Indira quien la llevó a alejarse de una mala relación que había tenido y le enseñó el oficio de educadora convirtiéndola en la "House mother" de los niños que iba acogiendo. El número de pequeños ya llegaba a nueve, y se habían tenido que mudar tres veces por quejas de los vecinos y por falta de espacio.

Durante las mañanas los nueve niños iban a la escuela mientras ella visitaba prisiones y seguía con los programas que iba iniciando, siempre con Subani en brazos. Y por la tarde Souba y Minu se hacían cargo de los críos, mientras Indira aún seguía con sus tareas y llamaba a puertas y más puertas para conseguir financiamiento para seguir adelante. Por la noche se solían reunir y pasar un rato todos juntos.

Por otro lado, en aquel momento, también abrió el primer centro de acogida de día para niños en una de las prisiones de Katmandú. Allí los niños, tenían la oportunidad de recibir atención y alfabetización, mientras esperaban ser rescatados y enviados a una casa de acogida externa si los padres así lo deseaban. Durante el día, salían de los módulos donde estaba el resto de reclusos y disfrutaban del espacio que disponían y que poco a poco se iría dotando de libros y juguetes para entretenerse y desarrollar sus capacidades.

Después de un par de años de trabajo para conseguir financiación, rescatando pequeños, abriendo los primeros programas de PA Nepal dentro de las prisiones y vagando por diferentes pisos finalmente tuvieron la oportunidad de mudarse a una casa en el vecindario de Nayabazar.

La casa de cuatro plantas estaba en una zona aún rural de la ciudad. Rodeada de pequeños huertos y justo al extremo norte, noroeste de Thamel. Tenía una situación ideal y cerca del centro, con espacio para correr y sin molestar a los vecinos. El propietario, sensibilizado con el trabajo de Indira, había cedido la propiedad en un régimen de alquiler mucho más económico de lo que en realidad podría haberlo dejado si se lo hubiera alquilado a cualquier otro. Esta nueva casa tenía capacidad para más de una treintena de niños y a partir de aquel momento se convertiría en el centro operativo de PA Nepal.

Durante estos dos primeros años Indira había escrito también las bases de la ONG, pudiendo reflejar en ellas toda su filosofía, y diferentes entidades la respaldaron económicamente. A partir de aquel momento ella ya no dependería de nadie más. Ella podría decidir en qué línea trabajar y cómo trabajar.

Su tarea se centraría en ayudar a los hijos de presos del país para poder seguir liberándolos de las prisiones, rescatándolo del abandono y sacándolo de las calles para que no caigan en las redes de tráfico de drogas, prostitución infantil y el resto de peligros que en aquella sociedad en guerra existen, y que desgraciadamente hoy en día aún perdura.

La ley nepalí prohibe que los niños a partir de dos años estén en las prisiones, y en algunos casos habían sido expulsados al superar esta edad. No obstante, la mayoría de directores de las prisiones de los centros penitenciarios, viendo que aquella ley era una bestialidad sin una administración que pudiera velar por los derechos de los pequeños, permitían que los niños vivieran con sus padres hasta la adolescencia.

Ella sabía que si no se rescataban estos niños, el círculo de la pobreza y la criminalidad se repetiría una y otra vez. Si nadie lo hacía, los niños de las prisiones no crecerían en libertad, no se socializarían con el resto de la sociedad, y cuando salieran no tendrían herramientas para sobrevivir, más que delinquir para volver al hábitat, el único hábitat, que ellos conocían; la prisión.

Por otro lado, muchos de los otros hijos de prisioneros estaban abandonados por las calles, con la falsa creencia de los padres que cualquier opción era mejor que la prisión, como el caso de Anjali, o porque las autoridades penitenciarias no había admitido a la criatura en el centro.

En la ciudad, algunas mafias obligaban a los niños (y esto todavía pasa hoy en día) a vagabundear pidiendo limosna, aprovechando la inocencia de estos y la tristeza que provoca a los turistas, y no turistas, para sacarles algo de dinero. Después estas mafias se quedaban el dinero a cambio de darles una pequeña parte a los pequeños y una cierta sensación de protección por el hecho de pertenecer a una comunidad. Otros niños y niñas no serían tan "afortunados", yendo a parar a redes de tráfico de niños, prostitución y otros trabajos, cada uno menos agradable que el anterior.

Las calles de Katmandú estaban llenas de niños huérfanos por una guerra, de hijos de prisioneros, de miles de pobres que habían abandonado a sus hijos y que malvivían sin un rumbo por la vida. Muchos de ellos, la gran mayoría, se enganchaban a la cola ya de muy pequeños provocándoles daños irreparables en su cerebro, aún en crecimiento y conduciéndoles una situación social difícil de solucionar.

Otros niños y niñas, sobre todo de fuera de las ciudades, seguían siendo reclutados por tropas de las diferentes guerrillas, convirtiéndolos en niños soldados. Les obligaban a cocinar, cavar trincheras, transportar material pesado y algunos de ellos tenían que participar en conflictos armados, o eran enviados a través de la selva para detectar los posibles peligros que la guerrilla se encontraría a cada paso.

Ante este panorama la nueva ONG tenía un papel transcendental. La filosofía y las bases estaban claras. Cuántos más niños se rescataran, más rápido se cerraría el círculo de la miseria. Los niños eran el futuro del país... Si se destruían las vidas de los pequeños, si no se les daba una educación, un cariño, una posibilidad de crecer en armonía, el futuro estaba condenado a seguir repitiendo los mismo errores o a empeorarlos...

Así que rescatar niños de las cárceles o de sus alrededores pasó a ser la prioridad número uno de la ONG, pero no se acababa aquí. Los años de visitas a las diferentes prisiones había llevado a Indira a descubrir las miserias que se vivían en el interior, y por lo tanto, la ONG también velaría por la defensa de los derechos de los prisioneros. Los estudios realizados seguían demostrando que entre el 70 y el 75% de los prisioneros eran inocentes que esperaban su juicio, y, o sobre todo, víctimas de abusos y de extorsiones.

Cada vez la imagen estaba más clara y definida, así que las conversaciones con los prisioneros y prisioneras conducían a pocas conclusiones. Una de estas era que múltiples redes mafiosas se aprovechaban de los más pobres y les extorsionaban para que hicieran los trabajos sucios, que eran los que iban a la cárcel cuando los negocios de los "capos" no salían bien. La justicia nunca llegaba a actuar con los verdaderos delincuentes... con los grandes traficantes de mujeres, drogas o niños. Estos siempre entraban por una puerta del sistema judicial y salían indemnes por la otra por falta de pruebas o por corrupción, en el caso que hubieran llegado a ser acusados. Sólo los pobres y los ignorantes, no por falta de inteligencia sino por falta de una educación y una formación adecuada, acababan sufriendo las consecuencias.

Las mujeres, aunque el aborto había acabado siendo permitido en determinadas circunstancias, seguían siendo víctimas de un sistema que criminalizaba sus acciones "inmorales", cuando en realidad eran acciones en las cuales ellas habían participado forzadas con otros hombres, o habían sido obligadas a participar por otro hombre. Aun así ellos siempre quedaban indemnes.

Estas dos prioridades harían que múltiples proyectos empezaran a desarrollarse a la vez. Desde pequeños programas de reinserción hasta programas exclusivos para mujeres. Incluso así, la atención de Indira se centraba siempre en el más vulnerable. Tenía claro a quién tenía que ayudar. Allí donde veía una necesidad extrema, se ponía manos a la obra, sembrando las semillas de múltiples proyectos que con los años darían su fruto en el país.

Cada caso urgente que le llegaba se convertía en una prioridad. Cuanto más urgente y vulnerable era el caso de la persona necesitada, más prioridad era para toda la asociación. De esta manera, explicar todo su trabajo de los siguientes trece años se convierte en una tarea imposible incluso para ella.

Siempre que tenía que pelearse con alguien lo hacía y no paraba hasta conseguir lo que pretendía. Un día, por ejemplo, visitando una prisión, una mujer empezó a dar a luz. Entre Indira y las reclusas intentaron hacer de comadronas, pero alguna cosa en el parto no iba bien. La mujer estaba sangrando demasiado y necesitaba asistencia médica inmediata. Indira pidió que la dejaran salir a ella y a la mujer para llevarla al hospital urgentemente, pero los carceleros no estaban autorizados a dejar salir a la reclusa fuera de la prisión. Aun no estando autorizados acabaron claudicando ante una Indira desenfrenada que se llevó prácticamente a la fuerza a la mujer al hospital.

Y así, cada día, sin descanso se enfrentaba a múltiples casos y buscaba soluciones, ordenarlos cronológicamente también resulta imposible incluso para los que rodeaban y la han ayudado en la tarea.

El mismo año que se fundó Nayabazar Indira y sus colaboradores iniciaron el proyecto GEN. El proyecto GEN del inglés (Girls Education Nepal) nacía con la finalidad de dar cobertura a los niños de diferentes puntos del país para que siguieran o iniciasen su escolaridad.

Indira, que había vivido en primera persona la imposibilidad de ir a la escuela, quería dar asistencia a las niñas de familias desfavorecidas que por motivos económicos no podían ir. Así, desde PA Nepal juntamente con Nonna, una voluntaria finlandesa, iniciaron este proyecto que a partir de apadrinamientos, donaciones desde el extranjero y del fondo que la propia organización iba consiguiendo permitía pagar los gastos de escolarización y los materiales que diferentes niñas del país necesitaban. Los pagos se hacían directamente desde la ONG hacia las escuelas donde estaban matriculadas, para asegurarse que no se perdía dinero por el camino y así garantizar que la familia no pondría ningún impedimento en esta escolarización.

En el año 2005 Indira decidió abrir su propia escuela dentro de Nayabazar. Hasta ese momento ella había acogido niños y niñas en Nayabazar y durante el día iban a la escuela, lo que les permitía socializarse con el resto de niños. Pero este salto tan grande se tenía que graduar, ya que la realidad le había demostrado que los pequeños que salían de la prisión no estaban emocionalmente ni psicológicamente preparados para enfrentarse a los aprendizajes que los colegios tradicionales ofrecían ni tampoco el cúmulo de situaciones que los niños y niñas vivían día a día en la relación dentro de un centro.

Así que por primera vez abrió su primera escuela Junkiri y lo hacía con carácter excepcional dentro de la misma casa de acogida. Esta escuela nacía para atender el primer año de escolarización de los niños rescatados de las prisiones y pretendía ser un puente entre la prisión y la escuela de la ciudad.

Al fundar el colegio se tenían que crear sus bases y el proyecto educativo, hecho que permitió a Indira y a la asociación, hacerlo con su propia filosofía. La escuela Junkiri nacería para enseñar a los niños desde la práctica, desde las vivencias… el papel y el lápiz se guardaría excepcionalmente para las asignaturas de lengua y matemáticas cuando ya se hubieran trabajado con materiales manipulativos y del entorno. El resto, la música y las demás asignaturas serían totalmente vivenciales y siempre con la intención de mantener las tradiciones culturales del país.

El sistema inventado por ella para resolver la situación de sus protegidos y atender sus necesidades funcionó tan bien, que se convertiría en uno de los pilares de la organización y que posteriormente se extendería a otros proyectos.

Desde el principio y durante los siguientes años las tareas de Indira se mezclaron con los actos sociales que tenía que realizar con el fin de conseguir fondos para que funcionaran sus proyectos. Poco a poco había ido incorporando gente en su plantilla y les tenía que pagar un sueldo que les permitiera vivir a cambio de dedicarse totalmente a su trabajo en la ONG. Por otra lado necesitaba constantemente materiales, ropa y alimentos que tenía que pagar y por eso era imprescindible la ayuda externa para conseguirlo. Las charlas para concienciar a los vecinos, la gente poderosa y los extranjeros que pasaban por allí eran vitales para mantener el proyecto.

Poco a poco fueron llegando más voluntarios dispuestos a ayudar en lo que hiciera falta. Indira siempre había sido una persona muy sociable y le encantaba conocer gente del extranjero, para ampliar su visión y aprender cosas nuevas y muchos fueron los voluntarios que estarían en PA Nepal durante los siguientes años.

Voluntarias como Noona o Amanda, una Nueva Zelandesa que se hizo muy amiga de Noona y de Indira, hicieron nacer organizaciones externas, como la Firefly Children's Home, que se fundó con la intención de dar a conocer los proyectos de Indira en el extranjero y ayudar así a recoger dinero y conseguir "sponsors" para los niños de Nayabazar y de las otras casas de acogida que Indira iría abriendo poco a poco.

Otra voluntaria en concreto fue Karen, una joven israelí que realizó un voluntariado de unos meses en el país. Allí entró en contacto con PA Nepal y estuvo aportando en todo lo que ella pudo, como muchos otros. Su tarea consistía en ayudar a los niños a hacer los deberes, enseñar inglés en horas extraescolares y conseguir fondos desde su país para seguir colaborando en la organización.

Muchos voluntarios quedaban sorprendidos de cómo Indira abría su corazón y su vida más personal alrededor de ellos y les explicaba sus sentimientos y las dificultades que había tenido por ser mujer en su país. Cómo de pequeña no había ido a la escuela por ser niña al contrario de sus hermanos que sí que había podido ir porque eran niños. Cómo su marido había intentado, en vano, convertirla en una ama de casa privada de deseos y ambiciones propias, cómo los policías de algunas prisiones le había dificultado la entrada a las prisiones simplemente porque su interlocutora era una mujer y no tenía que fisgar en asuntos penitenciarios…

Indira cogía a los voluntarios y les enseñaba los diferentes proyectos que iba abriendo y les llevaba a las prisiones de diferentes puntos del país, desplazándose con ellos en transporte público, comiendo las comidas locales en las tabernas más económicas y durmiendo en los lugares más impensables.

Durante la estancia de Karen, Indira se fue una semana a su pueblo natal… Al volver le dijo:

-       Karen, ¡no te puedes creer lo que he hecho! He construido yo misma una pequeña escuela, en mi pueblo, ¡en tan solo seis días!

La mujer lloraba de alegría y con ella, Karen también lo hizo. Indira le explicó como de pequeña había deseado que en su vecindario hubiera habido una escuela que atendiera a todo aquel que no podía permitirse las tasas de escolaridad. Así que en un arrebato construyó una cabaña de bambú ella misma, sin contratar a ningún operario, compró material escolar para impartir clases y había puesto a una profesora, pagada con dinero de la asociación para que atendiera el centro que serviría de biblioteca y al mismo tiempo se darían clases de alfabetización para niños. Antes de irse había hablado con los vecinos más humildes para que escolarizaran a sus hijos y a partir de aquel momento PA Nepal se haría cargo de aquella pequeña escuela de bambú construida justo detrás de la nueva casa de sus padres y al lado de la antigua cabaña que la había visto crecer.

El gran salto en la carrera de Indira y la trayectoria de PA Nepal se produjo en el 2006 cuando empezó a viajar por el mundo… El eco mediático de su labor había ido creciendo y diferentes organizaciones internacionales querían conocer de primera mano la figura y el trabajo de aquella mujer. Con aquellos viajes, el reconocimiento por su labor fue en aumento y empezó a recibir diferentes premios internacionales que le permitieron ampliar su labor.

Precisamente con el dinero del premio Ashoka Fellow y del financiamiento que en los próximos años esta organización internacional aportó, consiguió el dinero suficiente para empezar a construir la casa de acogida de Sankhu con capacidad para más de un centenar de niños y niñas y de esta manera pudo empezar a sacar más pequeños de la prisión.

A causa del gran número de niños y niñas recién acogidos en Sankhu, la escuela Junkiri se trasladó allí y el éxito de su método hizo que se instalara permanentemente, ya no para atender el primer año de escolaridad sino para atender toda la etapa de primaria de los pequeños de la casa de acogida y también para los demás niños de los alrededores.

Al finalizar la guerra, que había costado la vida a trece mil civiles, las zonas rurales fueron más seguras, y la posibilidad de retomar proyectos fuera de la capital era más factible. Así que ese mismo año, y con una pequeña aportación de un gobierno que quería empezar a reconstruir los daños causados por la guerra consiguió financiación para mejorar la escuela de bambú que acababa de construir en Jhapa y en los terrenos que su padre la había dejado en herencia justo después de morir, empezó a construir un edificio de obra mucho mayor para dar más servicios al pueblo. Sería la segunda escuela Junkiri.

Durante los próximos años Indira también intentó abrir programas de reinserción. Aprovechando las estructuras de los programas para mujeres que había montado dentro de las prisiones y el personal que había podido introducirlo, empezó a hacer el seguimiento de diferentes mujeres. A parte de enseñar a leer, a escribir y de facilitar materiales y conocimientos para el cuidado e higiene personal, tener cuidado de las mujeres embarazadas o en periodo de lactancia y realizar talleres para aprender a educar a los hijos también empezó a realizar pequeños talleres de formación profesional con la intención de dar a las reclusas la oportunidad de poder encontrar trabajo una vez en el exterior.

Estas habilidades iban enfocadas a poder obtener recursos para sobrevivir una vez fuera de la prisión y trataban temas variados; desde nociones básicas de contabilidad, hasta talleres donde aprendían confección, manualidades e incluso a cultivar champiñones en un espacio reducido, producto que se vende bastante bien en el mercado.

Una vez fuera, Indira y su personal intentaban mantener contacto con las mujeres de las diferentes comunidades donde iban abriendo proyectos. Indira siempre había visto que la falta de educación de las mujeres resultaba una desventaja de estas respecto a los hombres, haciéndolas dependientes y con el riesgo de abusar de ellas en diferentes sentidos. Por este motivo, dentro de las escuelas Junkiri que iba abriendo siempre dejaba las puertas abiertas e invitaba a las mujeres de la comunidad a asistir a diferentes programas que tanto los profesores como los coordinadores ofrecían para que pudieran aprender a leer y a escribir o a conseguir estrategias para educar mejor a sus hijos.

En el 2009 Indira adquirió su única propiedad privada con el dinero que había recibido a título individual con el premio ASIA 21. A su nombre compró unos terrenos en la región de Palpa, al sur de Pokhara. Esta propiedad iría destinada igualmente a su proyecto. Allí crearía una casa de acogida para jóvenes que quisieran aprender a hacer de agricultores, siguiendo métodos sostenibles.

La ciudad se había sobrepoblado. Lo que antes eran las afueras, como la casa de Nayabazar, ahora estaba justo en medio de la ciudad. El éxodo rural provocado por la guerra y por la falsa idea que las ciudades eran el mejor destino para vivir, hizo que Nepal fuera perdiendo su potencial rural e incluso cultural, dejándose llevar por las tendencias globalizadoras.

Ella veía que las nuevas tendencias en el campo de agricultura, las nuevas técnicas y aplicando correctamente la ingeniería agrícola centrándose en la agricultura ecológica podían mejorar el rendimiento de los campos y reducir el número de horas de trabajo que hacían que la vida rural fuese tan dura.

Souba hacía un par de años que había empezado a establecer una relación con un voluntario que trabajaba en Sankhu. Este voluntario se llamaba Zach y precisamente él sabía mucho sobre estos temas, y asesorado por él, Palpa se podía convertir en un lugar donde los jóvenes podían crecer sanos, fuertes y aprendiendo a sobrevivir dignamente del trabajo de la tierra.

El proyecto se puso en marcha y los primeros jóvenes ya sacaron provecho. Uno de ellos se llamaba Sunil y años después, con lo que aprendió allí, abriría la Farm House, una casa en lo alto de una pequeña colina de Katmandú donde cultivaría su propio alimento al mismo tiempo que acogería a jóvenes que salieran de las casas de acogida de Indira y no tuvieran dónde ir.

En el mismo 2009, con Souba como coordinadora, empezó a construir también una casa de acogida en Jhapa con capacidad para una docena de niños y niñas, en una zona de campos que permitiría tener un lugar para la agricultura y así abastecer a los niños sin tener que depender de ayudas externas. Zach se encargaría de la parte agrícola al mismo tiempo que por su cuenta iniciaría un proyecto de permacultura en la zona del Ilam.

Entre el 2010 y el 2014 la organización ha ido desarrollando y consolidando todos los proyectos iniciados y ha abierto algunos centros de día más en las prisiones para atender a los niños que no podían rescatar. Y actualmente intentan dar cobertura al centenar de niños y niñas que aún están dentro de las prisiones.

Aunque PA Nepal se ha centrado un poco más en las mujeres, debido a su mayor vulnerabilidad dentro de la sociedad nepalí, en las tres prisiones más grandes del país también hay abiertos programas para hombres, procurando dar conocimientos sobre higiene y salud, una educación centrada en valores y ciudadanía para intentar que los presos cuando salgan cambien sus antiguos estilos de vida.

Desde el principio de su existencia, PA Nepal también ha luchado por los derechos de los presos con discapacidades psíquicas y han conseguido sensibilizar a la administración para que los mantenga en módulos separados. Además de esta lucha por su mejora dentro de las prisiones, Indira ha ido visitando frecuentemente estos módulos llevando comida, ropa y ha intentado ayudarlos a mejorar sus condiciones de vida dentro de sus celdas.

Con fecha de julio de 2014, Indira ya ha rescatado a más de mil niños de diferentes centros penitenciarios. Actualmente más de cuatrocientos niños y niñas dependen de su ayuda, de los cuales más de un centenar y medio están bajo la tutela de PA Nepal y viven en las tres casas de acogida que la organización tiene. El resto disfruta de ayudas económicas que les permita ser escolarizados y disfrutar de una infancia con las necesidades mínimas cubiertas.

Cerca de una cuarentena de niñas reciben la ayuda del proyecto GEN y pueden ir a la escuela, cuando de otra manera no lo podrían hacer. Y decenas de niños y niñas más viven con sus familias (madres solteras o viudas) o con tutores que se hacen cargo mientras sus padres están encarcelados, gracias a la ayuda de PA Nepal, pueden seguir una escolaridad con normalidad, rodeados de un núcleo familiar sólido que la organización ha ayudado a mantener.

Las escuelas Junkiri acogen cerca de dos cientos alumnos y el modelo funciona tan bien que la escuela de Jhapa está teniendo más éxito que las escuelas tradicionales de aquella zona, lo que supone que Indira no pueda atender a todas las familias y empiece a proyectar la abertura de más centros de cara a los próximos años, así como también ya ha empezado a formar a más profesores.

Muchos de los chicos y chicas rescatados a lo largo de estos años ya han cumplido la mayoría de edad y después de disfrutar de programas enfocados a la formación profesional como de guías de montaña o de deportes de aventura, la cocina o diferentes tipos de artes manuales, o ayudas y apoyo para continuar con estudios superiores, se han introducido exitosamente en el mercado laboral y gracias a esta ayuda han podido llevar una vida humilde pero encarrilada y estable. Pocos son a los que Indira les ha perdido la pista… En general cuando estos chicos y chicas se hacen mayores Indira ha continuado apoyándoles cuando ellos lo han necesitado y se puede contar con los dedos de una mano los que no han conseguido los objetivos que ella se había propuesto.

Toda la organización cuenta con una cuarentena de miembros que trabajan remuneradamente, cubriendo los trabajos que conlleva hacerse cargo de tres casas de acogida, dos escuelas, el proyecto GEN, el programa de ayuda económica para familias en situaciones de alto riesgo, cuatro centros de día para los niños que quedan en las prisiones, programas para mujeres en cerca de una veintena de prisiones, programas de atención a los presos con discapacidades psíquicas, pisos tutelados para jóvenes que salen de las casas de acogida y dos programas de agricultura ecológica. A estos miembros de la plantilla hay que sumarles la ayuda de colaboradores externos que hacen posible que algunos programas funcionen como es la formación de guías de montaña o de deportes de aventura o los programas de cocina. Tampoco hay que olvidar a las decenas de voluntarios nacionales e internacionales que acuden cada año para ayudar por la causa y aprender de ella, y que son de gran valor para enriquecer el funcionamiento de los proyectos ya establecidos.

Desgraciadamente, las necesidades del país no se acaban; aún existen miles de niños desamparados. Más de un centenar de criaturas que están en las prisiones. Centenares de mujeres son criminalizadas por acciones inmorales, algunas de ellas menores de edad. Y desgraciadamente hay que sumar un largo etcétera de penurias… Aun así, insaciablemente, Indira sigue buscando nuevas maneras de llegar a todos, al mismo tiempo que lucha por hacer de su organización un referente social y un modelo de autosuficiencia.

Indira, con su perseverancia y voluntad ha conseguido crear de la nada, empezando desde cero, viniendo de la selva, de la pobreza, siendo una mujer en una sociedad patriarcal, siendo de una casta baja… construir muchos proyectos que están ayudando a mucha gente. Pero aún hay muchas personas que están a la deriva, en situaciones desesperadas, buscando un faro que les pueda guiar y ayudar a salir de la oscuridad.

10. MÁS ALLÁ DE LOS NIÑOS

"Empecé trabajando en un módulo con presos con trastornos psicológicos. Cada día pedían una y otra vez <<¿Dónde está Indira? ¿Por qué no viene? ¿Cuándo vendrá?>>. Yo no sabía quién era Indira y no les hacía caso. Un día llegó esta mujer y se pasó toda la mañana con ellos. Estuvieron jugando y cantando y les trajo ropa y comida. Entonces entendí por qué todos preguntaban constantemente por ella."

"Valoramos muchísimo la ayuda de Indira. El gobierno no tiene recursos para los presos y su ayuda es fundamental para nuestra sociedad. Ella está haciendo todo lo que el gobierno no puede hacer". Director de la prisión de Katmandú.

"Ella cree a todos, ella ayuda a todos ciegamente, ella es todo corazón y su amor es inmenso. Pero siempre le dije, y aún hoy le digo, tendrías que dejar regar tu corazón con unas gotitas de cerebro..." Sakarya Waiba, hermana de Parijat.

Mis días en Nepal se están acabando. La última semana he visto a Indira en pocas ocasiones ya que ella está muy ajetreada y yo me he dedicado a repasar las informaciones y a estar con mis amigos. No obstante aún quedan visitas por hacer y poco antes de volver, Indira me vuelve a dedicar un día entero.

A las 8 de la mañana salimos de Nayabazar y nos dirigimos a la Parijat's school, la escuela dirigida por la hermana de la gran mentora de Indira y que después de su muerte fue rebautizada con su nombre. Allí nos encontramos con la hermana de Parijat, Sukanya, que todavía ejerce la mayoría de sus funciones, y nos recibe muy amablemente en una sala de estar donde tomamos un té.

La mujer, visiblemente emocionada y con mucha facilidad para hablar inglés no tiene problemas en admitir las diferencias que en el pasado había podido tener con Indira, así como al mismo tiempo refleja gran admiración y amor hacia ella.

La mujer me remarca que Indira siempre se movió de forma pasional. Dice que lo hizo a lo largo de su juventud, pero que aún, hoy en día, sigue viendo como a veces sus elecciones, decisiones y acciones se mueven más por el empuje de su corazón que por la racionalidad. Con muchas metáforas y muchas palabras cargadas de ternura me explica cómo Indira se expuso a peligros (según ella no innecesarios, pero sí incomprensibles) para ayudar a los demás, como en el caso de Minmin Lama y los periodistas de la BBC. Nos detenemos un rato en este caso y Sukanya me explica cómo después de realizar esta tarea, arriesgando su vida, moviéndose con los periodistas extranjeros en un país en guerra, y dejando a Subani, siendo un bebé en la capital, Indira se negó a aceptar el dinero que los dos periodistas le ofrecieron por los servicios que había prestado. Estas diferentes visiones, estas dos predisposiciones ante el trabajo y los retos, que se traducían en diferentes maneras de trabajar, son las que acabaron separando a las dos mujeres y que propiciaron que Indira acabara montando su propia ONG. A pesar de eso, Indira sigue siendo miembro (no activa) de la PAM que aún funciona hoy en día y la relación entre las dos mujeres ha mejorado mucho desde que no tienen que trabajar juntas. El amor por Parijat las sigue uniendo.

Sukanya me explica también cómo Indira tiende a confiar en todos desde el principio y cuántos dolores de cabeza le ha costado a lo largo de su vida. Según ella, Indira cree que todos son buenos hasta que se demuestre lo contrario y que tendría que ir con más cuidado. Al mismo tiempo también admite que Indira es una fiera que no puede ser domada y que nunca caerá en las manos de nadie que la intente dominar. Dice que esta inocencia y bondad intrínseca la llevan a sufrir innecesariamente, aunque al mismo tiempo, también tiene la fortaleza para no dejarse vencer por nadie que la haya intentado engañar.

De la tranquila sala de estar donde nos ha atendido la hermana de Parijat volvemos a las ruidosas y contaminantes calles de la ciudad para dirigirnos a una de las prisiones más grandes del país, situada en el mismo centro de la capital. Antes de entrar en el módulo de las mujeres, que acoge a más de trescientas reclusas nos dirigimos a las oficinas del centro penitenciario, un edificio separado de la prisión y protegido por el ejército. Allí, el director de la prisión nos recibe y me permite que le haga unas cuantas preguntas.

El hombre, en contra del pronóstico que yo había hecho, reconoce el trabajo de Indira. De entrada yo pensaba que Indira luchaba en contra del sistema penitenciario nepalís y que por lo tanto, ella era una molestia para el gobierno. Pero no es exactamente así. Ella es una molestia para las redes de proxenetas, para los hombres que abusan de sus mujeres y para los corruptos que sólo miran por sus intereses. Pero en general, si obviamos que casi ningún gobierno del mundo está limpio de corrupción, Indira es una figura apreciada por el gobierno, y aún más por los funcionarios de las prisiones, que han visto cómo gracias a ella se obtienen recursos para mejorar las situaciones dentro de los centros penitenciarios. De hecho, este funcionario en concreto, reconoce que Indira está realizando tareas que el gobierno no puede hacer.

El funcionario me reconoce también que la situación de los presos no es la más adecuada y que tratándose de un país pobre, la situación de las prisiones no es un asunto prioritario para los mandatarios, lo que provoca que los recursos, que ya de por sí son mínimos, no lleguen. En general, cada preso disfruta de unos treinta céntimos de euro al día de ayuda gubernamental, lo que no les permite ni siquiera una alimentación digna y aún menos tener unas infraestructuras adecuadas.

Me explican que cada vez que tiembla la tierra, cosa que no es del todo extraña en un país fronterizo entre dos placas tectónicas, las paredes de las prisiones suelen desplomarse y provocar víctimas, pero no hay dinero para mejorar estas infraestructuras.

Es por esto, que recibir ayuda externa y desinteresada es tan necesario como inusual (en este ámbito), y destaca que muy poca gente estaría dispuesta a ayudar en este campo. Y realmente tiene razón… ¿Quién ayudaría a los presos habiendo tanta pobreza en el exterior? Pero el hombre, igual que Indira también ve claro que precisamente ayudando en este sentido se solucionarían muchos de los problemas del país y por eso venera su figura y su labor.

En algunas ocasiones a lo largo del viaje, he escuchado que Indira es una persona que corre peligro de muerte por lo que realiza, aunque ahora veo claro que el gobierno no es uno de sus enemigos. Al contrario, en general, la administración agradece mucho su trabajo y lo reconoce, e incluso en alguna ocasión ella ha sido portavoz del país en el exterior cuando se han hecho encuentros internacionales para hablar sobre sistemas penitenciarios.

Los enemigos de Indira suelen venir de otras partes… Como a lo largo de los últimos meses he visto, a menudo Indira denuncia situaciones de injusticia a través de las redes sociales… Es a partir de estas denuncias, ya sea a través de las redes sociales o medios convencionales, donde explica casos concretos e historias que para la gente del país pueden resultar conocidas y atribuirles nombres y apellidos. Estos casos suelen centrarse en historias de violencia de género que pueden molestar a más de una persona de mentalidad perturbada. Otras veces denuncia situaciones de extorsión o injusticias que le han llegado a sus oídos y muchas otras veces utiliza el altavoz de las redes sociales para organizar y participar en movilizaciones para servir de altavoz y que la sociedad nepalí se dé cuenta de las cosas que pasan al lado de su casa pero que a menudo ignoran.

Mientras salimos del despacho y nos dirigimos hacia la prisión, de inmediato le pregunto a Indira, cuáles son los peligros reales a los que se enfrenta y qué situación de angustia le produce. La respuesta es clara. Ella no quiere morir… ¡Aún le queda mucha tarea por hacer! Pero precisamente denunciar casos de injusticia es su trabajo y si por mala suerte, algún día, alguien se lo quisiera hacer pagar, lo único que conseguiría esta persona es que su causa y su figura, fueran mucho más conocidas y que por lo tanto mucha más gente se volcara en su causa haciendo que los avances de su legado fueran superiores.

No lo desea por nada del mundo, pero si pasara… La persona que intentara hacerle daño daría un impulso muy grande a las causas que precisamente ella defiende y esto quizás sea un consuelo… quizás algunos dirían que es vanidad… pero una cosa está clara, y es que esta idea le quita el miedo para seguir haciendo lo que hace, sin dar nunca un paso atrás.

Mientras hablábamos hemos ido caminando por una larga calle sin asfaltar y llena de barro. A la derecha hay un muro muy alto coronado con un alambre de espino. Al final de la calle, que resulta ser un callejón sin salida, un arco pequeño indica la entrada al módulo de mujeres. En la primera barrera, una oficiala de paisano, es decir, con el sari puesto, nos recibe sentada en una silla y una mesa viejas. La mujer no nos pide ni siquiera la acreditación, conoce bastante bien a Indira y después de un cordial pero rápido saludo, por walkie talkie da órdenes a alguien del interior y nos indica que ya nos podemos dirigir hacia la puerta que está custodiada desde el exterior por dos agentes de policía armadas, ambas, con unas AK-47.

Aunque hace 20 años las prisiones estaban custodiadas por hombres, la lucha de la PAM y de PA Nepal acabó dando sus frutos, y ahora, como puedo ver en este caso, y tal y como me afirma Indira, la mayoría de las prisiones de mujeres ya están custodiadas por mujeres que han podido acceder a los cuerpos de policía.

Nos abren la primera puerta y accedemos a una sala alargada. Más que una sala, es un pasillo perpendicular en la entrada, que va de derecha a izquierda. Lo que más me llama la atención de este pasillo es la jaula alargada que se extiende por todo el lado izquierdo, dividiendo el pasillo en dos partes. Este espacio cerrado comunica a través de una puerta hacia el interior de la prisión y sirve para que las reclusas puedan recibir visitas. Los visitantes se esperan en el exterior, ante el módulo, en la otra mitad del pasillo, donde estamos nosotros y la comunicación se hace entre los barrotes que les separan.

El pasillo es de obra vista, con unas paredes húmedas y lúgubres. El techo de uralita que deja entrar poca luz y lleno de goteras que hacen que incluso el suelo, de cemento, tenga musgo incrustado y diferentes tipos de líquenes esparcidos con total libertad. En algunas esquinas crecen incluso hierbas. Desde el interior de la jaula, unas mujeres que tienen visita, paran un momento sus conversaciones y hablan con Indira, mientras esperamos que salga una reclusa en concreto que han llamado por walkie talkie.

Unos minutos después sale una mujer robusta, pero no lo hace a través de la jaula, sino por otra puerta más custodiada y que sirve de acceso a los módulos. Es la encargada del lugar de acogida para los pequeños de la prisión. Se trata de una reclusa de confianza de Indira a quién ha enseñado el oficio de educadora. Desde la prisión le han dado permiso a ella y a dos mujeres más, gracias a la colaboración de PA Nepal, para poder salir hasta este pasillo y encargarse del lugar para los pequeños cuando las trabajadoras de PA Nepal no pueden venir a trabajar porque tienen que atender las necesidades de los otros centros.

Actualmente, PA Nepal tiene educadores trabajando en una veintena de centros penitenciarios, aunque sólo en los seis más grandes tiene una presencia regular ya que la plantilla no da para más. Esta es una de las prisiones más importantes del país, pero precisamente esta mañana estas educadoras están en otros centros y no llegaran hasta dentro de un rato.

Indira me presenta a la mujer más robusta y va a saludar a dos mujeres más que están trabajando al final del pasillo donde se acumulan unos cuantos trastos mojados y rotos. La mujer me explica, casi con gestos hasta que no vuelve Indira para traducirla, que las lluvias monzónicas de los últimos días han roto una parte del techo del final del pasillo, que precisamente era el lugar que hasta hace poco acogía uno de los centros de día que PA Nepal tiene para niños y han destruido todo el material, libros y juguetes, que había por allí.

Miro el rincón con tristeza. Aunque me había fijado antes, no me imaginaba que el centro de día para niños fuera eso. A diferencia del centro de día de Jhapa que está fuera de la prisión y los niños pueden disfrutar un poco del aire libre, este no es más que un agujero al final de un oscuro pasillo… A pesar de todo, este es el único lugar que quedaba disponible para esta finalidad, y en los alrededores de la prisión tampoco habían espacios mejores.

El rincón ahora no es más que una montaña de escombros, que las dos mujeres están intentando rehabilitar. Tardarán unos días, pero PA Nepal volverá a invertir como mínimo para volver a equipar este espacio y seguir atendiendo a los pequeños.

La mujer continúa hablando y me explica todo lo que Indira ha hecho por las mujeres de la prisión. Además de financiar el espacio para los niños la activista dinamizó actividades dentro de la prisión. Este centro penitenciario es de los más grandes del país y uno de los que tiene unas instalaciones peores, lo que el recluso o reclusa aún se siente más deprimido y abandonado por la sociedad.

Hace unos años, cuando Indira empezó a actuar en esta prisión vio el ambiente depresivo que se respiraba y decidió intentar levantar los ánimos de las reclusas. Quizás no era una prioridad, pero sí que era una necesidad muy grande. Intentar recuperar las ganas de vivir de aquellas mujeres, era vital para que se motivaran y empezaran a mostrar interés de cara a su reinserción.

Así fue como un día, Indira más optimista, risueña y enérgica, se presentó allí y las invitó a montar un espectáculo de canto y de baile. Al principio costó movilizarlas, pero poco a poco se fueron animando y montaron un buen espectáculo. Sorprendida por el resultado, Indira contactó con una televisión pública y movió los hilos necesarios para que las reclusas pudieran participar en un show de talentos. La iniciativa y decisión de la mujer acabaron dando resultados y finalmente el espectáculo fue emitido durante una festividad nepalí y tuvo un buen índice de audiencia.

Desde aquel día, Indira se ganó el respeto de todas las reclusas y levantó los ánimos dentro de la prisión, consiguiendo el objetivo que se planteaba. Así fue como empezó a trabajar para montar una escuela, juntas, con la implicación de las mujeres, y reclusas como la mujer que ahora tengo delante, empezaron a buscar herramientas para mirar hacia el futuro.

Actualmente esta mujer es la encargada de dinamizar el programa para los pequeños de la prisión, asesorada por la plantilla de PA Nepal que trabaja allí y tiene muy claro que cuando salga intentará trabajar en el campo social para evitar que las nuevas generaciones caigan en los errores que por necesidad o ignorancia ella y sus compañeras cometieron.

La visita es fugaz porque Indira aún me quiere enseñar más cosas, pero de nuevo me quedo sorprendido del ingenio de la mujer de la selva. Los estudios y las titulaciones académicas son importantes para adquirir conocimientos y para poder acceder al mercado laboral, pero una vez más, Indira me demuestra que una mentalidad abierta a nuevas ideas, voluntad para echarlas hacia adelante, ganas de superar las adversidades y mucha perseverancia son valores clave que habría que fomentar tanto o más que los aprendizajes teóricos.

De nuevo recuerdo que ella no acabó de estudiar ninguna carrera relacionada con la educación social ni el trabajo social, pero sin duda, a base de trabajar, se ha convertido en una de las mejores trabajadoras sociales del país, del continente y del mundo, y ahora entiendo el por qué.

Un famoso pintor dijo que la inspiración tiene que llegarte trabajando… Pues bien, Indira ha tenido siempre esta particularidad. Ha trabajado siempre y en todo momento, y los momentos de inspiración obviamente le han llegado mientras trabajaba, ya que no hace nada más que eso, permitiéndole, así, romper con las pautas de trabajo normales y conseguir resultados espléndidos.

Cada vez más contento de poder seguir a esta mujer a cualquier lugar, dejamos Katmandú por enésima vez y nos vamos a Brahktapur, ciudad por excelencia de la cultura newari y antigua capital del reino. Y una vez en la ciudad, que se encuentra a tan solo quince quilómetros del punto donde nos encontrábamos, entramos en un taller lleno de actividad. Allí Indira me presenta a Sunita, una joven que me hará de guía por este nuevo lugar a visitar.

Indira está yendo por el taller de arriba abajo, Sunita se encarga de mí y me explica que aquel taller es una fábrica privada. Trabajan con diferentes tipos de tejidos y hacen de todo, desde mantas y cojines hasta bolsos y monederos para vender como "souvenirs". El taller consta de dos plantas y está lleno de mujeres que trabajan con máquinas de coser de diferentes medidas y formas.

La mayor parte de las chicas y mujeres que trabajan son personas que tienen algún tipo de relación con PA Nepal. Algunas de ellas son antiguas chicas que no quisieron seguir con sus estudios y hoy en día se ganan la vida dignamente confeccionando estas piezas. Otras son madres solteras, mujeres con maridos encarcelados o viudas que no podían mantener a sus hijos. Entre las trabajadoras también hay alguna exreclusa a la que Indira había podido ayudar a reinsertarse.

Este taller es una iniciativa privada de una mujer, amiga de Indira, que con la colaboración de PA Nepal ha dado salida a un grupo de chicas y mujeres que estaban en peligro de ser abusadas, extorsionadas o de sufrir otros efectos de la pobreza extrema. Es un caso claro, y un ejemplo perfecto, de cómo las empresas e iniciativas privadas pueden ayudar a las causas sociales.

La visita no dura mucho ya que nos faltan ver más proyectos de la ciudad, y mi nueva guía, que ha resultado ser la hija de la propietaria del taller y que tiene un cargo dentro de PA Nepal, contenta, nos acompaña a Indira y a mí hasta los pisos tutelados que la asociación tiene allí. Aun con su juventud, se ve que es una chica con determinación y es la encargada de cuidar y vigilar los pisos de los jóvenes que a continuación me enseñará.

Después del atajo y cruzar por las calles y callejones que me da la sensación que ni siquiera Indira conocía, por donde la jovencita nos ha llevado sin dudarlo, llegamos a unos edificios que siguen el estilo newari, aunque recién construidos. Se trata de un bloque de pisos de dos plantas, uno para chicos y otro para chicas. Allí viven jóvenes que al acabar su edad legal para poder estar en casas de acogida de PA Nepal han querido seguir estudiando y han necesitado ayuda para poder hacerlo.

Los chicos parecen estar contentos porque estrenan piso. Aún están haciendo las mudanzas desde las antiguas casas y se reúnen todos para hablar conmigo. Se muestran tímidos y les cuesta explicarme sus historias. Una de ellas ya la conozco, no de vista, sino porque me habían hablado de ella anteriormente. Se trata de la hermana de los niños de Beni que nos habían acompañado a la prisión. Ella no venía de ninguna casa de acogida de PA Nepal, pero siempre ha estado bajo el paraguas protector de Indira y por lo tanto ahora también disfruta de este privilegio.

Ella se había encargado de sus hermanos mientras vivían con la mujer invidente, que aceptó recogerlos cuando encerraron a su madre en la prisión. Y ahora, habiendo finalizado la secundaria gracias a la ayuda de Indira, y dejando a su hermana como responsable de la casa, había ido a estudiar a la ciudad.

El piso tiene cocina y los chicos me explican cómo ellos hacen todas las tareas y que tienen unos horarios y una normativa muy estricta, que Sunita se encarga de hacer cumplir al pie de la letra. Ella es la coordinadora de estos pisos tutelados y por lo tanto, la principal responsable de comunicarse con Nayabazar y velar por el bienestar de estos jóvenes durante los tres años que pueden vivir en estos pisos. Si los jóvenes no siguen las normas pueden ser expulsados, y ellos son muy conscientes que fuera de aquí nadie les dará ninguna oportunidad tan buena como esta, así que las siguen.

Desgraciadamente, no todos los jóvenes pueden optar a estas ayudas, y los que las disfrutan son los que seguro acabarán cumpliendo sus objetivos. Algunos hacen cursos de formación profesional, para aprender ebanistería, pintura, cómo hacer souvenirs (que tienen mucha salida debido al gran número de turistas), etc. Otros harán carreras universitarias y aspiran a trabajar para la administración o para empresas importantes. La mayoría coinciden que cuando sean autónomos intentarán ayudar en proyectos de Indira o similares, ya que son conscientes que mucha gente seguirá necesitando la ayuda que ellos han recibido.

Mientras hablo con los jóvenes, Indira llama por teléfono a otro de los chicos que ahora mismo no está, pero resulta que acaba de irse a Katmandú y que el taller donde se está formando acaba de cerrar porque es la hora de comer... Precisamente Indira me quería enseñar este taller, pero como no podrá ser, volvemos a la calle.

Aunque en una mañana hemos hecho cuatro visitas, el ritmo de Indira no baja y le sobran energías para enseñarme más cosas. Aún me quedan proyectos por ver y se acaba el tiempo, así que lo quiere exprimir al máximo.

Cogemos el taxi de Lila, que ha esperado pacientemente en las afueras, y nos ponemos rumbo a la carretera de la amistad, camino del Tíbet. Pasada la estatua dorada de unos 20 metros de altura de Zanga, subimos carretera arriba hacia Dulikhel. Aunque vamos con las ventanas abiertas el aire es caliente y cuando el taxi baja de los 20km/h cuesta respirar. Poco a poco, vamos ganando altura y cada vez el ambiente es más fresco.

Antes de llegar a nuestro destino y sin comer, paramos en una frutería a pie de carretera e Indira carga con tanta fruta como puede. Mangos, aguacates, plátanos ¡y llena el maletero del taxi hasta los topes! Cuando llegamos al pueblo vamos directamente a la prisión con una Indira que sufre porque es muy tarde y quizás los guardias no nos dejaran entrar... Pero, ella es Indira Ranamagar, y aún tiene que nacer el carcelero que le impida entrar en una prisión. Así que con pocos minutos de discusión, ya estamos dentro.

De nuevo la prisión está construida en un espacio abierto, como en el caso de Beni. En esta prisión de dos módulos se apilan un centenar y medio de presos en un lugar francamente muy reducido y las instalaciones son muy precarias. Los reclusos tienen poco espacio, pero por suerte tienen luz y aire fresco. En un primer módulo hay noventa presos con problemas psicológicos leves y en el segundo unos sesenta más que tiene problemáticas y patologías más graves.

Los guardias nos dejan entrar en el patio del segundo módulo, en contacto directamente con los presos con patologías más graves y rápidamente todos los hombres que viven en su interior nos rodean. Esta vez no hay ninguna reja ni ninguna barrera de separación, estamos dentro de su patio.

Desde aquí puedo ver sus celdas, que no son más que habitaciones que dan al patio. La única obertura para acceder es el agujero de una puerta sin barrotes ni maderas, permanentemente abierta, por donde los meses más fríos debe filtrarse el frío y la humedad. El espacio no es suficiente para la docena de personas que tienen que dormir en el suelo. Un suelo que antes era de hormigón, pero que gracias a Indira ahora está cubierto de un parqué que les aísla, aunque sea de la humedad. Un parqué que no sólo PA Nepal subvencionó sino que Indira colocó personalmente.

Mientras mis ojos van analizando todo lo que pasa a mí alrededor, con cierta intranquilidad, ya que me han alertado que el comportamiento de estos presos, lógicamente, es inestable y que en alguna ocasión algún preso ha aparecido asesinado, Indira empieza con sus rituales. Primero les reparte la fruta y los escucha. Algunos le explican cosas personales entre grandes carcajadas. Otros simplemente están cerca de ella. Una vez han comido todos su pieza de fruta los presos piden cantar para ella. Y uno tras otro esperan su turno para demostrar sus dotes musicales. Algunos lo hacen por parejas, otros cantan y bailan y otros esperan para cantar individualmente y al final de cada turno Indira les aplaude con entusiasmo, y por lo que veo en sus ojos, también con sinceridad.

Hoy la visita no se puede alargar mucho, pero generalmente el trabajo de Indira se ha basado en explicarles las pautas para la higiene personal y a mantener sus celdas limpias para prevenir enfermedades. Al principio, me confiesa que no le hacían demasiado caso, pero a base de ir allí, llevarles fruta, comida, ropa, mantas y cojines y sobre todo, escuchar sus historias, organizar juegos para ellos y escuchar sus canciones, fue ganándose sus corazones. Y cada vez que ella se va, insisten en preguntarle, tal y como puedo ver, "aama, ¿cuándo volverás?".

Este tipo de presos no suelen tener visitas, me explica, mientras salimos fuera de los barrotes. Las familias han renunciado a ellos, ya que debido a sus enfermedades siempre les habían generado problemas y no habían participado en el sustento familiar.

Con los años, PA Nepal ha participado para separar este tipo de presos del resto, ya que necesitan una atención diferente, y en los otros centros eran más vulnerables a ataques y burlas por parte de otros reclusos. Eran víctimas de abusos e incluso extorsiones dentro de los centros…

La palabra aama, cada vez va cobrando mayor significado. No sólo por el uso que dan los nepalís, que a menudo lo hacen más extensivo que no sólo para la propia madre… Sino porque realmente Indira se está preocupando como una madre para mucha gente. Sólo hay que ver su mirada compasiva, como mira a los presos que incluso han estado rechazados por sus familias, para entender que su capacidad para querer es enorme.

Después de la visita vamos a un restaurante turístico sobre unas terrazas de arroz. Los precios son más caros que en los lugares locales, pero igualmente muy asequibles. Indira me reconoce que está enamorada de este paisaje y que alguna de las veces que viene aquí, se permite el capricho de descansar un rato en esta terraza.

Realmente las vistas son extraordinarias. Las ciudades quedan al otro lado de la colina más cercana, y están apartadas de nuestra vista. Al fondo a la derecha algunas cimas del Langtang se dejan entrever majestuosos y elegantes.

Comemos unos momos exquisitos y hablamos. Y entre pausas sigo con la mirada las cimas del Himalaya que veo, intentando guardar la silueta en mi cabeza… Pero, antes de que acabe de disfrutar de las vistas panorámicas… Indira se levanta de golpe y dice "¡vamos!" ¡Los descansos de Indira son fugaces! Estaba contento al haber descubierto que a veces descansa… ¡pero no! Hemos tenido el tiempo justo para comer los momos ¡y ya hemos salido corriendo! Pensaba que este lugar secreto era su lugar para recargar pilas y descansar a escondidas… ¡Pero no! O sí… ¡pero no por más de diez minutos! Esta mujer, no es humana…

11. UNA LUZ EN EL MUNDO

"Una tarde invité a Indira a tomar un té para poder hablar sobre un proyecto que quería llevar a cabo en una de sus casas de acogida. Antes de llegar al bar dos hombres abuchearon a Indira. Con curiosidad le pregunté qué le habían dicho y ella me respondió, tranquilamente y con mucha serenidad, que algunos hombres de Katmandú no aprobaban su lucha por los derechos de las mujeres. Yo insistí un poco más para que me tradujera las frases que le habían dicho y ella me dio un par de ejemplos, que eran tan mezquinos y groseros que soy incapaz de reproducirlos… Aun así, ella continuó con la cabeza bien alta, no contestó y ni siquiera cambió sus planes. Se sentó en la terraza, y con la mirada calmada y muy segura de sí misma continuó con su trabajo…" Clinton Moore, voluntario.

"Indira me miró a los ojos y me dijo: -Si de verdad deseas hacer una biografía mía… ¡La harás! Cuando realmente deseamos una cosa y nos centramos en cuerpo y alma por en conseguirla, ¡nada nos puede parar! ¡Lo que desees, lo conseguirás! (…) Yo sólo deseo hacer feliz a los demás… ¡Mi felicidad recae en esto! – Pues bien… aquí tenéis la biografía acabada".

Jordi Imbert

En el año 2000 Indira hizo el gran cambio de trayectoria en su carrera cuando fundaron PA Nepal, y la línea de trabajo que inició con esta nueva organización le permitió abrir puertas, paulatinamente, puertas que la llevarían más allá de lo que en un principio imaginaba.

El trabajo que hacía en las prisiones la llevaron a ser la persona con más conocimiento sobre el sistema penitenciario nepalís, y eso no pasó desapercibido al gobierno. Precisamente, en el año 2003, este la nombró miembro de un consejo para mejorar la situación penitenciaria y fue enviada a Sri Lanka a una conferencia sobre las realidades penitenciarias de los diferentes países asiáticos que participaron. Este fue su primer viaje internacional de una larga lista que tenía llegaría, sin contar la India, país que hace frontera a pocos centenares de metros de su hogar de infancia y que había visitado en alguna ocasión.

En el 2005 ya figuraba en la lista de las 50 mujeres más influyentes del país y se situaba en la segunda posición del ranquín en lo que hace referencia a servicio público. Y es que con tan sólo 35 años ya había conseguido, junto con otras mujeres, hacer que el aborto fuera legal, eso sí, sólo en casos en los que se hubiera abusado sexualmente de la mujer, y lideraba diferentes asociaciones para la lucha de los derechos de las mujeres además de todo el trabajo que iba llevando a cabo dentro de las prisiones.

A lo largo de aquel año también llegó uno de los reconocimientos que le abriría la puerta a expandir más su proyecto. La organización internacional Ashoka la nominó a los premios Ashoka Fellow. Ashoka es una asociación sin ánimo de lucro que se dedica a buscar emprendedores por todo el mundo. Busca personas que trabajen para conseguir un cambio en el mundo. Personas en las que su labor se base en nuevas líneas de trabajo, que rompan con barreras sociales e intenten atenuar las desigualdades o que aporten soluciones a los grandes problemas medioambientales que se tienen que resolver a lo largo de este siglo.

Esta organización ofrece ayuda a estos emprendedores para dotándolos de mecánismos y que sin interferir en su filosofía ni en su trabajo, puedan ampliar su campo de actuación haciendo que sus beneficiosas actividades tengan más impacto en el mundo. Ashoka pretende conseguir este objetivo poniendo en contacto empresarios, desde grandes corporaciones internacionales hasta particulares con poderes adquisitivos altos, con las organizaciones o personas (los fellows) que ellos creen que pueden aportar grandes cambios en el mundo, y conseguir fondos para estos a través de las primeras.

Además, la organización intenta que el conjunto de emprendedores sociales y medioambientales que reciben sus ayudas formen una red en expansión constante, creando un puente y un vínculo entre ellos, que sirva como punto de intercambio de filosofías entre diferentes personas con ideas visionarias, haciendo que los beneficiados, no sólo reciban ayudas económicas sino que disfruten de la oportunidad de beneficiarse de otras ideas innovadoras que están funcionando en el mundo. Algunos de sus fellows han sido o serán personajes de renombre a nivel internacional, como por ejemplo Kaliash Satyarthi, fellow desde 1993 y nominado al premio Nobel de la Paz 2014 (premio que acabará ganando junto con Malala), por su lucha en la defensa de los derechos de los niños y su ingeniosa y eficaz manera de combatir las situaciones de explotación infantil que se viven en la India.

Después de un largo proceso donde Indira tuvo que superar cinco fases de selección muy estrictas, donde los miembros de Ashoka investigaron todo su pasado para corroborar su historia y hablaron con todos sus contactos además de investigar fiscalmente la organización, Indira fue una Ashoka Fellow, es decir, una miembro beneficiaria de esta gran organización.

En el año 2006 de nuevo, enviada por el gobierno nepalís y con la ayuda de una asociación cristiana de Brasil viajó durante 4 meses por este país dando conferencias por más de 30 ciudades en todo el territorio. En cada ciudad tuvo la posibilidad de visitar diferentes centros penitenciarios de donde pudo sacar ideas de cómo mejorar su trabajo en las prisiones con pocos recursos, al mismo tiempo que también fue invitada a dar charlas para explicar la situación de la mujer en Nepal. En cada pueblo y en cada ciudad también tuvo la oportunidad de ver cómo funcionaban diferentes escuelas, recogiendo ideas para su escuela Junkiri que ya iba proyectando en la mente.

A finales de 2006 y principio del 2007, la joven activista acabó de consolidarse como un referente mundial después de ser seleccionada como la mejor emprendedora de la asociación Ashoka lo que le aportó numerosos beneficios en forma de donaciones que le permitieron seguir construyendo la casa de acogida de Sankhu y la escuela Junkiri de Jhapa. Y promocionada por esta misma asociación inició una serie de viajes que la llevaron a visitar Estados Unidos, Tailandia, Suiza, Holanda y Singapur.

En 2008 el número de viajes se incrementó aún más ya que sus proyectos cada vez funcionaban con más éxito y la invitaban a más sitios, en diferentes programas y por diversas causas. Visitó Finlandia, Noruega, Reino Unido, Alemania y repitió visitas en Suiza y Estados Unidos. Allá donde iba todos se implicaban poco o mucho en su causa.

Todos estos viajes le permitieron dar a conocer su proyecto y ampliar el número de donaciones tanto de empresas como de particulares. Cada escuela que visitaba era una fuente de inspiración para los estudiantes, y una campaña u otra servían para ayudar a seguir desarrollando los proyectos de Indira. Unos recogían dinero, otros ropa y material, pero nunca dejaba indiferentes a sus oyentes.

La figura de Indira crecía astronómicamente casi en el sentido literal de la palabra, ya que en su tercera visita a los Estados Unidos fue invitada por una fundación de la NASA, que también se interesó por sus proyectos. De hecho, algunos astronautas antes de partir a misiones espaciales que visitaban el Himalaya para realizar sus entrenamientos, en un par de ocasiones, visitaron las casas de acogida de los niños e hicieron charlas y actividades para ellos, además de llevarles material y ayudar a pintar un planetario en el techo de una de las habitaciones de Nayabazar.

En el 2009 recibió el premio Asia 21 al considerarla la emprendedora social de más éxito del continente. La asociación Asia 21 que trabaja para potenciar el trabajo de personas emprendedoras menores de 40 años decidió otorgar a Indira con este premio continental hecho que le permitió adquirir los terrenos de Palpa para iniciar su proyecto naturista.

Esto la llevó a realizar más viajes por el continente asiático aunque siguió también en Europa y América. En otra ocasión, en una prisión italiana que visitó, su charla entusiasmó tanto a los reclusos que pocas semanas después ya habían pedido permiso a las autoridades penitenciarias para abrir un huerto en el patio. Los productos ecológicos que obtenían fueron vendidos en diferentes mercados de la región y con el dinero que obtuvieron decidieron enviarlo directamente a PA Nepal.

Después de tres años viajando mucho, decidió frenar su actividad en el extranjero. Sin duda todos los viajes le aportaron una fuente de conocimientos y de recursos únicos, pero no podía, y en el fondo, tampoco quería, separarse de sus niños y niñas durante tanto tiempo. Por eso se marcó la cifra de uno o dos grandes viajes internacionales al año.

A pesar de todo, ella era consciente que el gran crecimiento que había experimentado su asociación venía a raíz de todos estos viajes, y que incluso su crecimiento personal también se había visto beneficiado. La red de contactos que fue creando por el mundo le permitió obtener más recursos que nunca, tanto en el número de voluntarios como en reconocimiento y en dinero, pero sobre todo, los viajes le complementaron su filosofía. Cada vez que salía, observaba las cosas que los países desarrollados realizaban y que sus compatriotas no hacían, o no hacían bien. Incluso aprendía de las cosas que los países desarrollados no habían hecho bien, para intentar avanzarse y ayudar a su país a no cometer los mismos errores… La noción de agricultura ecológica y la conciencia para preservar el medioambiente, por ejemplo, ya llegaron con esos primeros viajes que realizó y gracias a personas como Zach consiguió introducir estos aspectos en sus propios proyectos.

Cada vez que salía de viaje, veía la de recursos que se perdía su país, la cantidad de opciones para explotar la economía de forma social y sostenible que los nepalís, con un país con tierra fértil, siendo la segunda potencia mundial en caudal de agua, con muchas horas de sol, y un atractivo cultural y paisajístico inmenso. Y cuando volvía, intentaba convencer a la gente de que había que trabajar más duro y en diferentes direcciones de las que se estaban tomando.

En 2011 visitó Australia y al año siguiente fue invitada a Canadá y a Kenia, donde participó en una conferencia de mujeres y asistió a un curso de defensa personal impartido por mujeres activistas de todo el mundo, habiendo estado así, en todos los continentes habitados del mundo.

A finales de 2013 Indira fue nominada a los premios internacionales World Children's Prize, junto con Malala, la famosa joven y activista paquistaní, que recibió un tiro en la cabeza cuando protestaba contra el régimen talibán simplemente por seguir con su escolaridad cuando a las niñas se les había prohibido, y con John Wood otro defensor y activista de los derechos de los niños.

En 2014 Indira empieza a proyectar un viaje a Suecia, para asistir a la ceremonia de los premios World Children's Prize y otro viaje a España, visitando diferentes prisiones y universidades de Cataluña y Valencia a cargo de la nueva colaboración, con la asociación Kaliu Nepal, dirigida por Gloria y Oriol.

A lo largo de este año, precisamente, Indira y PA Nepal han cerrado un contrato de colaboración con esta asociación catalana para que "Kaliu Nepal" pueda ayudar a la ONG nepalí desde Cataluña, consiguiendo donaciones, socios y voluntarios para ayudar a desarrollar aún más los proyectos de Indira, a partir de dar a conocer su figura, su causa y su organización.

De hecho, a lo largo de este mismo verano, "Kaliu" ha conseguido el dinero para poder rehabilitar la granja de Palpa y durante el próximo otoño, Indira, Oriol y Gloria se desplazarán allí para reiniciar el proyecto, con la intención de convertir la parcela, no sólo en un centro de producción de alimentos para la asociación, sino también en una escuela de formación profesional para chicos de PA Nepal que quieran aprender a trabajar la tierra y obtener productos de manera autosuficiente.

Uno de los objetivos de Indira a largo plazo, es intentar conseguir que la organización sea tan sostenible como sea posible y PA Nepal seguirá luchando para conseguir este propósito. No obstante, el número de edificios y proyectos que tiene que mantener, o construir, más los materiales y alimentos que necesitan todos los niños y niñas acogidos, más los salarios de toda la plantilla, y contando que aún quedan más de un centenar de niños en las prisiones y miles en situación de riesgo en el país, más un largo etcétera de penurias y necesidades, deja en evidencia que, la sostenibilidad es un camino imprescindible, y PA Nepal está esforzándose mucho en este aspecto, la ayuda exterior sigue siendo y seguirá siendo también necesaria.

Así pues, con fecha de verano de 2014 la luz de Indira, a través del faro que ha construido, PA Nepal, es una luz que guía a muchos nepalís a salir de la oscuridad, pero a la vez esta luz también se ha visto desde fuera del país, y ha iluminado a muchas personas que se han inspirado en su figura y han participado, de alguna manera u otra, a engrandecer más y más la luz de este faro.

El faro aún está lejos de llegar a su máximo esplendor, y la lucecita, la junkiri, que lo lidera aún tiene muchas fuerzas para seguir ayudando a las personas y mucha imaginación para encontrar nuevos caminos y soluciones. Esta no es una biografía acabada, sólo es un relato dejado a medias de una mujer que aún tiene mucho por vivir y mucho por hacer, que nació sumergida en la oscuridad de una selva, pero que con su luz ha llegado a todos los continentes del mundo.

12. DESPEDIDA

"¡Es el orgullo de todo un país! ¡Es el orgullo de mi país! ¡Es el orgullo de Nepal!" Debendra Pokharel.

El tiempo para investigar más sobre Indira Ranamagar se ha acabado. He visitado muchos proyectos e Indira me ha dedicado mucho tiempo, pero tengo la sensación que todo ha ido muy deprisa y que me han quedado lugares por visitar… y más que eso, me gustaría haber tenido más tiempo para compartirlo con cada uno de ellos y profundizar más en su entorno.

La información que tengo es suficiente para poder explicar quién es esta mujer, pero quedan centenares de personas que podrían explicar otras muchas historias y anécdotas que ahora se me escapan. No obstante, con lo que he recopilado creo que podré escribir un libro de viaje explicando su figura. Ella además de activista es escritora y ha redactado decenas de artículos de denuncia, ha escrito poemas y canciones, miles de artículos para darse a conocer, así que tarde o temprano, ella escribirá su autobiografía y explicará con más detalles hechos de su vida que ahora aún es pronto para conocer. Es lo que me comenta el último día, cuando voy a despedirme de todos los miembros de la oficina de Nayabazar.

Si bien es cierto que me ha contado muchas cosas, algunos de los problemas que ha tenido sólo los ha explicado por encima, ya que si salieran a la luz ahora, quizás se enfadarían algunas personas que le podrían dificultar mucho sus trabajos actuales. Así que más adelante, cuando su vida y su obra estén más avanzadas, y cuando algunos problemas del pasado ya hayan quedado todavía más atrás, ella escribirá su autobiografía, que si bien, en esencia, la historia será la misma, los pormenores sobre las situaciones de discriminación y otras dificultades que ha sufrido serán más precisas y detalladas.

Mientras me despido de toda la plantilla, los miembros de la oficina me van fotocopiando diarios, revistas y diversos artículos sobre Indira y PA Nepal, para que no me falte información, e incluso me dan el reportaje en DVD de la BBC donde se ve a una Indira bastante joven acompañando a la intrépida periodista Lloyd-Roberts y a su cámara, camino de la selva en busca de la familia de Min Min Lama. También me dan la revista que World Children's Prize ha realizado para su candidatura y que recoge informaciones generales sobre todos los proyectos.

Entre tanto buscan más cosas para darme, yo me entretengo observando las paredes de la oficina, que están repletas de títulos, certificados, artículos de diarios en inglés y en nepalí, y todo tipo de reconocimientos, desde diplomas hasta copas deportivas que Indira ha ganado yendo en bicicleta en diferentes carreras de montaña. Las paredes de la oficina son una estampa de su vida y su trayectoria y veo cosas interesantes de las que no hemos tenido tiempo de hablar…

Finalmente con la carpeta llena de datos me despido de todos e invito a Indira y a Subani a cenar al Mito Chha como despedida. Quedamos que al atardecer no reuniremos allí y me voy al centro de la ciudad.

Por la tarde quiero ir a comprar un par de cosas, entre ellas un regalo para Indira que no consigo encontrar en ningún sitio, aprovechando la compañía de una voluntaria que está por allí para que me acompañe. Yendo solo, viajando solo y siendo un hombre, no me había dado cuenta de algunas situaciones cotidianas que se viven en el país… Cada vez que paramos en una tienda y mi acompañante pide alguna cosa al vendedor, el vendedor me responde a mí, aunque yo no haya realizado la pregunta… Esta costumbre, molesta un poco a mi acompañante y demuestra que, aunque sea cultural, no deja de reflejar el machismo intrínseco de la esta sociedad.

Después del paseo ya nos volvemos al Mitho Chha, un Bed&Breakfast regentado por Debendra, un buen amigo de Indira y de sus compañeros. De nuevo se trata de una persona que pone los intereses comunes por delante de los propios, algo extraño en el mundo actual, y también en Nepal, donde casi todos te dedican una sonrisa constante (a diferencia de muchos países occidentales), la gran mayoría de la gente mira por su bolsillo y cómo ganar más a final de mes. Debendra es de este grupo de personas que, con las herramientas que tiene, intenta contribuir a mejorar la sociedad de su país, y siempre cree en la bondad de las personas, confiando en todos hasta que no le demuestren lo contrario.

El Mitho Chha es una B&B pero diferente de la mayoría de hostales del país. Este local, dejando de lado la variedad de platos catalanes y españoles que ofrece, y que te hacen sentir como en casa, combinados también con algunos nepalís, resulta ser también un centro de formación de hostelería para jóvenes con pocos recursos.

Todos los trabajadores y estudiantes en prácticas son muchachos que provienen de centros de acogida de diferentes puntos del país, algunos de ellos de PA Nepal, y allí Debendra ha montado una escuela de cocina para formarlos y enseñarles el oficio de hostelería además de darles la oportunidad de trabajar y hacer currículum.

Algunos de los chicos o chicas tienen la posibilidad de ser colocados en otros restaurantes y hoteles de la ciudad, mientras que otros han acabado trabajando en el mismo Mito Chha. La escuela además de ofrecer clases de cocina, tutoriza alumnos para que aprendan a llevar la contabilidad, sepan cómo atender a los clientes, tanto a la hora de servir copas o comidas, como cuando tengan que atender en la recepción, así como también les forma para saber realizar las tareas de limpieza y de servicio de habitaciones.

La amabilidad y las atenciones de Debendra, su conocimiento sobre el sector turístico hace que muchos catalanes y españoles pasen en algún momento u otro de su estancia en el país para poder disfrutar de sus consejos y de alguna que otra charla, ya que su castellano fluido permite conocer mejor algunos detalles de la sociedad nepalí.

Hoy el patio del "Mitho" rebosa actividad. Mis amigos tienen familiares que acaban de llegar de visita desde Cataluña, familiares que conozco bastante bien, y se suman a la cena haciendo que el ambiente festivo sea aún mayor. Indira se presenta con Subani y un joven, Nima, que vive en el centro tutelado de Bhraktapur que visitamos ayer. Se trata del chico que Indira me quería presentar pero que lo cogemos a medio camino de Katmandú. Antes de que me fuera, él también me quería dar su testimonio y ha cambiado su rutina para venir hoy. De hecho, tendrá permiso para llegar algo más tarde a casa, lo que me recuerda la rigidez de las normas de la casa para jóvenes, me reconoce con una sonrisa…

Mientras los invitados empiezan el piscolabis de bienvenida para unos y de despedida para mí, Nima y yo, con la traducción de Debendra, no separamos a un rincón de la terraza.

El chico me explica que él nació prácticamente dentro de la prisión y que vivió sus primeros cinco años de vida al lado de su padre. Su madre había muerto y no recordaba nada de los primeros meses de su vida cuando vivió en el exterior.

Como la comida que los propios presos cocinaban con bombonas de camping no era suficiente para alimentarlos, los guardias de la prisión le daban pequeñas partes de sus raciones, tanto a él como a muchos otros niños que corrían por allí. El desayuno constaba de una rebanada de pan o una tostada. La siguiente comida ya era la cena que siempre solía ser arroz. Una vez a la semana, aunque la regularidad no estaba garantizada, disfrutaba de algunas verduras con curri dentro del arroz.

Durante el día jugaba un poco con los demás niños, que con calcetines viejos y agujereados habían construido una pelota para jugar a fútbol o a voleibol, pero a él eso no le despertaba demasiado interés. Le gustaba más ver cómo los mayores jugaban a una especie de ajedrez tradicional. Aunque lo que más le apasionaba era el dibujo. Cuando conseguía un trozo de papel y un lápiz se pasaba horas dibujando, pero nunca se sentía satisfecho. Recuerda que sus dibujos eran oscuros ya que sólo podía utilizar el negro o el gris. Como mucho, y muy de vez en cuando, algún ocre que aprovechaba cuando jugando se había hecho un corte…

Recuerda también que los días en la prisión eran casi todos iguales. Él escuchaba ruidos que venía de fuera de la prisión, pero no se imaginaba qué lo producía, aunque le explicaban cosas del exterior, para su joven mente, lo que le explicaban era casi inconcebible. A veces se respiraba un cierto ambiente festivo, cuando una mujer iba a visitarlos y les llevaba comida, mantas e incluso ropa y lápices para él y para los demás niños.

Cuando tenía cinco años recuerda que se puso enfermo y que no recibía la asistencia necesaria, así que su padre decidió hablar con aquella mujer que les llevaba comida y ropa. La mujer que, como es de suponer, resulta ser Indira, ofreció al padre la posibilidad de llevar a Nima al hospital, y no sólo eso, también le ofreció la oportunidad de que su hijo fuera escolarizado y una vida en el exterior en una de sus casas de acogida. Sin dudarlo ni un momento, y con la vida de Nima en peligro, el hombre aceptó.

El chico aún hoy recuerda el primer momento en el que salió al exterior, ahora hace ya doce años. El ruido y la luz le cegaban, estaba asustado. – ¡De tan asustado que estaba se empezó a morder el labio y se hizo incluso sangre! – apunta Indira que pasa un momento para ver como va la entrevista.

La sensación de terror fue desapareciendo poco a poco al ver tantos colores, él, un pequeño amante del dibujo, no había podido disfrutar nunca de tanta combinación de luces y colores. No entendía qué era lo que movía los coches, ni dónde iban tan rápido, ni que hacía tanta gente de arriba para abajo… era sin duda un choque muy grande para él. Pero, dentro del terror, una parte de él sabía que los brazos que le estaban acogiendo, una nueva vida mejor, estaban a punto de empezar.

De camino al hospital el niño no podía parar de preguntar sobre todo aquello que veía, todo era nuevo para él. Estuvo unos días en el hospital y después fue a Nayabazar con Indira. Nada más entrar en la casa se quedó sorprendido de la cantidad de muebles que tenía y le preguntó a Indira para qué servía aquel de cuatro patas y un respaldo. Indira le dijo que aquello era una silla y que servía para sentarse. – ¡Me quedé muy sorprendido al saber que existían muebles con aquella finalidad! – Me afirma el joven medio sonriendo, todavía medio afectado.

También recuerda que aquel día, sentado por primera vez en una silla, fue también la primera vez que comió un mango y no sabe cómo describir la explosión de sabores que sintió en aquel momento.

El joven, vestido correctamente y con gafas que le dan un aspecto de intelectual, me explica cómo creció en las casas de acogida. Primero estuvo bastante tiempo en cama, recibiendo atención médica y curas de Indira. Tardó una temporada en reponiendo ya que sufrió una infección grave de orina, pero con el tiempo se fue recuperando y empezó a asistir a clase. Los primeros años vivió en Nayabazar y después fue uno de los primeros en disfrutar del espacio de Sankhu.

Finalmente, al cumplir los dieciséis fue destinado a los pisos de los jóvenes de Bhraktapur, donde desde hace dos años recibe formación como pintor. Desde que salió de la prisión mostró interés por el dibujo y teniendo un don especial, pudo colocarlo en un taller de formación sobre pinturas "thangka", un antiguo arte nepalís y tibetano que existe en las dos tradiciones del país, desde el budismo hasta el hinduismo, de culto generalmente religioso, que vienen decorados con detalles y símbolos. Lleva muchos años aprender a dominar estas técnicas y los buenos trabajos son muy valorados y remunerados, dentro de un mercado que tiene salida tanto a turistas como para religiosos autóctonos.

Nima reconoce que este arte le ayudó, ya desde jovencito, cuando empezó a recibir clases en Sankhu, y le permitió desarrollar su capacidad de concentración. Dice que cuando elaboras un trabajo artístico como este tienes que estar al cien por cien concentrado en la tarea, y que este ritual, este hábito que fue adquiriendo le ayudó a concentrarse en las matemáticas y en otras asignaturas.

Ahora sus dibujos están mucho más llenos de color, gracias a la vida que Indira le ha dado, y repite de nuevo la afirmación, que Indira es su "aama"... En breve dejará de recibir ayuda de PA Nepal y del taller de formación que ayer teníamos que visitar, porque ya está acabando sus estudios, y él tendrá la oportunidad de trabajar en algún otro taller ya que domina bastante bien el arte, aunque él afirma modestamente que aún le queda mucho por aprender. Si tiene la oportunidad, le gustaría estudiar también alguna ingeniería, para acabar de entender bien cómo se mueven los coches, pero por el momento se quiere centrar en acabar lo que está haciendo.

Este testimonio no me deja indiferente. Realmente esto pasaba y sigue pasando. En este país, y desgraciadamente en muchos otros, aun hoy en día hay casos como el de Nima, pero sin la fortuna que él tuvo al encontrar un ángel de la guarda que le cambie el rumbo de la vida y que le dé una oportunidad.

Habiendome explicado todo lo que me ha explicado, se va tranquilo hacia la mesa de al lado, donde unas guitarras ya empiezan a amenazar la velada, pero antes de acompañarlo yo me quedo un rato más con Debendra, hablando sobre él, el Mito Chha y su relación con Indira.

Finalmente le pido, tal y como he hecho con medio centenar de personas más en los últimos días, qué es Indira Ranamagar para él. Quizás porque la conversación es en castellano y sin intérpretes, quizás porque él entiende bien lo que busco, pero seguro que porque lo siente y lo piensa desde el fondo de su corazón, me afirma:

- ¡Indira es el orgullo de Nepal!

En estos momentos hay tres personas nominadas al World Children Prize, me explica. Malala, reconocida en todo el mundo por su lucha en defensa del derecho delas niñas a ir a la escuela, John Wood, y una nepalí. Una nepalí que proviene de una casta mediocre-baja, siendo mujer y pobre… desde una de las clases más bajas, por no decir de la más baja, de la sociedad. De una sociedad dura y difícil de cambiar.

Pero ella viene desde allí cambiando el curso de muchas vidas para decir bien alto y bien claro a todo el mundo, que el amor hacia los demás tiene que guiar la construcción de un futuro mejor. Ella no entiende demasiado de política internacional, y hasta hacer relativamente poco, desconocía la situación de otros países… Ella simplemente ha visto la injusticia al lado de casa, la ha vivido en primera persona, y se ha levantado arremolinando cada día a más gente a su paso para cambiar esta situación y con su ola expansiva se ha hecho escuchar en todo el mundo.

Ella se está convirtiendo en un referente mundial siendo mujer, de origen muy pobre y nepalí. Y esto llena de satisfacción a algunos de sus compatriotas que ven en ella una oportunidad de cambiar las cosas. Esto llena de satisfacción a su amigo, que desde hace catorce años colabora a menudo con ella, desinteresadamente para ofrecer un futuro mejor a las nuevas generaciones y a los más desfavorecidos. Con esta nominación él se siente lleno de orgullo.

Ya en la mesa con el resto, rodeado de personas que trabajan por el bien de los demás, a tiempo total o parcial, dedicando una parte de sus vidas o su totalidad a intentar buscar la felicidad de los demás, empiezo mi última cena en Nepal. Quizás es por la emoción del momento, quizás por la energía y el entusiasmo de la gente que me rodea, quizás por la música que ya fluye desde la guitarra de Oriol y la voz de Subani, pero de repente me siento abrumado de alegría. Alegría de estar donde estoy y por quien estoy rodeado.

A lo largo del viaje he experimentado sentimientos bastante negativos. En más de una ocasión, siguiendo a Indira o yendo a dar una vuelta por mi cuenta, he visto situaciones que me han dado un vuelco en el estómago. Desde la niña que intentó seducirme en la prisión de Jhapa o el niño escondido tras la falda de su madre en la prisión de Beni, hasta decenas de niños pidiendo caridad en algunos puntos turísticos de la ciudad, donde te cogen de los pantalones o del brazo con tal de llamar la atención pasando por los chicos que viven en solares escondidos esnifando cola o personas abandonadas con problemas de salud o malformaciones… Sin olvidar que todo lo que he visto provoca sufrimiento, provoca problemas sociales graves, genera injusticias e inseguridad, ahora me siento algo más optimista. Nada de lo que he visto ha dejado de existir. Es más... ¡sólo he visto una ínfima parte! Pero sentado en esta mesa el optimismo se me despierta. Ver que hay gente que quiere dedicarse a ayudar a estas personas, ver que hay gente que hace años que se dedica, y ver que una de ellas especialmente, ha dedicado toda la vida, me llena de esperanza.

Ahora mismo cancelaría el vuelo y me pondría a trabajar en cualquier cosa que PA Nepal necesitara... yo también quiero formar parte de este grupo de personas. Es más, la mayoría de personas que tuvieran la oportunidad de conocer a Indira tranquilamente, se embriagarían de estas ganas de participar en hacer un mundo mejor. No porque sea ninguna divinidad, sino porque ella realmente actúa como lo haría cualquier persona que no se haya dejado corromper por el deseo de las posesiones, los bienes materiales, el egoísmo y el egocentrismo. Ella realmente se pone a disponibilidad de los demás, y esta manera de actuar es la que realmente desde el fondo del corazón, sabemos que es la correcta, aunque a veces inconscientemente la sociedad, sea cual sea, nos ha inculcado otros valores más individualistas.

Mientras comemos momos[1], tortilla de patatas y pan con tomate, la música sigue y aunque hay momentos en los que estoy activo en las conversaciones, en otros momentos me dejo llevar por mis pensamientos. Querría quedarme una buena temporada... reitera mi cerebro, pero, mi colaboración será hacer un libro que dé a conocer a esta mujer, que dé a conocer sus causas y que invite a la gente a participar en este o en cualquier otro proyecto desinteresado.

---

1. Plato típico que consiste en una especie de bola de masa cocida y rellena con diferentes ingredientes muy popular en las cocinas nepalí, tibetana y de algunos puntos de orientales de Asia Central.

Yo he venido hasta aquí porque hace ocho meses su historia me inspiró. Y ahora tendré que enfrentarme a escribir un libro sin conocer muy a fondo esta profesión… Indira tampoco conocía su profesión… Se inventó a sí misma a partir de sus acciones, a partir de la voluntad de arreglar su país. No me quiero comparar con ella ni mucho menos, no he hecho ni una milésima parte de su camino, pero espero que para el lector, estas páginas hayan sido tan emocionantes y motivadoras como me lo ha parecido a mí cuando hace ocho meses conocí su historia. Espero que le haya inspirado como a mí y que vea que todo es posible cuando se hacen las cosas con determinación e ilusión.

Ya cenados, Subani nos obsequia con una canción de Adelle, mientras Oriol toca la guitarra. Una dulce canción para una agradable despedida. Su voz es angelical y mientras canta todos los asistentes fluimos escuchando y dejándonos llevar por la melodía… Yo, personalmente, recuerdo todo lo que me ha traído hasta aquí… Me fui de casa para disfrutar del mundo y el mundo me regaló muchas cosas. Y ahora es hora de devolver alguna de estas cosas, de devolver algún favor al mundo.

Indira nunca ha escogido, ni ha buscado un camino para disfrutar de su vida en un sentido egoísta. Al contrario, ella siempre ha estado ofreciendo cosas al mundo y quizás ahora es hora que el mundo también le devuelva este favor, más allá del amor incondicional de centenares de niños que ya es el tesoro más grande del que nunca la mayoría de personas disfrutaremos. Aun así ella no querrá nunca ninguna recompensa… Cualquier cosa buena que le llegue la compartirá con todos y especialmente con los más pequeños que necesitan tanto amor y tanto afecto por las situaciones que les ha tocado vivir.

Esta tarde hablando con la voluntaria que me ha acompañado, me ha explicado como ayer le regaló una camisa a Indira, y que hoy, esa pieza ya la llevaba una chica de una de las casas de acogida… Realmente su deseo no es una posesión, ¡su deseo recae en la felicidad de los demás!

El algún momento de este viaje me he preguntado… ¿Por qué me estoy esforzando en ayudarla si ya tiene tanta ayuda internacional? ¿Si ya hay tanta gente volcada en su causa? ¿Si ya tiene algunos recursos, cuando otras iniciativas no tienen nada?. Y la respuesta es múltiple y clara. Porque ella siempre seguirá haciendo lo que hace. Porque aún necesita ayuda para crecer. Porque aún hay niños detrás de los barrotes. Porque aún quedan muchas injusticias por las que luchar, y ella tiene las herramientas y los conocimientos para hacerlo. Porque ella tiene una metodología que parece que funciona. Porque si ella recibe más ayuda, mucha gente saldrá beneficiada sin ninguna duda. Porque yo podría aprender de ella. Porque algunos lectores pueden aprender de ella. Porque me ha inspirado. Porque espero que inspire a otras personas. Porque aunque reciba ayuda externa ella sigue desarrollando estrategias para no depender del exterior y hay que fomentar este tipo de proyectos… y sobre todo porque tal y como me dijo, su felicidad sólo pasa por la felicidad de los demás, y una persona con estas características se merece esto y muchísimo más.

Con los últimos acordes de "Someone like you", Indira viene a decirme adiós… Sin duda no es un adiós para siempre. Sé que la veré, con suerte, en abril y con algo más de suerte, quizás antes por televisión, en la gala de los premios World Children's Prize. Pero, me entristece mucho perder este contacto y esta relación que hemos tenido durante los últimos días. Como despedida me regala una bolsa de ropa con un buda estampado y yo, que quería sorprenderla con un ejemplar de "Emilio o de la educación", con el que dormía cuando era jovencita y que perdió años atrás, me tengo que conformar regalándole un abrazo y prometiéndole que cuando llegue a Cataluña le daré una sorpresa…

Mi tercera visita a Nepal, ahora sí, se ha acabado... Después de despedirme de Indira, seguimos la velada unas horas más, y ya, sin dormir cruzo un Katmandú adormilado dirección al aeropuerto. Mientras el taxi me lleva, recuerdo el momento, durante la segunda visita, que me encontré con sus ojos que fueron los que me trajeron hasta aquí de nuevo. Durante la tercera los lazos de unión con esta tierra son más fuertes y sé que habrá una cuarta y una quinta... ¡Todo a su tiempo! Ahora de momento, tocará escribir unos cuantos meses sobre esta mujer que ha guiado a tanta gente y que espero que pueda seguir ayudando a muchas más personas a salir de la oscuridad.

¡Namasté!

jueves, 31 de julio del 2014

13. CUANDO TODO TIEMBLA...

"El día del segundo terremoto, Indira, Subani y yo no dirigíamos hacia la casa de acogida de Sankhu con el taxi de Lila. Cuando circulábamos por el pueblo, de repente el suelo empezó a temblar violentamente... ¡incluso desde dentro del coche en marcha lo notamos! Empezaron a caer piedras y a desplomarse trozos de los edificios. Indira reaccionó muy rápidamente, hizo parar el coche y nos estiró del brazo a Subani y a mí. Nos arrastró prácticamente hasta el centro de un descampado y gritando dijo: - ¡Mis niños, mis niños! ¡Tengo que ir! – y empezó a correr campo a través dirección a la casa de acogida. Ni Subani, ni Lila la escucharon ya que estaban muy atentos a lo que pasaba en el pueblo y no se dieron cuenta que Indira se había ido. Cuando el terremoto paró se dieron cuenta de su ausencia y se asustaron. Les dije que Indira ya estaba en la casa de acogida, pero no me creían y se pusieron a buscarla por el pueblo. Finalmente, cuando me hicieron caso y fuimos a la casa, con una Subani más que desesperada, encontramos a Indira que estaba en medio del patio con todos los niños bien resguardados y ya estaban comiendo un dalh bat como si no hubiera pasado nada". Ari Corominas (voluntaria).

El 25 de abril de 2015 un terremoto de 7,9 grados en la escala de Richter sacudió Nepal. Aunque la cifra de muertos a día de hoy aún es inexacta, se cree que cerca de nueve mil personas perdieron la vida durante el primer seísmo o durante los centenares de réplicas que se produjeron. Las vidas de 9 millones de personas se vieron afectadas por daños físicos o materiales irreparables y 2,8 millones más tuvieron que huir de sus hogares concentrándose en campamentos de refugios improvisados.

Para hacerse una idea de la violencia del seísmo, la energía liberada por la colisión y ruptura de las dos placas continentales, la euroasiática y la indoaustraliana que entre las dos sostienen todo el Himalaya en pie, se podría equiparar a la de 375 cabezas nucleares como el que explotó en Hiroshima. El terremoto, con epicentro a ochenta quilómetros de Katmandú, se notó desde países tan remotos como Pakistán, a más de mil quinientos quilómetros de distancia, o Bangladesh, así como también en sus países vecinos; la India y el Tíbet.

Las zonas más afectadas fueron el valle de Katmandú, y todos los pueblecitos que hay en dirección al noroeste de Pokhara, por las laderas del Himalaya, afectando gravemente las regiones de Gorkha, Langtang, Sindhupalchok, Nuwakot y Dhading. Algunas de estas comunidades perdieron la mayoría de sus edificios y quedaron aisladas durante semanas. Los geógrafos estiman que muchas de estas poblaciones sufrieron un desplazamiento de entre dos y tres metros hacia el noroeste.

El día que se produjo el primer terremoto Indira y Subani estaban en Cataluña, justo donde acababan su viaje después de visitar y hacer conferencias y entrevistas en diferentes universidades, prisiones y medios de comunicación, tanto del Principado como de Valencia, para dar a conocer sus proyectos y su causa. Con gran impotencia y desesperación al saber la noticia, no pudieron coger ningún avión hasta al cabo de tres días, cuando tenían establecido el vuelo de vuelta, ya que cambiarlo resultó imposible debido al colapso en el aeropuerto de Katmandú. Durante aquella espera tuvieron que seguir las noticias delante del televisor con lágrimas en los ojos.

Cuatro días después, cuando aterrizaron en la capital nepalí las dos iniciaron un periplo inmediato por todos los proyectos de Katmandú para poder ver el grado de afectación. Afortunadamente, todos los niños y niñas de la organización estaban sanos y a salvo.

Los pequeños y adolescentes de Nayabazar se habían instalado en la Farm House, después de pasar la primera noche a la intemperie, durmiendo en la calle con otros vecinos y temiéndose lo peor, que el edificio de cuatro plantas que los acogía se desplomara. El primer terremoto había provocado algunas grietas en el edificio y las réplicas amenazaban con hacerlo caer. Es por eso que las didis, las house mothers y alguna voluntaria que estaba por allí llevaron a los niños hasta la colina de la Farm House, caminando cinco quilómetros entre edificios en ruinas o a punto de caerse. Una vez allí, Sunil y los demás se encargaron de cuidar a los niños y niñas y alimentarlos hasta que la Aama llegase de nuevo.

Cuando Indira llegó, y después de haber visto las grietas de Nayabazar, decidió que todos se quedarían en la Farm House durante unas semanas y después de esta visita, se dirigió directamente a Sankhu.

A partir del cuarto día después del terremoto la ayuda empezaba a llegar a la ciudad, pero fuera de esta, nadie había llegado. El pueblo de Sankhu estaba prácticamente hundido y la ayuda internacional, aunque se encontraba a escasos 20 km del aeropuerto, aún no había podido hacer acto de presencia.

Por suerte, la casa de acogida también había aguantado las sacudidas, y excepto alguna columna que se había agrietado, todos los niños y trabajadores que estaban en aquel momento habían salido indemnes. No obstante, los educadores había prohibido la entrada en la casa a los menores, y al lado del huerto habían instalado una zona cubierta con plásticos, donde dormían los ciento cuatro niños que la casa de acogía en aquel momento.

Por teléfono pudieron contactar con Jhapa y parecía que, aunque allí, a centenares de quilómetros del epicentro, la tierra también se había zarandeado con mucha violencia, los daños habían sido menos graves, y Souba y Zach podían seguir más o menos la cotidianeidad con sus niños.

Desde Palpa, no muy lejos del epicentro, no llegaban las mismas noticias. La madre de Ram, el coordinador de la granja había muerto al hundirse la casa encima suyo, igual que decenas de vecinos del mismo pueblo. Así que Ram y otros miembros de la casa abandonaron el proyecto durante más de un mes para poder ayudar en tareas de rescate y asistir los múltiples actos funerarios.

Durante los siguientes días Indira se dedicó a visitar las prisiones con Ari, una voluntaria de Kaliu Nepal, y Subani, para conocer el estado de los presos y dotarlos de asistencia. No fue ninguna sorpresa ver como sólo en la prisión central, dieciséis reclusos habían muerto cuando se les derrumbó un módulo encima. Es por eso que inmediatamente y sin esperar a que se produjera ni una réplica más, Indira se llevó a diez niños de las prisiones.

Aunque la ONG, de repente, corría peligro de quedarse en números rojos para poder arreglar los desperfectos causados, la prioridad era que no muriera más gente y por eso, sin ni tan siquiera tener la certeza que la organización estaba capacitada para atender a más gente, Indira se llevó a aquellas criaturas.

A lo largo de los siguientes días Indira continuó visitando prisiones, llevando leche, galletas y barritas energéticas así como también materiales que iba recibiendo la organización como mantas y camas, convirtiéndose en la única ayuda que llegaba dentro de los muros.

La ayuda internacional iba llegando pero con muchas restricciones debido al gran número de trámites burocráticos que las diferentes ONG tuvieron que superar para poder operar en el país. Y fuera de la capital esta ayuda aún sería inexistente unas semanas más ya que las redes de carreteras, que de por sí son deficientes, estaban cortadas y dejaban incomunicadas centenares de comunidades rurales de las cuales no se recibían ni siquiera noticias.

Los rumores decían que el agua potable se estaba acabando en la ciudad, y que el suministro de comida también se estaba reduciendo drásticamente, aunque finalmente ni el agua ni la comida llegaron a faltar. La gente vivía asustada y en sus conversaciones frecuentaban estos rumores que el boca oreja se encargaba de divulgar y atemorizaban más a la población.

Los nepalís se ayudaban los unos a los otros. Una mujer de edad avanzada de Sankhu, por ejemplo, regaló a Indira un saco lleno de patatas para que pudiera alimentar a sus niños... y la mujer, aun con la insistencia de Indira de pagarle alguna cosa, rehuyó toda ayuda, diciendo que lo que la tierra nepalí producía era para todos los nepalís. Indira le dedicó un largo post en agradecimiento. Otros ciudadanos ofrecían los patios de sus casas a los vecinos que habían perdido las suyas o que habían sufrido desperfectos y no se atrevían a volver aún a sus hogares. Por ejemplo Debendra puso el patio del Mito Chha a disposición de los vecinos que corrían peligro de que se les derrumbaran las casas.

A lo largo de las dos primeras semanas las réplicas se fueron repitiendo frecuentemente. Si bien al principio, cada vez que la tierra temblaba, el pánico se apoderaba de todos durante horas, con el paso del tiempo, los nepalís se fueron acostumbrando y aunque el suelo temblara un poco, prácticamente seguían con sus actividades. Viendo que las réplicas cada vez eran más flojas, o quizás es que simplemente se habían acostumbrado a estos movimientos de la tierra, Indira decidió bajar a los niños de la Farm House hacia Nayabazar de nuevo, con la esperanza de empezar a recuperar poco a poco la vida cotidiana.

Pero la tranquilidad aún tardaría... Un segundo terremoto, esta vez de 7,2 grados, volvió a sacudir el país minando las pocas esperanzas de una población que ya estaba destrozada moral y anímicamente.

Indira que en aquel momento se encontraba en medio de Sankhu, dio órdenes que se mantuviera el campamento de la casa de acogida y en cuanto pudieron se desplazaron a Nayabazar, donde de nuevo, hizo subir a todos los pequeños y adolescentes hacia la Farm House. Viendo que los terremotos y las réplicas aún podían irse repitiendo y que el edificio de Nayabazar cada vez acumulaba más grietas, decidió empezar a mejorar inmediatamente las instalaciones de la Farm House.

De hecho Sunil, había hablado con unos familiares suyos, que eran los propietarios del terreno adyacente a la granja y estos se avinieron para cederlo a la ONG para que esta pudiera ampliar el edificio que ya existía y así poder acoger a los pequeños de Nayabazar y a otros niños que se rescataran en un futuro próximo.

Mientras, desde Kaliu Nepal, así como también desde otras entidades de otros lugares del mundo que Indira había visitado, empezaron a enviar algunas ayudas económicas que habían podido recaudar a través de servicios de envío de dinero, no por transferencia, ya que corría el rumor que el gobierno nepalí había bloqueado todas las entradas de capital. Con estas ayudas Indira rápidamente mejoró los sanitarios de la granja, y empezó las obras de mejora de la cocina y a construir tres habitaciones más a la espera de tener más fondos para continuar con las ampliaciones.

Incesablemente, Indira continuó visitando los proyectos y las prisiones ofreciendo su ayuda allí donde podía. También fue a visitar diferentes campos de refugiados. En Tudikhel, uno de los campos que el ejército había montado, se dio cuenta que dos niñas habían perdido a su madre después del terremoto. De hecho, por lo que pudo investigar, la madre tenía problemas con la bebida y una noche desapareció dejando abandonadas a las dos criaturas y no volvió nunca más. Una de ellas era un bebé prematuro con poco tiempo de vida, y sin dudarlo, las acogió ella misma y a partir de aquel momento, la más pequeña viajaría con ella a cualquier parte, siguiéndola arriba y abajo y recibiendo sus atenciones constantemente. De hecho, los médicos le dijeron que al tratarse de un bebé prematuro y con las condiciones de vida que había tenido tanto antes como después del parto, seguramente no sobreviviría... Pero los días fueron pasando y la pequeña joya de Indira parecía que iba hacia delante.

Al cabo de un mes, después del primer terremoto, las escuelas e institutos volvieron a retomar sus actividades. Indira, después de encargar revisar el edificio de Nayabazar de arriba abajo y determinar que aunque la estructura había sufrido algunos daños, estos no eran peligrosos para las personas que lo habitaban, decidió bajar a los niños y niñas mayores de ocho años de la Farm House hacia su antiguo hogar. Y desde allí empezaron a asistir a las clases de nuevo. Por otra banda, la Farm House continuó (y continúa) acogiendo a los niños menores de ocho años que la asociación acogía en Nayabazar y que ha ido acogiendo después del terremoto. Como la excepcionalidad de la tragedia ha hecho que Indira rescatara a tantas criaturas como podía, ahora en la Farm House hay críos más pequeños de los que solía rescatar. Algunos asisten a una guardería y a una escuela que hay cerca, mientras que los más pequeños son atendidos dentro de la propia casa.

La cotidianeidad poco a poco parecía que volvía a existir, pero alguna cosa había cambiado dentro de Indira y en la vida de todos los nepaleses. La "normalidad" nunca más existiría como la recordaban. Quizás las cosas se calmarían... Quizás con los años la situación mejoraría, pero nunca más volvería las casi nueve mil vidas desaparecidas. Después del caos, la rutina parece que se retomaba, pero la vida ya no sería como era antes. La "normalidad" ya no la recuperaría ni la recuperarán hasta dentro de muchos y muchos años, cuando el vacío y la tristeza por la gran pérdida se hayan podido superar y aceptar… cuando el transcurso de los años haga que la normalidad sea su triste ausencia.

Aun así, dentro de la desgracia, dentro de la catástrofe, han florecido valores positivos. Muchos nepalíes se han abierto a los demás y los que ya se dedicaban a ayudar lo han hecho aún mucho más, como es el caso de Indira, que ya no se conformado con mantener la organización intacta y preservar las vidas que ya había salvado, sino que se ha volcado en recoger y salvar tantos niños y niñas como le ha sido posible, aunque los recursos sean más escasos que antes y aunque no se pueda hacer en las mejores condiciones. Ella ve claro que ahora es cuando hay que rescatar pequeños y ayudar más que nunca a las personas con problemas.

Es por eso que Indira está llegando más allá que nunca… Yendo por la ciudad, casi dos meses después del terremoto, una enfermera avisó a Indira que una chica de dieciséis años había intentado abortar. Indira se quiso reunir con la joven y al ver que estaba de ocho meses, le dijo que si tenía paciencia y tiraba hacia delante con el embarazo, ella cuidaría de su hija. La chica había sido violada por su propio hermano y no quería traer a esa criatura al mundo… No quería ver como todo su entorno trataba a aquella niña como fruto del mal y de la suciedad, que es como algunos miembros de la sociedad nepalí verían a aquel bebé, así que había decidido perderlo. No obstante, gracias a la intervención de Indira, el bebé acabó naciendo e inmediatamente pasó a formar parte de la gran familia que Indira sigue construyendo.

Así es como Indira a lo largo del verano del 2015 ha continuado con sus rutinas, pero esta vez, ya no acompañada de Babú, que ya ha crecido y se apaña bastante bien con la ayuda de sus compañeros y otros educadores, sino cargando a dos bebés en sus brazos todo el día. Ha viajado desde Jhapa hasta Palpa con ellas y se encarga de su bienestar prácticamente ella sola, sin dejar de atender sus otras obligaciones.

Los terremotos han dejado a muchísimas familias sin negocios y el turismo en el país ha sufrido un gran descenso como nunca. Lógicamente, las expediciones de alta montaña de este año se han cancelado después que decenas de alpinistas, guías y sherpas perdieran la vida durante el terremoto, y muchos excursionistas han cancelado sus visitas al país. Este hecho sólo ha hecho que aumentar la crisis económica que ya sufría el país. Los principales templos se han derrumbado o han sufrido daños graves, destruyendo el patrimonio histórico de Nepal y también otro atractivo turístico.

Arreglar los caminos de las montañas para recuperar el turismo, reconstruir los palacios son tareas necesarias para recuperar estas fuentes de ingresos y para recuperar el bien cultural del país… Pero no hay que equivocarse. La prioridad es salvar las vidas de todas aquellas personas que ahora mismo no tienen un techo donde vivir, que han perdido sus negocios, que no saben cómo ganarse la vida, o que están inocentemente encerrados y en peligro de muerte, como los niños que aún hay dentro de las prisiones que se caen a trozos.

El eco internacional y mediático ha ido disminuyendo, pero la pobreza y la falta de recursos continuarán existiendo. Cuando arreglen los caminos y cuando se arreglen algunos templos, el turismo volverá para disfrutar de este país tan excepcional y único. El país de las sonrisas, el de las selvas tropicales, el de los templos budistas e hinduistas, y el del Everest. Pero sólo un porcentaje de la población, no muy elevado, ganarán dinero en este sector y muchos seguirán con sus problemas... El turismo, volverá a ver la cara sonriente de Nepal, pero se perderán la gran realidad. La gran realidad que está en las zonas más escondidas del país, ya sea en barrios menos afortunados o zonas rurales remotas. Sí que hace falta que el turista vuelva allí. Pero más que unos turistas harán falta viajeros que comprendan la realidad y que antes que gastarse el dinero, piensen, investiguen y busquen en qué empresa gastárselos. Hay decenas de agencias de trekking que antes del terremoto ya trabajaban con finalidades sociales, intentando repartir las ganancias entre comunidades desfavorecidas y sin explotar a sus guías, ni a sus "porters"... el sector turístico, sin duda, podrá ayudar con el tiempo a mejorar esta situación, pero serán necesarios turistas responsables que se sensibilicen con la realidad que a Nepal le ha tocado vivir y será necesario, sobre todo, otros tipos de ayudas.

También serán necesarios voluntarios... Decenas de organizaciones de Nepal han empezado programas de reconstrucción y a partir de productos económicos y naturales están ayudando a centenares de familias a rehacer sus casas. Y es que por más que en la televisión ya no se hable, el daño ya está hecho y queda muchísimo trabajo por hacer antes que el país vuelva a estar en un punto similar al que estaba, aunque evidentemente, por el gran número de pérdidas humanas, nunca más será lo mismo.

En lo que respecta a los edificios de PA Nepal, aunque ha habido algunos problemas, han sobrevivido. PA Nepal, después del terremoto sigue necesitando el mismo perfil de voluntarios que anteriormente, ya que las reparaciones de estos edificios o la ampliación de la Farm House tienen que llevarse a cabo por profesionales de la construcción.

PA Nepal seguirá necesitando agricultores que ayuden a reconstruir por tercera vez Palpa, para poder hacer sostenibles sus proyectos. Necesitará educadores dispuestos a trabajar con niños que ya de por sí son autónomos, pero a los que les falta un cariño cercano y una atención individualizada, y ayudarlos a mejorar en lengua y en su autoconocimiento. Necesita personas dispuestas a pasar largas temporadas con ellos y que a poder ser, aporten ideas y lleven a cabo pequeños proyectos para enriquecer el funcionamiento y el día a día de los pequeños y jóvenes de las casas de acogida.

PA Nepal, continuará necesitando ayuda externa de voluntarios, que puedan plantear proyectos propios, consensuándolos previamente con esta organización, pero ahora mismo, sobre todo, necesita recursos materiales y económicos para poder seguir rescatando a más criaturas. También necesitará profesionales altamente calificados en diferentes materias dispuestos a ayudar a esta asociación o a otras en la formación profesional, para que cuando se vayan, su ayuda se mantenga allí como conocimiento y sin crear dependencia.

Aunque la idea era depender cada vez menos del exterior, la realidad, y el terremoto se han encargado de dinamitar esta esperanza, esta finalidad, que tendrá que esperar unos años más. El camino sigue siendo el mismo, pero ahora la organización da unos pasos atrás y con más gente para rescatar. Muchos niños se han quedado huérfanos y muchas familias destruidas. Las prisiones, que ya de por sí no deberían ser un lugar para niños, han demostrado que son amenazas mortales, e Indira ha decidido poner piñón fijo y aumentar el número de niños a acoger. Es por eso que la ayuda que más se necesita a día de hoy y muy desgraciadamente... es la económica.

PA Nepal no ha sido ninguna víctima del terremoto, vistas las circunstancias de la gran desgracia, la ONG sólo ha sufrido desperfectos que se pueden arreglar. PA Nepal no sólo no ha sido la víctima sino que hay que remarcar que ha sido una de las muchas piezas que han ayudado a contribuir a que la desgracia no fuera tan grave. Ha sido un pilar más que ha colaborado y seguirá colaborando a paliar los efectos de esta tragedia. PA Nepal es una organización que está, no sólo acogiendo a un centenar y medio de niños en un país que se desmonta, sino que sin recursos sigue estando dispuesta a ayudar a la gente vulnerable que se vaya encontrando en el camino. Es en este punto, donde desde el extranjero pueden ayudar. A través de PA Nepal, un mecanismo, un engranaje que ya funciona y que aunque la tierra se tambalee, sigue y seguirá funcionando.

Este último capítulo, tenía que ir destinado a explicar las cosas que Indira y PA Nepal habían vivido durante el transcurso de la elaboración de este libro. Tenía que servir para resumir las experiencias de Indira y Subani cuando viajaron a Suecia para asistir a la gala de los World Children's Prize, que finalmente fueron a las manos de una merecidísima Malala, y donde Indira recibió un premio honorífico. Tenía que servir para explicar la visita de Indira a Cataluña y Valencia… Tenía que servir para cerrar un libro que explicara la trayectoria ascendente de la activista y para que el lector cerrara la última página con una sonrisa, con la ilusión de ver que el trabajo y el esfuerzo de Indira habían llevado a un millar de vidas a poder disfrutar de una cierta estabilidad y que el futuro, aunque se presenta aún oscuro, también lo hace de manera esperanzadora.

Desgraciadamente, hay momentos en la vida que todo se tambalea. Desde la distancia, Indira tuvo que ver como sus esfuerzos de veinticuatro años casi desaparecían de golpe junto con la de muchos seres queridos. Tuvo que esperar cuatro días para reunirse de nuevo con ellos, y con palabras de testimonios que estaban cuando llegaron, ella alivió la desazón de muchos de ellos, simplemente con su presencia. Tuvo que empezar a ordenar un caos, y aunque físicamente débil debido a un problema de salud y que tenía que pasar con urgencia por un quirófano, lideró con mucha más fuerza y energía que nunca su organización.

Duele muchísimo acabar el libro diciendo que el panorama nepalí es más negro ahora que cuando se escribió la primera página de este libro. Duele aún más saber que la cantidad de gente que sufre a fecha de hoy, en ese país, es más grande que nunca en los últimos diez años… Un país castigado por la pobreza, una guerra civil y finalmente una catástrofe medioambiental terrible… Un país que ha recibido bastante ayuda durante las primeras semanas mientras el eco mediático ha durado, pero que ahora se enfrenta a una larga y dura recuperación, y sin gran parte de esta ayuda, que se fue al mismo tiempo que se fueron las cámaras de televisión.

El único consuelo que queda ante todo este futuro oscuro e incierto, es el saber que aunque la tierra se tambalee, en algún punto de aquel país, hay una luz, hay una mujer, hay una Aama que lo seguirá dando todo para ayudar a los más necesitados.

Taradell, 28 de agosto del 2015

UNAS PALABRAS DE INDIRA...

El amor no tiene límites, el amor no tiene medida,
el amor no tiene fronteras, el amor no tiene religión!
El amor no tiene castas, el amor no tiene color,
tampoco horizonte...
Empieza de cero y se extiende por el universo.

El amor puede cubrir el cielo,
o quizás sólo la mitad, ¡depende de ti!

¡El amor es bonito!
¡No tienes suficientes palabras para describirlo!
El amor es un océano…
Te puedes sumergir hasta el fondo, bien abajo,
y puedes ir cada vezmás adentro,
o puedes quedarte en la superficie,
¡depende de ti!

Todo lo que necesitas saber es cómo tocar este amor,
cómo querer, cómo sentirlo dentro de tu corazón.

¡El amor es tan poderoso que nadie puede pararlo!
El amor es libre, ¡nadie lo puede atar!
El amor no tiene edad,
es inmortal para siempre y nunca se acabará,
nunca se vaciará…

Con amor, Indira Ranamagar.

Katmandú, 30 de agosto de 2015

AGRADECIMIENTOS

- Gracias Aama! – Como no podía ser de otra manera el primer agradecimiento tiene que ser, y es de todo corazón, para ella. – Gracias por dejarme seguirte durante más de tres semanas y por dedicarme este tiempo tan valioso. Explicarme tu vida no resultó fácil, y aún menos explicármela en orden tal y como yo te pedí. Tú debías tener en la cabeza en otros lugares, más importantes, y aun así hiciste un esfuerzo inmenso en acogerme y facilitarme toda la información… Gracias por confiar en mí para hacer esta tarea y darme la oportunidad de conocerte bien y ayudarme a ver el mundo desde otra perspectiva. ¡Gracias también por la paciencia! En múltiples ocasiones la barrera lingüística nos creó dificultades, pero incluso así seguiste creyendo que este proyecto era posible, incluso, un año después, fuera del plazo en el que yo había prometido, aún sigues creyendo y apoyándome desde la distancia… ¡Muchas gracias! Decir que sin ti este libro no sería posible… es una obviedad que casi da risa… Pero la verdad es que sin ti, quizás las ganas de emprender proyectos más grandes, proyectos que sólo miren por mi interés, quizás no serían tan grandes. Tú me inspiraste a escribir tu historia sobre el papel y espero que esta inspire también a muchos lectores, y que poco o mucho, les sirva para establecer un filtro en su cerebro… Un filtro que permita ver un poco más el mundo, ¡tal y como lo ves tú!

Gracias también a Gloria Alsina y a Oriol Tresserra. Sin ellos tampoco habría sido posible este libro. Ellos tuvieron la valentía de dejarlo todo durante un año y medio para vivir en Nepal y ayudar a Indira en lo que fuera necesario. Durante su estancia allí ellos me acogieron una primera vez en su casa durante prácticamente dos meses, momento en el que me presentaron a Indi-

281

ra y me acogieron tres semanas más al cabo de un tiempo para que pudiera realizar este proyecto. De ellos nació el contacto entre el autor y la protagonista, y su opinión y sus informaciones han sido vitales para poderlo completar.

Este libro tampoco existiría sin una persona… Una compañera de trabajo y madre de familia, que aunque no tenía más horas en su vida, a lo largo de los últimos meses se ha leído una y otra vez todos y cada uno de los capítulos. Sin duda es la persona que más se ha implicado en la elaboración del libro y nunca tendré suficientes palabras para agradecerle toda su ayuda. Pese a hacerme repetir algún capítulo o algún párrafo más de siete veces, su ayuda ha sido inestimable… Noche tras noche, después de largas jornadas de trabajo, y muchos días durante las vacaciones, me ha estado ofreciendo sus consejos y su opinión. El primer día que le dejé leer un capítulo no me imaginaba que se implicaría tanto… Y suerte que lo hizo, ¡porque sin ella no lo habría acabado! Esta persona se llama Ruth Talavera. Profesora, compañera y ahora también, una amiga para siempre. Gracias también para volverlo a escribir. Todas y cada una de las palabras de esta versión en castellano son suyas! Muchas Gracias Ruth!

Gracias también a Subani! Los pocos ratos que tuvimos, me cuidó como a un hermano más… Como si yo hubiera crecido en la misma casa de acogida que ella. La visita que me hizo por Nayabazar fue clave para entender toda la organización… Gracias también por las canciones que nos ofreciste, ¡tanto en el Mitho Chha, como en Cataluña!

A lo largo del viaje decenas de testimonios aportaron su granito de arena para contribuir en este proyecto… Desde Birmala, hasta Zach o Souba, pasando por decenas de jóvenes, presos, vecinos o familiares. Cada uno de ellos me aportó informaciones valiosas que me permitieron que pudiera condimentar más este libro. ¡Muchas gracias a todos ellos también!

Muchísimas gracias a Emma Peitx, Carles Dach y a Tesa Casals, y ahora también, en la versión castellana, a Mercè Mosquera, que desinteresadamente han colaborado para corregir el libro en horas que ellos podrían haber dedicado a otros asuntos. No era una tarea fácil porque cuando escribía el contenido de este libro no miraba las palabras… sino el sentido global de lo que estaba diciendo, porque para mí era muy importante transmitir el mensaje de Indira y esto ha hecho que la corrección ortográfica fuera…¡algo pesada! ¡Gracias por entender el proyecto y por vuestra implicación! Especialmente a Mercè que lo ha llevado a cabo al mismo tiempo que luchaba contra unos gigantes difíciles de vencer… Pero ella es una luchadora como Indira y lo ha realizado de principio a fin remando siempre contracorriente! ¡Muchas gracias!

Gracias también a la Carmensita Palabritas, que me dio unas primeras orientaciones! Podéis leer sus relatos en su perfil de Facebook. ¡Valen la pena! Gracias también a Arturo Baró y a Xavi de lavueltaalmundo.com por sus consejos de maquetación, imprenta y edición. ¡Sin ellos me hubiera costado mucho más!

Finalmente un agradecimiento a todos mis amigos… Más que un agradecimiento, ¡una disculpa! Durante catorce meses he tenido que poner una excusa tras otra para poder acabar este libro, y los he dejado algo de lado. ¡Esto ahora lo arreglaremos! De todas maneras, gracias por el apoyo y por escuchar mis preocupaciones.

Esta disculpa la hago extensiva a la familia ya que durante la elaboración del libro también les he descuidado un poco. Pero la ilusión de explicarles esta historia y plasmarla en forma de libro me ha hecho seguir hacia delante.

Por último, gracias a Tania y a Lillian, que han aparecido en la recta final de este libro pero me han iluminado los días y han hecho más soportable el estrés que ha comportado compaginar todo este esfuerzo con las tareas habituales. ¡Sin duda ellas me han dado la energía y las ganas que el agotamiento ya me habían quitado! ¡Muchísimas gracias bonitas!

Espero que a todos los lectores les haya gustado el resultado de este trabajo y lo dedico de todo corazón a todos mis alumnos, los actuales y a los de cursos anteriores. En un momento u otro les he dado alguna pincelada de esta historia, y espero que algún día se lean este libro, y les llegue un poco de la ilusión con la que está hecho y les transmita la energía y las ganas de participar en construir un mundo mejor.

Gracias a todos.

¡Namasté!

*Casi todas las cosas buenas qué suceden en
este mundo nacen de una actitud de efecto
por los otros.*

DALAI-LAMA

18861979R00159

Printed in Great Britain
by Amazon

How to Use Th.

This is not a book to be rushed.

It's a 30-day reset designed to gently unravel old emotional patterns shaped by childhood emotional neglect—and to replace them with awareness, compassion, and healing action.

Each day offers five simple, powerful tools:

- **A Daily Insight**: A short but deep reflection that names something you might have felt your whole life—but never had words for.
- **Inner Child Reflection**: A grounding reminder of what you needed back then, and what you still deserve now.
- **Reset Practice**: A small actionable step to help rewire emotional habits and bring the insight into your daily life.
- **Journal Prompt**: A gentle invitation inward, giving you space to process what you've carried—and how to let it go.
- **Extra Reset Activity**: A related video, essay, book, or creative work that deepens the day's theme and helps expand your emotional vocabulary.

You can move through this book one day at a time—or at your own pace. There's no wrong way to use it, as long as you move with honesty and tenderness.

Some days will feel validating. Others might stir discomfort. That's okay. Growth doesn't always feel good, but it always leads somewhere meaningful.

And remember you are not doing this alone. With every page, you are meeting a version of yourself that never got what they needed.

Now you do.

Let's begin.

Preface

We rarely talk about what isn't there.

It's easy to name abuse when it leaves bruises. It's harder to name the ache that forms when love is absent—not violently, but quietly. When you weren't hit, but you were ignored. When you weren't screamed at, but no one came to your room to ask why you were crying.

This is emotional neglect. And its legacy is invisible but lasting.

You grow up wondering why connection feels so hard. Why joy feels fleeting. Why you apologize before speaking. You might not remember any specific moment of harm—but you carry the weight of everything you didn't get. The mirror that didn't reflect you. The arms that didn't hold you. The words that never came.

This book is for you.

It's for the child who made themselves easy to love by not needing anything.
It's for the adult who now struggles to ask, to rest, to receive.
It's for anyone trying to heal from a wound they were told didn't exist.

Over the next 30 days, you'll reconnect with the parts of yourself that had to disappear to survive. You'll learn that your emotions aren't too much. That your needs are not inconvenient. That your worth never depended on being self-sufficient.

You're not broken. You were just unseen.

Let this reset be your return to visibility.

— Noah Grey

Day 1: You Learned to Disappear

"The child who wasn't heard learned to whisper to survive."

— Anonymous

You weren't born quiet. You learned to be. Silence became your safety net. Emotional neglect doesn't leave bruises—it leaves blanks. You grew up in a home where nothing necessarily went wrong, but nothing was ever fully right. No one asked about your day. No one noticed your disappointment. Your tears weren't punished—but they were ignored.

This kind of invisible wounding creates a person who no longer reaches out. You began to pull inward, not because you wanted solitude, but because reaching out never gave you what you needed.

Psychologists call this "invisible trauma." Unlike overt abuse, emotional neglect is defined by *absence*: of attunement, of comfort, of emotional mirroring. And yet its effects can be just as profound. According to Dr. Jonice Webb, author of *Running on Empty*, people raised in emotionally neglectful households often grow up with a pervasive sense that their needs are unimportant, even shameful.

You might now feel a need to earn your space in every room. To earn love through perfection, self-sufficiency, or silence. But that belief? That you must shrink in order to be loved? That was never yours to begin with.

It was a survival strategy. And you survived beautifully.

But now, you deserve to do more than survive. You deserve to exist fully.

Inner Child Reflection

You didn't disappear. You were erased by people who didn't know how to see you. Let's bring you back, piece by piece.

Reset Practice

Find a mirror. Look into your eyes and say, "I don't need to shrink to be safe anymore."

Hold eye contact with yourself for one full minute. You're witnessing yourself now.

Journal Prompt

What were the moments—subtle or loud—when you realized your feelings didn't seem to matter to others?

Extra Reset Activity

Read "The House on Mango Street," especially the vignette "Four Skinny Trees." Let it teach you what it means to stand tall even when you were told to grow quietly.

Mantra for the Day

I am not invisible. I was just never fully seen—and that changes now.

Day 2: You Mistake Silence for Safety

"We often mistake the absence of harm for the presence of love."

— Dr. Thema Bryant

When you grow up in a quiet home where no one yells, hits, or criticizes—but also no one hugs, affirms, or listens—you internalize a strange kind of emotional logic: *If no one hurts me, I must be safe. If I'm not in trouble, I must be loved.*

This is the subtle, damaging currency of emotional neglect. It doesn't threaten your safety like overt abuse—it erodes your ability to recognize love at all. You learn to equate stillness with security. But silence, in this context, is not peace—it's neglect cloaked in normalcy.

As an adult, this wiring leads you to stay in relationships where you're not mistreated, but you're not nourished either. You may find yourself saying, "They're not bad to me," as if neutrality is the same as intimacy.

But love is not the absence of pain. Love is presence. Love is noticing. Love is resonance.

Author Bell Hooks once wrote, "Love and abuse cannot coexist." The same can be said of love and emotional absence. A person who does not see you cannot truly love you—not because they are cruel, but because love requires engagement.

You don't have to settle for a quiet emptiness that mimics calm. There is a kind of stillness that is full. Wait for that one.

Inner Child Reflection

You got used to not being hurt—but that's not the same as being cared for. You're allowed to expect more than neutrality.

Reset Practice

List ten qualities of true emotional safety. Circle the ones you've never experienced. Begin building them.

Journal Prompt

Where in your life do you accept emotional absence because it feels familiar?

Extra Reset Activity

Listen to the song "Liability" by Lorde. Let yourself feel what you weren't allowed to feel back then.

Mantra for the Day

I don't just want silence. I want to be seen.

Day 3: You Feel Like a Burden When You're Just Being Honest

"Your feelings are not too much. They're just louder than the silence you were raised in."

— Unknown

Children from emotionally neglectful homes often internalize this lie: that any emotional expression is excessive. If your parents froze, deflected, or downplayed your tears, you learned to regulate by suppression, not connection.

Later in life, every vulnerable moment can feel like an overstep. You apologize for crying. You feel guilty for needing reassurance. You convince yourself that your emotions are inherently "a lot."

But here's the truth: being expressive in an environment that punishes expression isn't too much—it's *misplaced bravery*.

Your brain may have even adjusted to interpret emotional needs as dangerous. According to interpersonal neurobiology, repeated invalidation during childhood can dysregulate your insular cortex—the part of the brain responsible for interpreting internal emotional signals. This is why you might feel flooded with shame even when you express something small.

This isn't you being broken. This is you being conditioned.

But the conditioning can be reversed. It begins when you stop apologizing for feeling. When you stop asking, "Am I too much?" and start wondering, "Did they ever make space for anyone but themselves?"

Inner Child Reflection

You were never too much. You were just more honest than the room allowed you to be.

Reset Practice

Say one emotionally honest sentence out loud today. No disclaimers. No apologies. Speak it, even if only to yourself.

Journal Prompt

What's one emotion you suppress regularly because it feels "unacceptable"? When did you learn to hide it?

Extra Reset Activity

Read the spoken word poem "Explaining My Depression to My Mother" by Sabrina Benaim. Let it echo your truth.

Mantra for the Day

My truth is not a burden—it's a boundary.

Day 4: You Crave Praise Because You Grew Up Without Witness

"Children don't misbehave to get attention. They misbehave to be noticed."

— Dr. Becky Kennedy

You didn't learn to chase praise because you're shallow. You learned to chase it because attention was the closest thing you had to affection.

When no one witnesses your small joys, your efforts, or your suffering, you internalize the belief that you are only as worthy as what you accomplish. This turns into a hunger—one that often gets mistaken for ambition.

The emotionally neglected adult often excels professionally, socially, even spiritually—not because they are whole, but because they are still trying to be seen.

In many ways, this is also a survival mechanism. Research shows that children who don't receive unconditional regard will often shift toward performance-based behaviors to earn validation. They become the "easy one," the "smart one," the "strong one." But underneath those labels is a quieter truth: "Please look at me."

Now is the time to become your own witness. Not to perform, but to reclaim. To look at yourself and say: "I see you, even when no one else claps."

Inner Child Reflection

You shouldn't have had to win awards just to feel visible. You mattered before you did anything.

Reset Practice

Pause at the end of your day. Name three things you did today that no one saw—but that mattered. Say them out loud.

Journal Prompt

What moments in your past did you wish someone had acknowledged? How did their absence shape you?

Extra Reset Activity

Watch Viola Davis's 2015 Emmy acceptance speech. Let it affirm what no one ever said to you.

Mantra for the Day

I no longer seek praise to prove I exist.

Day 5: You Struggle to Ask for Help

"The strongest people are not those who carry everything. They're the ones who dare to hand something over."

— Brianna Wiest

Independence is a beautiful thing—until it becomes a prison.

If you were raised in a space where emotional needs were dismissed or ignored, you likely learned early on that no one is coming. So, you stopped asking. You built walls instead of bridges. You became your own emergency contact.

But self-sufficiency, when born from neglect, is not empowerment. It is fear in disguise.

Dr. Gabor Maté explains that children will adapt to survive emotionally unresponsive environments by disconnecting from their own needs. This disconnection can linger for decades, convincing you that asking for help is weakness, or worse, punishment.

But every time you allow yourself to be supported, you're rewriting that script. Every act of asking is a form of re-parenting.

Start small. Say, "Can you sit with me?" or "Could you check in on me tomorrow?"

Let yourself be held.

Inner Child Reflection

You shouldn't have been your own caregiver. You needed help. And it's not too late to receive it.

Reset Practice

Make one specific request for help today—even if it's as simple as asking someone to listen.

Journal Prompt

What fear arises when you imagine depending on someone? What experience taught you that fear?

Extra Reset Activity

Read an excerpt from *"The Body Keeps the Score"* by Dr. Bessel van der Kolk. Note how trauma hides in hyper-independence.

Mantra for the Day

I don't need to do this alone to be worthy.

Day 6: You Accept Emotional Scraps as Love

"When you're starved for affection, even crumbs feel like a feast."

— Nayyirah Waheed

When you grow up emotionally underfed, your standards shrink to match your history. You don't ask if someone meets your needs—you ask if they're better than what you had. And if they give you *anything*, you confuse it for everything.

This is the "scraps dynamic." You settle for vague compliments, late replies, occasional intimacy— because your body has learned to find relief in scarcity. It's not that you don't know what you want; it's that you've normalized not getting it.

This is partly neurochemical. Dopamine surges not just with pleasure, but with anticipation and uncertainty. When love is inconsistent, your brain actually becomes more engaged. You're not imagining the high. But a high is not the same as a home.

Healing means raising your baseline—not by demanding perfection, but by refusing to dine on crumbs. Consistency is not boring. It's nourishing.

Inner Child Reflection
You were hungry for affection. That doesn't make you needy—it makes you human.

Reset Practice
Write a "minimums list." What are the *bare minimum* emotional behaviors you need to feel safe and seen in a relationship? Don't edit it. Honor it.

Journal Prompt
Where have you confused inconsistency with excitement? How did that belief serve you in the past?

Extra Reset Activity
Read "To the Girl Who Is Tired of Almosts" by Daniell Koepke. Let it rewire what you believe you deserve.

Mantra for the Day
I will not romanticize being given less.

Day 7: You Don't Know What You Feel Until It Overwhelms You

"Emotionally neglected people often mistake numbness for strength."

— Dr. Jonice Webb

When no one helps you name or validate your emotions, you stop recognizing them altogether. You push through sadness. You minimize anger. You don't notice anxiety until it turns into insomnia.

This isn't emotional resilience—it's emotional disconnection.

Research shows that children need emotional co-regulation from adults to develop a strong internal awareness of their own feelings. Without that early mirroring, you become fluent in emotional suppression. You survive by numbing.

The cost? You don't notice your needs until they scream. You don't realize you're breaking until something inside you shatters.

Healing means learning to recognize the whispers—
before they become screams.

Inner Child Reflection
You weren't dramatic. You were overwhelmed and alone. Let's learn to feel earlier—so we don't have to break.

Reset Practice
Set three phone reminders today: morning, afternoon, evening. When each goes off, pause and ask, *"What am I feeling in my body right now?"* Track it. No judgment.

Journal Prompt
Think of a time when your reaction felt "out of proportion." What signs did you miss beforehand?

Extra Reset Activity
Read about "Alexithymia" in trauma psychology—difficulty identifying feelings. Reflect: is this something you relate to?

Mantra for the Day
I am allowed to feel before it breaks me.

Day 8: You Keep Relationships Alive Alone

"You were raised to keep things together, even when they were falling apart."

— Morgan Harper Nichols

Emotional neglect trains you to carry emotional labor single-handedly. You become the peacemaker, the planner, the one who "understands." You tell yourself, *"They're trying,"* when they're not. You remind them to care. You forgive what they never even apologized for.

This dynamic echoes what you learned growing up: love is a one-way effort. You give. You wait. You hope. You carry the relationship on your back, believing it's your job to keep things from falling apart.

But mutuality is not optional in love—it's foundational. A relationship without reciprocity is a performance, not a partnership.

It is not your role to carry what two people built.

Inner Child Reflection
You were always the one who tried harder. That doesn't mean others couldn't—it means they didn't.

Reset Practice
Think of one relationship where you're the emotional engine. Pause your efforts—just for today. Observe what happens when you stop chasing balance.

Journal Prompt
What do you fear will happen if you stop over-functioning in relationships?

Extra Reset Activity
Read the chapter "Caretaking" from *Attached* by Amir Levine and Rachel Heller. Notice if you recognize your patterns.

Mantra for the Day
I am no longer doing the work of two.

Day 9: You Struggle to Feel Connected Without Performance

"Neglect taught you to earn attention. Now you're learning to just be."

— Brianna Wiest

In neglectful environments, you're often only seen when you perform—when you achieve, please, entertain. Over time, this creates a dangerous belief: *connection must be earned.*

As a result, you may struggle to relax in friendships or romance. You default to being the helper, the smart one, the funny one—anything but just yourself. Stillness makes you anxious. Receiving attention without "deserving" it feels impossible.

This is not narcissism. It's survival dressed as selflessness.

You don't need to prove your worth with usefulness. You are already enough in your quietest form.

Inner Child Reflection
You were always worthy of love—even when you did nothing impressive at all.

Reset Practice
Today, spend 30 minutes with someone without trying to entertain, impress, or advise them. Practice simply existing.

Journal Prompt
What role did you play in your family that made you feel needed? How has that role followed you?

Extra Reset Activity
Watch "The Gifts of Imperfection" lecture by Brené Brown. Take note of what makes you uncomfortable—and why.

Mantra for the Day
I do not need to perform to belong.

Day 10: You Push People Away Before They Can Leave

"If you were emotionally abandoned, you'll learn to abandon first. It hurts less that way."

— Lindsay C. Gibson

There's a protective strategy common among the emotionally neglected: self-sabotage. You cut people off, test their limits, or shut down when things get too close.

Why? Because closeness feels like a countdown to disappointment.

When you've learned that vulnerability equals pain—or that caretakers can vanish emotionally without notice— you internalize the rule: *don't get too close.* Even now, in adulthood, love may feel suspicious. Kindness might make you flinch.

But connection requires risk. It requires showing up *before* certainty. And not every ending has to echo the past.

You were left behind once. That doesn't mean everyone will leave.

Inner Child Reflection
You didn't ruin things. You just tried to protect yourself with absence before anyone else could.

Reset Practice
Reach out to someone you've distanced yourself from, without explanation or over-apology. Just presence.

Journal Prompt
What does intimacy feel like in your body—tense or calm? How did your earliest relationships shape that?

Extra Reset Activity
Read *"Adult Children of Emotionally Immature Parents"* by Lindsay C. Gibson. Especially Chapter 3 on avoidance and mistrust.

Mantra for the Day
I can stay. I don't need to leave to feel safe.

Day 11: You Struggle with Boundaries Because You Were Never Allowed to Have Them

"If no one honored your no, it's hard to believe you're allowed to have one."

— Dr. Nicole LePera

Boundaries were not part of your early vocabulary. Maybe you were interrupted when speaking, touched without consent, forced to hug relatives, or shamed for needing space. As a result, your nervous system now confuses boundaries with rejection—and saying no can feel like an act of betrayal.

Children raised in emotionally neglectful homes aren't just ignored—they're conditioned to be available. Your needs were second to theirs. Your emotions, an inconvenience. This breeds what psychologist Terri Cole calls "high-functioning codependents": people who anticipate others' needs before their own even surface.

Now, you may overextend yourself, agree to things you don't want, and feel guilty for resting.

But boundaries are not walls—they are doors. They invite in only what nurtures you. Saying "no" is how you learn to say "yes" to yourself.

Inner Child Reflection

You weren't selfish for needing space. You were human. Let's build that trust again—one small no at a time.

Reset Practice

Practice saying "Let me get back to you" before giving an answer today. This gives your nervous system space to decide.

Journal Prompt

What boundaries were you never allowed to express as a child? How do those wounds show up now?

Extra Reset Activity

Read "The Joy of Saying No" by Natalie Lue. Especially the chapter on guilt vs. truth.

Mantra for the Day

A boundary is not a betrayal. It is a birthright.

Day 12: You Confuse Love with Rescue

*"When you weren't rescued, you become the rescuer—
and forget you needed saving too."*

— Brianna Wiest

Children who grow up unseen often become adults who see *everyone*. You spot suffering from miles away. You rush to fix, soothe, save. It gives you purpose—and momentary relief from your own unmet needs.

This savior reflex is often called "fawn response," a trauma pattern where you appease and caretake to avoid being abandoned. The danger? You confuse intensity with intimacy, and caretaking with connection.

You might enter relationships not for love—but for the chance to feel needed. And in doing so, you vanish again.

But healing doesn't come from rescuing others. It comes from rescuing the version of yourself that needed that same care long ago.

Inner Child Reflection

You didn't have someone to rescue you. But that doesn't mean it's your job to save the world.

Reset Practice

Before offering help today, ask yourself: *Am I doing this from love—or from fear of being unloved if I don't?*

Journal Prompt

What would happen if you stopped trying to be helpful all the time? Who would you be without that identity?

Extra Reset Activity

Watch *"Fawn Response Explained"* by Crappy Childhood Fairy (YouTube). Let your nervous system feel seen.

Mantra for the Day

I don't have to save others to be worthy of love.

Day 13: You Feel Most Alone in the Presence of Others

"There's a particular loneliness in being surrounded but unseen."

— Unknown

There's a type of loneliness that doesn't come from solitude—it comes from being emotionally exiled in a room full of people. You speak, but no one hears you. You smile, but no one notices the ache beneath it.

This is the legacy of emotional neglect: you learn to camouflage disconnection. To perform okay-ness. To participate while silently disassociating.

Studies show that emotional attunement—not just physical presence—is what alleviates loneliness. A child can grow up in a full household and still feel abandoned if no one notices their interior world.

You may now carry this feeling into friendships, workplaces, or relationships: surrounded, but starving. Engaged, but empty.

Connection doesn't mean being invited. It means being *understood.*

Inner Child Reflection

You were lonely because no one truly listened. Not because you were unlovable. You still deserve to be known.

Reset Practice

Choose one safe person today. Share something real—something just beneath your surface. Let them see a little more.

Journal Prompt

When have you felt most invisible in your life, even while surrounded by people?

Extra Reset Activity

Read "The Opposite of Loneliness" by Marina Keegan. Let her words mirror your longing.

Mantra for the Day

I deserve connection that feels like recognition.

Day 14: You Fear Calm Because You Mistake It for Emptiness

"When chaos raised you, peace feels unnatural."

— Unknown

Emotional neglect isn't always loud. But the void it creates can be filled with internal chaos: overthinking, people-pleasing, perfectionism. In your quietest moments, you may feel the most unanchored—not because something's wrong, but because you're not used to stillness.

Peace can feel like abandonment. Rest can feel like guilt. Slowness can feel like shame.

Your nervous system, wired in neglect, learned to survive through constant alertness. According to polyvagal theory, those with early relational trauma often remain in "fight or flight" long after the danger is gone.

Now, when things are finally calm, your body thinks it's a setup. It searches for the threat.

But calm is not absence. It is presence without panic. It's what you always deserved, but never learned to trust—until now.

Inner Child Reflection
Peace is not the silence of neglect. It's the exhale you were never given.

Reset Practice
Today, sit with 5 minutes of uninterrupted quiet—no music, no screen. Just you. Let the stillness become sacred.

Journal Prompt
What does calm feel like in your body? What memories does it awaken—or threaten?

Extra Reset Activity
Read "Learning to Sit with Silence" by Thich Nhat Hanh. Reflect on the difference between absence and presence.

Mantra for the Day
Calm is not empty. It is everything I was missing.

Day 15: You're Tired but You Don't Know Why

"Emotional labor drains even when you're standing still."

— Prentis Hemphill

You wake up tired. You finish conversations feeling hollow. Even joy feels like effort. This isn't laziness—it's exhaustion from decades of emotional self-regulation.

When no one helped you hold your feelings, you learned to carry them alone. That silent weight adds up: managing others' moods, translating your own pain into silence, pretending everything is fine.

You've been running an emotional marathon in a house with no water.

This fatigue is valid. According to trauma specialists, long-term emotional suppression taxes the nervous system, leading to symptoms of burnout, brain fog, and even autoimmune issues.

You're not fragile. You're depleted.

Rest is not indulgent. It's reparative. And you're allowed to stop—even if no one taught you how.

Inner Child Reflection

You've carried so much, for so long. Of course you're tired. Now it's time to rest *with* compassion, not shame.

Reset Practice

Cancel one non-essential task today. Give yourself permission to do less without guilt.

Journal Prompt

What does rest *without performance* look like to you? When was the last time you experienced it?

Extra Reset Activity

Listen to "Rest Is Resistance" by Tricia Hersey (interview or book). Let your body feel what your mind may still resist.

Mantra for the Day

Rest is not weakness. It is remembrance.

Day 16: You Apologize for Existing

"Children who grow up emotionally neglected often carry an invisible apology into every room."

— Dr. Lindsay Gibson

You apologize when someone bumps into you. You feel guilty for asking questions. You soften your tone to avoid seeming "too much." But what are you really saying sorry for?

Often, the apology isn't about the present moment—it's about a lifelong belief that your presence is disruptive.

Emotional neglect teaches children that their needs are burdens. That their excitement is embarrassing. That their sadness is an inconvenience. Over time, this turns into chronic self-minimization—a quiet, constant attempt to not take up space.

It's no coincidence that people with this history struggle to assert themselves or pursue joy without shame. Somewhere deep down, you learned: *If I am too visible, I might be rejected again.*

But you are not a burden. You are a being. And your existence was never meant to be apologized for—it was meant to be lived.

Inner Child Reflection

You were taught to shrink. Let's remember how to take up space again—with breath, with voice, with unapologetic joy.

Reset Practice

Catch yourself when you say "sorry" today—especially when you've done nothing wrong. Replace it with "thank you" instead.

Journal Prompt

When did you first learn to be afraid of being "too much"? What would it look like to unlearn that?

Extra Reset Activity

Read the poem *"You Are Not Too Much"* by Jeanette LeBlanc. Read it out loud to your younger self.

Mantra for the Day

I will not apologize for my existence.

Day 17: You Struggle to Celebrate Yourself

"When love was withheld, so was celebration. And you learned to downplay your joy."

— Brianna Wiest

Achievement without acknowledgment is hollow. You graduate. You publish. You get the job. But the joy passes through you like vapor. Why?

Because when no one celebrated you growing up, you learned not to celebrate yourself. You may even feel uncomfortable when praised—as if recognition threatens the emotional invisibility you've built your identity around.

Psychologist Kristin Neff, known for her work on self-compassion, notes that neglected individuals often struggle to feel pride without self-criticism. Joy becomes something you *earn*, not something you're *allowed* to feel.

But joy is not a luxury. It's a birthright.

Learning to celebrate yourself isn't arrogance. It's repair. It's telling the child in you, *"You did good—and you deserve to feel that."*

Inner Child Reflection
They didn't clap for you. That doesn't mean you didn't deserve the applause.

Reset Practice
Write a one-paragraph celebration of something you've done well this year. Say it aloud. Let your nervous system hear it.

Journal Prompt
What does your inner voice say when you succeed? Whose voice is that originally?

Extra Reset Activity
Watch Maya Angelou's interview clip on the word "phenomenal." Then write your own "phenomenal" list.

Mantra for the Day
My joy deserves a spotlight—even if I stand in it alone.

Day 18: You Distrust Love That Doesn't Require Effort

"When love came hard, ease feels suspicious."

— Unknown

You may find yourself more attracted to people who make you chase, work, or guess. Why? Because that's what you know. Inconsistent or cold love from childhood wires your brain to expect that love = labour.

When someone offers warmth without conditions, it can feel unreal. You might even try to sabotage it—not because you don't want love, but because you don't trust it.

This dynamic is supported by research on intermittent reinforcement: when affection is given inconsistently, the brain becomes hyper-attuned and more emotionally invested. You equate difficulty with depth.

But ease is not emptiness. Calm is not counterfeit. Real love doesn't test you—it teaches you safety.

Inner Child Reflection
You tried so hard to earn love. Now, let's learn to receive it.

Reset Practice
Notice today if you instinctively mistrust something just because it feels easy. Pause. Ask: *What if this is simply healthy?*

Journal Prompt
What would a love that didn't need proving feel like in your body?

Extra Reset Activity
Listen to *"Conversations with My Higher Self"* by Yung Pueblo. Reflect on his vision of peaceful love.

Mantra for the Day
I do not need to suffer to be loved.

Day 19: You Over-Explain Because You Fear Being Misunderstood

"When no one truly listened to you, you learn to over-clarify, over-talk, over-defend."

— Dr. Thema Bryant

Have you ever written and rewritten a message ten times before sending it? Or stayed up at night replaying a conversation, worried you were misunderstood?

This is often the echo of a childhood where emotional nuance wasn't received. You weren't mirrored, so you doubted your expression. You weren't affirmed, so you learned to explain until it felt *safe*.

The over-explaining isn't just about communication. It's a nervous system trying to ensure belonging. Trying to preempt rejection. Trying to finally be *heard*.

But real connection doesn't require perfection. And being misunderstood isn't always a crisis—it's part of being human.

Inner Child Reflection
You repeated yourself because you were ignored, not annoying. Today, you get to trust your voice.

Reset Practice
When tempted to over-explain today, stop at the first clear sentence. Let it stand. Let that be enough.

Journal Prompt
Who in your life made you feel like you had to constantly justify yourself? What did that teach you?

Extra Reset Activity
Read *"The Courage to Be Disliked"* by Ichiro Kishimi and Fumitake Koga. Focus on the chapter about approval addiction.

Mantra for the Day
I can speak without defending. My truth does not need translation.

Day 20: You Confuse Self-Neglect for Strength

"The badge of independence can sometimes hide the wound of being uncared for."

— Gabor Maté

You pride yourself on not needing anyone. You skip meals, push through exhaustion, smile while unravelling. You wear your self-sufficiency like armour.

But what if that armour is hiding a wound?

Emotional neglect often teaches children to minimize their needs. When no one comes, you stop expecting anyone to. So you take pride in never asking. Never needing. Never resting.

The world may even reward you for this. But medals don't replace nourishment. Hustle doesn't heal abandonment.

True strength isn't about not needing care. It's about knowing you deserve it—and allowing it in.

Inner Child Reflection
You weren't strong because you wanted to be. You were strong because you had to be. Now, let softness in.

Reset Practice
Choose one form of basic care today that you usually skip (e.g., stretching, cooking, water). Treat it like an act of reverence.

Journal Prompt
In what ways have you equated pain endurance with worthiness?

Extra Reset Activity
Watch "The Power of Rest" TEDx talk by Saundra Dalton-Smith. Reflect on what kind of rest you truly need.

Mantra for the Day
My worth is not measured by how little I need.

Day 21: You Struggle to Receive Compliments Without Deflecting

"When praise feels foreign, you learned to protect yourself from joy."

— Dr. Nicole LePera

Someone compliments your work—you dismiss it. They say you're beautiful—you shift the topic. Why?

Because compliments hold a mirror to a self-image you never got to build. When love wasn't mirrored growing up, your brain developed an internal world that doesn't recognize worth unless it's earned or proven.

Deflecting becomes a defence: *If I don't take it in, I won't be disappointed when it's taken away.*

But denying praise doesn't make you humble—it keeps you emotionally underfed. Accepting appreciation is not vanity; it's healing.

Let their words land. Let them soften the inner world that was built without them.

Inner Child Reflection

You didn't learn to see your worth. But that doesn't mean it's invisible. Let yourself be mirrored now.

Reset Practice

Today, when someone compliments you, pause. Say "thank you" without qualifiers. Let it end there.

Journal Prompt

Why do compliments make you uncomfortable? What do they threaten in your current identity?

Extra Reset Activity

Watch "Learning to Receive" by Lisa Nichols. Reflect on how your body reacts when praised.

Mantra for the Day

I will not shrink away from being seen.

Day 22: You Confuse Emotional Intensity with Emotional Intimacy

"Just because it's deep doesn't mean it's safe."

— Brianna Wiest

Some of the most intense connections you've felt may have been the least safe. But you stayed—because the emotional highs felt like intimacy. Like home.

This is a form of emotional miseducation. When chaos shaped your early attachment, you learned that love means heightened emotion, risk, urgency. Anything calmer feels flat. Anything safe feels fake.

Emotional neglect doesn't always come in the form of coldness. Sometimes, it alternates with enmeshment— moments of overwhelming closeness followed by silence. That pattern creates confusion: *If it doesn't hurt, is it even real?*

But emotional intimacy is not measured by volume—it's measured by presence. By the ability to feel seen, not flooded.

Inner Child Reflection
You were taught that love had to feel like survival. It doesn't. It can feel like home.

Reset Practice
Reflect on a relationship in your past that felt "deep." Now ask: was it also *safe*?

Journal Prompt
What does your body expect intimacy to feel like? How has that shaped who you're drawn to?

Extra Reset Activity
Read "Anxious Love is Not Real Love" by Sylvester McNutt III. Let it redefine what depth means.

Mantra for the Day
Real closeness calms me—it doesn't consume me.

Day 23: You Mistake Self-Isolation for Self-Reliance

"You can be fiercely independent and still be deeply lonely."

— Morgan Harper Nichols

You say, "I'm fine." You say, "I got it." You turn down offers for help not because you don't need it—but because you're afraid of needing it.

This is the hidden wound of emotional neglect: learning that no one is coming. So, you built a life where needing others feels dangerous. But over time, solitude stops being sacred—and becomes self-punishment.

Neuroscience confirms that isolation increases cortisol levels. Your body interprets it as a threat, even when your mind says it's safe.

Independence isn't strength if it costs you connection. You don't have to disappear to prove you can survive.

Inner Child Reflection
You were alone too often. You got good at it. But now, you're allowed to be seen.

Reset Practice
Reach out to someone—not because you *need* something—but because you *want* to share space. Let that be enough.

Journal Prompt
What do you fear will happen if someone gets too close? What happened the last time someone did?

Extra Reset Activity
Watch "The Power of Vulnerability" TED Talk by Brené Brown. Reflect on where you still armour up.

Mantra for the Day
Solitude is sacred—until it becomes a shield.

Day 24: You Struggle to Ask for Help Without Shame

"When help was never offered, asking becomes a source of humiliation."

— Lindsay C. Gibson

Asking for help feels like failure. Like weakness. Like a stain on your independence.

But this isn't about ego—it's about memory. When you needed help and didn't get it, you learned: *asking gets ignored.* Or worse, shamed.

So you do everything yourself. You suffer in silence. You keep going, even when you're breaking. And when someone offers help, you either push them away—or feel overwhelmed by the idea of receiving it.

But needing support is not regression. It's human.

Healing means letting others offer what you were once denied.

Inner Child Reflection
You were left to figure it out alone. That doesn't mean you have to do everything by yourself now.

Reset Practice
Ask for help with one small task today—without apologizing or minimizing your need.

Journal Prompt
What stories did you inherit about asking for help? Where did they come from?

Extra Reset Activity
Read *"It's Okay to Ask for Help"* by Kate Allan. Let her illustrations soften your resistance.

Mantra for the Day
I do not have to carry everything alone.

Day 25: You Struggle to Enjoy the Present Without Anxiety

"When you're used to emotional absence, happiness feels like a countdown to loss."

— Alain de Botton

You're laughing—but bracing. You're in love—but waiting for the fall. You're at peace—but scanning for cracks.

This is not overthinking. This is *pre-emptive grieving*. A trauma reflex where your brain anticipates loss to avoid being caught off guard.

Emotional neglect often means joy wasn't shared or noticed. Or worse, it was punished. So now, happiness feels suspicious. Like something you're not supposed to trust.

But what if this moment isn't a setup? What if joy is not a trick—but an invitation?

Joy doesn't require a promise of permanence. It just asks you to *be here*.

Inner Child Reflection

You were taught not to trust happiness. But joy is not dangerous. It's sacred.

Reset Practice

Do one small thing today just for the sake of pleasure— no productivity, no purpose. Just presence.

Journal Prompt

What does your nervous system do when things feel "too good"? What might it be trying to protect you from?

Extra Reset Activity

Read the short story "The Summer Day" by Mary Oliver. Let it remind you what now is for.

Mantra for the Day

Joy is not a warning sign. It is a gift.

Day 26: You Mistake Over-Achievement for Self-Worth

"If love had to be earned, rest will always feel undeserved."

— Dr. Thema Bryant

You aim higher, work longer, try harder. Not because you want success—but because success quiets the doubt, briefly. You don't know how to exist without striving.

This is common among the emotionally neglected. When affection was conditional—based on grades, obedience, or performance—you learned that love must be *earned*. This belief hardens into a lifelong chase for approval, disguised as ambition.

But productivity is not the same as worth. Your humanity is not tied to your output. You are not a résumé. You are a living, breathing soul who deserves love even when you do nothing at all.

Inner Child Reflection
They praised you when you succeeded, not when you simply were. But being is enough. Always has been.

Reset Practice
Cancel one unnecessary task today. Tell yourself out loud: "I don't have to do more to be enough."

Journal Prompt
What do you believe would happen if you stopped being productive for a day? Where did that fear come from?

Extra Reset Activity
Listen to the podcast *"Unlocking Us"* by Brené Brown, episode on "Letting Go of Productivity as Self-Worth."

Mantra for the Day
I am not my achievements. I am already enough.

Day 27: You Feel Safer in Control Than in Connection

"Control is what we build when we don't trust we'll be cared for."

— Nedra Glover Tawwab

You plan every detail. You monitor moods. You anticipate outcomes. Not because you're obsessive—but because control once protected you from chaos.

Growing up without consistent emotional presence, you learned to rely on one person: yourself. And that responsibility didn't just make you strong—it made you guarded. Now, intimacy feels like risk. Surrender feels like danger.

But control doesn't create connection—it prevents it. Vulnerability is messy, yes. But it's also the birthplace of love, as researcher Brené Brown reminds us.

Let go. Not all at once. But slowly, tenderly. Let someone meet you halfway.

Inner Child Reflection
You were left to hold everything. It's okay to set it down now. You're not alone anymore.

Reset Practice
Allow someone else to take the lead today—on something small. Observe how your body responds. Be curious, not critical.

Journal Prompt
What feels more threatening to you: being disappointed by others or being seen fully?

Extra Reset Activity
Watch "Why We Avoid Intimacy" by The School of Life. Reflect on your emotional defences.

Mantra for the Day
Connection is not control—it's co-regulation.

Day 28: You Fear Being 'Too Much' Because You Were Treated Like You Were

"If they couldn't handle your depth, that doesn't mean you're deep in the wrong ways."

— Brianna Wiest

You second-guess your emotions. You shrink your voice. You tell your story in pieces so it won't overwhelm. But this isn't humility—it's self-erasure.

When your feelings were dismissed or mocked, you internalized the idea that *you're too much*. Too sensitive. Too needy. Too dramatic.

So you built a smaller self. Manageable. Digestible. But deeply lonely.

Let's be clear: you were never too much. You were just *more* than the people around you were ready to hold. That's not a flaw. It's your richness.

And those who are capable of meeting you won't ask you to shrink. They'll ask you to *expand*.

Inner Child Reflection
You were shamed for your depth. But your intensity is not danger—it's life.

Reset Practice
Express one truth today that feels like "too much." Say it anyway. Let it exist without apology.

Journal Prompt
What parts of yourself have you hidden to be more acceptable? What do those parts need now?

Extra Reset Activity
Read *"Come As You Are"* by Emily Nagoski, especially the section on emotional authenticity.

Mantra for the Day
I am not too much. I am finally enough for myself.

Day 29: You Long for Home in Places That Harm You

"You don't miss them. You miss the familiarity of your own wound."

— Vienna Pharaon

You keep circling back—to people, to patterns, to environments that hurt. Not because you don't know better—but because they feel like home.

This is one of emotional neglect's cruellest tricks: it teaches you that survival is the same as safety. That what's familiar is what's right. Even when it's harmful.

So you crave the coldness. You chase the unavailability. You stay in rooms where your silence is easier than your truth.

But wounds don't deserve loyalty. And you are not a character doomed to repeat a chapter.

You're the author now. Choose a new ending.

Inner Child Reflection
The old home hurt. That doesn't mean no home can heal. Let's build one that does.

Reset Practice
Unfollow one person, leave one chat, or remove one bookmark that tethers you to pain.

Journal Prompt
What "homes" have you clung to that never made you feel safe? What does safety look like now?

Extra Reset Activity
Watch "Breaking the Trauma Bond" by Dr. Ramani. Let her words point you homeward.

Mantra for the Day
I am allowed to outgrow the places that broke me.

Day 30: Healing Isn't Becoming a New You—It's Remembering the Real You

"You're not rebuilding. You're reclaiming."

— Yasmine Cheyenne

Healing doesn't mean replacing your broken parts with perfect ones. It means turning toward yourself with curiosity, compassion, and clarity.

Emotional neglect told you who you *had* to be. Quiet. Strong. Unbothered. Now, you're peeling that back— not to become someone else, but to return to the self you were always meant to be.

That self laughed louder. Cried freely. Asked questions. Needed love.

And that self still exists. Beneath the adaptations. Behind the shame. Ready to be lived.

Inner Child Reflection
You never lost who you were. You just had to hide. Now, we remember.

Reset Practice
Do one thing today you loved as a child. No shame. No productivity. Just joy.

Journal Prompt
Who were you before you were taught to be someone else?

Extra Reset Activity
Write a letter to your younger self. Not to fix her—but to thank her for surviving.

Mantra for the Day
I'm not becoming someone new. I'm returning to who I've always been.

Final Reflection

Emotional neglect is invisible—but its effects are not. It teaches silence where there should be expression, endurance where there should be ease, and shame where there should be softness.

Healing is a slow unlearning. A steady re-parenting. A reclaiming of all the parts you thought made you unlovable.

But you are not unlovable.

You are just unpractised in receiving the kind of love that stays.

Let this book be your practice ground.
Let your story begin again—this time, with you fully in it.

Closing Note

If you've made it to this final page, I want to say something simple and honest:
Thank you—for choosing yourself.

This book was never about fixing you. It was about **remembering you**.
Remembering the parts you had to quiet to survive.
The emotions you swallowed to keep the peace.
The softness you buried so you wouldn't be seen as weak.

Emotional neglect doesn't leave scars—it leaves questions.
Why do I always feel like too much or not enough?
Why do I fear closeness but ache for it at the same time?
Why does love feel like a puzzle I can't solve?

This book doesn't hold all the answers. But I hope it helped you find some of your own.
And I hope you now see that healing is not a finish line—it's a relationship.
With your younger self.
With your present self.
With the parts of you that waited for someone to notice.

You are worthy of being chosen. Again and again.
Especially by you.

With care and clarity,

— Noah Grey

Printed in Dunstable, United Kingdom

70009734R00058

The Memoirs of Maurice Paléologue at the Russian Court of Nicholas II

Volume 2
June 3, 1915 – August 18, 1916

By

Maurice Paléologue

ISBN-10:   1725753472
ISBN-13:   978-1725753471

"The Memoirs of Maurice Paléologue at the Russian Court of
Nicholas II, Volume 2 – June 3, 1915 – August 18, 1916' is
based on Maurice Paléologue's 'An Ambassador's Memoirs,
Volume 2,' first published by Plon in 1922, first published in
English in 1923, and later republished by Hutchinson in 1973.
The text was translated from the original French by F.A. Holt.

The current version of this book is published by Winter
Palace Publishing after a full re-editing of the text, including
modernization of some of the language.

Chapter 1

Thursday, June 3, 1915

The Austro-Germans are continuing their advance on the right bank of the Save, and the Russians have been unable to maintain their position in Przemysl. The fortress has, therefore, been evacuated this afternoon.

Since the first fighting in May on the Dunajec, the number of prisoners left in the enemy's hands by the Russian army has risen to nearly three hundred thousand men.

Sunday, June 6, 1915

Public opinion in Russia has been particularly stirred by the Galician defeats because few illusions are cherished about the chances of a speedy success in the Dardanelles. But among all classes in the country, and particularly in the provinces, a new current can be traced. Instead of giving way to despondency, as after previous defeats, public opinion is protesting, quivering with indignation, demanding penalties and remedies, and affirming its determination to win.

In the highest of spirits, Sazonov said to me this morning, "You're seeing the Russian people in their true colors now! We're going to witness a magnificent resurrection of national feeling."

All the political parties – except the extreme Right, of course – are insisting that the Duma should be summoned at once to put an end to the blundering of the military administration and to organize the civil mobilization of Russia.

Friday, June 11, 1915

There has been unrest in Moscow for several days. Rumors of treason were circulating among the crowd, and accusations have been made openly against the Emperor, the Empress, Rasputin, and all the influential persons at Court.

Yesterday, grave disorder broke out and it is continuing today. A large number of shops belonging to Germans, or with signs with German names, have been looted.

Saturday, June 12, 1915

Order has been restored in Moscow, but yesterday evening the soldiers had to resort to the use their weapons.

At first the police let the rioters do as they liked, by way of giving vent to the feelings of anger and humiliation that the Galician defeats have aroused among the citizens of Moscow. But the agitation assumed such a scale that it has become necessary to suppress it by force.

Sunday, June 13, 1915

The disorders in Moscow have been particularly serious owing to one element to which the press has not alluded.

On the Krasnaia Plotchad, the famous Red Square, which has witnessed so many historic scenes, the mob insulted the Royal Family, demanded that the Empress should be incarcerated in a convent, that the Emperor be deposed, and that the crown be transferred to Grand Duke Nicholas. Rasputin should be hanged.

There were also stormy demonstrations at the gates of the Convent of Martha and Mary, the Abbess of which is Grand Duchess Elizabeth Feodorovna, the Empress's sister and widow of Grand Duke Sergei. This charming woman, who spends her whole life in devotion and good works, has been smothered with insults, for the people of Moscow have long been convinced that she is a German spy. They even go so far as to allege that she is hiding her brother, the Grand Duke of Hesse, in her convent.

All this news has caused the greatest consternation at Tsarskoe Selo. The Empress is violently attacking Prince Yussupov, the Governor-General of Moscow, for allowing the imperial family to be exposed to such outrages by his lack of judgment and moral weakness.

Yesterday, the Emperor received the President of the Duma, Rodzianko, who urged him very strongly to convoke the National Assembly at once. The Emperor gave him a sympathetic hearing, but has not given the slightest inkling of his intentions.

Monday, June 14, 19 15

Since the evacuation of Przemysl, the Russian army of Central Galicia has been offering the most stubborn resistance between the Save and the Visnia for the purpose of covering Lemberg. Its front has just been pierced east of Jaroslav. The Germans have taken 15,000 prisoners.

Tuesday, June 15, 1915

Goremykin, the President of the Council, has broken down under the strain of age and the course of events, and has asked the Emperor to accept his resignation. As the reply he received was merely evasive, he remarked yesterday to one of his friends, "The Emperor can't see that the candles have already been lit around my coffin and that the only thing required to complete the ceremony is myself!"

Wednesday, June 16, 1915

Judging by a confidential remark made by Madame Vyrubova to Countess N....., the Minister of the Interior (Nicholas Maklakov), the Procurator of the Holy Synod (Sabler), and the Minister of Justice, (Stcheglovitov), are doing their utmost to dissuade the Emperor from summoning the Duma, and also to convince him that Russia can continue the war no longer.

On the question of the Duma, the Tsar's mind remains impenetrable, even though the Tsaritsa is backing the views of the ministers with all her might. But on the question of the prosecution of the war, Nicholas II has used language that no one could have suspected of him. "To make peace now would mean disgrace and revolution simultaneously!"

The Emperor was no less emphatic in declaring that, if Russia abandoned her allies at this moment, she would cover herself with everlasting shame.

But the Empress has exhorted the Emperor to make no concession to parliamentarism, and keeps on repeating, "You must remember, now more than ever before, that you are an autocrat by divine consecration. God would never forgive you for failing in the duties he has entrusted to you on earth."

Friday, June 18, 1915

When Buchanan and I met at the Ministry for Foreign Affairs this morning, the same idea was in our minds.

"Today is the centenary of Waterloo!"

But this is not the time for the ironic pleasures of historic comparisons. We have just received an important piece of news: The Minister of the Interior, Maklakov, has been relieved of his functions and been replaced by Prince Nicholas Borissovitch Stcherbatov, the Administrator-General of the imperial stud.

Sazonov is triumphant. Maklakov's resignation clearly shows that the Emperor adheres faithfully to the policy of the Alliance and is determined to continue the war.

The new Minister of the Interior has lived very much in retirement hitherto, but Sazonov describes him as of moderate and judicious mind, and says that his patriotism is beyond question.

Saturday, June 19, 1915

Grand Duke Constantine Constantinovitch (born in 1858), grandson of Emperor Nicholas I, younger brother of the Queen Dowager of Greece, and husband of Princess Elizabeth of Saxe-Altenburg, died yesterday at Pavlovsk, where he was living a very retired life.

At six o'clock today, his body was transferred with great pomp to the Cathedral of SS. Peter and Paul, in the fortress, which is both the Bastille and Saint-Denis of the Romanovs.

The Emperor and all the Grand Dukes followed the funeral car on foot. They carried the huge coffin from the doorway of the church to the catafalque set up opposite the iconostasis.

The ceremony is only the prelude to the solemn obsequies, and, for the orthodox liturgy, was comparatively short, though it took not less than an hour.

The Emperor, the Dowager Empress, the Empress, the Grand Dukes, Grand Duchesses and all the princes and princesses of the imperial family were there on the right of the catafalque. The diplomatic corps was grouped beside them.

I thus found myself within a few paces of the Emperor and had an excellent opportunity of observing him. He has changed materially during the three months since I saw him last. His hair is thinner and has turned gray in places. His face, too, is thinner, and there was a grave and distant look in his eyes.

On his left, the Dowager Empress stood motionless, raising her head in a majestic and statuesque attitude that she never abandoned for a moment, for all her eight-and-sixty years. At *her* side, the Empress Alexandra Feodorovna stood rigid, nervously working her hands. Her face was veined like marble, and every now and then she turned deathly pale, and her uneven and jerky breathing made her bosom heave. Immediately next, in the same row, was Grand Duchess Marie Pavlovna, who held herself with the same statuesque dignity as her sister-in-law, the Dowager Empress. Then came the Emperor's four daughters. Olga, the eldest, continually cast an anxious glance towards her mother.

By way of a departure from the usual procedures of the orthodox Church, three chairs had been placed behind the two Empresses and Grand Duchess Marie Pavlovna. To Empress Alexandra, standing is torture, and four times she was compelled to sit down. On each occasion she covered her eyes with her hand, as if in apology for her weakness. Instead of giving way, the two ladies next to her held themselves better than ever, this mute protest contrasting the grand manner of the previous reign with the degeneration of the present Court.

During a long and monotonous litany, the new Minister of the Interior, Prince Stcherbatov, introduced himself to me. He has an intelligent and frank face. There is warmth in his face and his whole being is congenial.

11

Without invitation, he said to me, "My program is simple. The instructions I am about to issue to the governors of the empire may be summed up thus: Everything for the war until full and final victory. I shall not tolerate disorder, weakness or pessimism."

I congratulated him on this point of view and insisted on the urgency of henceforth concentrating all the productive resources of the country on supplies for the army.

At this point the clergy were beginning the final prayers. Through the clouds of incense, that melancholy and unceasing invocation that seems to summarize all the religious fervor of the Russian soul, ascended upwards: *"Gospodi pomilouï!"* [Lord have mercy upon us!] In the tower above, the bells of the cathedral carried on the refrain.

Then I suddenly remembered one of the most moving recollections to be found in Kropotkin's 'Memoirs.' Confined in the state prison a few yards away, the great revolutionary listened day and night to the chimes of these same bells:

> *Every quarter of an hour they chime a 'Gospodi pomilouï ... Lord have mercy upon us.' Then the great bell slowly strikes the hour with long intervals between each stroke. At the melancholy hour of midnight, the invocations were followed by a 'Boje tsaria kranie ... God save the Tsar.' The chime lasted for a quarter of an hour. It was barely over when a fresh 'Gospodi pomiloui' told the sleepless prisoner that a quarter of an hour of his useless life had*

just sped by, and that many quarters of an hour, many hours, many days, many months of this vegetable existence had still to pass before his jailers, or death perhaps, came to deliver him.

Sunday, June 20, 1915

The reawakening of the national energies was confirmed yesterday in Moscow by an impressive demonstration. The Union of the *Zemstvos* and the Union of the Towns met there in congress. Prince Lvov, who presided, fully revealed the impotence of the administration to mobilize the resources of the country in the service of the army.

"The problem with which Russia is faced," he declared, "is far beyond the powers of our bureaucracy. The solution demands an effort from the whole country. After ten months of war, we are not yet mobilized. The whole of Russia must become one vast military organization, a huge arsenal for the armies."

A practical program was drawn up at once. So Russia is on the right road at last!

Monday, June 21, 1915

At half-past ten, I returned to the Cathedral of SS. Peter and Paul to be present at the solemn obsequies of Grand Duke Constantine Constantinovitch.

Exhausted by Saturday's ceremony, Empress Alexandra Feodorovna has been unable to be present. The Dowager Empress and Grand Duchess Marie Pavlovna, alone in the front row at the Emperor's side, have triumphed.

The funeral service proceeded for two hours on end, with its amazing wealth of elaborate incident and its grandiose and pathetic pomp.

The Emperor was interesting to watch. He did not have a moment of inattention or indifference, but a natural and complete composure. Every now and then he half closed his eyes, and when he opened them his gaze seemed to reflect some light within.

At length the interminable liturgy came to a close. Candles – symbols of the eternal brightness to be revealed to the soul of the deceased – were distributed among the officiating clergy. The whole church then glowed with a dazzling splendor that made the gold and precious stones of the iconostasis sparkle gloriously. The Emperor stood motionless, his face and eyes set, and gazed into space at some invisible object beyond earthly horizons, beyond the confines of our illusory world.

Tuesday, June 22, 1915

This morning, the Emperor presided at the launching of a great battle cruiser, The Ismaïl, 32,000 tons, built in the Vassili-Ostrov shipyards, just where the Neva leaves Petrograd. The diplomatic corps and the Government were present.

It has been a bright, sunny day, and the ceremony was no less imposing than picturesque. But no one seemed to take any interest in the sight. The company whispered in groups with downcast faces, for we had just heard that the Russian army is withdrawing from Lemberg.

The Emperor was quite impressive as he performed the rites decreed for the ceremony. He uncovered his head while the ship was being blest. The hard, merciless sunshine revealed two deep, dark wrinkles around the corners of his eyes. They were not there yesterday.

The colossal hull slid with a slow and irresistible movement into the Neva, producing a vast whirlpool. The mooring ropes stretched and strained and The Ismaïl stopped majestically.

Before leaving, the Emperor visited the workshops to which the men had hastily returned. He stayed there nearly an hour, often stopping for a chat with that calm, confident and dignified ease that is his superlative merit in approaching those of low estate. Enthusiastic cheers, cheers that seemed to come from every throat, accompanied him during the whole of his visit. And yet here is the very soul and center of Russian anarchism.

When we took our leave of the Emperor, I congratulated him on the fine reception he had just met with in the workshops.

His eyes lit up with a melancholy smile and he replied, "I like nothing better than to feel myself in touch with my people. I needed it today."

Wednesday, June 23, 1915

The editor of the 'Novoe Fremya,' Suvorin, has called on me to give vent to his pessimism.

"I've lost all hope," he said. "We're doomed to disaster from now on."

To refute him, I referred to the outburst of energy that has possessed the entire Russian nation at the present moment, an outburst that has just been translated in Moscow into effective decisions.

He resumed. "I know my country. This spasm won't last long. In a short time we shall lapse back into our old apathy. Today we are calling the *tchinovniks* names. We hold them responsible for all the evils that have descended upon us. And we're right. But we can't get on without them. Tomorrow, from indolence or weakness of will, we shall be back in their clutches."

Thursday, June 24, 1915

Walking on the Islands this afternoon with Madame V....., I told her of all the discouraging remarks Suvorin made to me yesterday.

"You may be perfectly certain," she said, "that there are thousands of Russians who think the same way. Turgueniev knew all about us, and in one of his novels he has written that the Russian displays an amazing *maëstria* in bringing all his schemes to naught. We start out to climb the sky, but no sooner are we off than we discover that the sky is a very long way up. Then our only thought is to tumble down as soon as possible, hurting ourselves in the process as much as possible."

Friday, June 25, 1915

This morning, the Emperor left for General Headquarters at Baranovici. The ministers have gone with him as there is to be an important conference with Grand Duke Nicholas. I know that the Minister for Foreign Affairs (Sazonov), the Finance Minister (Bark), the Minister for Agriculture (Krivoshein), and the Minister of the Interior (Prince Stcherbatov), will do their utmost to secure the immediate convocation of the Duma. Against them they will have the President of the Council (Goremykin), the Minister of Justice (Stcheglovitov), the Minister of Communications (Ruhklov), and the Procurator of the Holy Synod (Sabler).

Before leaving Tsarskoe Selo, the Emperor, of his own volition, took a decision that was long overdue. He has relieved General Sukhomlinov, the War Minister, of his functions and appointed as his successor General Alexis Andreievitch Polivanov, a member of the Council of Empire.

A heavy burden of responsibility rests on General Sukhomlinov's shoulders. In the munitions crisis he played a part that was both baneful and mysterious. On September 28 of last year, in answer to a question I put to him officially from General Joffre, he assured me in a note that all measures were being taken to secure for the Russian armies all the munitions it might need for a long war. I was talking to

Sazonov about this note a week ago, and he asked me to lend it to him to show it to the Emperor. The latter was simply astounded at it. Not only had no steps been taken to provide for the growing needs of the Russian artillery, but since then General Sukhomlinov has insidiously devoted himself to frustrating all the innovations suggested to him with a view to stepping up the manufacture of shells. His attitude has been strange and enigmatic. Perhaps we must seek an explanation in the Minister of War's fierce hatred of Grand Duke Nicholas. He has never forgiven the latter for being appointed Commander-in-Chief at the very moment he thought himself certain of the post.

General Polivanov is clever, energetic and hard-working. He has a sense of organization and discipline. He is also credited with liberal opinions that will make him popular with the Duma.

Monday, June 28, 1915

Sazonov, who has just returned from General Headquarters, brings back good impressions, at any rate as regards the spirit animating the High Command.

"The Russian army," he told me, "will continue its retreat as slowly as possible, snatching every available opportunity of counter-attacking and worrying the enemy. If Grand Duke Nicholas ascertains that the Germans are withdrawing some of their troops to transfer them to the Western front, he will immediately resume the offensive. The plan of campaign he has adopted enables him to hope that our troops will be able to hold Warsaw for another two months. I certainly found an excellent spirit prevailing in the staff."

On the political side he told me that the Emperor is about to appeal to all the forces and resources of the country in a formal declaration that will simultaneously announce the meeting of the Duma in the near future.

The Polish question was also examined. The Emperor has decreed the formation of a committee, with six Russian and six Polish members under the chairmanship of Goremykin, which is to establish the basis of the autonomous regime promised to the kingdom by the manifesto of August 16, 1914. The Minister of Justice, Stcheglovitov, and the Procurator of the Holy Synod, Sabler, implored the Emperor to give up this idea, representing that the autonomy of any part of the Empire is incompatible with the sacrosanct principles of autocratic absolutism. Their persistence annoyed the Emperor instead of convincing him. It is even thought that they are going to be dismissed

Tuesday, June 29, 1915

The cacophony of the Balkan negotiations is continuing. It is quite impossible to reconcile the competing and conflicting claims of Serbia, Rumania, Greece and Bulgaria.

To make the problem even more insoluble, the general retreat of the Russian armies has robbed us of all respect and prestige in Nish as in Bucharest, in Athens as in Sofia, especially in Sofia. I can picture the vindictive glee and the hilarious and sardonic laughter with which Tsar Ferdinand must be marking off the retreat of the Russians on the map every morning. How often has he given vent to his hatred of Russia before me in the old days? Since the second Balkan War that hatred has become a morbid obsession, as it is mainly to the policy of Russia that he attributes his final disaster of 1913. And I remember how, in November of that year meeting King Alphonso III in Vienna, he remarked to him, "I shall have my revenge against Russia, and it will be a terrible revenge!"

Wednesday, June 30, 1915

This morning the Press publishes an imperial declaration, dated June 27, addressed to the President of the Council:

> *From all parts of our native land I am receiving appeals testifying that all Russians desire to devote their strength and resources to supplying the army. From this unanimous expression of the national will I draw the unshakable assurance of a radiant future.*
>
> *This long war perpetually demands fresh efforts, but we temper our will and steel our hearts to continue the struggle, with God's help, until the full and final triumph of the Russian armies.*

The enemy must be beaten, otherwise peace is impossible. With an inviolate confidence in the inexhaustible resources of Russia, I expect the administrative and public institutions, Russian industry and all faithful sons of the Fatherland, without distinction of class or opinion, to work together with one heart and mind to supply the needs of the army. This is the sole, the national problem to which the thoughts of all Russia, invincible in her unity, must now be drawn.

The rescript ends with an announcement of the meeting of the Council of the Empire and the Duma in the immediate future.

Thursday, July 1, 1915

During recent weeks, all the Jews inhabiting Eastern Lithuania and Courland have been expelled *en masse* by order of the High Command. They are being driven off in the direction of Jitomir, Kiev and Pultava. As usual, the Russian authorities have proceeded with this operation without the slightest preparation, have shown no consideration whatever, and acted with ruthless brutality.

The Jewish population of Kovno, for example, a population of 40,000 souls, was warned during the evening of May 3 that it had forty-eight hours in which to leave the town. At all points the evacuation has been marked by tragic incidents, infamous acts of violence, and scenes of looting and arson.

Simultaneously there has been a fresh wave of anti-Semitism all over the empire. If the Russian armies are beaten, of course it is the fault of the Jews. The reactionary journal, 'The Volga,' wrote a few days ago, "People of Russia, look round and see who is your real enemy. The Jew! No pardon for the Jew! From generation to generation, this race, the accursed of God, has been hated and despised by all. The blood of the sons of Holy Russia, which they betray every day, cries aloud for vengeance!"

The number of Jews expelled from Poland, Lithuania and Courland since the beginning of the war, and exposed to the same unhappy lot, exceeds 600,000

Friday, July 2, 1915

I went for a walk on the Islands about eleven o'clock this evening. How fairylike is the loveliness of these white nights of the summer solstice. Is it twilight still or already dawn? One cannot tell. A milky, diffuse, iridescent light fills all space to the depths of the zenith. A haze of pearl and opal hovers over the waters. There is not a breath of air. Trees, banks, paths, the distant horizon, the whole landscape are bathed in a religious calm, a sort of infinite sweetness. It might be called the region of the lost, the resort of spirits, the elysian meadows. You look for the shade of Dido, the Phoenician, wandering under the myrtle.

Inter quas Phoenissa, recens a vulnere Dido
Errabat silva in magna

Saturday, July 3, 1915

The imperial decree that was published three days ago is causing great excitement. Everyone demands the immediate summoning of the Duma and some go so far as to claim that henceforward ministers shall be responsible to Parliament, a change that would mean nothing less than the end of autocracy.

There is considerable unrest among the workmen. One of my informers, B….., has notified me of the resurgence of socialist propaganda in the barracks, particularly in the Guards' barracks. The Pavlovsky and Volhynian regiments are said to be more or less contaminated.

Monday, July 5, 1915

Between the Bug and the Vistula, the Austro-Germans are continuing their march on Lublin.

The Russian army is retiring by swift and successive stages on positions it has to abandon practically at once, owing to lack of arms and ammunition.

Saturday, July 10, 1915

Grube, the President of the Bank of Siberia, whose perspicacity I have often had occasion to admire, arrived here yesterday from Sofia, where he had gone on business.

He came to see me this morning and gave me his impressions.

"Neither Radoslavov's Government nor any other," he said, "will be able to announce its commitment to the allied powers unless at the same moment they announce their consent to Bulgaria's annexing Western Macedonia immediately. On that point there is no doubt. As for Tsar Ferdinand, he has been definitely won over by the Teuton empires."

I broke in. "Definitely! Are you sure?"

"Radoslavov, Tontchev, Ghenadiev, Danev, and everyone else have told me so."

"We shall fail in everything if we have Tsar Ferdinand against us. But, fortunately, it's always possible to do something with him, as he has an eminently diplomatic, crafty and elastic mind. On him we must concentrate all our persuasive powers."

As soon as he had gone, I went to the Foreign Office and discussed this conversation with Sazonov.

We were at one in thinking that it is essential to concentrate all our efforts on Tsar Ferdinand. Then we looked into the various arguments that may still give us some chance of winning him over to our cause.

"The vital thing," said Sazonov, "is to convince him that in the long run it is we who will win."

"That's not enough," I said. "We must go further and let him think that our victory depends to a large extent on him, and that in some ways the fate of Europe and the world lies in his hands. This man's self-regard exceeds anything you can imagine. Our first business is to intrigue and capture his self-regard."

Then we discussed a more delicate subject: When I was in Sofia four years ago, the financial position of Tsar Ferdinand was very precarious as he was heavily in debt. His lack of any system, his luxurious and exotic tastes, and his inability to deny himself the indulgence of his dilettantism and his love of display had plunged him into cruel embarrassments which must have been made even worse by the two Balkan Wars. Wouldn't it be possible to come to the rescue?

"The offer," I said, "would be a delicate matter, but with certain precautions as to form, and a guarantee of absolute secrecy ... Above all, if the offer came from on high, the Emperor, for instance ..."

Sazonov smiled.

"Of course, the Emperor must be involved."

Then he confided in me that around the end of 1912, the Tsar of Bulgaria, suffering from "a terrible attack of impecuniosity," as Panurge expressed it, begged Emperor Nicholas to lend him three million francs. I strongly advised the Emperor to decline his request. Ferdinand is not the sort of friend you get through gratitude. But you know how kind the Emperor is and he let himself be moved by the piteous pleas of the Coburg-born Tsar. I persisted all the same, with the excuse that such a loan could not be a charge on the secret service fund. The Emperor then decided to find the money from his own purse. Next day, General Volkov gave me three million francs, which I at once sent on to Sofia. Ferdinand gave the receipt to our minister, Nekludov. I have it here, in my safe."

"You took a receipt from Ferdinand? What a mistake! You ruined the whole business with that receipt. That the three millions were lost anyhow was a certainty beforehand, you might just as well have thrown them into the Black Sea, but from the moment the sacrifice was made there was only one chance of extracting a nebulous moral advantage out of it – to affect a blind trust in Ferdinand's mere word, his religion of honor, the beauty of his soul, and the well-known honesty of his views. He's the vainest of men. The idea that you have his signed receipt for three millions in your archives must be a crushing humiliation and an intolerable insult to him. He'll never forgive Russia for that."

Monday, July 12, 1915

From all I hear, the citizens of Moscow are utterly furious with high social and Court circles in Petrograd, whom they accuse of having completely lost touch with national feeling, hoping for defeat and preparing the way for a betrayal.

The duel, which has been in progress for nearly two hundred years, between the metropolis of orthodox Slavism and Peter the Great's artificial capital has never perhaps been so embittered, even in the heroic epoch of the struggle between *Zapadnichestvo* and *Slavianophilstvo*, Westernism and Slavophilism.

At the time to which I refer, around 1860, that ardent idealist, Constantine Aksakov, addressed these fiery lines to the memory of Peter the Great: "You misunderstood Russia and her whole past. The brand of the accursed is therefore set upon your senseless heart. Ruthlessly did you repudiate Moscow, and away from your people you built a solitary city, for it was no longer possible for you to live together."

About the same date, his brother, Ivan Aksakov, wrote to Dostoyevsky, "The first essential for the resurrection of national feeling among us is that we loathe St. Petersburg with all our might, from the bottom of our hearts. Let us spit upon it."

Tuesday, July 13, 1915

This evening my guests at dinner have been Sir George and Lady Georgina Buchanan, the Duc de Morny, and a few close personal friends in the embassy.

It is some time since the Duc de Morny came to Petrograd, where he is trying to obtain army supply contracts on behalf of an American syndicate. Although he is not altogether presentable, and the business in which he is engaged does not seem to me any too patriotic, I invited him out of consideration for his father and to prevent anyone from thinking that the French Embassy is closed to him.

It was on the eve of the Congress of Paris, in August 1856, that the Comte de Morny came to St. Petersburg to renew relations between France and Russia. The brilliance of his term of office has often been extolled, but there is something better to say of it: Morny was, in the highest degree, a realist. He had calculated with the greatest shrewdness the benefits the Napoleonic dynasty could reap from the outstanding position in which the Crimean War had placed it. All his correspondence is a model of wisdom and perspicacity. He hated verbiage. Highly skeptical by temperament, he was never the dupe of anything or anyone, not even himself. In his relations with Alexander II and Gortchakov, he displayed marvelous dexterity and an elastic, subtle and caressing method. He wanted to make a definite alliance out of the understanding Count Orlov had so successfully worked to bring about between the two Courts during the Paris negotiations. His conception of this alliance had those characteristics of accurate judgment and downright realism that were the according to the precepts of his intellect. But he was the servant of a very different being, an emperor who lived on dreams, and dreams alone, and took no pleasure in aught save vast and nebulous plans, and chimeric and complicated schemes. It was not Morny's views that won the day, but the theory of nationalities. After 1857, French policy started on that long series of errors that, by inevitable logic, was to culminate in Sedan.

Unfortunately, there was always a secret blemish about Morny: the reverse of the medal lacked refinement and pride. The brilliance of his embassy was counter-balanced by ignoble commercial dealings, his sale of pictures, wine and horses. His term of office ended in a scandal. On January 7, 1857, he had married a perfectly charming girl, Princess Sophie Sergueïevna Troubetzkoi, an orphan and maid-of-honour to the Dowager Empress. Now, he had left behind him in Paris a notorious and long-standing liaison with the celebrated Countess Lehon, née Mosselmann, wife of the Belgian minister under the July Monarchy. It had not been merely a linking of hearts and passions, for material interests also had taken a prominent place. Around 1840, when Morny left the army and was merely a needy man-about-town, the Countess, a woman of immense wealth, supplied him with the means to make his fortune. The speculations on which they jointly embarked, the one bringing her money and the other his well-directed energy, succeeded. A sort of financial and commercial partnership had thus gradually taken the place of the two lovers' first ecstasies. After the coup d'état of December, Morny had unashamedly thrown himself into speculation on the Stock Exchange and the Countess found it highly profitable. Unfortunately, Morny was feeling the burden of his obligation to her. His rank in the empire, and the immense prospects opening to his ambition, made him extremely anxious to establish a family. His marriage with young Princess Troubetzkoi was arranged in the most complete secrecy. When Countess Lehon heard of the event, she breathed fire and slaughter:

Notumque furens quid femina possit.

The deserted Ariana went openly to the courts and demanded the liquidation of the partnership that still subsisted between herself and her faithless lover, and she employed Rouher as her advocate. To avert the shameful exposure of a court case, and the ensuing revelations in which the régime would have been involved, Napoleon III intervened and he himself decided the apportionment of the assets in dispute. But simultaneously, he recalled his ambassador, although by way of throwing dust in the public eye he restored him to the post of President of the Corps Législatif.

After dinner, in a conversation with Madame S...., who has a taste for history, I reconstructed for her the extraordinary genealogy of my guest. "In his veins he has the blood of the Beauharnais through Queen Hortense, the blood of Talleyrand through his grandfather, Charles de Flahaut, and the blood of Louis XV through the same Charles de Flahaut's mother, née Filleul."

"I know all about the Queen Hortense side, but I don't understand how Talleyrand, and particularly Louis XV, come into it. Please explain."

"It's like this. When Charles de Flahaut, who was Queen Hortense's lover, was born in 1785, his mother, the Countess Adelaide, had been for five years the admitted mistress of Talleyrand, who was then known as the Abbé de Périgord. There has never been any doubt about the paternity of the latter. On the other side, the Countess de Flahaut was the daughter of a Madame Filleul, whose husband held some minor post at the Palace of Versailles. This lady was very pretty and she helped Louis XV to pass several pleasant evenings in the little private rooms of the Parc-aux-Cerfs. A daughter, Adelaide, was born of this royal caprice."

"You are very learned," replied Madame S...., "but you don't know everything. Your genealogical tree is not complete."

"What else can there be?"

"There's the fact that your guest of tonight, that man standing over there, probably has the blood of the Romanovs also in him."

"Really? How?"

"Sophie Troubetzkoi, who married Morny, was the only child of a Princess Sergei Troubetzkoi, whose amorous adventures were the subject of much talk around 1835. It has always been said that she was the mistress of Nicholas I and that her daughter was also his. Proof may be lacking, but there are several weighty indications. After the death of Princess Sergei, for example, Empress Alexandra Feodorovna, widow of Emperor Nicholas, took young Sophie into her household and, two years later, when Morny asked for her hand in marriage, Emperor Alexander II gave her a dowry."

Wednesday, July 14, 1915

The critical situation of the Russian army has resulted in a conference of the Allied High Commands, which met on July 7 at Chantilly, with the French Commander-in-Chief presiding.

General Joffre laid it down that, when one of the Allied armies has to meet the enemy's main thrust, it is the duty of its partners on the other fronts to come to its rescue.

"In August and September, 1914," he continued, "the Russians took the offensive in East Prussia and Galicia with a view to easing the situation for the Anglo-French armies that had been obliged to retire before the onslaught of almost the entire German forces. Today, the situation of the Russians demands similar action on the Anglo-French side. It is a matter of honor, as well as interest. On the Western front, the offensive begun by the French army on May 9 last in the plain of Arras tied down a considerable number of German troops that would otherwise have been sent East, but this offensive did not lead to the rupture of the enemy's lines, nor did it put a stop to the advance of the Germans on the Russian front."

After giving certain details he came to the following conclusions:

> *(1) On the Western front, the French armies cannot undertake any operation on a grand scale for a few weeks, in view of the necessity of rebuilding its ammunition supply and carrying out certain troop movements. This lapse of time will enable England to send more troops to France, in particular six divisions which are due to arrive at the beginning of August. This operation may bring about the liberation of French territory,*

and will in any case materially relieve the situation of the Russian army;

(2) On the Italo-Serbian front, the common interest requires that the offensive already begun shall be continued by the Italian army with all its might. If the Italians apprehend an attack from Germany on their front, they can provisionally limit their effort to reaching the region of Laibach-Klagenfurt. That will put them in an advantageous position to continue their offensive in the direction of Vienna and Pesth. It is essential for the Serbian army also to resume the offensive at once. The present moment is particularly favorable for a movement along the Save with the object of joining up with the Italians and enveloping Bosnia-Herzegovina.

"In a word," he said, "for reasons of honor as well as urgent necessity, it is absolutely essential that the Anglo-French and Italo-Serbian armies should start a vigorous offensive as soon as possible."

The Council adopted these propositions.

Sunday, July 18, 1915

During the last three days, the dangerous position of the Russian armies has taken a serious turn for the worse. They have not only to struggle against the irresistible Austro-

German thrust between the Bug and the Vistula, but have also to meet a double offensive that the enemy has just opened in the north on the Narev front and in Courland.

In the Narev region, the Germans have carried the Mlava lines and taken 17,000 prisoners. In Courland, they have crossed the Windawa, captured Windau, and are threatening Mitau, which is only fifty kilometers from Riga.

This situation seems to be fortifying the Emperor in the frame of mind he so opportunely demonstrated by his manifesto of June 27. He has, for instance, just dismissed the Procurator of the Holy Synod, Sabler, the tool of the pacifist and Germanophile claque, and Rasputin's man. His successor is Alexander Dimitrievitch Samarin, Marshal of the Nobility of the Government of Moscow. He has great social position and a noble patriotism, and is a man of broad and strong views. It is an excellent choice.

Monday, July 19, 1915

The same misfortune that yesterday overtook the Procurator of the Holy Synod has today come upon the Minister of Justice, Stcheglovitov, whose absolutist and reactionary views are in no way less violent than those of Sabler. His successor is Alexander Alexeievitch Khvostov, member of the Council of Empire, and an honest and neutral *tchinovnik*.

The successive dismissals of Maklakov, Sukhomlinov, Sabler and Stcheglovitov leave not a single minister in the Government who is not a partisan of the Alliance and bent on carrying through the war. It may be noted, too, that Sabler and Stcheglovitov were the principal supporters of Rasputin.

Countess N….. said to me, "The Emperor has taken advantage of his visit to the Stavka to take these serious decisions. He has consulted no one, not even the Empress. When the news reached Tsarskoe Selo, Alexandra Feodorovna was so absolutely thunderstruck that she actually refused to believe it. Rasputin says that all this will lead to great disasters in the future."

Tuesday, July 20, 1915

I have had a talk with the Chief of Staff of the army, General Bielaïev, who showed me the position of the Russian armies on the map.

In Southern Poland, between the Bug and the Vistula, their line runs through Grubieszov, Krasnostav and Josephov, thirty kilometers south of Lublin. In the vicinity of Warsaw, they have abandoned the course of the Bzura and Ravka, and retired on the arc of a circle passing through Novo-Georgievsk, Golovin, Blonie and Grodisk, where a strongly entrenched position has been prepared. In the Narev region, they are holding approximately on the line of the river, between Novo-Georgievsk and Ostrolenka. West of the Niemen, they are defending the approaches to Kovno in the region of Mariampol. In the Courland sector, after evacuating Windau and Tuckum, they are based on Mitau and Shavli.

After a few far-from-reassuring comments on this situation, General Bielaïev continued.

"You know all about the dearth of munitions. We are not producing more than 24,000 shells a day. It's a pittance for so vast a front. But our shortage of rifles alarms me far more. Just think, in several infantry regiments that have taken part in the recent battles, at least one third of the men had no rifles. These poor devils had to wait patiently, under a shower of shrapnel, until their comrades fell before their eyes so that they could pick up their arms. It's a perfect marvel under the circumstances that there was no panic. It is quite true that our *moujiks* have an amazing capacity for endurance and resignation, but that doesn't make it any less ghastly. One of our army commanders wrote to me the other day, 'At the beginning of the war, when we had gun ammunition and rifles, we were the victors. When the supply of munitions and arms began to give out, we still fought brilliantly. Today, with its artillery and infantry dumb, our army is drowning in its own blood.' For how long will our men survive such a fiery trial? After all, these massacres are perfectly ghastly! We must have rifles at any cost. Couldn't France part with some? Plead our cause in Paris, please, Ambassador!"

I shall plead it most warmly. In fact, I mean to telegraph to Paris this very day.

Thursday, July 22, 1915

Rasputin has just left for his native village, Pokrovskoe, near Tiumen, in the region of Tobolsk. His friends, the *Rasputristsy* (female adorers of Rasputin), as they have been called, claim that he has gone away for a little rest on the advice of his doctor, and will soon return. The real truth is that the Emperor has ordered him to make himself scarce. It is the new Procurator of the Holy Synod who has managed to secure this decree of banishment.

He had hardly entered upon his new office before Samarin represented to the Emperor that it would be impossible for him to retain it if Rasputin continued secretly to manipulate the ecclesiastical administration. He then invoked his ancient Moscow origins and his title of Marshal of the Nobility, and described the mingled feelings of exasperation and grief that the scandals caused by 'Grishka' have aroused in Moscow, feelings in which even the prestige of sovereign majesty is now involved.

He ended in decided tones. "The Duma will be meeting in a few days. I know that several deputies are proposing to interrogate me on the subject of Grigory Efimovitch and his underhand plottings. My conscience will compel me to say exactly what I think."

The Emperor simply replied, "All right. I'll consider the matter."

Saturday, July 24, 1915

The Empress's farewell to Rasputin was heartrending. She has promised to recall him immediately after the session of the Duma, adding through her tears, "That won't be long!"

He replied with his usual threat. "Remember that I need neither the Emperor nor yourself. If you abandon me to my enemies, it will not worry me. I'm quite able to cope with them. The demons themselves are helpless against me, but neither the Emperor nor you can do without me. If I am not there to protect you, your son will come to harm."

Wednesday, July 28, 1915

The Germans have crossed the Vistula north of Ivangorod, and the Russian position at Lublin is no longer tenable.

Sazonov, terribly dejected and agitated, said to me, "For Heaven's sake, get your Government to give us rifles. How can you expect our men to fight without rifles?"

"I've telegraphed already for them General Bielaïev's request. I'll repeat my plea.2

According to information obtained from the General Staff, a million and a half rifles are needed to wipe out the present deficit. Russian factories are producing only 60,000 a month, though it is hoped that output will reach 90,000 in September and 150,000 in October.

Thursday, July 29, 1915

Crossing the square adjoining the Fontanka, and close to that sinister palace in which Paul I was so expeditiously dispatched on March 23, 1801, I met Alexander Sergueievitch Taneiev.

Secretary of State, Grand Master of the Court, member of the Council of Empire, and Director of the Emperor's personal Chancellery, Taneiev is the father of Anna Vyrubova and one of Rasputin's principal supporters.

We walked together in the square for a short distance. He asked me about the war. I professed an unshakable optimism. At first he seemed to agree with everything I said, but before long he was giving rein to his anxieties and gloomy apprehensions in more or less veiled phrases. One point to which he was always returning struck me very much, for it was not the first time it had been brought to my notice.

"Russian peasants," he said, "have a deep-rooted sense of justice. Not legal justice, which they more or less confuse with the police, but moral justice, divine justice. It's a very curious thing. Their conscience, which doesn't worry them overmuch as a rule, is nonetheless so impregnated with the spirit of Christianity that it is always facing them with the problem of rewards and penalties. When a *moujik* thinks he has been the victim of some piece of injustice, he generally submits without a word because he is a fatalist and naturally meek. But he is always turning the injury over in his mind and telling himself that it will have to be paid for some day, either here below or before the judgment seat of God. You may be quite certain, Ambassador, that they are saying just the same about the war. They will accept any sacrifice whatever, so long as they feel it is legitimate and necessary – in other words, required by the higher interests of Russia, the wishes of the Emperor, and the will of God. But if sacrifices are imposed upon them the reason for which they cannot grasp, sooner or later they will demand an account. And when the *moujik* ceases to be meek, he becomes ferocious. That's what frightens me."

As the whole psychology of the Russian people is to be found in Tolstoy, I have only to run through a few volumes to find what Taneiev has just told me presented in the most dramatic form. Seeking for arguments in favor of vegetarianism, the apostle of Yasnaia Poliana ends one of his articles with a revolting description of a slaughterhouse. "They were killing a pig. One of the assistants sliced its throat with a knife. The animal began to give forth piercing and lamentable squeals. At one moment it escaped from the hands of its executioner and ran away, blood pouring from its neck. As I am short-sighted, I could not see the details of the scene from a distance. All I saw was the body of the pig, which was pink like a human being's. I could hear its despairing squeals. But the coachman with me was gazing fascinated at all that was happening. The pig was caught, and they knocked it down and finished their cutting up. When the squeals had ceased, the coachman heaved a deep sigh. 'Is it possible,' he said at length, 'is it possible that they won't have to answer for all of that?' "

During the last three months in which Russian blood has been flowing in torrents on the plains of Poland and Galicia, how many *moujiks* must have been thinking, 'Is it possible that they won't have to answer for all of that.'

Friday, July 30, 1915

The new session of the Duma will not begin until three days' time, but many deputies have already returned to Petrograd and there is quite a bustle at the Tauride Palace.

From all the provinces the same cry goes up: "Russia is in peril! The Government and the system are responsible for the military disaster. The safety of the country requires the direct help of the National Representative Assembly and permanent supervision by its members. The Russian people are more than ever determined to continue the war to victory."

In nearly all circles, too, we hear violent and exasperated attacks on the favoritism, corruption, and German influences at Court relating to General Sukhomlinov, Rasputin, and the Empress.

On the other hand, the deputies of the Extreme Right, the members of the 'Black Block,' are bewailing the concessions the Emperor has just made to liberalism, and raging in favor of uncompromising reaction.

Saturday, July 31, 1915

This morning the Emperor officiated at the launch of the armored cruiser 'Borodino,' built in the Galerny-Ostrov yards at the mouth of the Neva. The Diplomatic Corps, Court and ministers, were present at the ceremony which has been favored by brilliant sunshine.

On June 22, we were present at the launch of the 'Ismail' on the other side of the river. We had just heard of the evacuation of Lvov. On arriving at Galerny-Ostrov today, we heard that the Austro-Germans entered Lublin yesterday and that the Russians are leaving Mitau.

The hard, bright sunlight threw up the leaden hue of our faces and the anxious melancholy of our expressions. The Emperor, in an attitude of fixed impassivity, looked wan and absent-minded. Several times his lips contracted as if he were suppressing a yawn. His face barely lit up for a moment as the hull of the Borodino slipped into the waters of the Neva.

When the ceremony was over, we proceeded to visit the yards. The Emperor was cheered everywhere. Every now and then he stopped for a chat with the workmen and gave them a smiling handshake. When he passed on, the cheering redoubled.

And yet it was only yesterday that I was notified of alarming symptoms of revolutionary ferment in these same workshops.

Sunday, August 1, 1915

The Duma resumed its sittings today in an atmosphere that is heated, heavy and full of the promise of storms to come. Men's faces seem charged with electricity, and the prevailing expression is anger or intense apprehension.

Speaking in the Emperor's name, old Goremykin, the President of the Council, raises his dying voice as much as he can in a declaration that "all our thoughts and endeavors must be concentrated on the prosecution of the war. The Government has only one program to put before you, the program of victory."

Then General Polivanov, the War Minister, presented the following program of victory with his practical and enthusiastic vigor. "Our army can conquer only if it feels that it has the whole country behind it, organized to become an immense reservoir from which it can draw inexhaustible supplies of everything it needs.2

He was cheered as he came down from the tribune, for the sympathy he gets from the Assembly is as marked as was the hatred and contempt meted out to his predecessor, Sukhomlinov.

The aftermath of the session and lobby talk leave no doubt about the resolution, or rather decisions, of the Duma; That there must be an end to the abuses and ineptitude of the administration; that they must seek out those responsible, however highly placed they may be, and make some striking examples; that they must organize the co-operation of the national representatives with the Government in such a way as to make all the productive resources of the country available for the army; and, lastly, that they must foster and galvanize in the public mind the unshakable determination to prosecute the war until complete and final victory.

Wednesday, August 4, 1915

I have informed Sazonov that the French Government intensely regrets that it is unable to supply the Russian army with rifles.

Consternation of Sazonov.

"This refusal," he said, "is a frightful blow!"

"It's not a refusal, but the expression of a material impossibility, an utter impossibility."

Crestfallen and nodding, he continued, "What on earth shall we do? We need 1,500,000 rifles merely to arm the regiments at the front. We're producing only 50,000 a month. And how can we instruct our depots and recruits?"

Thursday, August 5, 1915

The debates in the Tauride Palace are becoming more and more lively. Whether in public or secret session, there is a constant and implacable diatribe against the conduct of the war. All the faults of the bureaucracy are being denounced, and all the vices of Tsarism forced into the limelight. The same conclusion recurs like a refrain. "Enough of lies! Enough of crimes! Reforms! Retribution! We must transform the system from top to bottom!"

By three hundred and forty-five votes out of three hundred and seventy-five cast, the Duma has just invited the Government to take proceedings against General Sukhomlinov and all officials guilty of negligence or double-dealing.

Friday, August 6, 1915

The Germans entered Warsaw yesterday.

From the strategic point of view, the effect of this event is considerable. The Russians are losing the whole of Poland with its immense resources and they will be compelled to retire upon the Bug, the Upper Niemen and the Dvina.

But the moral effects make me even more anxious.

May it not be that the spasm of national energy that Russia has been revealing for some time risks being choked by this new disaster, leading us to anticipate other disasters, such as the loss of Osowiec, Kovno and Vilna, in the near future?

Sunday, August 8, 1915

With each new retreat of the Russian armies, the police carry the expulsion of the Jews a stage further. As usual, the operation is everywhere carried out in great haste and with equal clumsiness and brutality. Those affected are only notified at the last moment. They have no opportunity or means of taking anything with them. They are hastily crowded into trains, driven like sheep along the roads, and not even told their destination, which anyhow changes twenty times during the exodus. Almost everywhere, too, the orthodox population rushes out to loot the Ghetto the moment the order of expulsion is known in a town. Driven away into Podolia, Volhynia, Bessarabia and the Ukraine, these Jews are reduced to a terrible condition of misery. The total number of Jews expelled has reached 800,000.

This barbarous practise, inflicted on a whole race under the pretext that its religious atavism lays it collectively open to suspicion of espionage and treason, has at last stirred the wrath of the liberal groups in the Duma. A Jewish deputy from Kovno, Friedmann, gave utterance to an eloquent protest.

"The Russian Jews," he said, "are playing a large part in the war. The Press has recorded the enrolment of a considerable number of Jewish volunteers. Their education entitled these volunteers to commissioned rank. They knew they would never get it, but enrolled all the same. Several hundred thousand Jews are giving their blood on the battlefields. But for all that, we are witnessing a resurgence of outrages and iniquities against the Jews. In a long war, alternations of success and failure are inevitable, so it is highly convenient to have so-called culprits always available as responsibility for reverses can be imputed to them. A scapegoat in reserve is a perpetual necessity. Alas, at all times it has been the fate of Israel to be that scapegoat! The enemy had hardly crossed our frontier before an abominable legend became current: The Jews are sending their gold to the Germans. This tainted gold has been found in aeroplanes, coffins, barrels of vodka, and breasts of duck and mutton! Spread and authenticated by the authorities, this legend has been accepted everywhere. Next we saw a series of abominable measures applied to the Jews, measures unknown to any race in the whole course of history. It is the height of iniquity to accuse a whole race of treason. So infamous a calumny could only have seen the light in a despotic country, a country in which Jews are deprived of the most elementary rights. I tell Russia to her face, and the civilized world to its face, that the accusation against the Jews is naught but an ignoble lie, invented by men who are trying to cover up their own crimes."

Monday, August 9, 1915

Sazonov and I have been discussing the curious kind of isolation that the Emperor and Empress have imposed upon themselves.

He bewails the fact.

"It's perfectly deplorable! They've gradually created a void about themselves. No one goes near them now. The Empress's health has given them an excuse to give up even family parties. Why, it's quite a business for a Grand Duke or Grand Duchess to get an audience with Their Majesties. Apart from the Emperor's official relations with his ministers, no voice from outside ever reaches this house. As I was coming out the other day, I saw Mme. Vyrubova going in. I sadly reflected, 'there goes their usual company, their only company.' That's what the Court of Russia, once so brilliant and gay, has come to!"

"I was under the impression that even in the preceding reign the Court had lost all its gaiety and splendor."

"Yes, but nothing compared to what it's like now. It's quite true that Alexander III and Marie Feodorovna, who were very simple in their tastes, were only too glad to extend their visits at Gatchina, but from autumn to Easter there were splendid balls and concerts at the Winter Palace, not to mention private receptions in the Anitchkov Palace. Grand Dukes and Grand Duchesses, the diplomatic corps, generals, ministers and high officials, were continually being invited to the imperial table. Quite frequently the sovereigns accepted invitations to supper with ambassadors and members of the Russian aristocracy such as the Bariatinskys, Balachovs, Cheremetievs, Orlovs, Kotchubeys and Yussupovs. Of course, at Gatchina, court life was much more quiet and simple, with minimum of ceremonial. The sovereigns considered the sumptuous apartments built for Emperor Paul much too imposing for their liking. They lived on the ground floor in a suite of small, low rooms, narrow, badly decorated and furnished, and extremely uncomfortable. Alexander III, who was a giant, could touch the ceiling with his hand. I remember going there once on a call of which I have amusing recollections. I was then a very young attaché of the Ministry for Foreign Affairs. I had been sent to make a list of presents Their Majesties were giving the Danish Court on the occasion of some marriage. They had had them brought to Gatchina. I went to the palace and was handed over to the Empress's first chambermaid, who took me straight in to Marie Feodorovna's own room. All the presents were set out on a table. I soon made my list. Then I had a look around and innocently expressed my surprise at finding my sovereigns so poorly lodged. Said I to the chambermaid, 'Why have Their Majesties chosen this room?' She put her fingers to her lips and replied, 'Because they can't find anything more ugly and uncomfortable.' "

Tuesday, August 10, 1915

Bulgaria and the Teutonic powers are becoming more and more intimate. A syndicate of German and Austro-Hungarian banks has just opened a credit of 120,000,000 francs for the Bulgarian Treasury. Simultaneously, Radoslavov has announced through his official press that the recent victories of the German army in Poland have "broken Russia's back," and the whole political edifice of the Entente is about to collapse.

Friday, August 13, 1915

The leader, and a very energetic leader, of "National Liberalism," Brantchaninov, ex-officer of the guard and Prince Gortchakov's son-in-law, asked me yesterday to receive him for a long and confidential talk.

I had him here this afternoon, and accustomed though I am to his lugubrious outlook, I was very much struck with the grave, set and melancholy expression of his face.

"I've never been so anxious," he said. "Russia is in peril of death. Never before in her history has she been in such great danger. She has had the German virus in her veins for two centuries, and now it's killing her. The only thing that can save her now is a national revolution."

"A revolution in a time of war? You cannot be thinking of that!"

"Yes, indeed I am. The revolution, as I see and desire it, would be a violent release of all the dynamic forces of the nation, a sublime resurrection of all Slav energies. After a few days of unavoidable troubles, perhaps even a month of disorder and paralysis, Russia would rise again with a grandeur you cannot imagine. Then you'd see what the moral resources of the Russian nation are! It has inexhaustible reserves of courage, enthusiasm and magnanimity. It's the greatest center of idealism in the world."

"I don't doubt it, but the Russian nation also has the terrible seed of social disintegration and national dislocation. You tell me that a revolution would mean no more than a month, at most, of disorder and paralysis. How can you tell? One of your compatriots, as intelligent and sagacious as anyone I know, confided to me the other day how horribly alarmed he was at the menace of a revolution. 'With us,' he said, 'revolution can only mean destruction and devastation. If God does not avert it, it will be equally terrible and interminable. Ten years of anarchy!' He supported his prognostication by practical and psychological arguments that seemed to me convincing. You can imagine that, in the light of that prophecy, I have my doubts about your so-called national revolution."

This did not prevent him from continuing to extol the magical regenerative effects he expects from a popular rising.

"It's at the top, the head, we must strike first," he said. "The Emperor could be maintained on his throne, for though he's weak-willed, he's patriotic enough at heart. But the Empress and her sister, Grand Duchess Elizabeth, Abbess of Moscow, must be shut up in some convent in the Urals. That's what one of our great tsars of old would have done with them. Then the whole Potsdam Court, the clique of Baltic barons and the Vyrubova-cum-Rasputin camarilla must be banished to the depths of Siberia. Lastly, Grand Duke Nicholas Nicolaievitch must immediately give up his post as Commander-in-Chief."

"Grand Duke Nicholas Nicolaievitch? Do you suspect his patriotism? Don't you consider him Russian and anti-German enough? What next? Why, I like to regard him as the champion of Holy Russia, orthodox, autocratic and nationalist Russia."

"I'll grant you that he is a patriot and a man of iron will, but he's in no way equal to his task. He's not a leader but an icon. What we need is a leader." He concluded with a picture, a picture only too accurate, of the army. "It is still splendid as regards heroism and self-denial, but it has lost its faith in victory. It feels itself sacrificed beforehand, like animals led to the slaughter. One day, quite soon perhaps, there will be utter discouragement, mere passive submission. It will go on retiring indefinitely. There'll be no fight or resistance left in it. When that day comes, our German gang will triumph. We shall be compelled to make peace, and what a peace!"

I argued that the military situation, bad though it may be, is anything but desperate; that the national movement, of

51

which the Duma has taken charge, is well calculated to inspire confidence; and that, with perseverance, method and energy, all the mistakes of the past can yet be redeemed.

"No!" he exclaimed, with a fierce, dark look. "No, no! The Duma is not equal to a struggle with the official or occult forces at the disposal of the German party. I'll bet you that within two months it will be reduced to impotence, or dissolved. It's the whole political system that has to be changed. Our last chance of salvation is in a national coup d'état. The situation is far graver than you think, Ambassador. Do you know what was said to me only an hour ago by the Octobrist leader, the President of the Central Committee of Industrials, Alexander Ivanovitch Gutchkov, a man to whom you would certainly not deny foresight or courage? With tears in his eyes he said to me, 'Russia is lost. All hope has gone!' "

Saturday, August 14, 1915

Today's sitting of the Duma has been occupied by a grave and pathetic debate. The subject under discussion was the creation of a munitions Committee to be placed over the Ministry of War. The debate gradually widened out and developed into an attack on the regime.

It was Adjemov, the deputy for Novocherkassk and one of the most impassioned speakers of the "Cadet" party, who applied the match to the powder.

"From the beginning of the war, public opinion has fully realized the character and scale of the struggle. It has understood that, unless the whole country was organized, victory was impossible. But the Government, on the other hand, has never understood it, and when public opinion has made the situation clear, it has refused to understand it and contemptuously turned away all who came with offers of help. The fact is that the War Ministry had its official contractors. Orders were kept in the family. There was a whole system of favors, preferences and privileges. The result is that the country, far from being organized, has been thrown into ghastly disorder. Now, at last, the Government realizes that, without the help of all our social institutions, our armies cannot be victorious. It admits that wholesale reform is necessary and that it must be carried through by us. That, gentlemen, is a victory for public opinion. It is also the lesson of this terrible epoch. Mr. Lloyd George said recently in the House of Commons that the Germans, in showering shells upon our soldiers, were breaking the chains of the Russian people. It is the literal truth. The Russian people are now free and about to organize themselves for victory."

This peroration was greeted by a storm of cheering on the benches of the Left and the Center.

Excited by this thunderous atmosphere, the socialist deputy Tchenkeli bounded onto the tribune and fulminated against "the tyranny of tsarism that has brought Russia to the abyss," but he was soon indulging himself in such insults that the President refused to allow him to continue. In any case, his personal attacks have produced considerable ill-feeling among the Center and Left parties, whose liberalism is still monarchical.

The debate resumed its full scale with the great Moscow lawyer, Basil Maklakov. In a powerful argument he demonstrated the necessity of creating a Munitions Committee, outside the War Ministry, and entrusting the higher direction of the technical services to a Director-General, who should be responsible to this Committee. In so doing he was attacking that omnipotence of the bureaucracy that is the very heart and soul of autocracy.

After showing that "Russia is the perfect type of a state in which men are not in their right place," he continued, "Most of the administrative appointments are scandalous and a challenge to public opinion. Yet, when a mistake is admitted, as is occasionally the case, it is impossible to put it right. The prestige of sovereign power does not permit that. The new Government, whose task it is to conquer Germany, will soon realize that it is far more difficult to conquer officialdom. In the serious times through which we are passing it is essential to put an end to all this. The country is exhausting itself in sacrifice. We, its representatives, are also making many sacrifices. We are postponing many of our demands and keeping a tight rein on our anger. Forgetting our grievances and legitimate hatreds, we are helping everything we used to fight against, and it gives us the right to demand that the Government shall act in the same way towards us, rise above all considerations of party or personal feeling, and adopt one motto and one motto only: 'The right men in the right place.'"

The Right, thoroughly uncomfortable but still patriotic, and forced to recognize that the vices of bureaucracy are ruining Russia, voted with the majority for the creation of a Munitions Committee.

Henceforth issue is joined between the bureaucratic caste and the representatives of the nation. Will they take a lofty view of the common interest and make up their quarrel? The whole future of Russia depends upon the answer.

By an unexpected development, this exciting sitting included, by way of epilogue, a moving tribute to Poland. And it was Purishkevitch, the fiery deputy of the Extreme Right, a fanatical Russificator, whose remorse-stricken conscience drove him to the language the occasion required.

"It would be an unpardonable sin against the Russian state and Russian honor not to recognize in this House what the Poles have done, and are doing, for us. Who could say all that they have suffered and endured to help us to victory! Yet they might have taken up another attitude. The Baltic peoples, for example, races for which Russia has done so much, have shown us the blackest ingratitude. The Poles, on the other hand, though they can charge us with many wrongs towards them, have proved themselves among the most loyal and stalwart defenders of the country. And now, alas, the Russian armies have had to abandon Warsaw, the sanctuary of the Polish soul. Adam Mickiewicz's words come to mind involuntarily: 'Shall we find among us the magic word that can chase away despair, shake off the heavy burden from our hearts, dry the stream of tears upon our cheeks, and gloriously give us back all that is dead?' But the Poles are not giving way to despair. There are no tears on their cheeks, but in their hearts there is an even deeper hatred of the common foe, an even greater faith in ultimate victory. Then let us now bless that glorious day to come when unified Slavism will triumph. May it bring us, with the re-establishment of our prestige, the realization of that desire which is so dear to the heart of Poland, the autonomy of the Polish people under the scepter of the Tsar."

Sunday, August 18, 1915

Yesterday, the Germans carried the outer lines covering Kovno, between the Niemen and the Esia. Simultaneously, they have crossed the Bug at Dragiczin, thus piercing the Russian lines between the Nurzec and the Narev.

This evening I dined at Tsarskoe Selo with Grand Duke Paul.

After interrogating me anxiously about the progress of the German offensive in Lithuania, Countess Hohenfelsen said to me, "I wanted to give you a family party with the Grand Duke and my children alone, but when the Empress heard you were dining with us, she suggested to Madame Vyrubova to get herself invited, too, so that she could ask you what you think of the situation."

Madame Vyrubova has not yet recovered from her terrible accident on January 15, and she arrived on crutches. She is very much fatter owing to having been confined to bed so long. She was dressed in the plainest and most provincial style. Around her neck was a string of pearls not worth a thousand rubles. No royal favorite ever looked more unpretentious.

I affected optimism during the meal, although the conversation was heavy and disjointed, then, upon our rising from table, Madame Vyrubova asked me to sit down and talk to her.

After producing a deep sigh from the recesses of her capacious bosom, she wailed with her full, soft lips, "Oh, what dreadful times we're living in, Monsieur l'Ambassadeur! Every day we get bad news, and every day it gets worse. Their Majesties are very sad and anxious. When they heard that I was dining in your company this evening, they commissioned me to ask you your real and honest opinion about the misfortunes that have overtaken us. It is a service they expect of you as a friend. What message can I take to them from you? Are you really as confident as you seemed to be just now during dinner? I've promised the Empress to give her your answer this very night."

"I will admit that what I said went far beyond what I really think," I replied, "but I have no right to say anything different, even to close personal friends. In my heart of hearts, I am very uneasy and I can see more bad times coming, but I retain my confidence in the future, because it seems to me that the Emperor has recently had a series of excellent inspirations. The declarations his ministers have just read to the Duma in his name correspond so entirely with my own ideas that I see nothing to add to, or subtract from, them. All I desire is that His Majesty should firmly keep to this course, the great national course, the great historic course in which Russia has always found salvation in the hour of danger."

Madame Vyrubova followed all this very closely. At times she echoed my words in a stammering, subdued voice, as if to engrave them more deeply on her memory. She made no personal comment and I felt as if I were talking into a phonograph.

I then enlarged on the munitions question and the splendid program that the *Zemstvos*, municipalities and private industries aim at realizing in order to create technical equipment adequate for the needs of the army. By way of conclusion, I vigorously asserted the necessity of allowing the country to co-operate with the Government:

"The strength of Russia has always lain in the intimate association of the sovereign and the people. The great tsars of old were not only collectors of Russian soil. At critical moments they were collectors of Russian souls also. In following the tradition of his ancestors, Emperor Nicholas has taken a noble view of his duty. Tell him that I beg him henceforth to set this duty above all others. In my eyes it is the one critical essential of victory."

"Yes, yes," she murmured with her thick tongue, "I'll tell Their Majesties exactly what you say."

At half-past nine a servant announced Madame Vyrubova's carriage.

"Monsieur l'Ambassadeur, may I ask you one last question the Empress told me on no account to forget? Do you think the Germans will come to Petrograd? It would be horrible!"

"The Germans in Petrograd?" I cried. "Why, they are more than five hundred versts away! Besides, there are the Pskov lines, and in any case we shall soon have the autumn mud and winter snows. And by the spring I confidently anticipate that the Russian army will be resuming a victorious offensive."

After thanking me very warmly, she went out on her crutches. As she was leaving, I observed her thick, gleaming hair, narrow skull, fat, red neck, clammy back, huge thighs. She was but a mound of warm and ample flesh. I am horrified to think that anyone so thoroughly mediocre, so lacking in physical and mental refinement, can have any influence in times like these on the destinies of Russia.

When the Grand Duke, Countess Hohenfelsen and I were alone once more, I told them what I had just said to Madame Vyrubova.

In accents of terror, the Grand Duke asked me, "Aren't you very alarmed at the situation at home? These debates in the Duma are perfectly shocking. We're heading straight for revolution. The first steps have been taken! Don't you feel that the Emperor and Empress are marked down already?"

"No, I don't think either the Emperor or the Empress is actually menaced, though the public is exasperated with the Empress. In fact I know some people who are talking of nothing less than shutting her up in a convent in the Urals or Siberia."

"What? Shut the Empress up in a convent!? Do they think the Emperor will let anyone touch his wife? They can't! So the next thing is to kill the Emperor and overthrow the dynasty. And what will they put in its place? The Russian nation is incapable of governing itself. It has no political education. Nine-tenths of the population cannot read or write. The working classes are corrupted through and through with anarchism. All that the peasants think about is dividing up the estates. You can overthrow a political system in that way, but you can't set up a Government in its place." Then, as if his feelings were too much for him, he strode up and down the room several times without uttering a word. At length he stopped in front of me, crossed his arms, and said, with his eyes flashing horror, "If revolution breaks out, its barbarity will exceed anything ever known. It will be hellish. Russia won't survive it."

About half-past ten, I motored back to Petrograd. A chilly mist, autumn's herald, enveloped the huge plain in which the capital is set. Gloomy thoughts possessed my mind. How often have I brought back gloomy thoughts from Tsarskoe Selo?

Wednesday, August 18, 1915

This evening the Germans entered Kovno after carrying the fortress by storm.

At the confluence of the Vistula and the Bug, they have carried the outer forts of Novo-Georgievsk.

Further south, they are approaching Brest-Litovsk.

The capture of Kovno has resulted in terrible agitation in the lobbies of the Duma. The disaster is put down to the incapacity of Grand Duke Nicholas, and treachery on the part of the German party is alleged.

Thursday, August 19, 1915

This morning Sazonov has the fevered look and pallid hue of bad times.

"Come and listen to what I've just heard from Sofia," he said. "Not that I'm the least bit surprised."

He read me a telegram from Savinsky telling him that, judging by a confidential report that could be relied upon, the Bulgarian Government is henceforth determined to support the Teutonic powers and attack Serbia.

Friday, August 20, 1915

The fortress of Novo-Georgievsk, the last Russian rampart in Poland, is in the hands of the Germans. The whole garrison of approximately 85,000 men has been captured.

My Japanese colleague, Motono, who has just spent a few days in Moscow, has satisfied himself that the public there is very sound on the war. There is determination to go through with the struggle to the bitter end, anticipatory acceptance of the greatest sacrifices, absolute confidence in victory: in a few words, all the sentiments of 1812.

Sunday, August 22, 1915

Rasputin has not stayed long in his Siberian village. He has been back three days and has already had several long talks with the Empress.

The Emperor is at the front.

Monday, August 23, 1915

Yesterday the Russians evacuated the fortress of Osowiec on the Bobr.

The Austro-Germans are advancing swiftly along the right bank of the Bug. Most of the works defending Brest-Litovsk are now in their hands.

Tuesday, August 24, 1915

One of my agents, L....., whom I strongly suspect of being a member of the Okhrana (though, if so, he will be all the better informed), tells me that the leader of the "Labor" group in the Duma, the eloquent and impetuous lawyer Alexander Feodorovitch Kerensky, recently called a conference of the other Socialist groups at his house of representatives, with a view to examining the chances of active intervention that might be open to the leaders of the proletariat if further military disasters compelled the Imperial Government to make peace, not that the conference came to any practical decision.

However, it did settle on two important points of the program that the Socialist party will inscribe on its banners when peace comes: (1) the immediate institution of universal suffrage in Russia; (2) the unfettered right of nations to decide their own fates.

Chapter 2

Wednesday, August 25, 1915

When I went in to see Sazonov this morning, he said at once in the official, non-committal tone, "Ambassador, I have to inform you of an important decision His Majesty has just come to, but I must ask you to keep it a secret until further notice. His Majesty has decided to relieve Grand Duke Nicholas of his functions as Commander-in-Chief, and appoint him Lieutenant-Governor of the Caucasus in succession to Count Vorontzov-Dashkov, whose health has compelled him to retire. His Majesty will take command of his armies in person."

"It's not merely an intention, then, but a definite decision?" I asked.

"Yes, an irrevocable decision. Yesterday the Emperor notified the Council of Ministers accordingly, adding that the matter was not open to discussion."

"Will the Emperor actually take command?"

"Yes, in the sense that in future he will reside at General Headquarters, and the higher direction of operations will emanate from him. But as regards the details of operations, he will refer to the new Chief of Staff, who will be General Alexeiev. G.H.Q. is also to be brought nearer Petrograd. It will probably be established at Mohilev." We were silent for some time, gazing intently at each other, then Sazonov resumed. "Now that I've told you officially all I have to tell, I can certainly admit, *cher ami*, that I greatly regret the step the Emperor has just taken. You will remember that at the beginning of the war he was anxious to put himself at the head of his troops, and that all his ministers – and I myself more than any of them – begged him not to do so. The arguments we then used have even greater force today. In all probability our trials are by no means at an end. It will take months and months to reorganize our army and supply it with the means to fight. What may happen before that time comes? How far shall we be compelled to retreat? Isn't it terrifying to think that henceforth it is the Emperor who will be personally responsible for all the misfortunes with which we are threatened? If the inefficiency of one of our generals involves us in a disaster, it will be not merely a military disaster, but a political and social one at the same time."

"But what are the Emperor's reasons," I said, "for deciding upon so grave a step, without even desiring to hear his ministers on the subject?"

"He has several reasons: In the first place, Grand Duke Nicholas has not succeeded in his task. He is energetic, and enjoys the confidence of the troops; but he has neither the necessary knowledge nor vision to direct operations on such a scale. As a strategist, General Alexeiev is far above him. From that point of view, I should have quite understood if Alexeiev had been appointed Commander-in-Chief.

I persisted, "What other reasons are there for the Emperor's decision to take command personally?"

For a moment Sazonov gazed at me with a gloomy and melancholy look, then he hesitatingly replied, "No doubt the

Emperor wanted to notify us that the hour had come for him to exercise his highest prerogative power – the command of his armies. Henceforward no one will be able to doubt his determination to continue the war, cost what it may. If he has any other reasons, I prefer not to know them."

On these sibylline words, I left him.

This evening I have learned-from the most trustworthy source that the dismissal of Grand Duke Nicholas is the result of long-continued machinations by his archenemy, General Sukhomlinov, ex-Minister for War, who has secretly saved his credit with his sovereigns, notwithstanding his scandalous failures. The course of the military operations, particularly in recent months, has given him only too many pretexts for attributing all the military disasters to the incompetence of the Commander-in-Chief. He it is again who has been helped by Rasputin and General Voyeïkov to make the Emperor and Empress believe that Grand Duke Nicholas is trying to acquire a mischievous popularity in the army, and even the country, with the ulterior design of being put on the throne by a revolt. The enthusiastic cheers with which the name of the Grand Duke was more than once greeted during the recent disorders in Moscow, have given his enemies a very potent argument.

But the Emperor hesitated to take a step so serious asto change the post of Commander-in-Chief during the most critical phase of a general retreat. The authors of the intrigue then represented to him that there was no time to lose. General Voyeïkov, one of whose responsibilities is the personal safety of his sovereigns, went so far as to claim that his police are on the track of a plot against them and that the arch-conspirator is said to be one of the officers attached to their personal service.

As the Emperor still offered resistance, an appeal was made to his religious emotions. The Empress and Rasputin kept dinning into him that, 'when the throne and country are in peril, the post of a Tsar autocrat is at the head of his armies. To yield that post to another is to disobey the will of God.'

In any case, the *staretz*, who is a natural chatterbox, is making no mystery of what he has been saying at Tsarskoe Selo. He was talking about it only yesterday at a meeting of his cronies, which he harangued for two hours on end with that sprightly, impassioned and open-hearted verve that sometimes makes him very eloquent. As far as I can judge by the fragments of his discourse that have reached me, the arguments he has used to the Emperor have gone a long way beyond immediate considerations of policy and strategy. What he has done is to put forward a religious dogma. From his picturesque aphorisms, many of which have probably been suggested to him by his friends in the Holy Synod, there emerges a doctrinal theory. "The Tsar is not only the temporal guide and head of his subjects. The holy unction of coronation confers upon him a far higher mission, for it makes him their representative, intercessor and surety before the Sovereign judge. It therefore compels him to take upon himself all the iniquities, as well as all the trials and sufferings of his people, to answer to God for the former and bring the latter to His notice."

I can now understand a remark of Bakunin's that struck me forcibly some time ago: "In the vague conscience of the *moujiks*, the Tsar is a kind of Russian Christ."

Thursday, August 26, 1915

The Germans have captured Brest-Litovsk. The Russian army is retreating in the direction of Minsk.

Friday, August 27, 1915

In spite of the strict secrecy enjoined by the Emperor, his decision to take command of the army has already leaked out among the public. The news has produced a deplorable impression. It is objected that the Emperor has no strategic experience; that he will be directly responsible for defeats, the danger of which is only too obvious; and, lastly, that he has the "evil eye."

In a somewhat more indefinite form, the news has spread even among the masses. The impression there is even more lamentable. It is being said that the Emperor and Empress do not think themselves safe now at Tsarskoe Selo and are anxious to seek refuge in the bosom of the army.

In view of all this, the President of the Council has begged the Emperor at least to defer the carrying out of his resolution. The Emperor has consented "for a very short time."

Sunday, August 29, 1915

For the first time, Rasputin has been attacked by the press. Hitherto, the censorship and the police had protected him against newspaper criticism. It is the 'Bourse Gazette' that has opened the campaign.

The man's whole past, his ignoble beginnings, thefts, drunken bouts, debaucheries, and intrigues, the scandal of his relations with high society, officials and clergy, are ruthlessly exposed, but, cleverly enough, no allusion is made to his intimacy with the Emperor and the Empress.

"How is it possible?" writes the author of these articles.

How has an abject adventurer like this been able to make a mockery of Russia for so long? Is it not astounding to think that the official Church, the Holy Synod, the aristocracy, ministers, the Senate, and the numerous members of the Council of Empire and the Duma, have demeaned themselves before this low hound? Is it not the most terrible charge we can level against the regime? Only yesterday the political and social scandals that the name of Rasputin conjures up seemed perfectly natural. Today Russia means to put an end to all this."

Although the facts and incidents related by the 'Bourse Gazette' enjoy the widest notoriety, it is certain that their publication has had a great effect. The public is praising the new Minister of the Interior, Prince Stcherbatov, for allowing this diatribe to appear in print, but everyone is agreed in predicting that he will not hold office for long.

Monday, August 30, 1915

I have had a talk with General Bielaiev, the Chief of the General Staff of the Army. I give a summary of his replies to my questions:

(1) *The losses of the Russian army have been colossal. From 350,000 men a month in May, June and July, the figure has risen to 450,000 in August. Since the first defeat on the Dunajec, the Russian army has thus lost approximately 1,500,000 men;*

(2) *The daily supply of artillery ammunition is now 35,000 rounds; it will soon be 42,000;*

(3) *Russian factories are now producing 67,000 rifles a month; foreign factories are sending 16,000, giving a total of 83,000. Production will remain at that figure until November 15. From that date onwards, imports from abroad will be 76,000 a month. The Russian infantry will thus be able to count on a monthly supply of 143,000 rifles.*

(4) *The German armies operating in the region of Brest-Litovsk do not appear to constitute a threat to Moscow, partly because of the distance (1,100 kilometers), and partly owing to*

the natural obstacles and the state of the roads in autumn;

(5) For the defense of Petrograd, four armies, comprising sixteen corps under the command of General Russky, are disposed along the line Pskov-Vilna. When the Dvinsk-Vilna sector is no longer tenable, the four armies will retire, pivoting on Pskov. In view of these dispositions, and also the imminence of autumn, it is not probable that the Germans will capture Petrograd.

Tuesday, August 31, 1915

General Polivanov, the War Minister, was sent to give Grand Duke Nicholas the letter in which the Emperor relieves him of his command. After reading the imperial missive, the Grand Duke made the sign of the cross and simply said, "God be praised! The Emperor releases me from a task that was wearing me out." Then he talked about something else, as if the matter did not concern him. So signal a humiliation could not have been accepted with greater dignity.

Wednesday, September 1, 1915

The General Assembly of the Industrial and Commercial Society of Moscow finished its work today by passing a motion in which it declares that (1) the vital interests of

Russia require that the war shall be carried on to victory; (2) that it is necessary at once to place in power men enjoying public confidence and give them a completely free hand. The Assembly ended up by expressing its conviction that "the loyal voice of the people of Moscow will be heard by the Tsar."

This appeal to the Emperor to establish a responsible ministry at once is particularly significant because it emanates from Moscow, the sacred city, and the very heart of Russian nationalism.

What was even more significant were the comments accompanying the vote on the motion, comments the publication of which has just been forbidden by the censors. The present ministers were treated to violent criticism and allusions were made to the Emperor himself.

I hear of agitation in working-class centers.

Can the Germano-Bulgarian compact have been sealed already? I am strongly inclined to think so. It is announced from Sofia itself that Duke Johann Albrecht von Mecklenburg-Schwerin has just arrived there, accompanied by a high official of the Wilhelmstrasse. Duke Johann Albrecht is one of the most distinguished of the German princes. He successfully held two important regencies, the Grand Duchy of Mecklenburg and the Duchy of Brunswick. He is the uncle of Queen Alexandrina of Denmark and Princess Cecilie, wife of the Crown Prince. Knowing the character of Tsar Ferdinand, and his overweening notion of his royal prerogatives, I presume that in order to obtain his consent to the decisive step, the Teutonic Emperors have thought that they could not do less than send him an ambassador of an ancient royal line. Radoslavov's language and the tone of the official press also show that Bulgaria is preparing to attack Serbia.

Thursday, September 2, 1915

Countess Hohenfelsen, the morganatic wife of Grand Duke Paul who has just been created Princess Paley, telephoned me yesterday evening to ask me to dine with her today. She impressed on me that I must accept as someone wanted to talk to me.

In her drawing room I found Madame Vyrubova, Michael Stakhovitch and Dimitry Beckendorff. Grand Duke Dimitry Pavlovitch, who arrived here from General Headquarters this morning, was also of the company.

An atmosphere of gloomy apprehension brooded over dinner. Twice during the meal, the palace Swiss, in his heavy scarlet, gold-braided cloak, glided up to Grand Duke Dimitry, hat in hand, and whispered something in his ear. Each time Grand Duke Paul gave his son a questioning look and the latter simply replied, "Nothing. Nothing yet."

Princess Paley said to me under her breath, "The Grand Duke will be telling you why Dimitry has come from the Stavka. He asked an audience of the Emperor the moment he arrived. It's been impossible to get an answer. The Swiss has just telephoned again twice to the palace office to find out if

His Majesty has given any orders. Still nothing. It's a bad omen!"

While coffee was being served in the drawing room, Madame Vyrubova invited me to sit down by her and said, without any kind of preliminary, "Of course, you know about the serious decision His Majesty has just taken, Monsieur l'Ambassadeur. Tell me, what do you think of it? His Majesty himself has commissioned me to ask you."

"Is the decision irrevocable?"

"Oh, yes! Absolutely."

"In that case, any objections of mine would be too late."

"Their Majesties will be very hurt if that's the only answer I may take them. They are so anxious to know your views."

"But how can I express an opinion about an act when I do not know the real reasons for it? The Emperor must have had reasons of vital importance for adding the terrible responsibility of military leadership to the burden of his usual work. What are those reasons?"

She was taken aback by my question. Fixing two frightened eyes upon me, she stammered out something almost inaudible. Then, in a hesitating voice, she confided in me, "The Emperor thought that in such a serious crisis it was the Tsar's duty to place himself at the head of his troops and take all responsibility for the war on his own shoulders. Before reaching that conclusion, he has given much thought and prayer to the matter. At last, after hearing mass a day or two ago, he said to us, 'Perhaps a scapegoat is needed to save Russia. I mean to be the victim. May the will of God be done.' He was very pale as he said this, but on his face was an expression of utter resignation."

These words of the Emperor made me shiver all down my spine. The idea of predestination to sacrifice and complete resignation to the divine will is only too consistent with his passive nature. If our military fortunes continue to prove adverse for a few more months, may it not be that, in submission to divine decrees, he will find a pretext or excuse for slackening in his efforts, abandoning hope, and tacitly resigning himself to any and every catastrophe?

I was silent for a moment, for it was my turn not to know what to say.

At length I said to Madame Vyrubova, "What you have just told me makes it even more difficult to express an opinion on the Emperor's decision, seeing that it is a matter between his conscience and God. In any case, if the decision is irrevocable, it would serve no purpose for me to criticize it. The important thing now is to make the best of it. In his new post as Commander-in-Chief, the Emperor will perpetually be having opportunities of making not only his troops, but his people – and all his people – realize the necessity of victory. To me, as an ambassador of your ally France, the military program of Russia is summed up in the oath which His Majesty took on the gospel and the icon of Our Lady of Kazan on August 2, 1914. No doubt you remember the splendid ceremony in the Winter Palace. When he then renewed the oath of 1812, and swore that he would never sign peace so long as there was one enemy soldier on Russian territory, the Emperor pledged himself to God not to allow his faith to be shaken by any trial and to continue the war, no matter what sacrifice it cost. Now that his sovereign will is to make itself felt directly in the conduct of operations, that sacred obligation will be easier to keep. In my opinion, it is thus that he will become the savior of Russia. It is in this sense that I take the liberty of interpreting the message he has received from on high. Be so good as to tell him so from me."

She blinked two or three times in a patent effort to take it all in, then she took leave of me as if she were in a hurry to unburden her memory:

"I'm going now to tell Their Majesties what you have just said. Thank you very much."

While she was saying goodnight to Princess Paley, Grand Duke Paul took me into his study with his son.

Grand Duke Dimitry then told me that he came by special train this morning from the Stavka to inform the Emperor of the deplorable effect which the dismissal of Grand Duke Nicholas would have on the troops. With his back to the fireplace, and nervously twisting his fingers, he continued to jerk out, "I shall tell the Emperor everything. I'm determined to tell him everything. I shall even tell him that if he doesn't give up this idea, and there's still time, the consequences may be incalculable, as disastrous to the dynasty as to Russia. If all else fails, I shall propose a compromise that, at a pinch, would suit everyone. The idea is my own. I've been lucky enough to get it accepted by Grand Duke Nicholas, who has once more shown himself a model of disinterested patriotism. Under my compromise, the Emperor would assume supreme command but keep the Grand Duke with him as Quartermaster-General. The Grand Duke has commissioned me to put this proposal before the Emperor. But you can see that His Majesty is in no hurry to receive me. I asked an audience of him the moment I got out of the train this morning. It is ten p.m. now. Not a word in reply! What do you think of my idea?"

"It seems to me excellent in itself, but I doubt whether the Emperor will agree. I have grave reason for thinking that he is absolutely set on sending Grand Duke Nicholas away from the army."

"Oh, dear!" sighed Grand Duke Paul. "I share your view, Ambassador, that the Emperor will never agree to let Nicholas Nicolaievitch work with him."

Grand Duke Dimitry angrily threw away his cigarette, strode up and down the room, then crossed his arms, and cried, "Then we're lost! Henceforth it will be the Empress and her camarilla who command at the Stavka. It's maddening." After a pause, he turned to me. "May I ask you a question, Ambassador? Is it true that the Allied Governments have intervened, or are on the point of intervening, to prevent the Emperor from taking command?"

"No. The selection of a commander-in-chief is a purely domestic matter."

"I'm glad of that. I was told at the Stavka that France and England were going to demand the retention of Grand Duke Nicholas. It would have been a huge mistake. You'd have ruined the popularity of Nicholas Nicolaievitch, and had all Russians, I as much as any of them, against you."

Grand Duke Paul added, "In any case, it would have been futile. In the Emperor's present state of mind, he would stop at nothing, and go to any extreme, to carry out his decision. If the Allies objected, he would abandon the alliance rather than allow anyone to dispute his sovereign prerogative, which in his eyes has also the character of a religious duty."

We went back to the drawing-room, where Princess Paley asked me, "Well, what's your conclusion from all you've heard tonight?2

"I haven't any. When mysticism takes the place of policy, it's impossible to prophesy. I'm ready for anything now!"

Friday, September 3, 1915

Twice during the afternoon – once on the Troitsky Bridge and the second time on the quay of the Yekaterinsky Canal – I passed a Court car and caught a glimpse of the Emperor and Empress seated far back, with very serious faces. Their presence in Petrograd is such an exceptional occurrence that it made everyone they passed start with surprise.

The imperial couple first went to the Cathedral of the Fortress, where they knelt in prayer at the tombs of Alexander I, Nicholas I, Alexander II and Alexander III. From there they went to the chapel of Peter the Great's house, where they kissed the figure of the Savior which Peter Alexeïevitch always carried about with him. Then they were taken to Our Lady of Kazan, where they stayed a long time kneeling before the miraculous icon of the Virgin. All these devotions prove that the Emperor is on the verge of taking

77

the critical step he considers essential to the salvation and redemption of Russia.

I have also heard that before leaving Tsarskoe Selo this morning, the Emperor received Grand Duke Dimitry and categorically rejected the idea of retaining Grand Duke Nicholas at the Stavka in the capacity of Quartermaster-General.

When I recapitulate all the disquieting symptoms I have recorded in the past few weeks, it seems plain to me that a revolutionary crisis is developing in the heart of the Russian people.

When, in what form, and under what circumstances will the crisis come upon us? Will the direct and immediate cause be a military disaster, a famine, a bloody strike, a mutiny in some barracks, or a palace drama? I cannot say, but the event seems to me foreshadowed now with the inevitable character of an historical fatality. In any case, the probabilities are already so impressive that I think it my duty to warn the French Government. I am therefore sending Delcassé a telegram that recites the dangers of the military situation and concludes in these terms:

As regards the domestic situation, it is anything but comforting. Until quite recently it was possible to think that there would be no revolutionary disorder before the end of the war. I cannot say the same today. The question now is whether, in some more or less distant future, Russia will be still capable of effectively

playing her part as our ally. However uncertain
this eventuality may be, it must henceforth be a
factor in the anticipations of the Government of
the Republic and the calculations of General
Joffre.

Sunday, September 5, 1915

Yesterday, the Emperor left for General Headquarters. He takes over the command today.

Before leaving, he signed a decree that has amazed and horrified everyone. Without a word of explanation, he has dismissed the director of his military household, Prince Vladimir Orlov.

A personal friend of Nicholas II of twenty years' standing, Prince Orlov's duties brought him in immediate contact with the daily private life of his sovereign. But, in his dealings with his master, he never ceased to preserve a certain independence of mind, always said exactly what he thought, and consistently opposed Rasputin. Henceforth there will be no one in Their Majesties' entourage who will, or can, resist the *staretz*.

Monday, September 6, 1915

After taking command of all the military and naval forces, the Emperor has issued the following Order of the Day:

Today I have assumed command of all the military and naval forces operating in the theatre of war.

With firm trust in divine mercy and unshakable confidence in ultimate victory, we shall fulfil our sacred duty of defending our country to the death, and we will never allow Russian soil to be dishonored.

Given at General Headquarters, September 5, 1915.

NICHOLAS.

He also sent the following declaration to Grand Duke Nicholas:

At the beginning of the war there were reasons of a political nature that prevented me from following my personal inclinations and immediately putting myself at the head of the army. Hence the fact that I conferred upon you the supreme command of all the military and naval forces.

Before the eyes of all Russia, Your Imperial Highness has, during the war, displayed an invincible courage that has given me and all

Russians the greatest confidence in you, and roused the ardent hopes with which your name was everywhere associated in the inevitable vicissitudes of military fortune. Now that the enemy has penetrated far into the empire, my duty to the country which God has committed to my keeping ordains that I shall assume supreme command of the fighting forces, share the burdens and toils of war with my army, and help it to protect Russian soil against the onslaught of the foe.

The ways of Providence are inscrutable, but my duty and my own desires strengthen me in a determination that has been inspired by concern for the common weal.

The hostile invasion, which is making more progress every day on the Western front, demands above all an extreme concentration of all civil and military authority, unity of command during the war, and an intensification of the activities of the whole administrative services. But all these duties distract our attention from the Southern front, and in these circumstances I feel the necessity for your advice and help on that front. I therefore appoint you my lieutenant in the

Caucasus, and Commander-in-Chief of the brave army operating in that region.

To Your Imperial Highness I wish to express my profound gratitude, and that of the country, for all your work in the war.

NICHOLAS.

At the Emperor's express wish, the Grand Duke has gone straight to Tiflis without passing through Petrograd.

Tuesday, September 7, 1915

I called today on Baroness M….. and found her alone at the piano. With splendid style and a sweeping sense of mastery, she was playing the fine A Flat Sonata that Beethoven dedicated to Prince Lichnowsky. Her firm fingers were attacking that pathetic second variation.

On a pleading signal from me from the door, she was good enough not to stop.

When the last chord was triumphantly struck, she closed the piano, offered me her still quivering fingers, and in words that seemed to leap straight from her heart, cried, "Rather than give up music, I'd give up Russia!"

It is true that Baroness M…. is a Livonian by origin, yet for more than a century her family has been serving tsarism in high posts at Court or in the army. But that does not prevent her from being a stranger to the Russian family. The cry that her musical emotions wrung from her is only too accurate a gauge of the degree of patriotism that animates some families of the Baltic nobility.

Wednesday, September 8, 1915

General Djunkovsky, one of the Emperor's aides-de-camp, Commander of the Police, representative of the police in the Ministry of the Interior, the most powerful official in the empire and, incidentally, a man who has contrived to win the esteem of everyone in the performance of his delicate and fearsome duties, has just been dismissed. He has succumbed to the continual attacks of the Empress, who formally accused him of inspiring the onslaught on Rasputin in the press, and secretly promoting the seditious popularity of Grand Duke Nicholas.

As a matter of fact, General Djunkovsky was long ago damned in the Emperor's eyes through having had the courage to denounce to him the infamies of the *staretz*, particularly the gross scene that scandalized Moscow last April.

Thursday, September 9, 1915

The Emperor has inaugurated his assumption of the supreme command with the announcement of a brilliant success that the Southern army has just gained over the Germans near Tarnopol. The battle continued five days along the Sereth.

83

The Russian captures comprise 17,000 prisoners and about forty guns.

This change of fortune, coinciding with the change in the high command, has caused great rejoicing among the enemies of Grand Duke Nicholas. I fear the triumph will be short-lived, as on all the rest of the front, particularly in Lithuania, the German progress is becoming more marked every day.

Friday, September 10, 1915

Sazonov said to me this morning, "I am irritated beyond words by the information I am getting from London and Paris about the Bulgarian business. Neither Grey nor Delcassé seems to realize the seriousness of what is brewing in Sofia. We are wasting incredibly precious time in Foreign Office chatter. We ought, without a day's delay, to tell Radoslavov that the so-called 'undisputed' zone in Macedonia shall be ceded to Bulgaria after the war, and we will guarantee Bulgaria this accession of territory if the Bulgarian army will attack Turkey in the near future. I am instructing Savinsky to consult his allied colleagues at once with a view to action in that sense. Shall we get something done for once?"

Sunday, September 12, 1915

The situation of the Russian armies in Lithuania is rapidly growing worse. North-east of Vilna, the enemy is advancing by forced marches on Dvinsk via Vilkomir.

Near Sventsiany, his cavalry patrols have already reached the railway, which is the sole artery connecting Vilna with Dvinsk, and Pskov with Petrograd. Further south, after fierce fighting at the confluence of the Zelvianka and the Niemen, he is threatening the great Vilna-Pinsk road in the neighborhood of Lida. Vilna will have to be evacuated at top speed.

I can give certain accurate details of the manner in which Prince Vladimir Orlov found himself deprived, a few days ago, of the confidential post he had held for so many years in the Emperor's personal service.

It was both indirectly and casually that Vladimir Nicolaievitch heard of his dismissal. The Tsar, when notifying Grand Duke Nicholas of his nomination as Imperial Lieutenant-Governor of the Caucasus, had added the following *post-scriptum* to his letter. "You can have Vladimir Orlov, as you like him so much. He may be useful to you on the civil side."

The Grand Duke, who was on terms of the greatest intimacy with Orlov, immediately sent an aide-de-camp to ask him the meaning of this unexpected decision.

A few hours later Orlov heard that the Emperor, who was on the point of leaving for General Headquarters, had just struck his name off a list of individuals alerted to join His Majesty's train and had no difficulty in concluding that Nicholas II did not want to see him again. With perfect dignity he abstained from all complaints or recrimination, and set out for Tiflis, but before taking his departure, he felt that he must speak his mind.

In a letter addressed to Count Fredericks, Minister of the Court, he begged the old servant to open the eyes of his sovereign to the infamous role of Rasputin and his accomplices, whom he roundly charged with being the tools of Germany. He even had the courage to end his letter by sounding a note of alarm. "The Emperor has not a day to lose in getting rid of the occult forces that are strangling him. If he does not do so, it will be all up with the Romanovs and Russia."

Wednesday, September 15, 1915

This evening I dined in a non-political house with Maxim Kovalevsky, Miliukov, Maklakov and Shingarev, who are the General Staff and leaders of the Liberal party. In any other country this dinner would have been the most natural thing in the world, but here the gulf between the official world and the progressive elements is so wide that I expect to be severely criticized in proper-minded circles. And yet these men of unimpeachable honesty and high culture are everything but revolutionaries. Their political ideal is nothing more than constitutional monarchy. Miliukov, for example, the great historian of Russian Civilization, was able to say at the time of the first Duma: "We are not the Opposition against His Majesty, but His Majesty's Opposition."

When I arrived, I found them all gathered around Kovalevsky, talking excitedly and looking horror-stricken.

They had just heard that the Government has decided to close the Duma. Thus the great hopes that were entertained six weeks ago, when the session began, have already crumbled into dust. The idea of supervision by the National Assembly has vanished, the establishment of a responsible ministry is merely a wild dream; the 'black bloc' has gained the day; and personal power, autocratic absolutism and the occult forces have triumphed. The whole of dinner was passed in exploring the melancholy prospects opening with this counter-offensive on the part of reaction.

As we rose from table, a journalist came in to say that the order closing the Duma was signed this afternoon and will be published tomorrow.

I took Kovalevsky and Miliukov with me into a corner. They confessed to me that, in view of the outrage exerted on the national representative assembly, they intended to withdraw from the mixed commissions recently organized in the War Ministry with a view to raising output in the factories.

"The help of the Duma is declined. All right, but henceforth we'll leave the Government the sole and whole responsibility for the war."

I argued hotly that such a course would be ill-timed and even criminal.

"It's not my place to discuss your motives and political calculations, but as the ambassador of your ally, France, which entered the war for the defense of Russia, I've the right to remind you that you are in face of the enemy and ought to refrain from any act or demonstration that might diminish your military effort."

They promised to think the matter over.

As the evening was ending, Kovalevsky said to me, "The dismissal of the Duma is a crime. If they wanted to precipitate a revolution, this is the right way to go about it."

"Do you think that the present crisis may lead to revolutionary troubles?" I asked.

He exchanged glances with Miliukov, and then, levelling his bright, clear eyes at me, replied, "So far as it depends on us, there will be no revolution during the war. But before long, perhaps, it will no longer depend on us."

Left alone with Maxim Kovalevsky, I questioned him about his historic and sociological works. An ex-professor of Moscow University, he has frequently been persecuted for his independent opinions, and around 1887 was compelled to leave his country. He has traveled much in France, England and the United States. He is now one of the most distinguished figures among the Intelligentzia. His studies on the political and social institutions of Russia reveal wide culture, a frank and honest mind, and a habit of thought which is speculative, synthetic and accustomed to the discipline of English practicality. His party predicts a great future for him when the autocratic regime changes to constitutional monarchy.

I imagine that the part he will play will be confined to influence and theory. Like all the leaders of Russian liberalism, Maxim Kovalevsky is too much the dreamer and theorist, and too bookish, to be a man of action. The comprehension of general ideas and a knowledge of political systems are not sufficient qualification for the direction of human affairs. To these must be added a sense of reality, an intuitive realization of what is possible and necessary, the capacity for rapid decisions, resolute intentions, a knowledge of public passions, circumspect audacity, all of them qualities in which the "Cadets" seem to be entirely lacking, for all their patriotism and good will.

As I took my leave, I begged Kovalevsky to neglect no opportunity of advising patience and caution. I asked him, too, to reflect on the melancholy admission that was sighed out in June, 1848, by Duvergier de Hauranne, one of the leaders of the old "Monarchical Opposition," and one of the organizers of the famous 'banquet' campaign: "If we had known how thin the sides of the volcano were, we should never have provoked an eruption."

Thursday, September 16, 1915

The closure of the Duma is published. The Putilov works and Baltic yards have immediately gone on strike.

Friday, September 17, 1915

The strikes have extended today to almost all the factories in Petrograd, but no disorder is reported. The leaders say that they simply wish to protest against the closure of the Duma and that work will be resumed in two days.

One of my informers, who knows working-class circles well, said to me today, "There's nothing to fear this time, either. It's only a general rehearsal."

He added that the ideas of Lenin and his "defeatist" propaganda are making great headway among the educated elements of the working class.

Sunday, September 19, 1915

The Russians are continuing their slow retreat along the whole of the immense front from the Baltic to the Dniester.

Yesterday, as a result of a bold encircling offensive, Vilna fell into the hands of the Germans. The whole of Lithuania is lost.

Monday, September 20, 1915

The strikes in Petrograd are over.

In Moscow, the Union of *Zemstovs* and the Union of Towns have passed a resolution demanding the immediate summoning of the Duma and the formation of a ministry enjoying the confidence of the country.

The news I am getting from the provinces is satisfactory, in the sense that it negates the probability of a revolutionary movement, and, as regards the country generally, reveals an unshaken resolution to continue the war.

Chapter 3

Tuesday, September 21, 1915

Tsar Ferdinand has shown his hand. Bulgaria is mobilizing and concentrating for an attack on Serbia.

When Sazonov gave me this news, I exclaimed, "Serbia mustn't wait to be attacked. She must attack at once herself."

"No," Sazonov replied, "we must still try to prevent hostilities."

I argued that hostilities cannot be prevented now that Bulgaria's game has long been too obvious. The only effect of diplomatic action would be to give the Bulgarian army time to mobilize and concentrate, and that the Serbians are lost unless they take advantage of the fact that the road to Sofia will still be open to them for some days yet. I ended up by declaring that, to support the operations of the Serbians, the Russian fleet must bombard Burgas and Varna.

"No!" exclaimed Sazonov. "Bulgaria is of our faith. We created her with our own blood. She owes her national and political existence to us. We cannot treat her as an enemy."

"But it is Bulgaria who has made herself your enemy, and now, of all times."

"It doesn't matter. We must continue to negotiate. At the same time, we must appeal to the mass of the Bulgarian nation and denounce the crime their Government want them to commit. A manifesto addressed to them by Emperor

Nicholas in the name of Slav unity would no doubt have a great effect. We have no right not to make one last effort."

"I adhere to what I said just now. It is essential for the Serbs to make for Sofia by forced marches. If they don't, the Bulgarians will be in Belgrade within a month."

Friday, September 24, 1915

A telegram dispatched from Paris yesterday evening tells me that the French and British Governments have decided to send an army corps to the Balkans.

Sazonov was delighted when I reported this to him. Sending allied troops to the rescue of Serbia seems to him to change the whole aspect of the Balkan problem. He wants Sofia to know of this intention very soon, so that the Bulgarian Government may have time to stop its military preparations. He is also endeavoring to prevent the Serbians from attacking the Bulgarian army before the latter has obviously begun an offensive.

On this latter point, I argued with him very hotly, and as I have reason to believe that my view is shared in Paris, I am telegraphing to Delcassé:

> *I have some difficulty in following M. Sazonov's point of view. A swift invasion of Bulgarian territory by the Serbian army would create a huge sensation in Germany and Austria – and in Turkey, Greece and Rumania. The salvation of Bulgaria no longer concerns us. If we can obtain*

a swift and easy success at her expense, it is our duty to do so. It is no longer a question of the Balkan balance of power and historical memories. Victory before anything else!

Saturday, September 25, 1915

The Russian public is beside itself with indignation at the action of Bulgaria. Even those papers that have hitherto been kindest towards the Bulgarians join in the chorus of resentment, though they endeavor to draw a distinction between the personal policy of Tsar Ferdinand and the sentiments of his people.

Sunday, September 26, 1915

The great offensive that the French General Staff has been preparing for many months began yesterday in Champagne. It is being supported by an English attack in Artois.

The opening move has been successful. We have pierced the German lines along a front of twenty-five kilometers, to a depth of three or four kilometers. We have also taken 15,000 prisoners.

Monday, September 27, 1915

The Union of *Zemstvos* and the Union of Towns, which have been in session in Moscow the last few days, have passed the following joint motion:

In the tragic trials through which Russia is passing, we deem it our first duty to send a warm greeting to our stoical, glorious and dearly-loved army. The Russian people are more determined than ever to continue the war to victory, in loyal association with their faithful allies. But on the path of victory there lies a fatal obstacle, an obstacle created by all the old vices of our political system: we mean irresponsible power, the absence of any link between the Government and the country, etc. A drastic change is required. In place of our present governors we must have men who enjoy the confidence of the nation. The work of the Duma should be resumed without delay.

The two Unions have appointed three delegates each and commissioned them to put the wishes of the country before the Emperor in a personal audience.

The President of the Council, Goremykin, has advised His Majesty not to receive these delegates, who have no claim or right, so he said, "to speak in the name of the Russian people."

The Emperor has therefore refused the audience.

Tuesday, September 28, 1915

There is much dissension in the bosom of the Russian Government. Several of the ministers, alarmed at the reactionary tendencies prevailing at Court, have sent a joint letter to the Emperor, begging him not to continue in this disastrous course, and explaining that their conscience does not permit them to work under Goremykin any longer. Besides Sazonov, the signatories to this letter are Prince Stcherbatov (Minister of the Interior), Krivoshein (Minister for Agriculture), Prince Shahovskoi (Minister for Commerce), Bark (Finance Minister), and Samarin (Procurator of the Holy Synod). Out of consideration for military discipline, General Polivanov (the War Minister), and Admiral Grigorovitch (the Naval Minister), abstained from signing.

On receiving this letter, the Emperor summoned all his ministers to the Stavka. They have just left for Mohilev, where they will arrive tomorrow. Developments are proceeding in the strictest secrecy.

A week ago, Rodzianko, the President of the Duma, asked for an audience with the Emperor. He has been informed this morning that his request has not been granted.

Wednesday, September 29, 1915

The day before yesterday, the Russian Government proposed to the Allied governments that the following note should be sent to Sofia:

The Allied Powers, having very grave reason to suspect the motives for the general mobilization of the Bulgarian army, and attaching, as they do, the greatest importance to the maintenance of their friendly relations with Bulgaria, consider it their duty, in the very name of that friendship, to ask the Royal Government to revoke the mobilization decree, or declare its readiness to co-operate with the said powers against Turkey. If the Royal Government has not adopted one or other of these courses within twenty-four hours, the Allied Powers will immediately break off all relations with Bulgaria.

I had pointed out to Sazonov that the inoffensive form of this lecture made it futile from the start, but he insisted on his proposal. Today Buchanan tells me that Sir Edward Grey would like to water down the Russian note still more and remove anything having the smallest resemblance to an ultimatum.

I am telegraphing to Delcassé:

This policy of Sir Edward Grey's seems to me an illusion. Are we going to make the same mistake with Bulgaria that we made with Turkey, a mistake we have not finished paying for? Cannot Sir Edward see that the Germans are getting a firmer grip on Bulgaria every day, and that they will soon be the masters there? Is he credulous enough to believe in the pacifist professions of King Ferdinand? Does he propose to refrain from action in Sofia until the Bulgarian army has completed its concentration, and the German officers have taken over their commands? It has pleased Germany to make war on us on Bulgarian territory. It is now in our power to inflict an immediate reverse upon her on that very territory. And here we are, still talking!

Thursday, September 30, 1915

This evening I have heard that yesterday, at Mohilev, the Emperor used very harsh language to the ministers who signed the letter.

In a peremptory tone he said to them, "I won't have my ministers going on strike against my President of the Council. I insist upon everyone respecting my wishes."

Our Champagne offensive is continuing brilliantly, and without a pause.

The effect on public opinion in Russia is excellent. The sense of disappointment produced by our inactivity on the Western front was becoming dangerous, as it was spreading to the army. The 'Novoe Vremia' accurately reproduces the general impression in the following terms:

While the bulk of the German forces, and almost the entire Austro-Hungarian army, were hurling themselves upon us, our allies in the West did nothing. This inaction on General Joffre's part during our fiery trial was incomprehensible. The Anglo-French offensive has put an end to all our doubts. It is clear now that the apparent idleness of our allies was really a period of preparation.

Friday, October 1, 1915

The President of the Republic has commissioned me to give the Emperor the following telegram:

The grave situation created by the definitely hostile attitude of King Ferdinand and the Bulgarian mobilization is causing the French Government the greatest anxiety. We have very solid reasons for fearing that the Bulgarians will attempt to cut the Salonica-Nish railway, and shortly make it impossible for us to communicate not only with Serbia but with Russia herself, and to send our allies the munitions we are making for them. At the present time our daily output of shells for Russia is three to four thousand. This figure will increase progressively, and in January it will reach the ten thousand asked for by Your Majesty's Government.

To Russia and France unhampered communication is of vital importance. We are making arrangements with England to send troops to Serbia as soon as possible. But the presence of Russian troops would certainly have a very great effect on the Bulgarian people. If Your Majesty has not a division available at the moment, or does not think it possible to send one to Serbia, it would at any rate seem essential that units of Russian soldiers should be detailed to join ours in guarding the Salonica railway. The feelings of gratitude towards Your Majesty entertained by the Bulgarian nation would then perhaps bring them up short in their road to a fratricidal encounter, and in any case the unity of the allied countries would be clearly revealed to all the Balkan peoples. I beg Your Majesty to pardon my persistence, and accept my assurances of loyal friendship.

POINCARÉ

Sunday, October 3, 1915

The "fratricidal" act of Bulgaria towards Serbia has aroused the greatest resentment in every class of Russian society. It is as if a wave of indignation were sweeping over the whole of Russia.

Tuesday, October 5, 1915

Bad news reaches us from Athens. King Constantine has compelled Venizelos to resign. A few days ago the President of the Council declared in the Greek Chamber that, if the realization of the national program brought Greece into conflict with the Teuton empires, the Government would do its duty. These strong words have been considered inadmissible by Berlin. Count Mirbach, German minister in Athens, called on the King, lectured him in the name of his imperial brother-in-law, and no doubt also reminded him of their secret compact. Constantine immediately demanded and obtained the resignation of Venizelos.

A first detachment of Anglo-French troops has just disembarked at Salonica.

Wednesday, October 6, 1915

The only reply given to the President of the Republic by the Emperor (who is on a tour of inspection at the front) is the following telegram:

> *As I entirely agree with you as to the extreme importance of the Salonica railway to the maintenance of communications between France and her allies, I regard it as essential*

that the line should be held by Anglo-French troops, and I am glad to hear that their disembarkation is in progress. I should have been particularly glad to see a detachment of my army joining up with them, and establishing on this new front an even closer collaboration with our allies. To my great regret, it is impossible at the moment for me to divert any troops for that purpose, and more particularly to get them to their destination by the routes at our disposal.

I intend to reconsider this plan, the soundness of which I recognize, the moment circumstances permit. I take this opportunity of expressing to you, Monsieur le Président, the satisfaction with which I have received the report you give me of the output of shells for my army. The help which French industry is giving Russia in this vital matter is highly appreciated by my country.

Accept, Monsieur le Président, the assurance of my lasting friendship.

NICHOLAS

When Sazonov told me of this telegram, which was dispatched to Paris yesterday, I said to him, "We cannot accept the Emperor's decision. Please ask him to grant me an audience. I shall try and convince him that Russia cannot leave her allies with the whole burden of the new war that is opening in the Balkans."

"But the Emperor" at the front and in a different place every day!"

"I'll go in and see him wherever he likes. I insist on your communicating to him my request for an audience."

"All right, I'll telegraph to him."

Saturday, October 9, 1915

The reactionary influences around the Emperor are getting stronger every day.

Prince Stcherbatov, the Minister of the Interior, and Samarin, the Procurator of the Holy Synod, who had been in office barely three months, and whose liberal tendencies made them acceptable to public opinion, have been dismissed without a word of explanation. The new Minister of the Interior, Alexis Nicolaievitch Khvostov, formerly Governor of Nijny Novgorod, and one of the leaders of the Right in the Duma, is known as a man of energy. Samarin's successor has not yet been appointed.

Sunday, October 10, 1915

The Emperor received me at Tsarskoe Selo, this afternoon.

He looked well, with a calm, confident air, which I have not seen him assume for a long time. We went straight to the object of my visit. I enumerated the multifarious considerations that compel Russia to take her share in the military operations that France and England are about to undertake in the Balkans, and concluded with these words.

"Sire, France asks you for the assistance of your army and fleet against Bulgaria. If the Danube route is impracticable for the transport of troops, there remains the Archangel route. In less than a month a brigade of infantry can be moved by that route from the center of Russia to Salonica. I beg Your Majesty to order that brigade to be sent. As far as naval operations are concerned, I know that the east winds that prevail in the Black Sea during this season make a landing at Burgas and Varna practically impossible, but it would be easy for two or three battleships to bombard the forts at Varna and the batteries on Cape Emine that command Burgas Bay. I ask Your Majesty to order this bombardment."

The Emperor listened to me without interrupting and remained silent for some considerable time. Two or three times he stroked his beard and looked at the point of his shoes.

At length he raised his head, fixed his blue eyes upon me, and said, "From the moral and political view, I cannot hesitate over the reply you expect of me. I agree to what you ask. But you will realize that, from the practical standpoint, I shall have to consult my staffs."

"Does Your Majesty authorize me to inform the Government of the Republic that within a very short time a Russian contingent will be sent via Archangel to the help of Serbia?"

"Yes."

"May I also say that in the very near future the Russian Black Sea Squadron will receive an order to bombard the forts of Varna and Burgas?"

"Yes, but to justify this last operation in the eyes of the Russian nation, I shall wait until the Bulgarian army has committed some hostile act against the Serbs."

"I am very grateful to Your Majesty for all of this."

Our conversation then took a more personal turn. I asked the Emperor about the impressions he had brought away from the front.

"My impressions are splendid," he said. "I am more confident and enthusiastic than ever. The life I lead at the head of my army is so healthy and comforting! What a splendid soldier the Russian is. I don't know what he couldn't do. And his determination to conquer, and confidence of victory, are so amazing!"

"I am glad to hear you say so, as the task before us is still colossal, and we shall win through only by dint of sheer tenacity."

Clenching his fists and raising them above his head, the Emperor replied, "I'm up to my neck in tenacity. I shall never get out of it until we have achieved complete victory."

He then asked me about our offensive in Champagne and praised the splendid qualities of the French troops. Next he talked about myself and my life in Petrograd.

"I pity you having to live amidst so much faint-heartedness and pessimism," he said. "I know how bravely you struggle against the poisoned air of Petrograd. But if you ever feel yourself intoxicated by it, come and see me at the front. I promise you'll soon be cured." He turned grave all of a sudden, and said in a bitter tone, "We feel these Petrograd miasmas even here, twenty-two versts away. And it isn't from the poor quarters, but the drawing rooms, that the worst smells come. What a shame! What a disgrace! How can men be so devoid of conscience, patriotism and faith?" With these words he rose and resumed his kindly tone. "Goodbye, my dear Ambassador. I'm afraid I must leave you as I'm returning to the Stavka this evening and have lots to do. Let's hope we shall have only good news to talk about next time we meet."

Monday, October 11, 1915

I have been dining very quietly with Madame P.....

"How did you find the Emperor yesterday?" she asked me.

"In very good spirits."

"So he does not suspect all that is in store for him?"

And with characteristically feminine excitement, she told me of several talks she has had with various people over the last few days, the burden of which is this: "It cannot go on like this. In the course of her history, Russia has often had to put up with the reign of favorites, but she has never known anything like the infamy of the reign of Rasputin. We must unquestionably have recourse to the great remedies of other days, the only possible and effective remedies under an autocratic regime. We must depose the Emperor and put the Tsarevitch Alexis in his place, with Grand Duke Nicholas

Nicolaïevitch as regent. Time presses, for Russia is on the very brink of the abyss."

The same language was used in the St. Petersburg drawing rooms in March, 1801. The sole aim of the conspirators of those days, Pahlen and Bennigsen, was to secure the abdication of Paul I in favor of his son.

Tuesday, October 12, 1915

Judging by certain remarks made by Madame Vyrubova yesterday evening to a pious household who know Rasputin well, the high spirits, confidence and enthusiasm of the Emperor that I have noticed are largely due to the extravagant praise the Empress is heaping upon him since he began to behave "as a true autocrat." She keeps telling him, "You're worthy of your greatest ancestors now. I'm certain they are proud of you and blessing you from heaven above. Now that you have taken the course ordained by Divine Providence, I have no more doubts about our victory, not only over our external enemies, but over those at home as well. You are saving your country as well as your throne. How wise we were to heed what our dear Grigory said. What a lot we owe to his intercession with God on our behalf!"

I have often heard the question discussed whether Rasputin is sincere in alleging his supernatural powers, or at bottom nothing but a charlatan and impostor. Opinions were almost always divided, for the *staretz* is a bundle of contradictions, incoherence and freakish behavior. Speaking personally, I do not doubt his utter sincerity. He would not have such a fascination for people if he was not convinced himself of his extraordinary gifts. His confidence in his mystical power is the main element in his personal ascendancy. He is the first to be duped by his tongue and his practices. He may add a certain flavor of *braggadocio*, that is all.

Paracelsus, the great master of magic and clever author of the 'Philosophia Sagax,' observed very rightly that the condition precedent to the persuasiveness of the magician is his belief in his own dynamic powers. *"Non potest facere quod non credit posse facere."* [A man cannot do what he does not think he can do.] In any case, how could Rasputin fail to believe that some extraordinary power emanates from him? Every day the credulity of those about him furnishes him with proof of the fact. When he claims to be inspired by God in order to make the Empress do what he wants, the unhesitating obedience he receives from her seems to him patent proof of the truth of his claims. They thus hypnotize each other."

Has Rasputin the same power over the Emperor as over the Empress? No, there is a material difference.

As regards the relations between Alexandra Feodorovna and the *staretz,* she lives in a kind of hypnosis. Whatever opinion or desire he expresses, she acquiesces and obeys at once. The ideas he suggests to her are implanted in her brain without provoking the slightest opposition. In the case of the Tsar, on the other hand, the fascination is much less passive and complete. He certainly thinks that Grigory is a *'Bojy tchelloviek,'* a 'Man of God,' but to a large extent he retains his liberty of judgment in dealing with him, and he never allows him the initiative.

This comparative independence of mind is particularly marked when the *staretz* intervenes in a political matter. It is then that Nicholas II wraps himself in a mantle of silence and reserve. He evades awkward questions, defers definitive answers, and in any case yields only after a long internal struggle in which his natural good sense very frequently wins the day. But on the ethical and religious side, the Emperor is profoundly influenced by Rasputin. He draws much quiet strength from him, witness what he once said to Colonel Drenteln, one of his aides-de-camp, who was out walking with him, "I can't understand why Prince Orlov hated Rasputin so much. He never tired of calling him names and saying that his friendship is disastrous to me. It's quite otherwise. Why, when I'm worried, or doubtful, or vexed, I have only to talk to Grigory for five minutes to feel myself immediately soothed and strengthened. He always manages to say what I need to hear, and the effect of his wise words lasts several weeks."

Wednesday, October 13, 1915

Delcassé resigned yesterday. His views have not squared with those of his colleagues in the Ministry for some time, and he has also been suffering from nervous trouble.

Friday, October 15, 1915

The Bulgarians are beginning to reap the consequences of the colossal mistake we have made in giving them time to carry out their concentration. They have taken the offensive with great skill and vigor in the region of Egri-Palanka and the Pirot sector, and along the course of the Timok. They have driven the Serbians back at all points, while an Austro-German army has captured Belgrade and Semendria.

Saturday, October 16, 1915

After Shakespeare and Balzac, Dostoyevsky is the greatest raiser of spirits and the mightiest creator of imaginary beings, the writer who intuitively divined the secrets of moral pathology and the inward man, the mechanism of passions, and the unfathomable role of elementary forces and instincts; in a word, all that is fateful, occult and unknowable in human nature. In all this, how far he is above Tolstoy, with whom the artist, logician, apostle and prophet so often wronged the psychologist! And yet, the author of 'Crime and Punishment' denied that he was a psychologist, feeling that his genius was essentially a matter of clairvoyance, divination and an almost diseased acuteness of vision. He has said of himself, "I am called a psychologist. It is wrong. I am simply a realist in the higher sense of the word. That is, I depict all the dim recesses of the human soul." In his works we find a kind of catalogue of all the characters, peculiarities and aberrations that make the Russian soul the most amazing and paradoxical flower of the human plant.

From his 'Diary of a Writer,' I took these suggestive lines today:

> *The Russian always feels impelled to overstep the bounds, to go to the very edge of the precipice and lean over to scan its depths; often enough to hurl himself over it like a madman. It is that hungering after negation that besets the man of greatest faith – the negation of everything: the most sacred feelings, the noblest ideals, the holiest impulses, the fatherland itself. At critical moments of his life, or his national life, the Russian is alarmingly precipitate in enrolling himself on the side of good or evil. Under the influence of rage, drink, love, erotic mania, pride or envy, he suddenly shows himself ready to destroy or repudiate everything – family, traditions and faith. The best of men is thus changed into a criminal, his only idea being to disown himself and seek destruction in some swift cataclysm. Of course, he is just as impetuous in saving his soul when he has reached the uttermost limits and does not know where to turn."*

In another place, Dostoyevsky writes, "Nihilism has appeared among us because we are all nihilists."

Sunday, October 17, 1915

Along the whole Danube-Save-Dvina front, the Serbians are withdrawing under the formidable pressure of two Austro-German armies commanded by Field-Marshal von Mackensen.

The Serbian Government and the Diplomatic Corps are making preparations to leave Nish for Monastir.

Tuesday, October 19, 1915

Yesterday, the Emperor issued a manifesto on the Bulgarian felony:

> *We, Nicholas II, by the grace of God Emperor and Autocrat of all the Russias, King of Poland, Grand Duke of Finland, etc., etc., etc. We make known to all our faithful subjects that the Bulgarian people have committed an act of treachery against the Slav cause, an act perfidiously contemplated since the very beginning of the war, though it seemed to us impossible.*
>
> *The Bulgarian troops have attacked our faithful ally, Serbia, bleeding from her struggle with an enemy superior in numbers. Russia and the Great Powers, our allies, have striven to dissuade Ferdinand of Saxe-Coburg's*

Government from this fatal step, but the secret machinations inspired by Germany have triumphed. Bulgaria, a land of our faith, liberated from Turkish thraldom by the brotherly love and blood of the Russian people, has openly joined the ranks of the enemies of the Christian faith, Slavism and Russia.

The Russian nation looks with grief on the treachery of Bulgaria, a country so dear to her, even to the last, and it is with a bleeding heart that it draws its sword against her, leaving the fate of these traitors to the Slav cause to the just chastisement of God.

Given at General Headquarters, the 18th October, in the year of grace 1915.

NICHOLAS

Monday, October 25, 1915

The Serbian disaster is developing apace.

A swift Bulgarian raid on Vrania, on the upper Morava, and Uskub, on the Vardar, has cut the Nish-Salonica railway. Henceforth the Royal Government and the diplomatic corps cannot flee to Monastir. They intend to try and reach Scutari and the shores of the Adriatic via Mitrovitza, Pritzrend and

Diakovo, i.e. crossing the mountain tangle of Albania, where all the passes are already blocked by snow.

Every day Pastchich is sending a desperate, and vain, appeal to the Allies.

Thursday, October 28, 1915

Yesterday, the Russian Black Sea fleet appeared off Varna, which was bombarded for two hours. Hostilities have thus been opened between Russia the liberator and Bulgaria the felon.

Sunday, October 31, 1915

Delcassé's resignation has brought about certain changes in the composition of the French Cabinet. Viviani hands over the Presidency of the Council to Briand, who also takes the portfolio for Foreign Affairs.

Monday, November 1, 1915

On the initiative of the French Government, the three Allied Powers are negotiating with the Rumanian Government with a view to obtaining permission to send an army of 200,000 Russians by way of Moldavia and the Danube to the relief of the Serbians.

Wednesday, November 3, 1915

Replying to my urgent entreaties, the Emperor commissioned Sazonov to assure me "that he attaches as much importance as the French Government to sending an army of five corps against the Bulgarians at the earliest possible moment." The concentration of these corps has already begun. It will be pressed on with all possible speed.

The reports I am getting from General de Laguiche confirm the fact that troops are arriving systematically in the region of Kishinev and Odessa, but the difficulty of transport gives us no hope that the concentration can be completed before the beginning of November.

Thursday, November 4, 1915

Bratiano has categorically told the English minister in Bucharest that he will not allow a Russian army to cross Rumanian territory to help the Serbians. He again enumerated the general military terms that Rumania makes a condition precedent to joining our alliance eventually.

Here they are:

> *(1) An Anglo-French army of 500,000 men to be concentrated in the Balkans;*

> *(2) A Russian army of 200,000 men to be concentrated in Bessarabia;*

(3) *The Anglo-French Balkan army and the Russian Bessarabian army must attack the Bulgarians with the greatest vigor;*

(4) *The Russian armies will open a strong offensive against the Austro-Germans from the Baltic Sea to the Bukovina;*

(5) *The Rumanian army will receive from France and England, via Archangel, all the arms and munitions it needs.*

Until all five conditions have become realities, the Rumanian Government will remain neutral.

Monday, November 8, 1915

This morning, Sazonov read me a letter he has received from General Alexiev, the substance of which is as follows:

> *Judging by all the reports that have reached the imperial headquarters, the Russian army must not count on the help of the Rumanians for the time being.*
>
> *It is impossible to send a Russian army by the Danube.*

A landing at Varna or Burgas would be practicable only if the Russian fleet had Constanza as its base. The total tonnage of available shipping in Odessa and Sebastopol would only allow the transport of 20,000 men at once. Thus the troops who arrived first would be exposed to grave danger until the whole expeditionary force had disembarked.

It is thus materially impossible for Russia to assist the Serbian nation directly, but she can give them potent indirect help by resuming the offensive in Galicia.

Chapter 4

Tuesday, November 9, 1915

The gust of reaction which a month ago swept away the Minister of the Interior, Prince Stcherbatov, and the Procurator of the Holy Synod, Samarin, has just claimed a new victim. The Minister of Agriculture, Krivoshein, has been relieved of his functions on a casual suggestion of ill-health.

To his high administrative talents, Krivoshein adds something that is uncommon in Russia: the temperament of a statesman. He is unquestionably the most eminent representative of monarchical liberalism. He has fallen at the will of Rasputin, who accuses him of complicity with the revolutionaries. As a matter of fact, I doubt whether Krivoshein's constitutional ideal goes much beyond the French Charter of 1814, and I would answer for his religious fervor equally with his dynastic loyalty.

The Government, of which Goremykin is head, now counts but two ministers with liberal leanings: Sazonov and General Polivanov.

Wednesday, November 10, 1915

Of all the inconveniences and restrictions htat are the result of the war, Russian society feels none more keenly than the impossibility of going abroad. There is hardly a day on which I do not hear homesick sighs for Trouville, Cannes, Biarritz,

Spa, Bellagio, Venice, and the most bewitching of all – Paris! Of course, I have no doubt that, in private, the evil-sounding names of Carlsbad, Gastein, Homburg and Wiesbaden are added to the list.

This hankering after travel is the outcome of a strong instinct of the Russian nation – nomadism.

Among the lower classes, the instinct takes the form of vagrancy. The whole of Russia is dotted with *moujiks* who wander at will, unable to settle down anywhere. Maxim Gorky has picturesquely described the strange poetry of their character in which cynical habits of idleness, dissoluteness and theft are associated with a passion for individualism, an insatiable thirst for novelty, an exquisite feeling for nature and music, and an exalted sense of imagination and melancholy. Sometimes there is the element of mysticism. Such are those eternal pilgrims, the haggard and ragged *stranniki,* who wander ceaselessly from monastery to monastery, one sanctuary to another, begging a piece of bread "in the name of Christ."

In the case of Russians in high society, the passion for travel is only an expression of their moral unrest, and the impulse to avoid boredom, and escape from themselves. With many of them, this passion becomes a mania, a kind of itch. Their departures are always sudden, unexpected and motiveless, and it is to be supposed that they yield to an irresistible impulse. As they cannot now go west, they go to Moscow, Kiev, Finland, the Crimea or the Caucasus, and come back almost at once. I could give the names of two women who last summer suddenly departed for the monastery of Solovietsky, situated on an island in the White Sea, one hundred and sixty sea miles from Archangel, and came back a fortnight later.

Friday, November 12, 1915

Under the double-pressure of the Austro-Germans on the north, and the Bulgarians on the east, the unfortunate Serbians have been crushed, despite a heroic resistance.

On November 7, the town of Nish, Serbia's ancient metropolis and the birthplace of Constantine the Great, fell into the hands of the Bulgarians. Between Kralievo and Krujevatz, the Austro-Germans have crossed the Western Morava, capturing masses of booty at every step.

Yesterday the Anglo-French advance guard came up against the Bulgarians in the Vardar valley, near Karasu, but the intervention of the Allies in Macedonia has come too late. Before long there will be no more Serbia.

Saturday, November 13, 1915

At the club, old Prince Viazemski, an ultra-reactionary and inveterate grumbler, started talking to me about domestic politics. Of course he thoroughly approves of Krivoshein's dismissal. He thinks Russia can be saved only by a ruthless application of the creed of autocracy. I adopted an attitude of reserve.

"Of course, you must think me hopelessly behind the times," he said, "and I suspect all your sympathy is with M.

Krivoshein. But, to me, Liberals who affect to be monarchists, and are always proclaiming their loyalty, are the most dangerous of all. In the case of genuine revolutionaries at any rate, you know where you are; you see where you're going ... or will go. But these others – and whether they call themselves Progressives, Cadets or Octobrists is all the same to me – are traitors to our political system and leading us hypocritically into the revolution, which will certainly swallow them up on the first day. It will go a long way further than they think, and its horrors will be worse than anything ever known. The socialists won't get all the fun to themselves; the peasants will be in it, too. And when the *moujik*, who looks so gentle and kind, breaks loose, he becomes a savage. We shall see Pugatchev's time again. It will be ghastly! Our last chance of salvation is in reaction, I mean it! No doubt I'm shocking you by talking like this, and you're too courteous to answer, but let me just tell you all I think."

"You're right not to construe my silence as acquiescence," I said, "but you're not shocking me at all. I'm listening to you with great interest. Please go on."

"All right, I'll continue. In the West, no one knows anything about us. Tsarism is judged by the writings of our revolutionaries and novelists. People don't know that Tsarism is Russia itself. It was the tsars who made Russia, and the roughest and most ruthless of them were the best. Without Ivan the Terrible, Peter the Great and Nicholas I, there would have been no Russia. The Russian nation is the most docile of all when it is strictly ruled, but it is incapable of governing itself. The moment it is given its head, it lapses into anarchy. Our whole history is the proof of this. It needs a master, an absolute master. It walks straight only when it feels a mailed fist above its head. It finds the slightest taste of liberty intoxicating. You'll never change its nature. There are some people who get drunk on a single glass of wine. Perhaps I''s one result of the long Tartar domination, but there it is. We shall never be governed by English methods. No, Parliamentarism will never take root among us."

"What's the alternative? The knout and Siberia?"

He hesitated for a moment, then he laughed, a loud and bitter laugh.

"The knout? We got it from the Tartars, and, it's one of the best things they left us. As for Siberia, you can take my word for it that God didn't place it at the very gates of Russia for nothing."

"You remind me of an Annamite proverb I was told in Saigon many years ago. God makes the bamboo grow wherever there are Annamites. The little yellow coolies have perfectly appreciated the relationship between the bamboo stalk and their own backs. As I don't want to end our conversation with a joke, may I say that in my heart-of-hearts I very much hope to see Russia gradually adapting herself to a system of representative government on a scale commensurate with the high degree to which that form of government seems to me compatible with the temperament of the Russian nation. But, as ambassador of an Allied Power, I am no less anxious that all experiments in reform should be postponed until peace is signed, as I agree with you that, at the present time, Tsarism is the highest national expression of Russia, and her greatest force."

Sunday, November 14, 1915

From all I hear from Moscow and the provinces, the disaster to the Serbians is causing the greatest anguish to the soul of Russia, a soul that is highly responsive to the sentiments of pity and fraternity.

Apropos of this subject, Sazonov has been telling me that he had a talk yesterday with the Emperor's confessor, Father Alexander Vassiliev.

"He's a saint," he said, "with a heart of gold, and a really high and pure faith. He lives in retirement, away from the world, and spends his time in prayer. I've known him since my childhood. Yesterday, I met him at the door of the Church of the Savior and we took a turn together. He plied me with innumerable questions about Serbia. Had we left anything undone to save her? Was there still any hope of checking the invasion? Is there no means of sending fresh troops to Salonica? And so on ... As I displayed considerable surprise at his persistence, he said, 'I've no hesitation in telling you privately that our beloved Tsar is overwhelmed with grief, and almost remorse, at the misfortunes of Serbia.' "

Tuesday, November 16, 1915

During the last fortnight, the Russian Courland army has been conducting a stubborn offensive with some success in the region of Schlock, Üxkull and Dvinsk. The operation is of secondary importance only, but it compels the German General Staff to employ a large number of troops in the fighting in extremely cold weather.

Madame S...., who has just come from Üxkull, where she is in charge of a hospital, has been telling me of the patience, gentleness and resignation of the Russian wounded.

"In this," she said, "there is almost always an element of religious emotion that sometimes takes strange and utterly mystical forms. Many a time, in the case of quite untutored *moujiks*, I have been struck by their idea that their sufferings are not only an expiation of their own sins, but represent their share of responsibility for the world's sin, so that it is their duty to bear their pain as Christ bore his cross, for the redemption of humanity. If you lived with our peasants for a short time, you'd be surprised to see how thoroughly evangelical in spirit they are." With a smile, she added, "Though that doesn't prevent them from being brutal, idle, lazy, thieving, lustful, incestuous and Heaven knows what else. What a bundle of complications the Slav must seem to you!"

"Yes, as Turgueniev said, 'The Slav soul is a dark forest.' "

Sunday, November 21, 1915

Fog, snow and an atmosphere of gray melancholy ... As winter wraps Russia in her funereal shroud, men's minds become gloomy and their wills feeble. All the faces I see around me are downcast; all the talk I overhear is pessimistic.

Every conversation on the subject of the war may be summarized in the same reflection, express or implied. "What's the good of fighting on? Aren't we beaten already? How can anyone imagine we shall ever recover?"

The disease is rampant, and not only in the salons and educated circles, to which the turn of events at the front gives only too many opportunities of indulging their love of fault-finding. Judging by many symptoms, pessimism is no less rife among the working classes and the peasants.

In the case of the working men, the revolutionary virus would be enough to account for a dislike of the war and an obliteration of patriotic feeling that is equivalent to a desire for defeat. But in the case of the ignorant peasants, may it not be that pessimism has an indirect and unconscious cause that is wholly physiological: the ban on spirits? The traditional nutrition of a race cannot with impunity be changed by a sudden decree. The abuse of spirits was certainly a danger to the physical and moral health of the *moujiks*, but the fact remains that vodka constituted an important element in their diet, the nervous tonic *par excellence*, and a food that was particularly necessary, as the tissue-repairing qualities of their other foods are almost always inadequate. Ill-fed and deprived of their natural stimulant, the Russian people are increasingly sensitive to depressing influences. If the war continues much longer, they will become neurasthenic. The effect is that the great reform of August 1914 – the result of a noble impulse, and the first effects of which were so salutary – seems to be developing into an evil for Russia.

Thursday, November 25, 1915

The last act of the Serbian tragedy is approaching its epilogue. The tide of invasion has swept over and beyond the whole of her territory. The Bulgarians are already at the gates of Prizrend. Exhausted by its heroic efforts, Marshal Putnik's little army is retreating to the Adriatic through the Albanian mountains, over bottomless roads, surrounded by hostile tribes, and in blinding snowstorms. Thus in less than six weeks the German General Staff has carried out its plan of opening up a direct route between Germany and Turkey through Serbia and Bulgaria.

By way of relieving his conscience [*pro remedio animæ suæ*], Emperor Nicholas has ordered a sustained attack on the Austrians in Volhynia, near Tsartorysk, but it has had no result.

Friday, November 26, 1915

Financial circles in Petrograd are in continuous communication with Germany through Sweden, and all their views on the war are inspired by Berlin.

The thesis they have been expounding during the last few weeks bears a thoroughly German stamp. We must see things as they are, they say. The two groups of belligerents must realize that neither will ever succeed in vanquishing and really crushing the other. The war will inevitably end in arrangements and a compromise. In that case, the sooner it ends the better. If hostilities continue, the Austro-Germans will organize an enormous fortified line round their present conquests, and make it impregnable. So, in future, let us give up these futile offensives. With the inviolable protection of their trenches, they will patiently wait until their disheartened adversaries moderate their demands. Thus peace will inevitably be negotiated on the basis of territorial pledges.

When I hear arguments of this kind, I never fail to reply that it is our enemies' vital interest to obtain a swift conclusion, because, when all is said and done, their material resources are limited, while ours are practically inexhaustible. In any case, the German General Staff is condemned by its theories to persevere with an offensive strategy, and strive, at any cost and without rest or respite, for sensational and decisive results. Its concern for its own prestige urges it in that direction no less than its military principles. And even if it were not so, would not elementary reason refuse to allow that a struggle that has set in motion such mighty forces, and is increasing in scale every day, can end with a diplomatic compromise? This war is not simply a matter of two groups of states in conflict; it is even more than antagonism between races. It is a struggle between two political dogmas, two tendencies of the human spirit, two conceptions of human life. It is a duel to the death.

I was discussing these questions with Putilov, the great metallurgist and financier. He said to me, "But, in that case, the war may go on for years yet."

"I'm very much afraid so."

"Do you believe in our victory?"

"Absolutely."

After a long pause for reflection, during which a strange light shone in his steel-gray eyes, he resumed in a gloomy tone.

"What your argument comes to is this, Ambassador: that time is on our side. I wouldn't be too certain of that, at any rate insofar as Russia is concerned. I know my countrymen – they tire very quickly. They're getting exasperated with this war. They won't stand it much longer."

"You don't hope to see a repetition of the miracle of 1812?"

"Why, the 1812 campaign was very short. Six months at the outside. If I remember rightly, the French crossed the Niemen on June 25. On November 25, they re-crossed the Berezina, and a few weeks later they were all out of Russia. For the rest of the war we had only to harvest the fruits of our victory. It's easy enough to persevere when you're winning. If our troops were now fighting on the Elbe, or even on the Oder, instead of holding their own – and even that with difficulty – on the Dvina and the Styr, it would not alarm me to admit that the war may go on for years yet."

Sunday, November 28, 1915

When Bulgaria declared war on Serbia, Savinsky, the Russian Minister in Sofia, was confined to bed by a severe attack of appendicitis. He only left the Bulgarian capital quite recently. He arrived in Petrograd yesterday and came to see me this afternoon. I have known him for a long time.

He has a subtle, adaptable and attractive personality, possesses all the qualities requisite to make Tsar Ferdinand like him, and has succeeded in that respect, at any rate so far as personal feeling goes.

He has been telling me of the crisis of last September and his impotent rage at being nailed to his bed by pain and fever at such a vital moment. When the rupture between Bulgaria and Serbia had become final, Tsar Ferdinand suddenly appeared in the Russian Legation without even announcing his visit, so that Savinsky had no chance of avoiding it.

The Tsar, grave and pompous, with his tightly-drawn lips and piercing eyes under half-closed lids, made a great show of controlling his emotions – emotions that were not all comic – and began by bewailing the melancholy duties of his position to the accompaniment of deep sighs.

As usual, he turned the infamy of his behavior to his own glorification. Once again he had sacrificed himself to the welfare of his people. No one would ever know how much it had cost him to bow to reasons of State! Then, as if perhaps already preparing to betray his new allies, he spoke of his distrust of Austria and Germany. For thirty years the Hohenzollerns and Hapsburgs had made him the object of their hatred. He would never forgive them. But what of it? His conscience, as the supreme head of the State, had compelled him to side with the Teutonic empires. Later on, men would do him justice.

After a long pause, he wound up with his most sibylline air. "When I leave this world's stage, or that of the Balkans, the gulf that has just opened between my people and the Russian people will fill up as if by magic."

Thereupon he raised himself to his full height, shook Savinsky's hand, and withdrew with a slow and solemn step that was the very essence of pride.

Monday, November 29, 1915

I could never have believed that two great countries could know and think so little of each other as Russia and the United States. As types of humanity, the Russian and the American are the very antithesis of each other. In everything – politics, religion, ethics, intellectual culture, imaginative and emotional manifestations, temperamental characteristics, general views on life – they are poles apart, and a striking contrast.

The Russian's will is always passive and unstable. Moral discipline is unknown to him, and he is never happy save in dreamland. The American has a positive and practical mind, a sense of duty and a passion for work.

To Russian society, the United States appears a selfish, prosaic and barbarous nation, without traditions or dignity, the natural home of democracy and the natural refuge of Jews and nihilists. In the eyes of the American, Russia is simply the iniquities of Tsarism, the atrocities of anti-Semitism, and the ignorance and drunkenness of the *moujiks*.

In contrast to the experience of England, France and Germany, it is very uncommon for Russians to marry American women. I can only think of three in the circles in which I move: Prince Sergei Bielosselsky, Prince Cantacuzene Speransky and Count Nostitz.

The result is that America hardly ever enters into the calculations of the Imperial Government, or crosses the mind of Russian statesmen. That the United States may one day be called upon to play an outstanding, and perhaps decisive, part when the time for peace comes, and exhausted Europe can no longer continue the struggle, is an idea that has never entered anyone's head here, and even Sazonov is reluctant to contemplate the prospect.

In any case, if I am to believe what Princess Cantacuzene Speransky, a daughter of General Grant, tells me (she had letters from New York only yesterday), the democracy of America still seems very far from appreciating that the future of civilization is involved in the struggle by which the Old World is torn. On the Atlantic coast, eyes are beginning to open and consciences to awaken, but beyond the Alleghany Mountains public opinion unanimously demands the maintenance of neutrality. The whole of the Mid-West and Far-West remains faithful to the narrow materialism of Jefferson and Munroe.

Tuesday, November 30, 1915

One of the moral characteristics I am always noticing in the Russians is the readiness with which they accept defeat, and the resigned way in which they bow before the blows of fortune. Often enough they do not even wait for the decrees of fate to be pronounced, but submit and adapt themselves accordingly, by anticipation, so to speak.

This inborn tendency gave the novelist Andreiev his inspiration for a novel I have just been reading, a novel that is instinct with very remarkable realism, 'The Governor.'

One day this high official had to suppress a rising. He performed this task in a manner he considered demanded by his professional duty, in other words, with ruthless severity. Blood flowed in torrents. Forty-seven people were killed, including nine women and three children; and two hundred wounded were taken to hospital. Immediately after this tragedy, the Governor was warmly congratulated for his energy and official channels bestowed on him the most flattering compliments. But all this evidence of approval left him cold as he was obsessed by memories of the tragic day. Not that he felt any remorse: his conscience did not trouble him in the least; what he had done he would do again. His obsession was simply physical: he was always seeing a vision of the dead and wounded lying in the square.

Then his daily post began to bring him anonymous letters containing curses or threats. He was called a murderer of women and children. In one letter it was written, 'I dreamed tonight of your funeral. You have not long to live.' From another he learned that a revolutionary tribunal had condemned him to death. Thus the idea of his approaching end gradually seized firm hold of his mind.

"I'll be killed by a bullet from a revolver," he told himself. "No one in our little town knows how to make bombs. They

131

are kept for the really big men in Saint Petersburg and Moscow."

He had no doubt now that he would fall under the bullet of an anarchist, and in feverish impatience awaited the inevitable end. He did not even try to protect himself. What was the use?

When he was out driving he sent away his Cossack escort, and on his walks he would not allow his detectives to follow him. Every night he would say, "Tomorrow's the day."

He imagined the inevitable scene in store for him as the essence of simplicity. "Someone will fire at me. I shall fall. Then there'll be my funeral, with much pomp. My decorations will be carried behind my coffin. And that's all!"

Obsessed by these sinister expectations, he automatically regulated his life as if he were helping Fate in its task. Every day he took his walk in the deserted quarters or mean streets. He would wander about, easily recognizable by his height and his general's cap, his gold epaulettes and a heavy, crimson-lined cloak. He never turned his head to look behind or aside. He walked straight on, without regard for ruts and puddles, with a bold, firm stride, 'like a corpse seeking its tomb.'

There came a rainy October morning when he was passing through a narrow lane with building land and a number of hovels on either side. Suddenly, two men emerged from behind a fence, and called out, "Your Excellency!"

"Well, what do you want?"

But even then he understood. Without shouting out or making any attempt to escape, he stopped and faced his assailants. Three revolver bullets struck him down.

I am told that this story is simply a literary transcription of an actual incident. On May 19, 1903, General Bogdanovitch, the Governor of Ufa, was suddenly accosted in a deserted path in the public gardens by three men who fired at him at point-blank range. Among those he governed he had gained a reputation for justice and kindness, but on the previous March 23rd, he had felt obliged to suppress a workmen's riot, and there had been a hundred victims. After this tragic occurrence, Bogdanovitch was haunted by evil presentiments and, stricken with grief, simply lived in resigned expectation of his own assassination.

Wednesday, December 1, 1915

I have often been struck by the strange and close affinity between the temperament of the Slavs and that of the Celtic races, the Bretons of Armorica, the Welsh and the Irish.

They display most of the characteristics catalogued by Renan in his fine study on the 'Poetry of the Celtic Races.'

I note certain features:

> Nowhere else does the eternal illusion deck itself out in such seductive colors. In the great concert of the human species, no family produces music that goes so straight to the heart.

The Cymric race, proud but timid, strong in imagination, weak in action ... Always behind the times.

At no stage has it shown any aptitude for political life. It would seem that the peoples of which it is composed are incapable, unaided, of progress.

Endowed with but little initiative, they soon believe in the remorseless march of destiny and humbly accept it. Hence their melancholy.

If we divide nations into sexes, as in the case of individuals, it could be said without hesitation that the Celtic race is essentially feminine.

The Russians themselves have frequently admitted their lack of capacity for progress. Around 1880, that original and powerful thinker, Chadaiev, wrote of Peter the Great, "A great man threw us the cloak of civilization. We picked up the cloak, but we did not touch the civilization. Isolated in the world, we have given it nothing and taken nothing from it. We have not added one idea to the treasure of human ideals; and we have not contributed in the slightest degree to the advancement of human reason. In our blood, there is a morbid element that makes us proof against progress in any form."

In some ways, too, there are some remarkable coincidences between the work of Russian imagination and that of the Celts. An old legend, well known in Brittany, talks of a fabled city, the city of Is, that is said to have been engulfed by the sea in very remote times. On certain days fishermen believe they can identify beneath the waves the roofs and towers of the vanished city, which carried all the mysterious dreams of the race with it in its disappearance.

The Russians, too, have their Atlantide, the invisible city of Kitej. It lies beneath the waters of Lake Svetloyar. He who sails upon those waters, provided he is pure of heart, can make out the golden cupolas of the churches and even hear the sound of bells. There dwell the saints, peacefully awaiting Christ's second coming and the proclamation of the eternal gospel.

Thursday, December 2, 1915

I have been discussing domestic politics with S....., a great landed proprietor and member of his provincial *Zemstvo*. He is a man of broad views, far-sighted, and has always taken an interest in the life of the *moujiks*.

We began to talk about religious questions, and I told him frankly how surprised I was to discover, from many sources, how greatly the Russian clergy had fallen in the estimation of the masses.

After a moment's hesitation, S..... replied, "It's the fault of Peter the Great – and an unpardonable fault."

"How's that?2

"You know that Peter the Great abolished the patriarchal throne of Moscow and replaced it with a bastard institution, the Holy Synod. His object, which he did not conceal, was to make the Orthodox Church his tool. His success was only too great. Thanks to this system of despotism, the Church has not only lost its reputation and credit, but is now half-strangled in the grip of the bureaucracy. Its life is flickering out day by day. The humble classes are coming to regard its priests as officials, *tchinovniks*, policemen, from whom they scornfully keep apart. The clergy, for their part, are becoming a closed caste, without prestige or education, and out of touch with the great currents of the century. Meanwhile, the upper classes are becoming indifferent to religion, and those with leanings towards asceticism or mysticism seek satisfaction in the aberrations of the sects. Before long, the official Church will have nothing but its formalism, its rites, sumptuous ceremonies and matchless anthems. It will be a body without a soul."

"In a word," I said to S...., "Peter the Great's idea of the functions of his metropolitans was the same as Napoleon's of his archbishops when he told the Council of State to its face, 'Why, an archbishop is a Prefect of Police as well!' "

"Quite so."

By way of throwing further light on the conversation I have just recorded, I will give a few details of the moral and material circumstances of the Russian clergy in country districts.

The village priest, the *sviatchenik*, or, more popularly, *batiushka*, is almost always the son of a priest, and therefore a member of the priestly caste by birth. He is obliged to marry before ordination – celibacy is confined to monks – and usually marries the daughter of a priest. The marriage is the final step that incorporates him in his caste, but it is another barrier between him and the peasantry.

The performance of his parochial duties makes very little demand on his time. Only on Sundays and holidays is mass celebrated. The reading of the breviary is not compulsory. He takes confession barely once a year, as the Russians receive the sacrament at Easter only, and then only after a very sketchy confession and a rambling outpouring of repentance that the sinners mutter as they pass in single file before the priest in a corner of the church. Nor does the *sviatchenik* know the labor of preparing children for their first communion, as they receive the Eucharist as soon as they are baptized. Lastly, it is contrary to custom for him to interfere in the private life of his parishioners by advising them in matters of morals or conscience.

His sole task is to take the services, teach the catechism, and administer the sacraments. With these exceptions, he has no spiritual duties.

In the intellectual sphere, he has even less to occupy him as he is without books, newspapers and reviews, or the means of procuring them.

His chief occupation is the cultivation of the small plot of ground allotted to him by the commune. He has to work hard on it, as generally-speaking he receives no stipend and his fees are insignificant. In increasing these perquisites, or even securing the normal tolls, he is in perpetual conflict with the *moujiks*. Every marriage, baptism, communion, extreme unction or burial, and every time he blesses a field or an *isba*, means disputes and haggling in which his priestly dignity suffers greatly. It is quite usual for the priest to hear himself called "criminal," "thief," "drunkard" and "debauchee," and even blows are not spared him. In many villages, his ignorance, idleness, evil-living and degradation have lost him every vestige of respect.

Yet, for all that, the necessity for the priestly ministry is recognized by all the peasants. Is not a specialist required to baptize the children, to say mass (so complicated a service), to bury the dead, and to plead with God for rain or drought? The *sviatcbenik* is this indispensable intermediary and intercessor.

The novelist Glieb Uspensky, who died in 1902 and has left us so remarkable an analysis of the peasants and so vivid a picture of their ways, puts the following words into the mouth of one of his characters: "The *moujik* commits sins from which neither the publican nor the Chief of Police, nor the Governor himself can absolve him. A priest is necessary. A priest is also required when the Lord sends a fine harvest and the peasant desires to thank him by lighting a candle. Where is he to show his candle? At the post office or the mayor's office? Not at all, but in the church. Of course, there's not much to be said for our priest – he is always drunk. But what does that matter? The postmaster is a drunkard too, but it's he who sends the letters."

Friday, December 3, 1915

I called on Madame S…. for tea rather late this evening. Her company numbered about a dozen. Conversation was general and very lively. The subjects of discussion were spiritualism, ghosts, palmistry, divination, telepathy, the transmigration of souls, and sorcery. Nearly every man and woman present told some personal anecdote or incident received from direct tradition. These agitating problems had been warmly debated for two hours already, so, after smoking a cigarette, I retired, as once a conversation of this kind is in full swing it may last until morning.

Like all primitive races, the Russians are fascinated by the marvelous and have an intense craze for the unknown. The Russian mind takes pleasure in imaginary space only, and has no real interest m anything save the supernatural and invisible, the unreal and monstrous.

If I had to illustrate the fleeting impressions I brought away with me from this room, I should give a rough sketch of the only person who said nothing, a lady whose silence greatly struck me – Madame B….. Twenty-eight years of age at most, and very quietly dressed in black satin, she half-sat and half-lay on a sofa, cross-legged, and did not move as she listened with a sort of hypnotic intentness. A lamp on a table at her side threw into relief her face with its delicate, irregular features, short nose, strong, bony jaw, pale olive cheeks, parted lips, and blue, remote eyes that seemed fixed on some vague and distant vision. Her hands were on the sofa, hanging loose and limp as if they were simply the ends of her arms. Every now and then she shivered slightly. Then she fell back into her state of trance.

Saturday, December 4, 1915

A serious dispute has arisen between the cabinets of Paris and London on the subject of our military enterprises in the East.

The British Government thinks we have lost the game in the Dardanelles and Macedonia. Its conclusion is that we must withdraw our troops as soon as possible, to protect Egypt against an attack in the near future by occupying Northern Syria and the Suez Canal in force. Lord Kitchener is giving these views the full weight of his support.

Briand recognizes that we can serve no useful purpose now by clinging onto the Dardanelles, but he will not hear of an expedition to Syria or the evacuation of Salonica. He rightly thinks that, in a war in which attrition is one of the main elements of the ultimate result, we should be making an enormous mistake to lose thousands of men in fighting Arabs and Turks, while Germany husbands her own resources with a view to undertaking a decisive operation on the Western front at a favorable moment. We will not hear of our abandoning the Salonica expedition. He has commissioned me to win the Russian Government over to his views.

I have just had a long discussion on the matter with Sazonov.

"If we evacuate Salonica," I said, "Greece and Rumania will be without support against German pressure and will immediately take sides against us. The Serbians, seeing themselves abandoned, will lose heart and make their submission to the Teutonic empires. Bulgaria, too, will have no further obstacle to the satisfaction of her territorial appetite. She won't be satisfied with the annexation of Macedonia, but will go further and dismember Serbia. For all these reasons we must hold Salonica, even at the cost of the heaviest of sacrifices."

Impressed by these arguments, Sazonov told me that he is in agreement with Briand's view and will try and secure its adoption by London.

Senator Doumer, ex-Minister and ex-Governor-General of Indo-China, arrived in Petrograd tonight, via Finland, on an official mission.

He has been describing our military situation to me in somber colors, emphasizing our enormous losses.

His conclusion was, "To bring our armies up to strength, Russia must let us draw on her immense reserves. She can easily give us 400,000 men. I've come to ask her for them. Their transport must begin on January 10."

I immediately pointed out the difficulty of navigation in the White Sea, which is blocked with ice. I also drew his attention to the fact that the estuary of the Dvina is frozen for a hundred kilometers below Archangel. Thus the troops to be embarked will have to march four or five days over the ice in forty degrees of frost and total darkness. It will be necessary to provide a proper line of communications with barracks, rations, fuel, etc. Lastly, there are no ships adapted for use as troop transports. Everything – sleeping arrangements, lighting, heating – will have to be improvised.

"With a little good will, all these obstacles will be surmounted," he said.

Other objections occurred to me.

"The man-power question is as critical in Russia, as in France. The only difference is that it takes another form. Admittedly the human resources are colossal compared with those of France, but Russia does not gain any advantage from them. What counts in war is not the capacity of the reservoir, but its effective outflow. It's not merely the number of men, but the total number of trained men. In this respect, the Western powers are much more favorably placed than Russia, where military training is extremely slow because there are few non-commissioned officers, and nine-tenths of the recruits cannot read or write. Thus the Russian army has great difficulty in making good its losses, which incidentally are considerably greater than ours. Besides, the *moujik* is hopeless when he is transplanted and cannot feel that he has Russian soil under is feet and his *isba* behind him. He hasn't enough intelligence or education to take in the idea of community of interest that unites the Allies, or to realize that, even when he goes to fight in a distant country, it is still his own native land that he is defending. With his childish and dreamy mind, he will be utterly lost among our energetic, quick-witted and critical races. Lastly, there's a tactical objection that prevents me from contemplating the employment of a Russian contingent in France without misgiving. On the battlefield, the Russians attach but small importance to ground. The moment a force finds itself somewhat pressed by the enemy, it retires, not through any lack of moral courage, but simply to secure a less exposed situation in the rear. Thus, during an action, regiments and batteries can be seen retiring three or four kilometers voluntarily, although their capacity for resistance is still far from exhausted. The higher staffs employ the same maneuver on the same scale. Immediately after an unsuccessful operation, it is not uncommon to see an army, or even an army group, retreat more than a hundred kilometers. In view of the colossal area of Russia, retreats on this scale are in no way remarkable, and these are the tactics of 1812. But what would they mean in France, where every inch of ground is furiously disputed and the Boches are only sixty kilometers from Calais, forty from Amiens, twenty-five from Châlons and eighty from Paris?"

My arguments do not seem to have shaken Doumer, *tenacem proposite virum*, so all I can do is to support him vigorously in his task. This afternoon I introduced him to Goremykin, Sazonov and General Polivanov.

Sunday, December 5, 1915

No society is so prone to boredom as Russian society. None pays so heavy a tribute to this moral scourge. I notice it every day.

Indolence, lassitude, torpor, bewilderment; weary gestures and yawns; sudden starts and impulses; an extraordinary facility for easily tiring of everything; an insatiable appetite for change; a perpetual craving for amusement and sensation; gross extravagance; a taste for the freakish, and showy and crazy excesses; a horror of solitude; the perpetual exchange of purposeless visits and pointless telephone calls; fantastic immoderation in religious fervor and good works; facile indulgence in morbid imaginings and gloomy presentiments.

All these characteristics of temperament and behavior are only the manifold manifestations of mental listlessness.

But, in contrast to what occurs in our Western societies, Russian boredom strikes me as usually irrational and subconscious. Its victims do not analyze or discuss it. They do not linger, like the disciples of Chateaubriand and Byron, or Senancour and Amiel, to meditate on the incomprehensible mystery of life and the futility of human effort. From their melancholy they do not derive the joy of pride or poetry. Their infirmity is much less intellectual than organic. It is a state of vague unrest and latent, empty gloom.

Monday, December 6, 1915

Today I gave a luncheon in Doume''s honor and invited Sazonov, General Polivanov, Bark, Admiral Grigorovitch, Trepov, Sir George Buchanan and others.

Doumer said on his arrival, "My negotiations are making wonderful progress. I've had a splendid reception from all the ministers. Here and there I have met with certain objections, but none of them is final, and I think my demands are admitted in principle. However, it's for the Tsar alone to decide. He's to receive me tomorrow. I am hoping to settle the matter at once."

While congratulating him, I put him on his guard against the facility with which the Russians seem to acquiesce straight off in everything proposed to them. It is not duplicity on their part, far from it, but their first impressions are usually inspired by their feelings of sympathy, a desire to please, the fact that they hardly ever have a strong sense of reality, and the receptivity of their minds that makes them extremely impressionable. The mental reaction, and the process of resistance and refutation, only come a long time afterwards.

My other guests then arrived.

Luncheon was a lively affair. Of course, we only talked about the war, in a spirit of perfect confidence and cordiality. Doumer's whole personality breathes courage and energy, and it made the best possible impression.

Tuesday, December 7, 1915

Doumer was presented to the Emperor this morning and had a very kind reception. Nicholas II readily admitted that it is important for the closest collaboration to be established between the French and Russian armies. As regards the actual practical steps to be taken, he has reserved his decision until after a conference he is to have with General Alexeiev in the near future.

One of the most disquieting symptoms at the present moment is the open opposition of the bureaucracy to all the innovations dictated by the war.

It is mainly against the Union of *Zemstvos* and the Union of Towns that the hostility of the *tchinovniks* is directed. In vain have these great public bodies made innumerable efforts to co-operate in supplying the armies and civil population, co-ordinating the activities of the industrial committees and co-operative societies, remedying the food shortage, developing the Red Cross services, assisting refugees, etc. The administrative authorities obstruct and oppose everything, by purpose and design. The Unions are the bête-noire of the bureaucrats because they see in them, not without reason, the germ of provincial and municipal self-government. The Russian bureaucracy seems to have taken as its motto, "Let Russia perish, but not my principles!"

As if it would not be the first to be involved in her fall.

Saturday, December 11, 1915

I will give certain statistics relating to the Russian forces:

(1) Infantry: The present strength at the front is 1,360,000 men, of whom 160,000 are without rifles;

146

(2) *Artillery: The combatant armies have 3,750 field guns and 250 mountain guns, each piece supplied with 550 rounds. The heavy artillery consists of 650 guns, with a supply of 260 rounds apiece;*

(3) *Rifles: If the consignments in progress materialize without accident, we may hope that, between now and January 15, the Russian armies will receive 400,000 rifles, and 200,000 more the following month. It will thus have 1,800,000 rifles by the 15th February;*

(4) *Artillery ammunition: Production is making constant progress. The daily output, which did not exceed 14,000 last May, is now 59,000. It will reach 84,000 by January 15 and 122,000 by March.*

Sunday, December 12, 1915

When with Princess G….. for tea today, I met B….., who was in a pessimistic and sarcastic mood.

"This war will end like 'Boris Godunov,' " he cried. "You know it, of course – Moussorgsky's opera …"

At the mention of 'Boris Godunov,' the impressive figure of Shaliapin rose before my eyes, but I tried in vain to grasp the allusion to the present war.

B….. continued, "Don't you remember the two last scenes? Boris, devoured by remorse, has become mad and the victim of hallucinations, and is telling his *boyars* that he is about to die. He gives orders that a monk's robe is to be brought to him, in which he will be buried, as was then the custom with dying tsars. The bells immediately toll, candles are lit, priests chant the funeral service. Boris dies. The moment the breath is out of his body, the people revolt. The usurper, the false Dimitry, appears on horseback. A yelling crowd follows him to the Kremlin. The only person left on the stage is an aged beggar, an idiot, a *yurodivi*, who sings, 'Weep, oh my holy, orthodox Russia. Weep, for you are about to be plunged into darkness!' "

"That's a cheering prophecy!" I commented.

With a bitter, cynical laugh, he replied, "Oh, we're in for much worse things than that."

"Worse than in Boris Godunov's time?"

"Yes, we shan't even have the usurper. We shall only have the people in revolt and the *yurodivi*. There'll be lots of *yurodivis*. We are not behind our ancestors in the mysticism line."

The novelist Chekhov, the discerning author of the *'Moujiks,'* described very accurately the Russian trick of adopting an ironic and cynical tone in the face of adversity. He makes one of his characters, who has been banished to the depths of Siberia, say, "When Fate is unkind to you, despise her and laugh at her, otherwise she will only laugh at you."

Monday, December 13, 1915

Over the last few days, our Near-East army has suffered a serious reverse on the banks of the Tcherna, an important river of Macedonia that flows through the Monastir district and joins the Vardar. We have now lost our last foothold in Macedonia, and the communiqué of the Bulgarian General Staff unfortunately has the right to run like this:

> *To the Bulgarian army and nation, December 12, 1915, will always be a memorable date. On that day our army occupied the last three Macedonian towns still in the enemy's hands – Doiran, Guevgheli and Sturga. The last battles with the French, English and Serbians took place on the shores of Lake Doiran and near Ochrida. The enemy has been driven back at all points: Macedonia is free; there is not a single enemy soldier on her soil.*

Thursday, December 16, 1915

"France is letting Russia carry the whole burden of the war."

This is a charge I hear repeated from time to time with a persistence and spontaneity that in themselves would be quite enough to betray a theme of German propaganda.

But, for some time now, I have been observing an ingenious variation on this theme. "France ought to remember how kind Tsar Alexander III was to her twenty years ago, when she came to beg an alliance with Russia. At that time France had lost all respect in the world. She was isolated, weak and discredited. No one was willing to be associated or linked with her. It was Russia who then raised her up out of the mire by accepting an a alliance with her."

Whenever I have an opportunity, I immediately refute this calumny, which is an historic error. I have just been thrashing it out, as between friends of course, with certain people whose faith called for enlightenment. Grand Duke Nicholas Michailovitch was listening to us, and he gave me an approving smile.

France never begged, or even asked for, an alliance with Russia. In every phase of the negotiations, all the approaches came from Russia alone. It was Tsar Alexander III who initiated the first conversations.

In March 1891, the ill-timed visit of the wife of Emperor Frederick to Paris had produced dangerously strained relations between France and Germany. On March 9, Baron von Mohrenheim, the ambassador to Paris, came to Ribot, who was then Minister for Foreign Affairs, to read him a letter from Giers that had been written according to the Emperor's orders, and told him that "the closest agreement between Russia and France was necessary for the maintenance of a proper balance of power in Europe."

Such was the prelude.

The diplomats set to work at once. On August 27, Ribot and Mohrenheim enunciated the principle of the alliance by signing an agreement by the terms of which France and Russia undertook to confer together on all questions likely to compromise the peace of the world, and the measures that the danger of war might compel the two Governments to adopt in concert. In this spirit the French and Russian General Staffs drew up a military agreement that was signed on August 17, 1892, by General de Boisdeffre and General Obrutchev.

But there was then a long hiatus in the negotiations. Before becoming effective, the military agreement was to be ratified by the two governments, but when on the point of taking the final step, Alexander III seemed to hesitate.

The Panama Affair had just opened an era of notorious scandals in France. The whole of monarchical Europe rejoiced to see us thus exhibiting our social sores. To make things worse, at the Palais Bourbon, the ministers were tearing each other to pieces. Our political structure seemed in the throes of disintegration. To an autocratic tsar, it was a serious step to contract a marriage with so turbulent and discredited a republic. Alexander III decided to play for time. Nothing more was said about an alliance. Months passed.

However, this situation could not continue indefinitely. On December 5, 1893, Casimir-Perier, who had just become President of the Council and Minister for Foreign Affairs, came to the conclusion that the interests and dignity of France could not allow him to wait for Russia's decision any longer. I was then his Chef de Cabinet, and I remember how the fiber of national pride stirred in him when I communicated the contents of the file to him. With his straightforward and downright temperament, he would not hear of negotiations of such importance remaining in abeyance for sixteen months, and he kept on saying, "I'm not going to let anyone treat me like that. If the Tsar doesn't want our alliance now, let him say so. We'll look out for allies elsewhere."

He immediately sent for our ambassador, the Comte de Montebello, who was then in Paris on a leave that was about to expire. I was present during their conversation.

Casimir-Perier was very peremptory. "The moment you get back to Petrograd, you will ask for an audience with the Emperor and induce him to declare himself. I'll allow you all the discretion you think necessary as to the terms you use, but I must have a clear and definite answer."

Montebello, the incarnation of experience and cool wisdom, explained that he was absolutely sure of the friendly feelings of Alexander III towards us, and that it would be a grievous error to appear to doubt them. He added that he should regard it as highly advantageous for the future if Russia took the initiative in bringing the negotiations to a conclusion, just as she had brought about the first conversations in March, 1891. "In that way, no one could ever say that we have asked for anything."

Casimir-Perier yielded to the force of this argument.

The moment he returned, Montebello asked for an audience with the Emperor. As usual, the sovereign gave him the kindest of receptions, but Alexander III made no allusion whatever to the scheme for an alliance. Montebello adhered firmly to his waiting policy. In Paris, Casimir-Perier's nerves were on edge. His pleasure was all the greater when, on January 1, 1894, a telegram told him that the Emperor, on his own initiative, had ordered his Foreign Minister, Giers, to ratify the military agreement. When sending us the formal ratifications on January 8, Montebello could repeat, and with justice, his previous phrase, "So no one can ever say we have asked for anything."

Tuesday, December 21, 1915

I commented recently on the important part that mystical communities play in the religious life of the Russian nation. I will give certain details about one of them, the sect of the Skoptzy, or "self-mutilators," that is one of the most curious and ineradicable.

It professes the same spiritualistic doctrines as the Khlisty, but whereas the "flagellants" try to subdue the flesh by exhausting it, the Skoptzy get rid of sexual sin once and for all by physical mutilation.

The founder of the sect was a humble *moujik*, Andrew Ivanovitch, who was born around 1730 near Orel. On his simple and harassed soul certain words of Christ had produced an extraordinary impression. "There are eunuchs who are born as such in their mother's womb; others there are who have become as such by the act of man; but there are also those who have made themselves eunuchs with their own hand, so that they may enter the Kingdom of Heaven … Wherefore, if thy hand or thy foot offend thee, cut them off and cast them from thee. It is better for thee to enter into life halt or maimed, rather than having two hands or two feet to be cast into everlasting fire. Blessed are the barren and the wombs that never bare, and the paps which never gave suck."

Andrew Ivanovitch was so intensely impressed by these words, and regarded them as so plain an assurance of salvation, that he deprived himself with his own hand of the means of satisfying the accursed needs of the flesh in future.

As there is no aberration that is not contagious to the Slav mind, the new eunuch immediately found twelve disciples whom he castrated in the name of Christ and the Holy Spirit. One of them, Kondrati Selivanov, who had a remarkable gift of persuasive eloquence, made himself the apostle of this creed. He saw confirmation of the precepts of the gospel in the divine promises transmitted to us by the prophet Isaiah: "For thus saith the Lord unto the eunuchs that keep my sabbaths, and choose the things that please me, and take hold of my covenant. Even unto them will I give in mine house and within my walls a place and a name better than of sons and of daughters. I will give them an everlasting name, that shall not be cut off."

He went from town to town – Tambov, Tula, Riazan, Moscow – preaching the necessity of escaping the devilish snares of the flesh by a physical sacrifice. Everywhere he made converts. His propaganda soon assumed such proportions that the Government had the heretics arrested and in 1774 sent them to the penal settlement at Irkutsk.

Andrew Ivanovitch died shortly afterwards, leaving nothing but a dim tradition behind him. For Selivanov, on the other hand, a period of prodigious and legendary activity began.

A rumor spread that he was the Savior himself, the actual reincarnation of Jesus Christ. There was also another legend. It was alleged that Tsar Peter III had secretly escaped the blows of his assassins and was going about disguised under the armiak of the convict mystic. In dark corners of churches and monasteries, an even more extraordinary story was whispered. The unhappy Peter Feodorovitch was not the son of Anna Petrovna, but through the intervention of the Holy Spirit, he had been miraculously conceived in the womb of his aunt, Empress Elizabeth, who had always been a virgin, notwithstanding all the notorious facts that seemed to indicate the contrary. A devotee of chastity, it was only with the most intense reluctance that he had consented to enter into the sacrament of marriage. The test had been too much for his strength. The moment his son Paul was born, he had castrated himself to escape the amorous fury of his wife, Catherine, who, in her disappointed rage, had had him assassinated.

This fantastic story came to the ears of Paul I. His mind was already unhinged and it received a terrible shock. He was anxious to know Selivanov, and gave orders that he was to be brought back from Siberia at once. The murder on the night of March 23, 1801, prevented the meeting between the two madmen, but Alexander I returned to his father's scheme. He had a long talk with the Skopetz, showed him the greatest kindness, and found him a place of refuge. Subsequently, Madame de Krudener occasionally consulted the holy eunuch.

The sect then passed through great days. Among its neophytes could be found *boyars*, high officials, officers of the Court and society women.

Yet for all his sympathy with the Christ-Skopetz, Emperor Alexander soon found himself compelled to take repressive measures. In 1820, Selivanov was confined in the ecclesiastical prison of the monastery of Saint Euphemius at Suzdal. The detailed and repeated instructions of the Minister of the Interior, Count Kotchubey, prescribed that the prisoner was to be subjected to a regime of the greatest secrecy: all correspondence was forbidden; no one was allowed to see him, except three guards selected expressly for their fidelity; he was not permitted to borrow books or have paper, ink or a pen; his name must never be uttered. On the registers and in official reports, he was described simply as "the old man." But, notwithstanding all these precautions, his disciples succeeded in discovering his retreat and attempted several times, but in vain, to get a message of hope through to him. Selivanov suffered this harsh treatment up to the last moment of his life. He died in 1837.

In the reign of Nicholas I, the police took measures of the greatest severity against the Skoptzy. They were persecuted in every possible way: publicly whipped; confined in the penitentiary monasteries of Saint Prilutsk at Vologda, Troitzky, Selengisky near Lake Baïkal, and Solovietzky in the middle of the White Sea; enrolled in the disciplinary companies in the Caucasus; deported to the depths of Eastern Siberia; and condemned to work in the mines in the Urals. It was all in vain. The halo of martyrdom made an apostle of every victim. To their terrible heresy they converted the prisoners, convicts, deportees, and even the monks, among whom they were compelled to live.

In the years that followed the abolition of serfdom, the imperial police gradually relaxed their severity towards the Skoptzy. They only intervened in particularly scandalous cases, such as when the self-mutilators used force towards young persons or the operation had fatal results.

Since that time, nothing much has been heard of the sect. The number of its adherents is reckoned at a few thousand. They are to be found mainly in the region of Moscow, Orel, Tula and the Southern Ukraine. The center of their faith and propaganda, their mystical Jerusalem, is Sosnova, between Tambov and Morchansk.

The physical act by which adherence to the sect is signified dominates and summarizes the whole religious life of the Skoptzy. Their spiritual and liturgical hierarchy is regulated solely by the importance of physical mutilations. The "brothers" and "sisters" who have consented to the complete removal of the organs, and thus destroyed "all the receptacles of the Devil," physically speaking, are styled "white lambs" and "white doves"; their flesh, purified once and for all, is glorified in bearing the "great imperial seal." The half-hearted among them, those who have only consented to a partial operation, continue to remain exposed to certain attacks of the demon and bear only the "minor seal" on the scars of their imperfect lesions.

It is a principle with the Skoptzy to assemble at night, "in imitation of Our Lord Jesus Christ who always waited until nightfall when he wished to pray." Men and women, "brothers and sisters," are dressed in white. The ceremony begins with circular and very rapid dances, that are continued until the dancers' strength gives out, so that there may be no insidious resurrection of the beast, however weak and humbled he may be already. Then hymns and psalms are sung, and the praises and sufferings of Selivanov the Martyr are celebrated in interminable litanies. The proceedings end with the participants giving each other the Holy Eucharist with pieces of white bread marked with a cross.

In the realm of ordinary life, the fanatical spiritualism of the Skoptzy degenerates very curiously. When their veil of religious exaltation is dropped, these ascetics reveal themselves as the most practical and self-interested of men. They have a passion for money and a remarkable flair for business and banking. In commercial houses they are welcomed as accountants and cashiers. Almost all the rest devote themselves to stock-broking, credit operations and money-lending. Their greed makes them suspicious and cunning.

Away from their mystical assemblies, they seem to have no foretaste of the eternal blessedness for which they have paid so dearly. Their faces are always gloomy and hard. In seizing "the keys of Hell" and "the keys of the abyss," they have dried up the milk of human kindness. One suspects, too, that there is a vein of cruelty in these "white lambs." The way in which they convert young men and women into "little lambs" sometimes culminates in monstrous refinements of moral and physical torture.

Saturday, December 18, 1915

Doumer left Petrograd this morning by the Finland station.

As might have been expected, his negotiations have met with all sorts of practical obstacles. General Alexeiev strongly opposes the idea of sending 400,000 men to France, even in successive relays of 40,000 spread over ten months. In addition to almost insurmountable transport difficulties, he has pointed out that the number of trained reserves at the disposal of the Russian armies is utterly inadequate, having regard to the enormous fronts. This argument convinced the Emperor. But by way of giving proof of good will, the imperial government has decided to experiment by dispatching one infantry brigade, that will be sent via Archangel as soon as the Admiralty is able to clear a way for it through the White Sea.

Tuesday, December 21, 1915

As I had to leave a card with the Governor of the Nicholas Cavalry School, which is far away in the Narva quarter, near the Obvodny Canal, I indulged my curiosity on the way back by crossing Semenovsky Square, one end of which abuts on this canal behind the Tsarskoe Selo station.

Under the low and leaden sky, from which a livid light descended, the square, with its ring of yellow barracks and its sheet of muddy snow and frozen pools, looked lamentably dirty, melancholy and sinister. It was the very scene to recall the pathetic spectacle of which this square was the theater, on a day such as this, on December 22, 1849.

At that time, proceedings had been taken "for reasons of State" against a group of young socialists and their leader, Petrachevsky. They had been confined in the fortress, and, after an interminable enquiry, condemned to death without any proof. Dostoyevsky was among the twenty thus found guilty. One of them had gone mad in prison.

On the morning of December 22, they were brought out of the prison and put into carriages. The trial had only ended on the previous day and they did not yet know their sentences. After a half-hour's journey, they got out in Semenovsky Square.

Before their horrified eyes stood a scaffold and twenty posts. A large cart, containing coffins, arrived simultaneously. They ascended the scaffold. The clerk of the court then read them the sentence, word by word. Dostoyevsky, turning to one of his neighbors, murmured, "I can't believe we are going to die!"

Then the priest recited the final prayers and offered the crucifix to the condemned men. Four soldiers lined up opposite each post. They levelled their rifles.

But suddenly trumpets sounded and in a loud voice the clerk proclaimed, "His Majesty the Emperor has deigned to commute your sentences!"

Next morning, Dostoyevsky and his companions, loaded with chains, left for Siberia.

All through his life, the author of 'The House of the Dead' retained the most terrible memories of this mournful scene.

160

Twenty years later, he made Prince Myschkin say in 'The Idiot', "There are things worse than torture, for physical pain distracts our attention from mental pain. The most terrible torture is not wounds of the flesh, but the absolute certainty that within one hour, within ten minutes, within one second, your spirit will have left your body and you will be nothing but a corpse. Who is there bold enough to claim that human nature is capable of enduring a thing like that without going mad? There may be men who have heard their death sentence read out, men who have been left in the agony of expectation, and then been told, 'Go away! You are pardoned!' Such men should tell us their feelings. Christ Himself has spoken of these horrors and that terrible apprehension."

Saturday, December 25, 1915

During last week, the Tsarevitch, who was accompanying his father on a tour of inspection in Galicia, was seized with violent nasal hemorrhaging, which was soon complicated by prolonged fainting fits.

The imperial train immediately returned in the direction of Mohilev, where treatment would have been easier, but as the invalid's strength was rapidly giving out, the Emperor ordered the train to proceed to Tsarskoe Selo.

Since the terrible crisis through which Alexis Nicolaievitch passed in 1912, he has never had so severe an attack of his hemophilia. Twice he was given up for lost.

When the Empress received the dreadful news, her first concern was to send for Rasputin. She poured out her whole soul to him on her child's behalf. The *staretz* immediately bowed his head in prayer. After a short supplication, he said, with a proud ring in his voice, "Thanks be to God! He has given me your son's life once more."

The following day, December 18, the train reached Tsarskoe Selo during the morning. Early that morning, the Tsarevitch's condition had suddenly improved, the fever abated, his heart beat more strongly, and the hemorrhaging became less rapid. By the evening of that day, the nasal wound had healed over.

How could the Empress fail to believe in Rasputin?

Monday, December 27, 1915

In the course of a very personal talk with Sazonov, I referred to the many symptoms of war-weariness I have observed among the public in all quarters.

"Only yesterday," I said, "not two feet away from me, I heard one of the highest functionaries at Court, a man who is often in the closest touch with the Emperor, say out loud in the club that to continue the war is madness, and we must lose no time in making peace."

Sazonov shrugged his shoulders indignantly. Then he smiled pleasantly and said, "I'll tell you a story that will make you forget yesterday's unpleasant impressions at once. It will show you that the Emperor is as determined against Germany as ever. Here's my tale … For more than thirty years, our old Minister of the Court, Fredericks, has been on terms of the closest intimacy with Count Eulenburg, who is Grand Marshal of the Court in Berlin. Their careers have been identical; they held the same posts and received the same honors almost simultaneously. The similarity of their functions has put them in possession of all the private and secret relations and affairs between the German and Russian Courts: political missions, personal correspondence between the sovereigns, matrimonial negotiations, family matters, the exchange of presents and decorations, royal scandals, morganatic alliances – they have known and been concerned in all of them. Three weeks ago, Fredericks received from Eulenburg a letter brought from Berlin by an unknown emissary, who posted it in Petrograd, as the stamp on the envelope shows. The letter ran as follows:

Our duty to God and our respective sovereigns and countries should compel you and me to do everything in our power to bring about a reconciliation between our two Emperors, a reconciliation that would enable their Governments to find the basis for an honorable peace. If we succeeded in restoring their old friendship, I have no doubt that we should at once see the end of this terrible war, etc.

"Fredericks immediately gave the letter to His Majesty, who sent for me and asked for my advice. I replied that Eulenburg could not have taken such a step without express

163

orders from his sovereign, so that now we had incontrovertible proof of the importance Germany attaches to separating Russia from her allies. The Emperor was convinced and replied, 'Eulenburg does not seem to suspect that he is recommending me nothing less than moral and political suicide, the humiliation of Russia, and the sacrifice of my honor. At the same time, the matter is intriguing enough to be worth a little more thought. Please consider some form of answer and bring it me to-morrow.' Before giving me the letter, he read it again, this time aloud. Then he underlined in blue pencil the words *'their old friendship,'* and wrote in the margin, 'That friendship is dead. I never want to hear it mentioned again!' The next day I submitted to His Majesty a draft reply, the substance of which was as follows:

> *If your desire to work for the return of peace is sincere, get Emperor Wilhelm's authority to make the same suggestion to the four allies. Negotiations are impossible otherwise.*

"Without even glancing at my draft, the Emperor remarked, 'I've been considering the matter since yesterday. Any reply, however discouraging, would risk being interpreted as a consent to enter into correspondence. So Eulenburg's letter will not be answered.' "

I told Sazonov how delighted I was. "It was the only course to take. I'm glad that the Emperor realized it intuitively. I expected nothing less from his loyal character. In refusing to reply at all, he showed himself the perfect ally.

When you see him, oblige me by offering him my congratulations and thanks."

Tuesday, December 28, 1915

Before my present period of residence in Russia, the only Russians I had ever met were diplomats and cosmopolitans, in other words minds that were more or less saturated with Westernism, and more or less trained to Western logic and methods. How different the Russian mind looks when it is seen in its natural surroundings and its own climate.

During the two years I have been living in Petrograd, the feature that has struck me most in my conversations with politicians, soldiers, men in high society, civil servants, journalists, financiers, industrialists and teachers, is the vague, fluid and inconsistent character of their notions and schemes. There is always a lack of co-ordination or continuity somewhere. The relationship between facts and ideas is hazy. Calculations are merely approximate, and perspectives blurred and uncertain. How many mishaps and miscalculations in this war are explained by the fact that the Russians see reality only through a mist of dreams, and never have precise notions of time or space? Their imagination is eminently dispersive. It rejoices in naught but hazy and shifting visions, vague and inorganic conceptions. Hence the great emotional effect that music has on them.

Wednesday, December 29, 1915

Following up his idea of helping the Serbians indirectly via a diversion in Galicia, the Tsar has just embarked on an offensive on the Bessarabian front and east of the Strypa, in the direction of Lemberg. Stubborn fighting, in which the Russians seem to have recovered all their dash, is in progress at Toporovec, near Czernovitz, Buczacz on the Strypa and Trembovlia near Tarnopol.

Simultaneously, the army of Volhynia is attacking the Austro-Germans on the Styr, south of the Pinsk marshes, and in the region of Rovno and Csartorysk.

Thursday, December 30, 1915

The salons of Petrograd are in a state of great excitement. Their habitués are talking under their breath of a political scandal in which members of the imperial family and a maid-of-honor, Marie Vassiltchikov, are said to be involved. It is alleged that there have been secret communications with German sovereigns.

Certain circumstantial details that I have been able to check have shown me that the matter is to be taken seriously, so I have questioned Sazonov, who gave me the following reply.

Mlle. Marie Alexandrovna Vassiltchikov, a lady of fifty or so, cousin of Prince Sergei Ilarianovitch Vassiltchikov, related to the Urussovs, Volkonskys, Orlov-Davidovs, Mestcherskys, etc., maid-of-honor to the Empresses, was staying in a villa at

Semmering, near Vienna, when the war broke out. It was there that she usually resided, in close and constant touch with all the Austrian aristocracy. The cottage in Semmering, which she made her home, belongs to Prince Francis of Lichstenstein, who was Austrian Ambassador to St. Petersburg around the year 1899. At the opening of hostilities she was confined to her villa, where she certainly received visits from a large number of people.

A few weeks ago, the Grand Duke of Hesse asked her to come to Darmstadt, and sent her a safe conduct. She went at once, as she is on terms of the closest friendship with Grand Duke Ernest Louis and his sisters, and likes nothing better than meddling and intrigue.

At Darmstadt, the Grand Duke asked her to go to Petrograd to advise the Tsar to make peace without delay. He said that Emperor Wilhelm is ready to concede Russia very favorable terms, and even insinuated that England has already made overtures for a separate understanding to the Berlin chancellery. He wound up by remarking that a reconciliation between Russia and Germany is necessary to the maintenance of the dynastic principle in Europe.

He could certainly have made no choice better than Marie Alexandrovna, whose imagination was on fire at once. She already saw herself reconstituting the holy alliances of old, thus saving tsarism and simultaneously bringing back peace to the world.

To be even more explicit, the Grand Duke dictated in English all he had just told her, and there and then she translated this document into French. It was intended for

Sazonov's hands. The Grand Duke then gave Marie Alexandrovna two signed letters, one for the Emperor and the other for the Empress. The first merely recapitulated in friendly and insistent terms the note destined for Sazonov. The second letter, in an even more affectionate tone, appealed to the Empress's deepest feelings, and recalled all the memories of her family and youth. The last sentence ran as follows. "I know what a thorough Russian you have become, but I cannot think that every trace of Germany has been effaced from your heart." Neither letter was sealed up, so that Sazonov might read them when he read the note.

Next morning, Mlle. Vassiltchikov, furnished with a German passport, left for Petrograd via Berlin, Copenhagen and Stockholm.

The moment she arrived, she called on Sazonov, who was highly surprised and received her at once. When she gave him the note and the two letters, he expressed his indignant astonishment that she had undertaken to carry such messages. This reception, which reversed all her expectations and destroyed the whole fabric of her dreams, reduced her to a condition of dumb consternation.

The same evening, Sazonov was at Tsarskoe Selo and made his report to his sovereign. The moment the first words were uttered, the Emperor's features contracted with impatient irritation. He snatched the two letters and contemptuously threw them onto his table without reading them. Then, in an angry voice, he said, "Show me the note!" At each sentence, he burst out angrily, "What an insult to make such proposals to me! How could this silly intriguer dare to bring them? All this stuff is just a tissue of lies and treachery. England is preparing to betray Russia? How absurd!" When he had read it through and relieved his feelings, he asked, "What are we going to do with this Vassiltchikov woman? Do you know what her plans are?"

"She told me she expected to return to Semmering at once."

"Oh, indeed? So she thinks I'm going to let her return to Austria? No, she'll never leave Russia again. I'll have her interned on her estates or shut up in a convent. I'll look into the matter with the Minister of the Interior tomorrow."

Friday, December 31, 1915

To everyone with whom he has been in contact these last few days the Emperor has spoken in terms of the greatest severity and annoyance on the subject of Marie Alexandrovna Vassiltchikov.

"To accept such a commission from an enemy sovereign! This woman is either wicked or a fool. How could she fail to realize that, in carrying these letters, she ran the risk of seriously compromising the Empress and myself?"

On his orders, Marie Alexandrovna Vassiltchikov was arrested yesterday and taken to Tchernigov to be interned in a convent.

Chapter 5

The Serbian Minister, Spalaikovitch, has just been to see me. His face was haggard and his eyes were bright with fever and tears. Utterly overcome, he sank into the chair I offered him.

"Do you know how our retreat ended?" he said. "Have you heard the details? It's been an unspeakable martyrdom."

This morning he received news of the tragic passage of the Serbian army across the ice-covered Alps of Albania, in blinding snowstorms, without shelter or food, worn out by fatigue and suffering, and leaving the road behind it strewn with corpses. And when at length it reached San Giovanni di Medua, on the Adriatic, it found a crowning horror awaiting it: famine and typhus.

Bending over a map I had spread out between us, he showed me the track of this melancholy flight.

"Just look," he continued, "how our retreat has passed through all the historic spots in our national life."

The retreat began at Belgrade, where Peter Karageorgevitch compelled the Turks to recognize him as Prince of Serbia in 1806. Then came Kragujevatz, the residence of Prince Miloch Obrenovitch in the early years of Serbian independence. Then Nish, the Christian city of the great King Stephan Nemania, who liberated Serbia from Byzantine domination in the twelfth century. Then Krujevatz, the capital of the 'Martyr Tsar,' Lazarus Brankovitch, beheaded in 1389 on the battlefield of Kossovo under the eyes of the dying Sultan Murad. Then Kralievo, where the Church of Serbia was founded in the thirteenth century by Saint Sava. Then Rashka, the first cradle of the Serbian race and ancient fief of the Nemania. Then Uskub, where the illustrious Dushan had himself crowned in 1346 as "Tsar and autocrat of the Serbs, Greeks, Albanians and Bulgarians." Then Ipek, the refuge of the national conscience during the long night of Turkish domination.

In a word, all the sanctuaries of Serbian patriotism.

Spakaïlovitch added, "Just think what this retreat must have been, not to mention the thousands of fugitives who followed our army. Just imagine it!"

In a voice carried away by his feelings, he told me of old King Peter, a dying man, absolutely refusing to abandon his men, and travelling on an artillery limber drawn by oxen; of the old *voivode* Putnik, as ill as his master and borne on a stretcher; and of a long train of monks, carrying the relics from the churches on their shoulders, tramping through the snow day and night, singing hymns and carrying candles.

"Why, your story's an epic, a *chanson de geste!*"

Monday, January 3, 1916

The Serbians now having been ejected from the arena, the Anglo-French army of the East has been obliged to abandon Serbia and retire to Salonica, where General Sarrail is engaged in organizing a huge entrenched camp.

This retreat has not been carried through without difficulties, owing to the severe pressure of the Bulgarians, who advanced by forced marches to surround our troops.

The withdrawal has been completed in perfect order and we have been able to save all our material.

Tuesday, January 4, 1916

The commemoration day of the Knights of St. George has given the Emperor one more opportunity of affirming his determination to continue the war. He has issued a proclamation to his army which reads as follows:

> *You may rest assured that, as I said at the beginning of the war, I will not make peace before we have driven the last enemy soldier from our territory. That peace I will make only in complete agreement with our allies, to whom we are bound, not by treaties on paper, but by the ties of true friendship and blood. May God keep you!*

It is the best possible reply to the advances just made by Germany through the agency of the Grand Duke of Hesse and Count Eulenburg.

Thursday, January 6, 1916

My informer B....., who has friends in the Okhrana, tells me that the leaders of the various socialist groups held a secret session a fortnight ago in Petrograd, as they did last July. Once again the chairman of the conference was the "labor" deputy, Kerensky. The main purpose of the meeting was to consider a program of revolutionary action that the "maximalist," Lenin, at the present time a refugee in Switzerland, recently expounded to the Zimmerwald International Socialist Congress.

The discussion opened by Kerensky is said to have culminated in unanimous agreement on the following points:

> *(1) The uninterrupted defeats of the Russian army, the disorder and inefficiency in public administration, the terrible rumors about of the Empress and the Rasputin scandals, have ended by discrediting tsarism in the eyes of the masses;*

> *(2) The nation is utterly sick of the war, of which it understands neither the cause nor the object. The result is that reservists in the depots are increasingly reluctant to go to the front, so that the military value of the combatant troops is declining rapidly. At the same time, economic difficulties are still accumulating and steadily growing worse;*

(3) It is therefore probable that in a more or less near future Russia will be obliged to repudiate her alliances and make a separate peace. So much the worse for the Allies!

(4) But, if this peace is negotiated by the Imperial Government, it will obviously be a reactionary and monarchical peace. Yet it is absolutely essential that the peace should be a democratic and socialist peace.

Kerensky is said to have closed the debate with this practical conclusion: "The moment we see the supreme crisis of the war at hand, we must overthrow tsarism, seize power ourselves, and set up a socialist dictatorship."

Friday, January 7, 1916

There has been very stubborn and murderous fighting in the region of Czartorysk that adjoins the Pinsk marshes. All the Russian attacks have been broken.

Further south, opposite Czernovitz in eastern Galicia, the Austrians are giving ground a little.

Colonel Narishkin, the Emperor's aide-de-camp, who sees him every day, made the following remark to me. "His Majesty is terribly upset about the disaster to the Serbs. He is always asking me for details of the death struggle of that unfortunate army."

Saturday, January 8, 1916

Under the influence of Rasputin and his gang, the moral authority of the Russian clergy is waning every day.

One of the recent happenings that has been the greatest shock to the conscience of the faithful is the dispute last autumn between Bishop Varnava and the Holy Synod over the canonization of Archbishop John of Tobolsk.

Two and a half years ago, Varnava was merely an ignorant and licentious monk, when Rasputin, a friend of his youth and the companion of his frolics in Pokrovskoe, took it into his head to raise him to a bishopric. This promotion, which was courageously opposed by the Holy Synod, opened the era of the great religious scandals.

Monsignor Varnava had hardly been installed in his high office before he conceived the idea of establishing in his diocese a place of pilgrimage that would serve both the sacred interests of the Church and his personal interests as well. Pilgrims would certainly flock to the place, and contributions would therefore flow in also, for there would be no lack of miracles. Rasputin immediately realized the excellent results to be expected from this pious enterprise, but he thought that to make the miracles more certain, plentiful and marvelous, it was necessary to procure new relics, the relics of a new saint, or, better still, the relics of a saint canonized *ad hoc*. As a matter of fact, he had often observed that new saints are fond of manifesting their magical powers, while old saints seem to take no pleasure in it.

As regards these new relics, they had the very thing on the spot, i. e. the remains of the Archbishop John Maximovitch, who died in the odor of sanctity at Tobolsk in 1715. Monsignor Varnava immediately undertook the process of canonization, but the Holy Synod, which had seen through the whole business, ordered the proceedings to be stopped. The bishop ignored this, and on his own authority – and in defiance of all the rules – decreed the canonization of Archbishop John, "servant of God." Then he made a direct request for imperial sanction, an indispensable and final formality in every application for canonization. Once again the Emperor allowed his hand to be forced by the Empress and Rasputin and personally signed the telegram informing Mgr. Varnava of the supreme confirmation.

Rasputin's clique in the Holy Synod was triumphant, but the majority of the Assembly decided that so impudent a violation of the laws of the Church could not be tolerated. The Procurator, Samarin, an upright and courageous man whom the nobility of Moscow had just induced the Tsar to select in the place of the contemptible Sabler, supported the protest with the whole weight of his authority. Without even referring to the Emperor, he sent for Mgr. Varnava from Tobolsk, and ordered him to annul his decree.

The bishop refused in peremptory and insolent language. "I don't care what the Holy Synod may say or think. The confirming telegram I have received from His Majesty is enough for me."

On Samarin's initiative, the Holy Synod ordered that this prelate, who had defied the ecclesiastical laws, should be dismissed from his episcopal office and banished to a monastery, but here again imperial sanction was required. Samarin bravely undertook to convert the Emperor, and to that end spared nothing in the way of eloquence, vigor, honesty and religious fervor. Nicholas II heard him out impatiently, fidgeting the whole time, and ending by remarking, "Perhaps my telegram to the bishop was not very regular, but what has been done is done, and I must have my wishes respected."

A week later, Samarin was replaced by one of Rasputin's cronies, an obscure and servile official named Alexander Voljin, and shortly afterwards the President of the Holy Synod, Monsignor Vladimir, Metropolitan of Petrograd, whose attitude in this dispute had been altogether admirable, was transferred to the See of Kiev, and his post, the highest ecclesiastical dignity in the empire, was given to another of Rasputin's creatures, Mgr. Pitirim, the exarch of Georgia.

Sunday, January 9, 1916

A curious sign of the favorite preoccupations of the Russian mind is the pleasure taken by Russian authors in describing life in prison, penal settlements and exile. It is a familiar theme with all their novelists. Tach of them seems to think himself under an obligation to make the sinister milieu of a prison or Siberian penitentiary the scene of some moving incident.

177

Dostoyevsky began it when he incorporated his personal recollections in the book that I consider his masterpiece, the 'Memories of the House of the Dead.' Tolstoy, in 'Resurrection,' introduces us with his ruthless realism to the minutest details, material – administrative and moral – o f solitary confinement and transportation. Korolenko, Gorky, Chekov, Veressaiev, Andreiev, Dymov, etc., have also made their contribution to this gallery of horrors, where the background of every picture is the Fortress of SS. Peter and Paul, the citadel of Schlüsselburg, the sepulchral solitudes of Turuchansk and Yakutsk, or the frozen shores of Saghalien. It is probable that the majority of their readers say to themselves, "Perhaps I shall go there myself someday."

Tuesday, January 11, 1916

Notwithstanding the extreme cold and the very great difficulty of the communications, the enterprise and dash of the Russian armies in Galicia are remarkable.

Prince Stanislas Radziwill, who has come from this region, has been telling me that last week a German officer, who had just been captured and heard him talking Polish, came up to him and whispered in the same tongue, "The Germans are done. Stick to it! Poland forever!"

Wednesday, January 12, 1916

The English and French troops have carried out the evacuation of the Gallipoli Peninsula without mishap.

The failure is complete, but disaster has been avoided.

Henceforth the Turkish effort will be directed towards Mesopotamia, Armenia and Macedonia.

Thursday, January 13, 1916

By its very principles and constitution, tsarism is obliged to be infallible, perfect and above reproach. There is no form of government that calls for more intelligence, honesty, cautious prudence, orderly reasoning, far-sightedness, and talent; for outside it, I mean outside the ranks of its administrative oligarchy, there is nothing: no machinery of supervision, no autonomous mechanism, no established parties, no social groups, and no legal or traditional organization of the public will.

So when a mistake is made, it is always discovered too late and there is no one to repair it.

Friday, January 04, 1916

On the occasion of the Orthodox January 1st, the Emperor has addressed his army in these terms:

> On the threshold of the year 1916, I send you my greetings, O my valiant warriors. In heart and mind I am with you in battle and the trenches. Never forget this, that our beloved Russia cannot be sure of her independence or her rights until she has won a final victory over

the enemy. Grasp firm hold of the idea that there cannot be, and never will be, any peace without victory. Whatever efforts and sacrifices victory may cost us, we must secure it for our country.

Saturday, January 15, 1916

Yesterday, the Austrians entered Cettinje, which the Montenegrins seem to have abandoned to them without much resistance.

General B....., when telling me this news, added, "It's a retreat that smacks of treachery."

Sunday, January 16, 1916

The evacuation of Gallipoli by the Anglo-French troops is having a disastrous effect on Russian opinion. Everywhere I hear the same remark: "The question is settled now. We shall never get Constantinople. Then what's the good of going on with the war?"

Wednesday, January 19, 1916

As the result of strong pressure by General Alexeiev, the provision of rifles for the Russian army has materially improved.

Present supplies are as follows:

(1) Rifles in use at the front: 1,200,000.

(2) Rifles landed at Archangel: 155,700.

(3) Rifles landed at Alexandrovsk: 530,000.

(4) Rifles ready for dispatch from England: 113,000.

Transport through the White Sea is being effected with the help of ice-breakers, though the difficulties are incredible. In the Alexandrovsk region, a vast system of sledges, drawn by reindeer, has been organized. The distance from Murmansk to Petrosavodsk is no less than a thousand kilometres!

Between now and the end of April the authorities are anticipating the arrival of a further 850,000 rifles.

Unfortunately, the losses the Russian army has just suffered in Galicia are terrible – 60,000 men! At one point alone, Czartorysk, 11,500 men were blinded by a snowstorm and cut down to a man in a few minutes by the German artillery.

Friday, January 21, 1916

North-east of Czernovitz, on the Bessarabian front, the Russians have started a new and stubborn offensive that has enabled them to carry an entire sector of the Austrian lines. This result has cost them very dear: 70,000 men killed or wounded, and 5,000 prisoners. Unhappily, public opinion now takes more notice of losses than successes.

Saturday, January 22, 1916

After dinner this evening, I called on Princess D..... I found her alone in her boudoir, where the light from shaded lamps here and there picks out eighteenth-century pictures, statuettes, china, brocades, lacquer, screens, inlaid work, chandeliers and side tables, a roomful of furniture in that clever and charming style that prevailed in the reign of Alexander I as a last blooming of French art. On the wall behind her hung a fine portrait of Empress Marie Feodorovna, the romantic wife of that crowned madman, the Emperor Paul.

We had a talk. She is half-separated from her husband and rather more than forty years of age. She has had her share of sentimental experiences. She also has her share of intellect, a natural, thoughtful and lively intellect.

In an indirect form and haphazard fashion, as if she were casually drawing on her memory, she has been telling me of the adventures she has experienced, or other women of her set have experienced. When I left her about midnight, this is more or less what I remember of what she said. But it must be borne in mind that the formality of a written record gives a precise and almost pompous tone to remarks that were the essence of unaffected simplicity, highly expressive, and full of nuances and thoughts suggested rather than spoken.

"The Russian woman's heart is even more exacting and insatiable than her senses. Sometimes we are caught by

182

passion; very rarely by love. We are passionate, tender, sensual, but we are not romantic. I mean, we are content to feel what we feel without talking about it. We have no taste whatever for the psychological verbiage and emotional theories of which your French novels are full. Our love letters are simplicity itself. In any case, we are too idle to write. Besides, we don't know how to talk well about love. Don't you remember the splendid scene in which Anna Karenina confesses her love to Vronsky? Instead of speaking, she fixed upon him a gaze that was charged with love, and remained silent. We are only too ready to worship. It is easy to deceive us. A mere trifle can dazzle and fascinate us. The frequency of divorce among us is an argument in our favor. When we fall in love with a man, we always think it is forever. Inquisitive ...? Of course we are inquisitive! We want to see everything, to know and try everything. We are always looking for new faces, new emotions, new desires. We are never entirely awake; we never know very well what we are doing, or what time it is. We flit through life like shadows in moonlight. The poet Tiutchev's remark is perfectly accurate: we have nocturnal souls. Boredom poisons our life. At one and the same moment we reach weariness, satiety, disgust, nausea. We are only religious by fits and starts, when expecting some great joy or threatened with some great sorrow. At such times those of less faith among us rush to church, and then to a clairvoyant! We always feel that we are superior to the man we love. Our great quarrel with him is that he does not bend us to his will. So, for want of a better reason, we don't hate him for bullying us. We have more courage and strength of mind than our lovers. Generally speaking, we accept our fall quite frankly. We don't make excuses for it, or look for someone to blame. We forget quickly and thoroughly. To most of us, what has happened in the past is dead, or rather has never been. We are very warm and constant in our friendships. Music frequently contributes to our undoing; I mean Russian and gypsy music. It moves us to the very depths, hypnotizes us, plunges us into a kind of reverie and delicious enervation bordering on mental intoxication. You can believe me or not, but I can tell you that I had a friend who used to have gypsies in the room next to that in which she received her lover. When you take an *izvostchik*, have you noticed that the driver always starts off at a gallop, without even enquiring where you want to go? It's the same with us. When we start on some adventure, we rush into it without even considering where we are going. In any case, it doesn't matter; our adventures never have any object and never lead anywhere. All our novels conclude with a catastrophe. We always end by jesting at our dreams. No man could give us what we want. We don't know what we want, and very probably it doesn't exist."

Monday, January 24, 1916

The perpetual procrastination of Bratiano is placing Rumania in a dangerous position. The Central Powers are certainly beginning to adopt a threatening tone towards her.

Poklevski, the Russian Minister at Bucharest, has been pressing Bratiano to say what his intentions are.

The President of the Council replied, "I'm hesitating between two views. The tone of the German and Austro-Hungarian agents may be simply an expression of the irritation of their Governments over the question of Rumanian corn. In that case it will be easy for me to make some concessions to Germany and Austria-Hungary. On the other hand, their tone may be the prelude to an ultimatum, requiring the immediate demobilization of our army, for example. In that case I hope I shall continue to control public opinion and I shall reject the ultimatum."

"In this second eventuality," said Poklevski, "your General Staff ought to confer with ours at once. There's not a moment to lose."

Bratiano agreed, and added, "The speedy arrival of a Russian army at the mouth of the Danube would be essential to secure us against attack by the Bulgarians in the Dobrudja."

Sazonov, to whom I owe all these details, has asked General Alexeiev to consider this question at once.

Bratiano's private motive is only too plain: he wants to leave Russia the task of holding off the Bulgarians so that the whole effort of the Rumanian army may be directed against Transylvania, the object of his national ambitions.

Will the Russian General Staff be in a position to concentrate another army in Bessarabia? I have my doubts about this, judging from a telephone conversation Sazonov has just had, in my presence, with the War Minister.

General Polivanov does not think it possible to get an army of 150,000 or 200,000 men from the front to be sent to Moldavia. The armies in the Bukovina and Galicia are engaged in a very difficult operation, and it is impossible to think of withdrawing them six hundred kilometers from their present base.

Tuesday, January 25, 1916

I asked the Rumanian Minister, Diamandy, to lunch with me today, and once more laid before him the dangers of the equivocal attitude in which his friend Bratiano is taking refuge.

"How can Monsieur Bratiano fail to see," I said, "that by this attitude he is exposing himself to the worst disasters? In dealing with Russians, you simply can't be too practical, far-sighted and straightforward. When I think that at the present moment, faced as you are with a German ultimatum, you haven't even sketched out a military agreement with the Russian General Staff. Your whole policy seems to me madness."

"You know how much M. Bratiano distrusts the Russians. He will only bind himself to them at the last moment, and he means to select that moment himself, no one else."

"But in a mighty crisis like this, no one is master of the moment. Do you suppose that a plan of campaign, a supply base or a transport system can be improvised at the last minute? It seems to me that M. Bratiano's distrust of the Russians is justified in one respect alone, I mean their lack of organizing ability. That's another reason for settling on a practical scheme of co-operation at the first possible moment and making secret preparations to carry it out. Wherever the Russian troops are to be sent – whether Moldavia or the Dobrudja – the problem of supply alone is a terrible puzzle, the solution of which may perhaps take several months. Don't forget that the Russian and Rumanian railways are of different gauge, and their junction is confined to the Ungeny line, as the Kishinev-Reni line ends in the Danube delta. Until this problem has been solved, and the conditions precedent to Russo-Rumanian co-operation have been fulfilled, Rumania will be left to her own resources, and I'm very much afraid will find herself everywhere exposed to invasion."

Diamandy was very much perturbed, and replied, "Yes, our situation would be critical. With our 500,000 men, we can't protect five hundred kilometers of Danube and seven hundred kilometers of Carpathians at once. That's why it is absolutely essential that the Russians cover us in the Dobrudja against a Bulgarian offensive."

I don't know what the Russian High Command will decide, but I have already heard from General Polivanov that, in the present state of the railways, it appears impossible to keep a Russian army supplied south of the Danube.

During the last few days, the Germans have been attacking in force in the Dvinsk region. The Russians are resisting well and have even obtained some advantage.

Wednesday, January 26, 1916

When reflecting on so much that is archaic and backward, primitive and out-of-date, in the social and political institutions of Russia, I often think, 'Yet that's exactly where Europe would be if we had had no Renaissance, no Reformation, and no French Revolution.'

Chapter 6

Thursday, January 27, 1916

After examining the various ways in which Russia can help Rumania, should the occasion arise, General Alexeiev has come to the following conclusions:

(1) *A Russian army of ten divisions could be assigned to support Rumania;*

(2) *The distance, transport difficulties and the state of the Rumanian railways are objections to the plan of sending that army to the Danube, especially the region that is most threatened by the Bulgarians, i.e. south of Bucharest;*

(3) *This army should be concentrated in Northern Moldavia, in a position to menace the right flank of the Austro-German armies. This concentration could be carried out very speedily;*

(4) *A vigorous offensive in a north-westerly direction would be opened at once, in conjunction with the operations in progress on the general front;*

(5) The Rumanian army could thus employ all its forces in repelling the attack of the Bulgarians on the south, and covering the frontier on the Transylvanian side;

(6) An officer of the Rumanian General Staff should be sent with all haste to the headquarters of the Russian armies to settle the terms of a military agreement.

Friday, January 28, 1916

Ferdinand of Coburg, Tsar of Bulgaria, has just surpassed even his own record in baseness. *Qualis artifex!*

Ten days ago, Emperor Wilhelm went to Nish, where Tsar Ferdinand gave him a State luncheon. The meeting was certainly very impressive, and the choice of Nish, "the birthplace of Constantine the Great," added greatly to its historic significance. So I am not surprised that Ferdinand, who is very much impressed by the traditions of the past and the pageantry side of history, indulged his diseased pride to the full. But I have many a time heard this monarch boast of being the grandson of Louise-Philippe and the direct descendant of St. Louis, Henry IV and Louis XIV. Could he not have done his political and national duty to the full without insulting the country of his fathers?

This is how his toast began:

Sire,

Today is a day of high historical significance. Two hundred and fifteen years ago, the mighty hand of Frederick I, your great ancestor, placed the royal crown of Prussia on his head. On January 18, 1871, under Your Majesty's grandfather, the new German Empire was born. Wilhelm the Great renewed the glory of Imperial Germany at Versailles. Today, January 18, 1916, his glorious nephew, whose strong will has vanquished all obstacles, is passing through the north-western portion of the Balkan Peninsula, formerly inhabited by the Serbs, and has victoriously entered the fortified Roman town of Nissa.

What would his mother – Princess Clementina – and his noble uncles – Nemours, Joinville, d'Aumale, and Montpensier – think if they could have heard him, in the presence of a Teutonic emperor, recall the most painful memory in the history of France, the proclamation of the German Empire at Versailles, and take delight in such a reminiscence while French territory is being invaded and German armies are twenty leagues from Paris?

Nothing he can do in the way of treachery and apostacy will ever astonish me, so this gratuitous insult to France does not surprise me. But I am a little taken aback at his mentioning Versailles. Failing dignity and delicacy, I have always credited him with taste. Now, no one has ever been more under the spell of Versailles than he. Every time he stayed in France, he paid it long visits. Any number of times he talked to me about it with an admiration that was equally intelligent and enthusiastic, and a most apt feeling for art and poetry.

Probably with his eye on the annalists and epigraphists of the future, the Bulgarian dynast concluded his toast with the following phrase, in a highly lapidary Latin:

> *Ave. Imperator, Cæsar et Rex, victor et gloriose. Ex Naissa antiqua, omnes Orientis populi te salutant, redemptorem, ferentem oppressis prosperitatem atque salutem. Vivas!* [Welcome, Emperor and King, glorious victor! From Naissa, all the people of the East salute you, our redeemer who brings us overwhelming prosperity and safety. Long life!]

As Ferdinand is now so anxious to collect the materials for his statue and fame, I feel it incumbent on me not to leave his biographers in ignorance of certain documents that throw a startling light on the beauty of his soul. We have just seen how chivalrous he is in the hour of triumph; we shall now see to what heights of courage, dignity and self-sacrifice he can rise in the hour of disaster.

It was the month of July, 1913. The second Balkan War, kindled by the insane ambition of the Coburg, was ending in a terrible disaster. The Bulgarian army had finally lost all the fruits of its earlier victories and was performing prodigies of valor to save at least national independence. Faced with a catastrophe as overwhelming as unanticipated, the energies of the nation were taxed to the very limit.

In this solemn hour, what was the moral attitude of the King? No doubt his heart beat with his people's heart, a fierce, intense, regular beat.

Does anyone think so who knows him?

The documents to which I refer (they bear his signature), reveal him, on the contrary, as smitten with terror, crushed by his responsibility, trembling for his life, casting the burden of his mistakes onto the shoulders of his statesmen, generals, diplomats, and all who had failed to realize the genius of his grandiose ideas. Then, he suddenly tried to flee, "secretly getting his luggage ready for an escape to his dear Carpathians," and ultimately vomiting forth all the abuse of which his pompous and decrepit nature is capable.

These incredible documents also reveal the hand of an artist. The jerky and abrupt style, and the aggressive and flaunting vigor of their similes, remind me of Shakespeare and Saint-Simon; but for all that they are extremely repulsive.

Yet who can say that history's last word on Ferdinand of Coburg will not be an expression of pity? This man has his hour of triumph today, but what will be his end? Along with the melancholy hero of 'As You Like It,' I can say:

> *Last scene of all,*
> *That ends this strange eventful history*

Sunday, January 30, 1916

The army of Grand Duke Nicholas Nicolaievitch is doing wonders in Northern Armenia. Across a chaos of rugged and icebound mountains, it is driving the Turks before it and swiftly approaching Erzerum.

Monday, January 31, 1916

At no time, and in no country, has freedom of speech been suppressed as it has been, and is, in Russia. No doubt over the last twenty years the police have been slightly less strict with the Press, but they have maintained all their traditions of ruthless severity in dealing with street oratory, public meetings and speeches.

From their own point of view, they are right: the Russians are affected infinitely more by the spoken word than the written word. To begin with, they are an imaginative race, and consequently always desire to hear and see those who speak to them. In the second place, nine-tenths of the population cannot read. Lastly, the long winter nights and the debates of the *mir* have trained the *moujik* for centuries in verbal improvisation.

Every winter, for five to seven months, according to the region, work in the fields is entirely suspended. The peasants are cooped up in their *isbas* and their sleep is broken only by interminable arguments. The deliberations of the *mir* – the rural community in which the allocation and exploitation of the communal property, ploughed land, pasturage, rivers, ponds, etc. is settled – give the *moujik* plenty of opportunities to let himself go.

This accounts for the major part played in all agrarian troubles by the orators of the peasant assemblies. This phenomenon was observed in Pugatchev's time; it reappeared in the long series of local risings that preceded the abolition of serfdom; it was last seen at work, in the most tragic form, during the troubles of 1905. It will be observed again, particularly as the rural masses are rapidly tending to coalesce with the socialist and revolutionary proletariat.

Tuesday, February 1, 1916

The Russians are often blamed for their lack of forethought. No doubt they are constantly being surprised by the consequences of their actions, and are in the habit of plunging into impasses, and knocking their heads against the hard logic of events. At the same time it cannot be said that they are indifferent to the future: they think about it a good deal, but without foreseeing it, because they do not see it. Their imagination is so fashioned that it never fills in, or fixes, the outlines; it likes nothing but distant and fleeting horizons, diffuse, nebulous and vague perspectives. Whether present or future, reality appears to them only through the visions of dreams.

Here again I trace the influence of climate and geography. When you are sleigh-driving over the steppe, and the snow makes a thick veil all around you, how can you help but constantly to lose your way? You cannot distinguish anything in front of you.

Wednesday, February 2, 1916

Goremykin, the President of the Council, has been relieved of his functions for reasons of health, and his place has been taken by Boris Vladimirovitch Sturmer, member of the Council of Empire, ex-Master of the Ceremonies and Governor of Yaroslavl etc.

Goremykin is undoubtedly enfeebled by age (he is eighty-seven), and if his powers of observation, criticism and judgment are intact, he is woefully lacking in authority and energy. He would certainly have been incapable of facing the debates in the Duma, which meets shortly and is determined to take him to task personally for his reactionary policy.

I shall miss the skeptical and cynical old man. In his heart of hearts he must have little sympathy with the system of alliances and this close and prolonged association between Russia and the democratic powers of the West. Judging by the subtle questions he would sometimes put to me without seeming to touch on the subject, I gather that he had no exaggerated idea of the resources of his country, the exhaustion of our enemies, or the probable fruits of victory, but he did not draw any practical conclusion, and I have never heard of his offering even the slightest opposition to the loyal work of the Minister for Foreign Affairs.

Hence the fact that Sazonov, who seriously disagreed with Goremykin on the question of domestic policy, seemed to be very annoyed over his retirement this morning. After paying Sturmer some commonplace and purely official compliments, he laid stress on the principle which in Russia makes the direction of foreign policy the exclusive business of the Minister for Foreign Affairs.

In a somewhat dry tone he concluded, "The Minister for Foreign Affairs is responsible to the Emperor alone. Diplomatic questions are never discussed by the Council of Ministers, and the President of the Council knows nothing whatever about them."

I asked him, with a smile, "Then why have you a seat in the Council of Ministers?"

"To give my views on matters that must legally be decided by the Council, in other words matters common to several ministries, and matters referred to it by the Emperor for special decision; never on matters connected with war and diplomacy."

I endeavored to get out of him rather more detailed information about Sturmer, but he evaded my question by showing me a telegram he received from Bucharest this morning.

"Bratiano," he said, "seems satisfied with the communication Poklevski made to him in the name of General Alexeiev, which he regards as providing a satisfactory basis for negotiation. But he has declined to send a Rumanian officer to the Russian General Headquarters for fear that Germany may get wind of it. He wants the conversations to begin in Bucharest with our military attaché. In his heart of hearts he is anxious to conduct the negotiations in person. But I'm afraid that to him it means a method of dragging the business out as long as possible."

Thursday, February 3, 1916

While the President of the Council, Goremykin, has retired, the Minister of the Interior, Alexis Nicolaievitch Khvostov, has been dismissed. Sturmer succeeds to both positions.

Khvostov's downfall is a straight right from Rasputin. For some time there has been a duel to the death between these two men. The wildest and most absurd stories are going the rounds on this subject, notably a story that Khvostov wanted to have Grishka murdered by an agent who is absolutely devoted to him, Boris Rievsky, in complicity with Rasputin's former friend − and now worst enemy − the monk, Heliodorus, who is living in Christiania for the time being. The Director of the Police Department, Bieletsky, a creature of Rasputin's, is said to have discovered proofs of the plot, and immediately handed them over to the Empress, hence the sudden dismissal of the minister.

Saturday, February 5, 1916

For the last three days I have been gathering information from all quarters about the new President of the Council, and I have no reason to congratulate myself on what I have ascertained.

He is sixty-seven, and worse than a mediocrity: third-rate intellect, mean spirit, low character, doubtful honesty, no experience, and no idea of State business. The most that can be said is that he has a rather pretty talent for cunning and flattery.

His family origins are German, as would appear from his name. He is the grand-nephew of Baron Sturmer, who was the Austrian government commissioner guarding Napoleons on St. Helena.

Neither his personal qualifications nor his administrative record and social position have marked him out as fit for the high office that has just been entrusted to him, to the astonishment of everyone, but his appointment becomes intelligible on the supposition that he has been selected solely as a tool. In other words, he has been appointed precisely on account of his insignificance and servility. This choice has been inspired by the Empress's camarilla, and warmly recommended to the Emperor by Rasputin, with whom Sturmer is on the most intimate terms.

All this means pleasant times ahead!

Sunday, February 6, 1916

Colonel Tatarinov, Military Attaché in Bucharest, is leaving Petrograd tomorrow to return to his post.

The discussions he has recently had with the Chief of the General Staff and the Minister for Foreign Affairs will enable him to tell the Rumanian General Staff exactly what steps Russia would be in a position to take in the way of assistance to Rumania, if occasion arose.

As regards the conclusion of a military agreement, which is essentially a governmental act, it is vital that Bratiano should expressly declare his readiness to negotiate it, as Sazonov suggested.

But hitherto, the Rumanian Minister in Petrograd, who is necessarily official interpreter of his Government to the Russian Government, has received no instructions. Questioned by Sazonov as to Bratiano's intentions, he had to reply, "I haven't the slightest idea."

Monday, February 7, 1916

As Director of his Secretariat, Sturmer has selected Manassievitch Manuilov. This choice, which is regarded as scandalous, is significant.

I know Manuilov slightly, an acquaintance that sorely grieves honest Sazonov, but have I the right to ignore the head of the news service of the 'Novoye Vremia,' the most important paper in Russia? In any case, our acquaintance dates from before my ambassadorship. I met him in Paris in the old days, somewhere around 1900, when he was working as an agent of the Okhrana under the orders of Ratchkovsky, the famous head of the Russian police in France.

He is an extremely curious person. A Jew by origin, with a quick and crooked mind, and a strong taste for high life, pleasure and *objets d'art*, but without scruples of any sort, he is an agent-provocateur, spy, sharper, swindler, cheat, forger and rake in one, a singular mixture of Panurge, Gil Blas,

Casanova, Robert Macaire and Vidocq, "and yet the best son on earth."

During recent years he has contributed to several fine exploits of the Okhrana, as this moral outlaw dearly loves adventure and is not destitute of courage.

In January 1905, he and Father Gapon were the chief instigators of the demonstration of workmen that provided the authorities with the pretext for bloody reprisals in Winter Palace Square. A few months later his hand can be traced in the preparations for the pogroms that devastated the Jewish quarters of Kiev, Alexandrovsk and Odessa. He it was, too, who in April 1906 is said to have undertaken the murder of Gapon, whose indiscreet chatter was beginning to compromise the Okhrana.

Of late, he has succeeded in getting into the good graces of the Empress as a reward for his many services to Rasputin, so he has plenty of claims to the Sturmer's confidence.

Tuesday, February 8, 1916

Manuilov, in a beautiful tight-fitting frockcoat, with well-oiled hair and proud bearing, has called upon me. A haughty smile wreathed his knavish countenance. I received him with all the deference due to his new dignity.

He talked about his duties as Sturmer's right-hand man and condescendingly enumerated his functions to make me realize their importance, which is real enough.

Puffing himself out, he produced the following aphorism.

"In an autocratic empire of one hundred and eighty million inhabitants, the Director of the Secretariat of the President of the Council and Minister of the Interior, is necessarily an important man."

"Necessarily."

Then he began an emphatic eulogy of his master.

"M. Sturmer," he said, "is a great mind. He has the makings of a great statesman. I put him yards above your Goremykins and Sazonovs. He's going to return to the tradition of Nesselrode and Gortchakov at last. You may be quite sure, Ambassador, that he'll leave a name in history!"

To let him know that I was not entirely taken in by his panegyric, I broke in with, "There are many ways of leaving a name in history."

"Of course, but M. Sturmer's will be in the right way. You'll have no doubt when you know the President of the Council a little better. That will be soon, as he is very anxious to establish relations with Your Excellency. He very much hopes that those relations will become quite close and cordial. Need I say how much I hope so myself?"

After these effusions, he rose.

As I was taking him to the door, I suddenly rediscovered the Manuilov of old as he stopped and whispered, "If you want anything, Excellency, no matter what, just let me know. M. Sturmer has absolute confidence in me and will never refuse me anything. So I am at your service!"

It will be a long time before I forget the look on his face at that moment, a look that was cunning, hard, cynical and sly. The whole scandal of the Okhrana was before me.

Wednesday, February 9, 1916

I will give an accurate record of the mysterious happenings that recently led to the dismissal of the Minister of the Interior, Alexis Khvostov. They throw a melancholy light on the inner workings of the regime.

When Alexis Khvostov received the portfolio of the Interior last October, his appointment was not only suggested to the Emperor but actually forced on him by Rasputin and Madame Vyrubova. The high-life crook who calls himself Prince Andronnikov, and is the bosom friend of the *staretz*, his usual broker and chief go-between, played a very active part in the affair. The selection of Khvostov was thus a success for the Empress's camarilla.

But before long there was a personal feud between the new minister and his assistant, the crafty Director of the Police Department, Bieletzky. In this atmosphere of low intrigue, jealous competition and secret rivalry, distrust was mutual and there were continual disputes.

Khvostov thus gradually found himself at loggerheads with the whole gang that had raised him to power. Feeling himself lost, he secretly changed his tactics, and as the chief ingredients of his ambition are cynicism, audacity and pride, he at once discovered what a splendid, patriotic figure he could cut by delivering Russia from Rasputin.

He had just heard that the monk Heliodorus, once notorious for his intimate association with the *staretz*, subsequently his mortal enemy, and now obliged to live in exile in Christiania, had written a book full of scandalous revelations about his relations with the Court and Grishka.

Khvostov immediately tried to get hold of the manuscript, which he hoped to find a mighty weapon wherewith to compel the Emperor to get rid of Rasputin and perhaps repudiate the Empress. But as he distrusted, and very properly, his official police, he was anxious to keep the Okhrana in ignorance of the affair, and therefore sent to Christiania one of his personal agents, Boris Rievsky, a doubtful journalist who had already served several sentences.

While the latter was endeavoring to reach Norway through Finland, his wife, left behind in Petrograd and awaiting her revenge for his ill-treatment, denounced the whole plot to Rasputin, who immediately called in the help of his friend Bieletzky. This high official has every qualification for his office, being resourceful and astute, entirely unscrupulous, recognizing no principle but political expediency, and capable of anything to preserve the favor of his sovereign.

So, with his usual swift resolution, he decided at once to set a trap for his minister. It was a delicate operation, and he entrusted it to one of his best servants, a colonel of police named Tufaiev, who was on duty at Bielo Ostrov on the Finnish frontier.

When the train arrived in this station, Boris Rievsky rushed to the refreshment room, but Colonel Tufaiev stood in his way, pretended to be pushed aside, and, as if losing his balance, stamped on his foot. Rievsky roared with pain and the officer pretended to take his shout for an insult.

Two policemen, conveniently posted nearby, seized him and took him to the police office, where he was asked for his papers and then searched.

At first he said that he was travelling under orders from the Minister of the Interior, and with an object for which he was responsible to His Excellency alone, but the officials affected not to believe him and pressed him with insidious questions. The Okhrana knows how to press those who fall into its clutches and he was exhaustively "pumped." Thoroughly frightened, but soon guessing what was wanted, he ultimately confessed that he had been commissioned by Khvostov to arrange the murder of Rasputin with Heliodorus.

An official report of his confession was drawn up and sent to the Chief of Police, who took it at once to Tsarskoe Selo. Next morning Khvostov was no longer a minister.

Thursday, February 10, 1916

Walking in the Liteiny about four o'clock, I called on Soloviev, the dealer in rare books and old prints. As I was examining several fine eighteenth century French editions in the back of his empty shop, I saw a slender young woman of about thirty come in and take a seat at a table on which an album of prints was laid out.

She was a delight to watch. Her whole style revealed a quiet, personal and refined taste. Her chinchilla coat, open at the neck, gave a glimpse of a dress of silver grey taffeta, with trimmings of lace. A light fur cap blended with her glistening fair hair. Her pure and aristocratic face is charmingly modelled, and she has light, velvety eyes. Around her neck a string of superb pearls sparkled in the light, which had just been turned up.

She gave each print the most careful scrutiny, which occasionally made her blink and bend her neck. Every now and then she turned to a stool on her right, on which another album had been placed. There was a dignified, sinuous and soft gracefulness about her every movement.

When I came out of the shop, I noticed a very smart car at the cub behind mine. My groom, who knows everything, asked me, "Didn't Your Excellency recognize that lady?"

"No, who is she?"

"The Countess Brassov, wife of His Imperial Highness Grand Duke Michael Alexandrovitch."

I had had no chance of meeting her before as she lived abroad before the war and has since lived at Gatchina practically continuously. Her story, which caused such a scandal, is commonplace enough.

Daughter of a Moscow lawyer and a Polish lady, young Nathalie Sergueievna Cheremetevsky married a merchant of that city, Mamantov, in 1902. She divorced him three years later, and then married an officer in the Guard, Captain Wulfert. The Regiment of Cuirassiers (Blue), in which her second husband was serving, was commanded by Grand Duke Michael, the Emperor's brother. She at once became his mistress, in the fullest sense of the word, as henceforth he only existed through her.

He had always been the feeblest of men, a weak character and weak-minded, but kindly, unassuming and affectionate. A few years previously he had fallen in love with a maid-of-honor to his sister, Grand Duchess Olga, Mlle. Kossikovsky, whose head he had easily turned by a promise of marriage. But when he had to broach the subject to his formidable mother, Empress Marie, she had raged furiously and overwhelmed him with scorn and reproach. The idyll got no further.

Madame von Wulfert, who was clever as well as astute and tenacious, conducted her affairs with superb skill. First she divorced von Wulfert. Next she had a child. Then, notwithstanding the express command of the Emperor, the Grand Duke publicly announced his intention of marrying her.

In July, 1913, the two lovers took up their residence in Berchtesgaden, on the border of Upper Bavaria and the Tyrol. One morning they unexpectedly left for Vienna, whither a confidante had preceded them. At that time, the Serbian Government maintained an Orthodox church in the Austrian capital for the benefit of their nationals, and for a thousand crowns the priest consented to the celebration of a hasty and clandestine marriage.

When he returned to Berchtesgaden, the Grand Duke informed the Emperor. Nicholas II's anger was terrible. In an official manifesto, he deprived his brother of the right of regency he had conferred upon him at the time of the Tsarevitch's birth. By a decree, registered in the Senate, he put him under tutelage, as if he were a minor or a lunatic. He was also forbidden to reside within the empire. But, of course, he could not help having to accept certain consequences of the *fait accompli.*

For instance, a name had to be found for her who in the sight of God was now the wife of Grand Duke Michael Alexandrovitch. As the marriage was simply morganatic, and left her only on the doorstep of the imperial family, she could not claim the august name of Romanov, so she took the title of "Countess Brassov" from one of the Grand Duke's properties. The Emperor even consented to sanction the title of Count Brassov for his brother's son.

In their gilded exile, the young couple enjoyed a very pleasant existence, dividing their time between Paris, London, the Engadine and Cannes. Thus everything turned out exactly as Nathalie Sergueievna desired.

When the war broke out, the pair obtained permission to return to Russia, and the Grand Duke received the command of a Cossack brigade. He fought very bravely, but his health, which had always been poor, quickly suffered, so that he had to exchange his command in the field for some nebulous inspectorship that allowed him to live either at Gatchina or Petrograd.

It is said that Countess Brassov is working to secure him his revenge in another field. Ambitious, clever and utterly unscrupulous, she has been parading very strong liberal opinions for some time. Her circle, quite small though it is, is frequently open to deputies of the Left. In Court quarters she has already been accused of betraying tsarism, a fact which pleases her immensely, as it makes her views notorious and lays the foundations of her popularity. She becomes more independent every day and says the most audacious things, things which in the mouth of any other would mean twenty years of Siberia.

Sunday, February 13, 1916

Sturmer's growing and open favor with the Empress, and the confidence vested in him by the Emperor, are producing a lively agitation in the bosom of the Holy Synod.

The whole Rasputin gang rejoices exceedingly. The metropolitan, Pitirim, and Bishops Varnava and Isidore are already feeling themselves masters of the ecclesiastical hierarchy, and they are announcing for the near future a radical purification of the higher clergy; in other words, the elimination of all the prelates, abbots and archimandrites who still refuse to bow the knee to the erotomaniac mystic of Pokrovskoe because they regard him as the Antichrist. Lists of ecclesiastics who have been degraded or dismissed have been out several days, and even lists of those exiled to monasteries in the depths of Siberia, from which there is no return.

There are loud hosannas, too, among "the Mothers of the Church," Countess Ignatiev and Madame Golovin.

The ex-minister Krivoshein, stricken and sick at heart, said to me yesterday, "It's horrible to think what is happening and what is in store for us. The Holy Synod has never sunk so low before. If they wanted to destroy all respect for religion and religious feelings, this is just the way to do it. What'll be left of the Orthodox Church before long? When tsarism is in danger and seeks its support, it'll find nothing left. I begin to think Rasputin is an Antichrist myself."

Tuesday, February 15, 1916

A few days ago, Grand Duchess Marie Pavlovna let me know that she would like to come and dine privately at the embassy. I suggested she should do so this evening. Around her I gathered M. and Madame Sazonov, Sir George and Lady Georgina Buchanan, General Nicolaiev, Prince Constantine Radziwill, Lady Sybil Grey, Dimitry Benckendorff, the Comte de Saint-Sauveur and my staff.

As the rites of the Imperial Court decreed, I met the Grand Duchess at the foot of the staircase. As we were going up, she said to me, "I'm glad to be in the French Embassy, on real French territory. It's a long time since I was first taught to love France, and since then I've always believed in her. And now it's not merely a feeling of friendship I have for your country, but still more an admiration and a reverence."

After a few words with the other guests, we went into the dining room.

The Grand Duchess whispered in a kindly tone as she pressed my arm, "I'm most grateful to you for finding me such good company. I feel I can really say what I think to Sazonov, Buchanan and you. And I do so want to say what I think! I'm sure I'm going to have a delightful evening."

At table, we skimmed over various current topics, with the exception of politics. Then the Grand Duchess told me of her war work, which has no end: hospitals, ambulance trains, establishments for refugees, professional schools for the blind and disabled, etc. To all this she brings as much enthusiasm as intelligence and sympathy. She then told me of a scheme she had in mind as President of the Imperial Academy of Fine Arts.

"Immediately after the war, I should like to organize an exhibition of Russian art in Paris. In our churches we have unsuspected treasures of painting and goldsmiths' work. I could show you icons from the Middle Ages that are as beautiful and touching as Giotto's frescoes. We would also show the decorative work of our peasants, those *Kustarni vechtchi*, that reveal such original and varied tastes in our people. For the moment, I'm keeping my idea to myself. In any case, it's not the right time, but it will not be long before I let the public know. Evil tongues will not fail to say that it is premature, but at any rate it will prove that I have no doubt about our victory."

After dinner she had a long side-conversation with Buchanan, and then she beckoned to Sazonov, who came and sat down beside her.

Sazonov likes Grand Duchess Marie Pavlovna and has a high regard for her. He thinks her capable of courage, nobility of mind, and judgment. He says she has never had a chance to show what she can do. He ascribes her failing, a certain levity, to the minor parts she has always been given.

One day he actually said to me, "She's the woman we ought to have had as Empress. Possibly she'd have made a poor start, but she'd soon have taken to her task, thoroughly realized its obligations, and gradually become perfect at it."

From a distance I watched them talking. She was listening with the closest attention, relieved occasionally by a forced smile. But Sazonov, who is highly strung, and very frank and sincere in speech, knows nothing of the art of controlling one's expression and gestures, so that, merely from the brightness of his eyes, the contractions of his features, and the tapping of his fingers on his knees, I could guess that he was pouring out all the bitterness of his heart to the Grand Duchess.

While he was giving place to Lady Georgina Buchanan, a singer from the Théâtre Lyrique, Mlle. Bryan, was brought in. She has a very pure soprano of the most delicious timbre, and sang us songs by Balakirev, Massenet, Fauré and Debussy. Between the items there was lively conversation around the Grand Duchess.

As tea was being served, I went up to Her Imperial Highness, who made the excuse that she wanted to admire the embassy Gobelins and asked me to take her through the rooms. In front of the 'Triumph of Mardocheus,' one of De Troy's most bewitching works, she stopped.

"Shall we sit down?" she said sadly. "What Sazonov has just been telling me is deplorable. The Empress is mad and the Emperor is blind. They don't see where they are going, and they don't want to."

"Is there no means of opening their eyes?"

"None."

"What about the Dowager Empress?"

"I spent two hours with Marie Feodorovna the other day. All we could do was grieve together."

"Why doesn't she speak to the Emperor?"

"It's not want of courage or inclination that keeps her back, but it's better that she shouldn't. She's too outspoken and impetuous. The moment she begins to lecture her son, her feelings run away with her, and she sometimes says the exact opposite of what she should be saying. She annoys and humiliates him. Then he stands on his dignity and reminds his mother that he is the Emperor. They leave each other in a rage."

"So Rasputin is still triumphant?"

"More than ever."

"Do you think the Alliance is in danger, Madame?"

"Oh, no! The Emperor will always be faithful to the Alliance, I'll promise you that. But I'm afraid we have great internal difficulties ahead of us, and our military activities will necessarily feel the effect."

"Which means that Russia, without actually repudiating the agreement, will not do her whole duty as an ally. In that case, what can she hope for from this war? The terms of peace must inevitably depend upon the military results. If the Russian armies do not continue their effort with the greatest vigor to the very end, the enormous sacrifices taken on by the Russian nation during the last twenty months will have been absolutely thrown away. Not only will Russia not get Constantinople, but she will lose Poland, and possibly other territories as well."

"That's what Sazonov was telling me just now."

"How did you find him personally?"

"Gloomy, preoccupied, and very worried over the opposition he is getting from some of his colleagues. But, thank God, he shows no signs of discouragement. On the contrary, he is as enthusiastic and resolute as ever."

"His is a warm heart and a noble character."

"In return, I can assure you that he is very fond of Buchanan and yourself. He gets on so well with you two. But it's getting late, *mon cher Ambassadeur*. I must take my leave of you and your guests."

After the "good nights," I gave her my arm to take her to the porch. As we descended the stairs, she lingered to say, "We're obviously approaching a stage that will be unpleasant, and even dangerous. I've seen it coming for a long time. I haven't much influence, and for several reasons I have to be extremely discreet, but I see many people who know, and some others who occasionally are in a position to find out. Within those limits, I'll give you all the help in my power. Make use of me."

"I'm extremely grateful to Your Imperial Highness."

Wednesday, February 16, 1916

Among all the problems of domestic politics facing Russian statesmen, there may be some more pressing, but there are none more complex or grave than the agrarian and labor problem.

Quite lately I have had a chance to discuss them with individuals of very varied opinions and station: Krivoshein (the ex-Minister for Agriculture), Kokovtsov (the ex-President of the Council and Minister of Finance), Count Alexis Bobrinsky (the great landed proprietor), Rodzianko (the President of the Duma), Putilov (the great metallurgist and financier), Shingarev (the "Cadet" deputy), and others.

I will summarize the main ideas I have extracted from my conversations.

The agrarian reform promulgated by the famous decree of November 22, 1906, ushered in very aptly the liquidation of the old rural system, the defects and vices of which were becoming more glaring every day. The author of the reform, Stolypin, regarded the *mir*, or communal ownership, as the root cause of the poverty, ignorance, and physical and moral misery of the *moujik*. It is certainly impossible to conceive a system of tenure and exploitation that is more opposed to agronomic laws, and less favorable to the development of individual energy and initiative. To put an end to the communal ownership of property and organize the partition of the land among the members, thus gradually forming a kind of peasant Third Estate, was Stolypin's program.

Hitherto, the champions of autocracy had always regarded the *mir* as an inviolable dogma, a rampart against revolution, and one of the historic pillars of social order. The agrarian disorders of 1905 discredited that idea, but the principle of indivisibility, which is the very basis of the *mir*, has for centuries given the peasant a rooted conviction that the land belongs to no one, or rather that God means it for those who cultivate it. Besides, the equal shares and periodical partitions among the members of the *mir* are

215

always making the *moujik* feel how small are the parcels allotted to him, hence his conclusion that it is the duty of the State to increase his holding by the compulsory purchase of seigniorial properties, and even by resorting to the ecclesiastical and crown lands.

It is not difficult to imagine to what good use the leaders of agrarian socialism, such as Chernov, Lenin, Roikov and Kerensky, put ideas like these. If the course of events, and the result of the war, allow the application of the 1906 reform for another twelve years, if Russia's financial situation permits of a wide extension of the operations of the peasant bank that acts as intermediary between the *barin* vendor and the peasant vendee, and if certain fiscal measures can be taken to encourage the great landowners voluntarily to sell part of their estates, large and medium scale landholding will be saved. If not, socialist utopias will get an ever stronger hold on the simple imagination of the peasant.

Even now, many are the systems offered him as ensuring his welfare. The scheme that the Labor group in the Duma are advocating at the moment may be summarized thus: all the land to be nationalized and divided among all the cultivators who do manual work.

A few figures may suffice to show the practical value of this scheme: Taking Russia in Europe alone, it is estimated that the nationalized land would have an area of about 200,000,000 hectares; there would be approximately 25,000,000 "heads of families" to share in the distribution; a permanent army of 300,000 surveyors would be required to carry out the survey and settle the boundaries; the geodetical work would take no less than fifteen years, because snow and thaws make all survey work impossible for five or six months in the year; during this period of fifteen years, the normal increase of population will raise the number of "heads of families" to 30,000,000, so that the original basis of the distribution would have to be entirely changed. Thus the wholesale division of the land would simply lead to hopeless confusion, and a frightful outbreak of looting, destruction and anarchy.

The labor problem seems to be just as troublesome. Russian industry has expanded with extraordinary rapidity. It has been calculated that, before 1861, there were 4,300 works and factories in the empire; in 1900, the number was put at 15,000; there are more than 25,000 today. Yet, for all that, the material and moral condition of the workmen is very backward. In the first place, most of them cannot read or write, which greatly reduces their productive capacity. Then, the number of peasants who leave country districts to look for work in the towns is increasing every day. The effect of the influx of workers that accompanies this rural exodus is to keep wages down to a very low level, which usually does not enable the workman to afford the necessary minimum of food, lodging and clothing. On the other hand, the extended use of machinery, by diminishing the value of mere physical strength, frequently means that the master decides to employ female and child labor instead of male, hence the social repercussion that the workman's family life is destroyed because no one is left at home.

This state of affairs, bad enough in itself, is made worse by all the aberrations, mistakes and iniquities of which the imperial bureaucracy is always making the proletariat the victim. In matters of labor policy, the principal and ideal of Russian legislation is the paternal state. In reality, it is the police state. The tsarist officials regard themselves as the natural and final arbitrators in all disputes between capital and labor. The way in which they perform their functions as arbitrators provokes the dumb fury of the workmen, and arouses incessant thoughts of resistance, revolt and destruction. In no country are strikes so frequent and violent.

But an element that is quite peculiar to Russia – perhaps the ugliest feature of the regime – is the fact that the police play the part of *agent provocateur*s in strikes. The system is a very old one, though it is only in the last ten years, since the ministry of the notorious Plehve (assassinated in 1904), that it attained its full growth. The sinister Okhrana employs a large number of confidential agents in working class circles, not to keep an eye on the revolutionary party, but to keep it alive and make it act when required.

When the "Constitutional Democrats" of the bourgeoisie or the Duma get too noisy, or the Emperor betrays some flickering spark of liberalism, a riotous strike immediately breaks out. For a moment the specter of revolution stands out against the sky in a trail of blood-red flame, as if to herald "the great night." But the Cossacks are already on the scene. Order is at once restored. Once more the Okhrana has saved autocracy and society, if it has not discredited them forever.

Thursday, February 17, 1916

There is no civilized country in which the social lot of women is so wretched and backward as in the country districts of Russia.

On this point the evidence is all one way. All the novelists who have described rural life agree in habitually representing the peasant woman as overwhelmed with the roughest and hardest work, treated as a slave in her house, exhausted by pregnancies and ailments, the victim of every form of lust, bullied from morning to night, and beaten on the slightest excuse. The general accuracy of these descriptions is borne out by the startling examples of crimes of violence and passion that find their way into the legal records.

In the villages, sexual morality falls to a very low level. The *domokhoziaine* (head of the family) exercises sovereign rights over all the women under his roof. The long winter nights, lack of light, shortage of room, and promiscuity of the inhabitants are all favorable to the most shameful license. Nothing is more common than incest between the *domokhoziaine* and his *snokha* (daughter-in-law) when the young husband is away with his regiment or working in the town. This concubinage is so widespread that there is actually a special word for it: *snokhatchestvo*. The biblical wickedness of Lot and his daughters, Ruben and Bala, Ammon and Thamar, is consciously perpetuated in the shadow of the *isbas*. In this respect at any rate, the habits of the *moujiks* have remained patriarchal.

The statistics of prostitution in the towns are a striking proof of the demoralization of the rural districts. I was discussing this matter some time ago with the worthy Madame Narishkin, Grand Mistress of the Court, who has devoted herself to moral propaganda in the prisons for women, and is president of several societies that help ex-prisoners, unmarried mothers, reformed girls, and so on.

In a tone of great distress she said to me, "Would you believe that it is more particularly from our country districts that the refuse heaps of the cities are supplied? In Petrograd, Moscow, Kiev, Nijny-Novgorod and Odessa, more than half, and sometimes three-quarters, of the prostitutes are peasant girls, and almost always young girls – mere children – who are taken by their parents themselves to the proprietors of the brothels?"

I asked the Prefect of Police for some figures. He replied, "I couldn't tell you the exact number of women who live by prostitution in Petrograd, as most of them evade the formalities of registration, and carry on their profession in a clandestine or casual fashion. But there must be approximately 40,000, of whom at least fifty per cent are peasants. As a rule, they start very young, when they've barely reached puberty. The great majority of the registered or casual girls are not more than twenty-four years of age. Usually, they don't carry on their profession for long as it's a hard one. When they are getting on for twenty-five, they go back to their villages to marry, or perhaps get employment as working girls in a factory. These latter get off lightly, but many of them are lost forever to drink, syphilis or tuberculosis."

Friday, February 18, 1916

Sazonov, with sad eyes and pain-racked features, has been telling me how much he deplores the reactionary and vexatious spirit which that entirely governed domestic politics since Sturmer's accession to power.

As I wanted him to be more specific, I asked him, "As you're a genuine devotee of tsarism, tell me how you can expect the Emperor to reconcile his autocracy with the principles of constitutional monarchy that you want to introduce."

He answered me impetuously.

"Why, it was the Emperor himself who defined and limited his autocratic powers when he promulgated our fundamental laws in 1906. In the first place, you should know the real meaning of the title 'Autocrat.' It was Ivan the Great who took the title of 'Tsar-Autocrat,' at the end of the fifteenth century. He meant that title to show that the principality of Muscovy was henceforth a sovereign independent state, which would not pay the annual tribute to the Khan of the Tartars any longer. That's what he meant and no more. Subsequently, the term 'autocrat' came to imply the idea of absolute and unlimited omnipotence, arbitrary and unfettered despotism. That was Peter the Great's and Nicholas I's idea of their authority. Unfortunately, it is the same which Pobiedonostzev and

221

Katkov put into the head of Alexander III, a very noble person, an idea that Nicholas II has more than inherited. The same theory may be discovered in Article 4 of the Fundamental Laws, which proclaims that 'the Emperor possesses supreme autocratic power, and God himself orders his subjects to obey him.' But anything that is extravagant in this principle is toned down by Article 7, which provides that 'the Emperor exercises legislative power, in concert with the Council and Duma of Empire.' You see the result: the Russian people have thus become one of the organs in charge of ruling the empire, and tsarism, although based on divine right, is brought into line with the juridical theory of modern states."

"If I understand you correctly, the Fundamental Laws have retained the Emperor's title of autocrat only to safeguard the prestige of the supreme authority and gloss over a break with the past?"

"Yes, approximately ... I say 'approximately,' because I am far from regarding the title of autocrat as nothing but an historic survival, or simply a legal formula. I think that with us − given our traditions, standard of culture and national temperament − supreme authority should be extremely strong, and I am ready to grant it every prerogative, and the fullest powers of command and coercion. But I should want it to be subject to control, and, more important still, enlightened. As things are now, it is uncontrolled, and you know well enough what kind of folk claim a monopoly of enlightening it."

After a moment's silence, I resumed.

"While we are on this delicate topic, may I ask you a question as a friend?"

"I'm afraid I can guess what you are going to say ... It doesn't matter, go ahead !"

"Wouldn't it be possible for me to take discreet action in the sense of your views?"

"For Heaven's sake, don't! You of all people, the representative of a republic! I'm already looked upon with suspicion because I personify the alliance with the Western democracies. What would happen to you if anyone had the slightest excuse for charging you with interfering in our domestic affairs?"

Saturday, February 19, 1916

Whether from the point of view of national temperament or personal character, the Russians are the very essence of instability. The war, which has subjected their nerves to a continual strain, has aggravated this characteristic so that I am always being struck by this phenomenon.

Their whole personality is compressed into their thoughts and feelings at the moment. What they thought and felt yesterday has already ceased to influence them, has in fact ceased to exist for them. Their present state of mind sometimes destroys even the memory of previous states of mind.

There is no question that evolution is as much the universal law of moral as of organic life, and when we cease to change, we die. But in races of a healthy mentality, the changes are always progressive; contradictory tendencies more or less balance; there is no violent internal conflict; the swiftest and most complete metamorphoses inevitably imply transitions, reactions and stages. But here the scales of the balance do not even oscillate, they drop or rise in a moment. Visions, desires, passions, ideas, beliefs – the whole internal edifice suddenly collapses. To the majority of Russians, the dream of happiness is a perpetual change of scene.

I was thinking of this at the Théâtre Marie the other evening when Tchaikovsky's poetic ballet, 'Sleeping Beauty,' was being performed. From top to bottom of the theatre, the faces of the spectators were a picture of delight when the mist-laden lake, on which floated the enchanted *barque*, was suddenly changed into a dazzling palace.

I reflected that it is on just such a mist-laden lake that the Russian *barque* is sailing now. But when the scene is changed, I fear we shall find that something very different from a dazzling palace will emerge.

Sunday, February 20, 1916

Ensconced in the cushions of a settee, her hands crossed behind her neck, and her whole body as supple as a flowing sash, Madame R..... was listening to us. Her lips never moved and her eyes were far away. She was "in a minor key" tonight, or, to put it more bluntly, bored. The amusing and lively chatter in her presence hardly seemed to touch her, but a sentimental paradox, delivered by S....., brought her up with a start.

In her warm, quick voice – rather a cooing voice – she said, "How delightful love would be if we could love continuously without interrupting our dreams or delirium, and without those lucid intervals in which we see things as they really are, and judge the other and ourselves. Have you noticed the platform at a concert during the interval, when the players have gone off for a smoke? The instruments lie about among the stands and scores. The violins, bass, double basses and big drum look so melancholy, forlorn and grotesque, just like old broken furniture. It all suggests a *bric-à-brac* shop. It's the wrong side of music. One forgets it the moment the concert begins again. But the wrong side of love is much worse, and one thinks of it willy-nilly when one plunges into a duo."

Monday, February 21, 1916

Yesterday, Grand Duke Nicholas Nicolaievitch made his entry into Erzerum where he was received by General Yudenitch.

The loss of Erzerum has cost the Turks 40,000 men killed or wounded, 13,000 prisoners, 323 guns and nine standards.
The Russians are now masters of Armenia.
In Persia, Southern Kurdistan, the occupation of Kermanshah, which is imminent, will clear the way to Baghdad.

Tuesday, February 22, 1916

The Imperial Duma resumed its work today. This resumption had been so often postponed by Goremykin that public discontent was assuming dangerous proportions.

The Emperor has realized this, and the instinct of prudence, that takes the place of political flair with him, has prompted him to a very happy thought.

He went to the Tauride Palace in person to open the session.

His decision was taken yesterday evening and kept secret up to the last minute. It was only at one o'clock that the ambassadors of the Allied Powers were asked by telephone to be at the Tauride Palace punctually at two o'clock. No reason was given us.

Since the establishment of representative government in Russia, it is the first time that the Emperor has visited the Duma. Previously, it was the practice for the deputies to go to the Winter Palace to greet their Tsar.

I arrived at the same moment as the Court carriages.

In the great hypostyle hall in which Potemkin once dazzled Catherine with his splendid parties, an altar was set up for the opening prayers. The deputies were grouped around it in serried rows. The public had left the galleries of the chamber itself and were crowded in the circular gallery above.

As soon as the Emperor reached the altar, the religious service began with those wonderful anthems, now broad and soaring, now pure and ethereal, that are the eternal interpretation of the infinite aspirations of Orthodox mysticism and Slav emotion. Everyone present was moved to the very depths.

Among the reactionaries, the champions of absolute autocracy, glances of fury or consternation were exchanged, as if the Emperor, the Elect of God and the Lord's Anointed, was about to commit sacrilege. But on the faces of the parties of the Left was an expression of radiant and quivering ecstasy.

I could see tears glistening in many eyes. Sazonov, who was next to me, was praying earnestly, as he was largely responsible for what was happening.

General Polivanov, the War Minister, whose liberal leanings I was aware of, whispered in my ear, "Do you realize the full significance and beauty of this scene? It's a solemn hour for Russia. A new era in her history is beginning."

The Emperor was a little way in front of me. Behind him stood his brother Grand Duke Michael Alexandrovitch, then Count Fredericks (Minister of the Court), Colonel Svetchin (aide-de-camp on duty), and General Voyeikov (Commander of the Imperial Palaces).

The Emperor listened to the service and singing with his usual composure. He was very pale, almost livid. His mouth continually tightened as if he were trying to swallow something. More than ten times he indulged in the family tick and tugged at his collar with his right hand. His left hand, in which he held his gloves and cap, was perpetually opening and closing. His discomfort was obvious enough.

On May 10, 1906, when he opened the session of the first Duma in the Winter Palace, everyone thought he was going to faint, so tortured and cadaverous were his features.

But prayers were soon over and the clergy withdrew. The Emperor then said a few words on patriotism and unity.

"I rejoice to be with you, among my people, whose representatives here you are, and I call down the blessing of God on your labors. I firmly believe that you will bring to your work, for which you are responsible to the Fatherland and myself, the whole of your experience, your knowledge of local conditions and love of country, and that your doings will be actuated solely by that love, which will serve you as a guiding star. With all my heart I wish the Imperial Duma fertile labors and complete success."

During this speech Nicholas II was quite painful to watch. His voice could hardly struggle through his throat. He stopped or stumbled over every word. His left hand shook violently; his right nervously clutched his belt. The unhappy man was quite out of breath when he reached the conclusion of what he had to say.

A stentorian "hurrah" was his answer.

In his loud, deep bass, the President of the Duma, Rodzianko, then replied to the imperial address in these terms:

Your Majesty,

With the deepest emotion, we have heard your pregnant words. We are filled with joy to see our Tsar among us. In this hour of trial, you have once more emphasized that close union with your people which points the way to victory.

Hurrah for our Tsar! Hurrah!

The public cheered this to the echo. Only the members of the Extreme Right were silent. For some minutes Potemkin's palace resounded with cheering.

The Emperor suddenly recovered himself and all his charm returned. He shook hands all around and was lavish with his smiles. Then he withdrew, passing through the chamber itself.

Wednesday, February 23, 1916

Sazonov, on whom I have just paid my customary midday call, declares himself delighted with yesterday's ceremony, which has made the deepest impression in Russia.

"That's what I call sane policy, good liberalism. The closer the contact between the Emperor and his people, the better will he be able to resist extremist currents."

"Was it your idea to bring him to the Tauride Palace?" I asked.

"No, it wasn't, unfortunately. It was …. I'm sure you'd never guess … Fredericks', the Minister of the Court."

"Old Count Fredericks, conservative reactionary, old-fashioned Fredericks?"

"Yes, but he's so devoted to the Emperor that he realized what the occasion required of His Majesty. It was he who made the suggestion to the Emperor and the President of the Council. The Emperor agreed at once, Sturmer didn't dare to object, and the matter was settled at once. I don't mind telling you that the Emperor feared the Empress would make a scene. He expected an avalanche of recrimination. She certainly disapproved, but calmly, with that frigid and reticent displeasure which with her is so often the strongest form of censure."

Thursday, February 24, 1916

I had Princess Paley to dinner this evening. I had also invited my Italian colleague, Marquis Carlotti, and a score of other guests, including Princess Daria Gortchakov, Prince and Princess Radziwill, M. and Mme. Polovtsov, Countess Kreuz and General Nicholas Wrangel, Grand Duke Michael's aide-de-camp.

The reopening of the Duma was the principal subject of conversation. Princess Paley strongly approved of the presence of the Emperor at the ceremony.

"I shall not surprise you," she added, "by telling you that this liberal action is not at all to the taste of the Empress. She hasn't recovered yet."

"What about Rasputin?"

"He's lavish with lamentation and evil forebodings."

General Wrangel, who is subtle and skeptical, attributes but slight importance to the Tsar's demonstration.

"You can take it from me," he said, "that to His Majesty the Emperor, autocracy will always be an inviolable dogma."

Chapter 7

Friday, February 25, 1916

For the last five days, the armies of the Crown Prince have been attacking Verdun with increasing intensity. Their offensive extends over a front of forty kilometers; the bombardment has been of unprecedented violence.

This is the most tragic moment since the Battle of the Marne, perhaps the most decisive of the war.

Saturday, February 26, 1916

The recent elevation of Monsignor Pitirim to the Metropolitan See of Petrograd has made Rasputin the absolute master of the Church.

As proof of this, he has just compelled the Holy Synod to bow to his will and solemnly ratify the canonization of the "Servant of God," John of Tobolsk.

His friend, the cynical Bishop Varnava, never anticipated so swift and striking a victory. To crown everything, he has just been promoted to the dignity of archbishop.

Sunday, February 27, 1916

If health is nothing but the smooth working of all the functions, the harmonious co-operation of all the organs, and the co-ordination of action of the vital forces, it must be admitted that the Russian colossus is very sick, for the body politic is revealing enormous dissonances and incongruities.

One of the most alarming symptoms is the gulf, a regular abyss, that separates the upper classes and the rural masses. The break between the two groups is complete. It is as if there were a gap of several centuries. This fact is particularly observable in the relations between officialdom and the peasants.

I will give a few examples.

In 1897, the Government started on a general census of the population in accordance with the highly detailed rules of modern statistics. It was the first time that so vast and methodical an operation had been undertaken. Hitherto, the authorities had confined their efforts to certain local, summary and merely approximate censuses.

The census officials everywhere met with profound distrust and frequently open resistance. Strange rumors spread abroad and alarmist myths gained a firm hold: that the *tchinovniks* were bent on an increase of military obligations, on a requisition of corn, on additional taxation, on agrarian revision for the benefit of landlords, or perhaps even on the restoration of serfdom. In all quarters the *moujiks* exchanged anxious glances and muttered, "It's an omen of great evils. Nothing good can come of it. It's the work of the devil."

Of course, the *tchinovniks* did not fail to prey upon these childish fears with a view to extorting bribes, so that the abyss between the two castes became deeper than ever.

One of Korolenko's novels, 'The Eclipse,' gives us a vivid description of the attitude of fierce, sly suspicion that the Russian peasant adopts towards the representatives of the upper classes, and all who are above him by virtue of official authority, wealth, knowledge or education.

The scene is laid in a small town on the Volga. Astronomers have come to observe an eclipse of the sun. The presence of these strangers, their mysterious preparations, and curious instruments, immediately alarm the little place. A rumor spreads at once that they are sorcerers, agents of the devil, emissaries of the Antichrist. A suspicious and murmuring crowd gathers around them and they have great difficulty in protecting their telescopes. Suddenly the eclipse begins and the sun hides itself. The fury of the crowd then breaks forth. Some of them cry out against the impiety of the astronomers in daring to question Heaven. "God will give them their answer by thunder!" Others shriek out like maniacs, "It's the end of the world! We're all about to die! Lord, have mercy on us! "

But the sun soon reappears and the agitation dies down. The spectators congratulate each other on having escaped so dire a peril. "Let us thank God that we are still alive!"

Not less significant are the popular outbreaks that habitually accompany the famines and epidemics that are so frequent in Russia. Whenever there is a famine, the same charge is spread abroad. "It's the officials and landlords cornering the grain!" Or else, "The *tchinovniks* and *barins* have arranged the genocide of the people in order to seize their land."

When there are epidemics, the suspicions of the peasants are invariably turned against the doctor, who in their eyes is the agent of the authorities. "Why does he use incomprehensible words? Why these unfathomable looks and strange actions? Who can doubt that it is he who spreads cholera? He is poisoning the poor *moujiks* by order of the Government!" And away they go and burn the hospital, smash up the laboratory, and insult or beat the doctor, sometimes even kill him.

In this respect, the novelist Veressaiev, always a model of accuracy in his descriptions of Russian life, has not exaggerated in the least in his story of the heartbreaking experiences of Dr. Chekianov. The doctor, a youthful enthusiast who is obsessed by a desire to be of service to the poor, exhausts himself in prodigies of self-sacrifice during an epidemic of cholera. But that does not prevent him being regarded as a poisoner by the ignorant brutes he is sent to help, and he is insulted, abused, and ultimately half-beaten to death. On his bed of pain he reflects bitterly, but instead of bearing his torturers any ill-will, he feels infinite pity for them and writes in his diary, "I have been beaten, beaten like a mad dog, because I came to help them, and devoted all my knowledge and strength to them. Only to-day I realize how much I loved them. I have not succeeded in winning their confidence. I had almost brought them to believe in me, but a few glasses of vodka were enough to thrust them back into their mental darkness and reawaken their primitive savage instincts. And now I feel I am going to die. But why have I struggled? In what cause am I dying? Obviously all this was inevitable. The *moujiks* have always regarded us simply as strangers. We despised and avoided them. We never tried to know them. A terrifying abyss separated us from them"

Monday, February 28, 1916

For several months the Russian people were inclined to sneer at the military assistance of France.

In spite of our great propaganda work through the Press, illustrated papers, lectures, and the cinema, people had not realized the intensity of the struggle on the Western front. More than once I have had to draw the attention of Sazonov, Goremykin and General Sukhomlinov to the unfair and discourteous criticisms of certain papers.

The Battle of Verdun has changed all that. The heroism of our army, the skill and coolness of our High Command, our enormous resources and the splendid attitude of our public opinion are admired by everyone.

The President of the Duma, Rodzianko, called on me today to bring me the congratulations of the Assembly.

In the streets, and mainly in front of the newspaper posters, I have several times heard *moujiks* talking of Verdun.

Wednesday, March 1, 1916

Philippescu, formerly War Minister in Rumania, and head of the francophile party at Bucharest, has just arrived in Petrograd to take stock of the situation.

He has had a very kind reception from the Emperor and Sazonov, but while confirming the highly favorable disposition of his country towards the allied cause, he has confined himself to generalities.

He has asked Diamandy to tell me that he would be glad to have a talk with me, and would have called to see me before had he not been confined to bed with a cold.

Thursday, March 2, 1916

From the President of the Republic I have received a telegram for the Emperor on the subject of Rumania, from which I conclude that Paris has not seen through Bratiano's game.

I immediately handed this telegram to Sazonov, who seemed more than surprised; in fact, he seemed somewhat annoyed.

"It is not the Emperor but the King of Rumania to whom the President of the Republic should be writing. It's not, as Monsieur Poincaré seems to think, simply a question of divergence of views between the Russian and Rumanian staffs as to the theater of operations, inasmuch as there have not even been conversations, notwithstanding my efforts. It is not any particular strategic conception that is at stake; it's the very principle of co-operation. When I have questioned Diamandy and tried to draw him onto practical ground, he invariably replies that he is without instructions and has not the slightest idea of his Government's intentions. When our military attaché, Colonel Tatarinov, arrives in Bucharest, armed with full powers and all information necessary to open negotiations, Bratiano tells him that the day of Rumania's abandonment of neutrality is far away, and we have plenty of time to make our joint plans. And now, when M. Philippescu calls on me, and I try to get him to talk, he gives me nothing but evasive replies."

"I can understand that you lose patience with Bratiano's methods, but the matter is too serious for you not to do your utmost to win over Rumania definitively to our cause. The President of the Republic's telegram gives the Emperor a very timely opportunity of announcing his intentions. Your allies will be all the stronger for it when it comes to taking action in Bucharest."

Friday, March 3, 1916

The Russian Government persists in remaining silent about the restoration of Poland. Paris, where the Polish committees of Switzerland are carrying on a very energetic and skilful propaganda, is getting anxious about it.

At this end I neglect no opportunity of pointing out that the Imperial Government is making a grievous mistake in delaying to establish the autonomy of Poland on a broad basis. It risks being forestalled by the Teutonic powers.

Of course, I am obliged to be very diplomatic, as Russian nationalism has not yet forgotten the events of 1863.

It is with Sazonov that I discuss this topic most frequently and frankly. As the police, the terrible Okhrana, report all my movements to him, I do not conceal from him that I freely receive my Polish friends at the embassy: Count Zamoiski, Count Ladislas Wielopolski and his brother Sigismond, Count Constantine Plater Syberg, Roman Skirmunt, Count Joseph Potocki, Rembielinski, Korvin Mileuski, etc.

Their visits make him a bit anxious about me and yesterday he said to me, "Be careful! Poland is a dangerous topic for an ambassador of France."

I replied with the line of Ruy Blas, slightly amended. "Poland and her King are full of precipices."

But the diplomacy I have to display towards the Imperial Government in the Polish question is only a difficulty of detail. The main obstacle to a speedy decision is the conflict of opinion it arouses in the Russian world.

There can be no doubt that the Emperor himself has been won over to the principle of a generous autonomy. Provided that Poland remains under the scepter of the Romanovs, he would concede most of the Polish claims. Sazonov shares his views and bravely exhorts him to adhere to them.

On the other hand, public opinion in Russia, taken in bulk, simply will not hear of Poland ceasing to be included in a united empire. The opposition does not come merely from nationalist circles and the bureaucracy; it is seen in the Duma and all the parties. The result is that the proclamation of Polish autonomy by legislative act is impossible, so I imagine that the question cannot be solved otherwise than by a personal proclamation of the Emperor, a *coup d'état* of his sovereign will. I am told that this is Sazonov's idea and that he has already suggested it to the Emperor, but he has against him Sturmer and the whole "Potsdam Court," who are clever enough to see that the Polish question is the best weapon for a reconciliation with Germany.

Saturday, March 4, 1916

Sazonov has communicated to me the Emperor's reply to the President of the Republic's telegram. It confirms all that I telegraphed to Briand several weeks ago.

This afternoon I had a long talk with Philippescu, who received me at the Rumanian Legation. He could not come to the embassy as he is still an invalid.

In spite of his physical exhaustion, he has a depth of conviction and warmth of tone that he betrays the moment he speaks.

After postulating that he has no official mission and is travelling simply as a private individual anxious to see things for himself, he said, "You know my feelings for France. It's my second country. And you know how impatient I am to see our army take the field. Nor can you be unaware that I am no political friend of the President of the Council, and that in fact he reckons me among his opponents. But I won't conceal the fact that I think M. Bratiano is right in refusing to launch our country into a war before the time for a general allied offensive has come and the Russian army is ready to enter the Dobrudja. The dispatch of a Russian army south of the Danube is not merely indispensable from the strategic point of view, it is necessary to make the breach between Russia and the Bulgarians definite and irreparable. As soon as these conditions are fulfilled, we shall enter Transylvania, but I doubt whether the Russian Government and General Staff will agree with our point of view."

I replied in a decided tone. "I have no reason to assume that the Russian General Staff would not agree to send an army to the Dobrudja. As to whether a Rumanian contingent should or should not support the movements of that army, that's a detail that will be governed by the plan of campaign. In any case, you needn't think that the Russian Government is trying to be gentle with the Bulgarians. Russia is a loyal ally. As long as the French and the English Salonica armies have the Bulgarian army to fight, Russia will show Bulgaria no mercy, I'll promise you that."

Philippescu seemed quite impressed by my firm language. More than once he glanced inquiringly at Diamandy, who was listening to our talk in silence, and replied with a nod.

Then I put a definite question to Philippescu. "Why does M. Bratiano evade all negotiations?"

With a gesture of irritation, he replied, "Because he's taking a shabby line. He doesn't find the market good enough, so he's letting the best opportunities slip by. By delaying the decision on which all of Rumania insists, he'll make us the vassals of Germany!"

Returning to the vital question, the conclusion of a military agreement, I pointed out to Philippescu the dangers to which Bratiano is exposing his country by refusing to state here and now what practical form he expects the help of Russia to take, and, failing which, Rumania will have to renounce the realization of her national dream.

I continued, "The decisive hour may strike much sooner than M. Bratiano imagines. You must remember that a military agreement always takes a long time to negotiate – two or three weeks at least. Then there are the preparations to give effect to it. The railways have to be adapted, all the transport assembled, supplies and depots prepared, etc. In the case of the Russians, who are such bad organizers and have such defective notions of space and time, this task is slower and more difficult than elsewhere. If Germany issued an ultimatum to Rumania tomorrow, M. Bratiano would be caught utterly unprepared. For argument's sake I'll admit that he is reluctant to undertake to declare war by a fixed day. But what objection can he find to the Russian and Rumanian General Staffs entering into a agreement which, necessarily, would have no executory validity until ratified by the two Governments? Is he afraid of something leaking out perhaps? Why, hasn't Rumania long been compromised in the eyes of the Central Powers by her agreement with the Allies on the subject of Transylvania? Isn't that agreement notorious?"

After a long pause, Philippescu said, "I think I shall hasten my return to Bucharest."

Sunday, March 5, 1916

Philippescu repeated our conversation of yesterday to Sazonov. The latter said to him, "I entirely endorse everything Monsieur Paléologue says."

As soon as Philippescu is well again, he will return to Bucharest.

Wednesday, March 8, 1916

The fighting around Verdun is raging with redoubled ferocity. The Germans are attacking with large forces on both sides of the Meuse. Our line holds firm in spite of the intensity of their fire and the violence of their assaults.

Saturday, March 11, 1916

Philippescu will leave Petrograd tomorrow on a visit to the southern front of the Russian armies. He will then return straight to Bucharest. He has been to say goodbye to me.

"I'm very glad you've spoken so frankly," he said. I've already reaped the benefit of it here and am taking the best impressions away with me. The moment I get to Bucharest, I shall put pressure on M. Bratiano to fall in line with your views, which I entirely share."

Sunday, March 12, 1916

Taking advantage of the Emperor's visit to Tsarskoe Selo, I have asked him for an audience to discuss Rumania and the general situation. He will receive me tomorrow with the customary ceremonial.

But yesterday evening he very kindly informed me that a series of cinematograph films of scenes from the French front would be shown to his children today, and he asked me to be present, quite privately and informally, my official audience remaining fixed for tomorrow.

I reached Tsarskoe Selo at five o'clock. The apparatus was placed in the large rotunda drawing room. In front of the screen were three armchairs and a dozen or so small chairs. The Emperor and Empress entered almost immediately, accompanied by the young Grand Duchesses and the Tsarevitch. They were followed by the Minister of the Court and Countess Fredericks, the Grand Marshal of the Court and Countess Benckendorff, Colonel Narishkin, Mlle. de Buxhoevden, the Tsarevitch's tutor, Gilliard, and some of the minor palace officials. Groups of servants and chambermaids thronged all the doorways.

The Emperor was in field uniform, the Empress and her daughters in woolen dresses, as plain as possible. The other ladies were in walking dress. It was the Imperial Court in the ungarnished simplicity of its daily life.

The Emperor made me sit between the Empress and himself. The lights were put out and the performance began.

I was greatly moved by this long series of pictures and episodes, such truthful, vivid, pathetic and eloquent expressions of the French effort. The Emperor was lavish with his praises of our army.

He kept exclaiming, "Isn't it splendid! What wonderful dash your soldiers have! How could anyone face such a bombardment? What a mass of obstacles in the German trenches!"

But he always confined himself to vague and general terms. Not one specific comment or professional observation or criticism did he make; nothing to reveal any personal experience of the military art, or technical sense of war. Yet he is the Commander-in-Chief of all the Russian armies!

The Empress said little, as usual, though she was as pleasant as possible. But how forced was her slightest compliment! What a wry twist there was in her smile.

I was alone with her during the interval of twenty minutes or so, when tea was served and the Emperor went off to smoke a cigarette in the next room. It was an interminable tête-à-tête. We talked about the war, its horrors, our inevitable victory, etc.. The Empress replied in short, jerky phrases, invariably agreeing with me, as if she were an automaton. Her fixed and distant gaze made me wonder whether she was listening to me or indeed heard me at all. I was horrified to think of the omnipotent influence this poor neurotic woman exercised on the conduct of affairs of State.

The second part of the performance added nothing to my previous impressions.

As we were leaving, the Emperor said to me in that kindly tone that is natural to him when he feels quite at his ease, "I'm glad to have had this trip to France in your company. Tomorrow we'll have a long talk together."

Monday, March 13, 1916

At two o'clock I returned to Tsarskoe Selo, but this time in full uniform and with the usual ceremonial.

At the gates of the palace I met a party of officers who had just presented the Emperor with the Turkish standards captured at Erzerum on February 15.

This incident gave me an obvious opening for my conversation with the Emperor. I spoke in terms of the greatest admiration of the brilliant successes won by his army in Asia. He replied with a repetition of yesterday's eulogies of the heroes of Verdun, and added, "I'm told that the coolness and skill of General Joffre have enabled him to husband his reserves. So I hope that in five or six weeks' time we shall be able to take the offensive simultaneously on all fronts. Unfortunately, snow has been falling uninterruptedly for several days and it prevents us from planning for anything earlier. But the moment my army is in a position to move, you may be certain that it will attack with the greatest possible vigor."

I pointed out in turn that the Battle of Verdun marks a critical point in the war, and the decisive phase of the operations cannot long be delayed. The inference I drew was that the Allied Governments must hasten to agree upon the great diplomatic questions that are outstanding, so that they can impose their solutions when the hour for peace strikes.

"That is why I direct Your Majesty's attention to the agreement the French and British Governments have just negotiated on the subject of Asia Minor. M. Sazonov is to discuss it with you tomorrow. I have no doubt that your Government will examine the legitimate claims of the Government of the Republic in the most generous spirit.£

I gave him a general outline of the agreement. He immediately brought up the future constitution of Armenia.

"It's an exceedingly complicated question," he said. "I haven't yet discussed it with my ministers. Personally, I'm not contemplating any conquests in Armenia, with the exception of Erzerum and Trebizond, the possession of which is a strategic necessity for the Caucasus. But I won't hesitate to promise you that my Government will bring to its examination of this question the same friendly spirit that France has displayed towards Russia."

I emphasized the urgency of a decision.

"When peace comes, the hands of the Allies will have been enormously strengthened for dealing with Germany if we have settled in advance all the questions that might possibly divide us. The problems of Constantinople, Persia, the Adriatic and Transylvania have now been solved. We should make haste to solve the problem of Asia Minor."

This consideration seemed to strike the Emperor, as he promised to let it guide him tomorrow in his talk with Sazonov.

He closed this topic with these words.

"I hope Asia Minor won't make your Government forget the left bank of the Rhine."

Rumania did not detain us long. The Emperor repeated what he had telegraphed to the President of the Republic on March 3, and his statements were so spontaneous and categorical that I could not ask him for more.

As he then rose, I concluded that the audience was over, but he took me to the window, offered me a cigarette, and resumed the conversation before a marvelous vista of sun and snow that seemed to lay a mantle of diamond dust over the garden.

He spoke in an intimate, confidential and frank tone he had never adopted with me hitherto.

"What great memories we can share together, my dear Ambassador," he said. "Do you remember the first time I saw you on this very spot? You told me that you felt that the war was coming and we ought to prepare for it. You also told me of the strange revelations of Emperor Wilhelmm to King Albert. It struck me very much, and I immediately repeated it to the Empress."

With perfect accuracy of memory, he successively recalled the banquet on board The France on July 23 and our evening walk on his yacht at sea after the President of the Republic had left; then the tragic week that began the very next morning, the scene on August 2 in the Winter Palace when he made me stand at his side while he took the solemn oath of 1812 on the Gospel; the unforgettable ceremonies in Moscow; then the whole series of our talks together, grave talks but always frankness itself.

His tone grew warmer and warmer with this long recital, which was almost a monologue, for I did no more than occasionally add a finishing touch to some of his memories.

When he had ended, I cast about for some phrase that could summarize and, so to speak, crown our conversation.

"I often, very often, think of Your Majesty, your heavy task, and the whole burden of cares and responsibilities on your shoulders. And once, Sire, I deeply pitied you."

"When was that? I like you to talk like this. When was that?"

"When you took command of your armies."

"Yes, that was a terrible moment for me. I thought God had deserted me and that a victim was necessary to save Russia. I know you understood my action and I haven't forgotten it."

"I'm sure that in times like those it is the memory of your glorious father from which, after God, you draw your greatest inspiration." I pointed to a large portrait of Alexander III that hung prominently over his table.

"Yes, in difficult moments, and how many there are, I always consult my father and he is always my inspiration. I'm afraid we must separate now, my dear Ambassador. "m lingering here, talking to you, but, as I return to the Stavka tomorrow, I've still a lot to do."

At the door he shook me warmly by the hand.

From this audience, that lasted more than an hour, I brought away an impression that the Emperor is happy and facing the future confidently. Otherwise, how could he have dwelt with such obvious pleasure on memories that the war has enabled us to share? Secondly, I observed several characteristics of his temperament: simplicity, gentleness, capacity for sympathy, good memory, excellent intentions, mysticism, lack of self-confidence, and therefore an eternal hankering after support from outside or on high.

Wednesday, March 15, 1916

Nicholas II was inspired by a happy and touching notion when he founded the Narodny Dom, or "House of the People," in 1901.

Behind the Petropavlovsk Fortress, on the bank of the Kronversky Canal, rises a vast building that comprises concert rooms, theaters, cinemas, promenades and restaurants. It is severely plain. The architect's object, and sole object, was to create large roofed spaces ingeniously distributed. Everything is subordinated to convenience of arrangement and suitability for its purpose.

The Tsar's idea was to enable the lower classes to procure amusement for a very small sum in a secluded and well-warmed place. He regarded it also as an unostentatious means of fighting the demoralizing influence of the public houses and the pernicious effects of drink. Vodka is not allowed in the building.

The undertaking has been a remarkable success; the place has even become quite the fashion. The most celebrated actors, the leading *virtuosi*, and the best orchestras regard it as an honor to appear in the Narodny Dom, so for twenty kopecks the lowly may familiarize themselves with the finest expression of the musical and dramatic arts. A few boxes and several rows of stalls are available for two or three rubles to the wealthier classes. The public go there in ordinary dress. The hall is always full.

This evening, the wonderful Shaliapin sang Massenet's 'Don Quixote.' To my box I had invited Princess Sophie

Dolgoruky, Madame Polovtsev, the Countess de Robien, wife of my secretary, and Sazonov.

I had heard Don Quixote here several times before. No doubt the work is not one of Massenet's happiest inspirations; one is too conscious of the shortcomings of the ageing master, the haste and artificial and commonplace development. But in the misadventures of the *hidalgo*, Shaliapin finds an opportunity of carrying to their highest point his art of combination, breadth of style and dramatic power. On each occasion I have observed the intense interest that the public takes in the character of the hero and the action. I wondered why. At first sight there is nothing Russian about Cervantes' story, that masterpiece of good temper, sound sense, wisdom, mockery without bitterness, and skepticism without disillusionment. But on reflection I have discovered several features that cannot fail to please Russians: generosity, warm-heartedness, pity, resignation to misfortune, and above all the attraction of the chimerical, the persuasive power of the *idée fixe*, the perpetual interplay of hallucination and cold reason.

After the death scene, in which Shaliapin surpassed himself, Sazonov said to me, "It's perfectly beautiful. Sublime! It's almost religious."

Thursday, March 16, 1916

Sazonov tells me that the Imperial Government approves of the agreement reached between the cabinets of Paris and London on the subject of Asia Minor, except as regards

Kurdistan, which Russia wants to annex in addition to the regions of Trebizond, Erzerum, Bitlis and Van. In return, the Tsar is suggesting that France should take the regions of Diarbekir, Karput and Sivas.

I have no doubt that Briand will acquiesce and that this matter is now settled.

Friday, March 17, 1916

I asked a few musical enthusiasts to dinner this evening: that fine painter and critic, Alexander Nicolaievitch Benois; the young composers Karataguin and Prokofiev; the singer Madame Nazmanov; and the habitués of the embassy.

In her rich, warm voice, palpitating with sustained emotion, Madame Nazmanov sang us songs by Balakirev, Borodin, Moussorgsky, Liapunov and Stravinsky. Whether elegiac, soothing or pathetic, all these songs betray their popular origin. It is through the songs, born in the long evenings in the *isbas* or the infinite space of the steppes, that the melancholy of the Russian soul has found expression throughout the centuries, a melancholy that is usually dreamy and irresolute, but sometimes rises to fierce despair.

Maxim Gorky has given us a powerful description of the mournful intoxication into which music plunges the Russian peasants. Between Madame Nazmanov's songs, one of my guests, who has lived among the peasants a good deal, confirmed the accuracy of an incident in a novel of this bitter and powerful writer with which I was much struck.

One evening, two *moujiks*, a cripple and a consumptive, met a loose woman in a smoke-laden tavern. All three were worn out with misery. "Let's have a song!" said the cripple. "There's nothing like sadness to enliven your spirit. If you want to set it on fire, sing it a sad song."

He began to sing as if he were sobbing and the words were suffocated in his throat.

His companion echoed him in a deep, moaning voice, "giving the vowels alone."

Then the woman's contralto rose, dreamy, palpitating and burdened with woe.

Once started, the three singers did not stop. "They sang as if hypnotized by their voices, which rang forth, now gloomy and passionate, now like to a sigh of repentance, now soft and plaintive as the crying of a child, now heavy with anguish and despair, like all fine Russian songs. The sounds quivered and wept. At times it seemed as if they were about to expire, but they immediately revived, took up the dying refrain, tossed it in the air, where it fluttered for a moment and then fell. The shrill voice of the cripple accentuated this horror, and the prostitute sang, the consumptive wept, and the dreadful song seemed as if it would never end."

Suddenly the consumptive cried, "Enough! Enough! In Christ's name, stop! I can't stand any more. My heart's burning like a live coal."

To conclude the evening's entertainment, Karataguin and Prokofiev played selections of their works. Very learned music. The time has gone by when Russian composers could be charged with ignorance of the technical side. The younger school, in fact, errs through excessive preoccupation with theory. Karataguin strikes me as a mediocre disciple of Scriabin; the things he played to us tonight were empty, complicated, prolix and pretentious. Prokofiev, on the other hand, is full of ideas, but they seem to be crushed out of existence, so to speak, by his eternal pursuit of novel modulations and unexpected sonorities. But I liked his suite, 'Les Sarcasmes,' for their wealth of intellect, color and delicate feeling.

Saturday, March 18, 1916

The imperial commission, set up by the Emperor to investigate General Sukhomlinov's responsibility for the munitions crisis and the confusion in the military administrative departments, has completed its task with a report that the former War Minister should be brought before a court-martial.

Nicholas II has just approved that decision. General Sukhomlinov's name has now been removed from the Council of Empire.

Tuesday, March 21, 1916

The epic of Verdun is arousing among all classes here an enthusiastic admiration of which I get direct evidence every day. But mingled with it is a feeling that becomes increasingly tragic and humiliating, a realization of the impotence to which the Russian armies are reduced.

To satisfy the demands of the public conscience, the Emperor has just ordered a serious offensive south of the Dvina, in the direction of Vilna, notwithstanding the adverse weather conditions. Fierce fighting is taking place day and night between Lake Narotch and Lake Vizniev. Yesterday the Germans lost several villages.

Today General Alexeïev is sending General Joffre the following telegram:

> *The Emperor instructs me to ask you to convey to the brave 20th Corps an expression of his warmest admiration and regard for its brilliant bearing in the Battle of Verdun. His Majesty is firmly convinced that under the command of its valiant leaders the French army, faithful to its glorious traditions, will not fail to break the will of its barbarous enemy. I personally am happy to express to you my immense admiration for the courage shown by the French army in these violent and trying encounters. The whole Russian army is following the great deeds of the French army with the closest attention. It sends it the best wishes of a brother-in-arms for a complete victory, and is only awaiting the order to join in the battle against the common foe.*
>
> *ALEXEIEV.*

Wednesday, March 22, 1916

I was at the Narodny Dom again this evening to hear Shaliapin in 'Boris Godunov,' which is his great part.

Pushkin's lyrical inspiration, Mussorgsky's genius for realism, and Shaliapin's dramatic power combine so perfectly that the spell cast on the spectator is complete. The terrible adventure of the false Dimitry is revealed in a succession of tableaux, the relief and color in which are astounding. It is the wholesale synthesis of an epoch.

The audience thinks itself transported into the very period and milieu of the drama. It shares, as it were, the emotions of the characters, their pangs, fury, weaknesses, apprehensions, infatuation and hallucinations. In the death scene, Shaliapin revealed himself the equal of the greatest artists, as he always does. When the bells of the Kremlin tell the Muscovites that the autocrat is dying, and Boris, haunted by the phantom of the martyred tsarevitch, with haggard eye, trembling steps, twitching limbs and convulsive gestures, orders his servants to bring him the monk's robe that dying tsars must wear, the highest pitch of tragic horror is touched.

During the last act Madame S....., who was in my box, pointed out very pertinently the important part that Mussorgsky assigns to the action of the masses. The picturesque crowd that moves around the protagonists is not an indifferent and passive multitude or a mere troop of supers and dummies; it takes an active part, intervenes in all the shifting phases of the scenario, and is always well in the foreground.

The choral portions, which are numerous, are indispensable to the unfolding of the story and a proper understanding of the drama. Thus, throughout the play, one feels the influence of those obscure, fateful mass forces that have always been the decisive factor in the critical moments of Russian history, hence the spellbound attention of the public.

Madame S….. added, "You may be quite certain that in this theater there are several hundred, perhaps a thousand, people watching these scenes but thinking solely of current events. They already have the approaching revolution before their eyes. I was a very close spectator of our agrarian disorders in 1905. I was at my country house near Saratov. It is not political and social ideas that interest and excite our masses in a revolution; they don't understand them at all. It is the dramatic spectacles that send them crazy: processions with red flags, icons and hymns, shootings, massacres, public funerals, scenes of drunken fury and destruction, lootings and fires – particularly the fires, that create such a wonderful effect at night."

Highly emotional in temperament, she worked herself up over her own descriptions as if she were actually seeing the sinister visions she was conjuring up. Then she suddenly stopped and resumed in a grave and dreamy tone.

"We're a theatrical race: too imaginative, too much the artist and musician. It will do us a bad turn someday."

She lapsed into silent thought, with a look of horror in the depths of her great blue eyes.

Chapter 8

Thursday, March 23, 1916

A dinner at the embassy. I had asked a score or so of Russians (including Shebeko, who was ambassador to Vienna in 1914), a few Poles (notably Count and Countess Joseph Potocki, Prince Stanislas Radziwill, and Count Ladislas Wielopolski), and a few English people who are passing through Petrograd.

After dinner I had a talk in a corner with Potocki and Wielopolski, and both of them referred to the reports they are getting from Berlin through Sweden, and express their conclusions in the same terms.

"France and England may perhaps be victorious in the long run, but Russia has now lost the game. In any case, she will never get Constantinople, and if she brings about a reconciliation with Germany, it will be at the cost of Poland. Sturmer will be the instrument of that reconciliation."

Then one of my Russian guests, Princess V....., who is very high-minded, quick-witted and clever, beckoned to me to go and sit by her.

"For the first time you see me thoroughly downhearted," she sighed. "I've kept up my spirits till quite recently, but since this dreadful Sturmer has been in office, I've lost all hope."

I comforted her, but only half-heartedly, so that she might tell me everything on her mind. At the same time I emphasized that Sazonov's patriotism was a guarantee of the vigorous prosecution of the war.

"Yes, but how much longer will he be in power? What's going on behind his back? Is there anything brewing that he knows nothing of? No doubt you know that the Empress hates him because he has always refused to bow the knee to the abject scoundrel who is bringing Russia to shame. I won't tell you who the ruffian is. I couldn't pronounce his name without being sick."

"I can understand that you are sad and anxious, to a certain extent I share your anxiety, but to throw away the axe because the handle comes off? No, no, no! The harder the times, the greater is one's duty to stand firm. And it's your duty as much as anyone's, as you've a reputation for courage, and your courage sustains many others."

She was silent for a moment, as if listening to a voice within. Then she resumed with a melancholy and resigned gravity.

"What I'm going to say may sound pedantic and ridiculous. What if it does? I strongly believe in Fate. I believe in it as the poets of antiquity did, Sophocles and Æschylus, who were convinced that even the gods of Olympus obeyed the decrees of destiny."

"*Me quoque Fata regunt.* [The fates also rule me.] You see, I'm the pedant, not you, as I'm quoting Latin."

"What does your quotation mean?"

"Those words were placed by the poet Ovid in the mouth of Jupiter, and mean, 'I too am the slave of destiny.' "

"So things haven't changed since the reign of Jupiter. Destiny has always directed the world's course, and Providence itself obeys Fate. This isn't very orthodox and I wouldn't repeat it to the Holy Synod. but I'm obsessed by the idea that Fate is driving Russia to a catastrophe. It's like a horrible nightmare."

"What do you mean by Fate?"

"I could never explain. I'm not a philosopher myself. I go to sleep every time I open a book on philosophy. But I know well enough what Fate is. Help me to describe it."

"Why, it's the force of things, the law of necessity, the natural order of the universe. Aren't these definitions enough for you?"

"No, not at all. If Fate was no more than that, I shouldn't be afraid of it, for though Russia may be a very great empire, I can't think that her victory or defeat is a matter of great concern to the natural order of the universe."

And then, picking her words to some extent, but quite spontaneously and without the least affectation, she described Fate to me as a mysterious power, blind but irresistible, that intervenes at random in the world's affairs, prosecutes its designs inflexibly, despite all human efforts, wisdom and calculations, and takes a malicious delight in making us the instruments of its own caprices.

"Take the Emperor, for example," she continued. "Isn't he patently predestined to ruin Russia? Aren't you struck by his ill-luck? Could any reign have been richer in miscalculations, failures and calamities? Everything he has undertaken, his best ideas and noblest inspirations, have gone wrong or actually reacted against him. As a matter of logic, what must his end be? As to the Empress, do you know any figure more baleful and accursed even in classical tragedy? And that other, the loathsome ruffian whose name I won't utter ... Isn't the brand of Fate on him clearly enough? How can you explain the fact that at such a crisis in history these three incongruous and dull-witted beings hold the destinies of the world's largest empire in their hands? Don't you recognize the action of Fate in that? Come, tell me honestly."

"You're very eloquent, but I'm not convinced at all. Fate is only the excuse a weak character gives for its surrender. As I have started being a pedant, I shall continue to be so. I'm going to quote you more Latin. In Lucretius, there's an excellent definition of will: 'Fatis avulsa potestas,' which can be translated as 'a power wrenched from Fate.' Even the most pessimistic of poets has admitted that it is possible to fight against destiny."

After a silent pause, Princess V..... resumed with a melancholy smile.

"You're lucky to be able to think that. Anyone can see you're not a Russian. Anyway, I'll promise to think over what you say, but please forget what I've been telling you, *mon cher Ambassadeur*. For Heaven's sake don't repeat a word. I'm ashamed of letting myself go to a foreigner."

"An ally!"

"Yes, and a friend too, but a foreigner all the same. I know I can count upon your discretion. You'll keep my confidences to yourself, won't you? Now let's go and talk to our other guests."

Sunday, March 26, 1916

The frightful struggle at Verdun is still continuing.

Notwithstanding the extreme cold and heavy snowfalls, the Russians are trying to help use by attacking on the Dvina front. Yesterday they gained substantial successes in the Jacobstadt sector and west of Lake Narotch.

Monday, March 27, 1916

The psychology of Russian criminals is of fascinating interest. It presents the moralist, sociologist, lawyer and doctor with an inexhaustible source of varied, fantastic, contradictory, paradoxical, disconcerting and improbable observations. Among no other nation do the dramas of conscience, the mysteries of free will and atavism, the problems of personal responsibility and penal sanctions, wear so complex and perplexing an aspect, hence the fact that Russian dramatists and novelists have made the criminal their favorite theme.

Through the translator who reviews the Press for me every morning, I keep in touch with the chronicles of the courts and I can confirm that the fictions of literature do not in any way exaggerate the truth. Often enough it is the truth that leaves the fiction writers behind.

One of the facts I most frequently observe is the swift reawakening of conscience the moment that homicidal fury or brute lust is satiated. Once more I must point out, as I have done several times before in this diary, that the conscience of a Russian is inspired solely by the Scriptures.

263

Even in the most sin-stained soul, the Christian idea of sin, repentance and expiation is never destroyed. After the cerebral paroxysm and nervous storm that have produced the criminal act, you can almost always see the culprit collapse. With hanging head, dull eyes and knitted brow he sits lost in feverish grief and intense agony of mind. Before long, one feeling obsesses him with the stubborn force of an *idée fixe*, a feeling of shame, remorse, an irresistible desire to confess and expiate his crime. He flings himself down before the icons, beats his breast and calls imploringly on Christ. His whole moral attitude seems determined by the thought from Pascal: "God forgives, the moment he sees penitence in the heart."

An incident that Dostoyevsky puts into his novel, 'The Youth,' illustrates my point very strikingly. He is speaking of a soldier who has done his years of service and returned to his village. The way of life he has led with his regiment soon makes his monotonous existence among *moujiks* quite intolerable, added to which they dislike him. Then he starts drinking and drops into evil ways. One day he robs some travelers. He falls under suspicion immediately and he is arrested, but proof positive is lacking. At the trial, his attorney, by great skill, is about to secure his acquittal. Suddenly the prisoner gets up and cuts his defender short. "No, no! Wait a minute. Let me speak. I'm going to tell everything." And he tells everything, absolutely everything. Then he bursts into tears, violently beats his breast, and proclaims his repentant grief.

The jury are deeply moved and retire to confer. After a few minutes they bring in a verdict of "Not Guilty." The crowd in court cheers. The judges order his release.

But the ex-soldier does not move. He is utterly taken aback. When he finds himself in the street, a free man, he walks about in a dismal stupor, not knowing where he is going.

Next morning, after a sleepless night, he is still more depressed. He refuses to eat or drink, and will not say a word to anyone. On the fifth day he hangs himself.

A character in the story, the peasant Macaire Ivanovitch, in whose presence this incident is related, sums it up thus: "That's what comes of living with your sins on your soul!"

Wednesday, March 29, 1916

The ex-President of the Council, Kokovtsov, whose signal patriotism and sound sense I greatly admire, has been to see me at the embassy. He was very pessimistic as usual; in fact he gave me the idea that he was forcibly controlling himself to prevent me seeing the real depths of his despair.

In his general diagnosis of the internal conditions of Russia, I observe the importance he attaches to the demoralization of the Russian clergy. In a grief-stricken tone, that occasionally made his grave voice tremble, he ended with these words.

"The religious forces of this country will not be able to withstand the abominable strain upon them much longer. The Episcopate and high ecclesiastical offices are now completely under the heel of the Rasputin clique. It's like an unclean disease, a gangrene that will soon have devoured all the higher ranks of the Church. I could shed tears of shame when I think of the ignoble traffic that goes on in the offices of the Holy Synod on certain days. But to the religious future of Russia, and I'm speaking of a near future, there is another peril that seems to me no less formidable: it is the spread of revolutionary ideas among the lower clergy, particularly young priests. You must know how wretched is the condition of our priests, materially and morally. The *sviatchenik* of our rural parishes almost always lives in blank misery, which too often makes him lose all dignity, shame, and respect for his cloth and office. The peasants despise him for his idle, drunken ways, and they are always quarrelling with him over his fees for services and sacraments. Sometimes they don't stop at insulting and even beating him. You've no idea what an accumulation of grief and bitterness there is in the hearts of some of our priests. Our socialists have very skilfully exploited the pitiable condition of the lower clergy. For the last twelve years they have been carrying on a very active campaign among the country priests, especially the younger ones. Thus they are simultaneously recruiting soldiers for the army of anarchy, and apostles and teachers who naturally have influence on our ignorant and mystical masses. You may remember the evil role of the priest Gapon in the riots of 1905. He had a kind of magnetic influence on all around him. A well-informed person told me the other day that revolutionary propaganda is now making its way even into the ecclesiastical colleges. You know that the young men in the seminaries are all sons of priests; most of them are without means; the memories that many of them bring from their villages make them "humbled and abased" from the outset, to use Dostoyevsky's phrase. Thus their minds are only too ready to receive the seed of the socialist gospel. And to complete their perversion, agitators fan them into fury against the higher clergy by telling them of the Rasputin scandals.

Thursday, March 30, 1916

The Duma has just concluded, in secret session, its investigation into the finances of the Foreign Office. Sazonov was several times called upon to address the assembly. His patriotism, courageous, straightforward candor and high standard of duty have earned him a rich reward of respect and affection. So all is well in that quarter.

But in the sphere of domestic politics, the relations between the government and the assembly are becoming worse and more strained every day. In two months of office, Sturmer has succeeded in making the public want Goremykin back. The whole bureaucracy is engaged in a competition in reactionary zeal. If it was desired to provoke a violent crisis, no better course could be adopted. I am expecting a speedy resumption of the old game of police provocation, the exploits of the "Black Bands," and massacres of Jews.

A recent incident has exasperated the groups of the Extreme Left in the Duma. The Petrograd Court has just passed sentence of confinement in Siberia for life on five

Social Democrat deputies on charges of revolutionary propaganda. They were arrested so long ago as November 1914, at the time when Lenin, a refugee in Switzerland, was starting his defeatist campaign with the famous profession of faith: "Russian socialists must desire the victory of Germany, because the defeat of Russia will involve the downfall of tsarism."

The five deputies – Petrovsky, Chagov, Badaïev, Muranov and Samoïlov – were originally accused of treason, but subsequently all the charges were dropped except that of having tried to organize a revolutionary movement in the army.

The famous Petrograd lawyer, Soklov, and the Labor deputy Kerensky, put up a skilful defense, but the sentence was none the less a heavy one.

In the course of his speech, Kerensky asserted that the accused have never thought of provoking a revolution during the war; they have never desired the defeat of our army; they have never held out a hand to the enemy over the heads of those who are dying in defense of the country. What they most feared, on the contrary, was that the Russian reactionaries might make common cause with the German reactionaries. This allusion to a secret understanding between Russian autocracy and Prussian absolutism is only too well founded, but in my view it is equally well established that Russian socialism is also secretly paving the way for a betrayal by appealing to the worst instincts of the workmen and soldiers.

Saturday, April 1, 1916

I have been to see Sturmer about certain administrative matters that come under his department.

With his wheedling smirk and affectation of candor, he smothered me with honeyed promises.

"Your Excellency, I'll give orders to my departments to do everything possible to meet your wishes. And what they call impossible, I'll do myself!"

I took a note of these excellent professions, and then, addressing him not as "Minister of the Interior" but as "President of the Council," I mentioned the difficulties that the bureaucracy is always putting in the way of private industries working for the war. I gave several recent examples that reveal not only indifference and confusion in the public services but downright ill-will.

"I appeal to your authority," I said, "to put an end to these scandalous abuses."

"Surely 'scandalous' is somewhat exaggerated, Monsieur l'Ambassadeur. I'll admit, of course, that there have been a few cases of negligence and I'm grateful to you for bringing them to my notice."

"No, Monsieur le Président, the incidents I speak of, and I'll guarantee their truth, are not cases of mere negligence. They show there's a system of obstruction and a real feeling of enmity."

With a grieved air, and his hand on his heart, he vouched for the fervent patriotism, loyal zeal and unassailable probity of the Civil Service, but I persisted with my charges, and proved by the production of figures that Russia could easily treble or quadruple her effort, while France is exhausting all her vitality.

He protested, "But we've lost a million men on the battlefield!"

"That means that the losses of France are four times greater than those of Russia."

"What?"

"It's a very simple calculation. Russia has 180,000,000 inhabitants, France 40,000,000. For the losses to be relatively equal, yours should be four and a half times higher than ours. But, if I am not mistaken, the present losses of the French army exceed 800,000 men. And I'm only speaking of numerical equality."

He raised his eyes in amazement.

"I've never been any good at sums. All I can tell you is that our poor *moujiks* are giving their lives without hesitation."

"I know it. Your *moujiks* are splendid. It's your *tchinovniks* I complain about."

With a lordly frown, and drawing himself up majestically, he continued. "Monsieur l'Ambassadeur, I'm going to investigate everything you've been good enough to bring to my notice. If there have been mistakes, their recurrence will be ruthlessly prevented. You may rely on vigorous action by me." I gave him a grateful nod. In the same tone he continued, "I'm very lenient by temperament, but I stop at no severity when it's a question of serving the Emperor and Russia, so you may trust me entirely, Your Excellency. All will be well. Yes, all will be well, with God's help."

With that fallacious assurance, I left him, but I was sorry he had not dealt with my allusion to the numerical proportion of the French losses to the Russian. I should like to have made him realize that, in calculating the losses suffered by the two allies, the factor of numbers is neither the sole nor even the principal element. From the point of view of culture, and as a product of civilization, the Frenchman and the Russian are not in the same class. The empire of the Tsars is one of the most backward countries in the world. Of 180,000,000 inhabitants, 150,000,000 cannot read or write. With this ignorant and primitive mass, compare our army. All the soldiers are educated men; the majority are highly intelligent and of fine feeling. At its head are a countless legion of young men who have already given proof of leadership, learning, taste and talent; they are the choicest flower of humankind. From that point of view, our losses enormously exceed those of the Russians.

In speaking as I do, I am not ignoring that in the realm of the ideal the lowliest life acquires by sacrifice a value beyond price, and when a poor *moujik* is killed, it would be hideous and horrible to frame his epitaph in words such as these: "You could not read or write, and your coarse hands were fit for nothing but pushing the plough, so you did not give much when you gave your life." Nothing is further from my mind than to apply to this army of humble heroes the contemptuous remark passed by Tacitus on the Christian martyrs: *"Si interissent vile damnum."* [They deserve to be damned.] But from the political point of view, and that of effective contribution to the Alliance, it is absolutely certain that the French share is by far the greater.

Sunday, April 2, 1916

General Polivanov, the War Minister, has been relieved of his functions and replaced by General Shuvaiev, a man of mean intelligence.

General Polivanov's dismissal is a serious loss to the Alliance. So far as was possible, he had restored system and order in the War Department, and made good – so far as could be made good – the mistakes, omissions, waste and betrayals of his predecessor, General Sukhomlinov. He was not only an excellent administrator, as methodical and ingenious as upright and vigilant, but possessed the strategic sense in a very high degree. General Alexeiev does not like taking advice from anyone, but he attached great importance to his.

Though his loyalty is unimpeachable, he is a man of liberal opinions, and had many friends in the Duma and the ranks of the Octobrists and Cadets who founded great hopes upon him. He seemed to be a last line of defense of the existing regime, capable of protecting it both against the extravagances of absolutism and the excesses of revolution.

The confidence he inspired in the Duma could only do him harm and discredit him with the Empress. In particular, his relations with the president of the Octobrists, Gutchkov, "the personal enemy of Their Majesties," have often been exploited to his detriment. Once again the Emperor has been weak enough to sacrifice one of his best servants.

At the same time I am assured that General Polivanov's dismissal does not foreshadow any change in the domestic policy of the empire, and that the Emperor has recently instructed Sturmer to avoid any conflict with the Duma.

Thursday, April 6, 1916

Maxim Kovalevsky has just died after a short illness.

Born in 1851, a professor of the University of Moscow, and one of its delegates to the Council of Empire, he was one of the most striking figures in the Cadet party.

A passionate lover of justice, he practiced one of the virtues that is rarest in Russia, and elsewhere: tolerance. His heart and conscience were outraged by anti-Semitism. When he was discussing one day the abominable regime to which tsarism has subjected the Jews, he quoted the phrase of Stuart Mill: "In a civilized nation there must be no pariahs."

During our last conversation he let me see that he had few illusions as to the seriousness of the evils from which Russia is suffering, and the enormous difficulty of reforming the established order without bringing the whole edifice down. But if there is one thing that alarms him above everything else, it is the ignorance of the masses. Here again he shared Stuart Mill's view: "The condition precedent to universal suffrage is universal education."

Considered in relation to the number of its population, Russia is, next to China, the country that has fewest educated and eminent citizens, and where the social involvement in government is smallest in number and lowest in quality. Thus the disappearance of a Maxim Kovalevsky is a material loss from the national point of view.

Monday, April 10, 1916

I have dined at the Donon Restaurant with Count and Countess Joseph Potocki, Prince Constantine Radziwill and his niece,, Princess Stanislas Radziwill, Count Broel-Plater, Count Ladislas Wielopolski, etc.

The atmosphere of the gathering was entirely Polish, so that everyone talked quite freely in front of me. From the course of the conversation, the facts brought forward and the euphemisms to which the speakers resorted, I have concluded that this war, in which the belligerents of Central and Western Europe are developing to the maximum their faculties for military organization and political cohesion, is far too much for the material and moral resources of Russia.

After dinner, Wielopolski took me on one side and poured out his heart.

"I once took a course at Berlin University and I'll admit it has made a deep impression on me, and even left me with very pleasant memories, not that it prevents me from cordially detesting Prussia and being a loyal subject of Emperor Nicholas. But I can't entirely get rid of my German training when I indulge in philosophizing on things Russian."

And with a perfect profusion of historical arguments, he endeavored to convince me that, appearances

274

notwithstanding, Russia is the weakest of the warring states and the power that will be the first to go under, because its backward civilization strictly limits its productive faculties, and its national conscience is even yet too undeveloped to resist the disintegrating action of a long war.

Tuesday, April 11, 1916

The day before yesterday the Battle of Verdun seems to have attained a paroxysm of horror and fury. Along the whole line, the fierce waves of the German offensive have been victoriously repulsed.

"Never before in her history has the soul of France risen to such heights."

Sazonov, whose moral conscience is quite unusually sensitive, was deeply moved as he used these words to me this morning.

Wednesday, April 12, 1916

Count Constantine de Broel-Plater is leaving for London, Paris and Lausanne, where he is to confer with his Polish compatriots.

I asked him to lunch today with Count Ladislas Wielopolski and Count Joseph Potocki (no other guests), so that we could talk freely.

A very frank conversation I had with Sazonov yesterday enabled me to guarantee that the Emperor was still firm in his liberal intentions towards Poland.

Wielopolski replied, "I'm not in the least anxious about the intentions of the Emperor and Sazonov, but Sazonov may disappear from the political stage at any moment, and then who can guarantee us against faint-heartedness on the part of the Emperor?"

Plater argued that the Allies should take up the Polish question so as to make it international.

I protested vigorously against this notion. The claim to internationalize the Polish question would provoke an outburst of indignation in nationalist circles in the empire, and paralyze all the sympathies we have won in other quarters. Sazonov himself would violently object and the whole Sturmer gang would have a fine game denouncing the democratic Western powers for taking advantage of the Alliance to interfere in the domestic affairs of Russia.

I added, "You know what the French Government feels about your cause and I can promise you its interest is not academic, but its action will be all the more efficacious if it is discreet and deprived of any official character. So far as I personally am concerned, I never lose an opportunity of inducing the Emperor's ministers to talk to me about Poland and tell me their views, doubts and difficulties about the grave and complex problems that the proclamation of Polish autonomy raises. Although given solely as private opinions, their repeated declarations (for not one of them, not even Sturmer himself, has ventured to protest against the Emperor's intentions) have at length constituted a kind of moral obligation that unquestionably would enable the

French Government to speak with exceptional authority when the hour of final decision arrives."

Plater has promised me to make this point clear to his compatriots, but he does not hide from me that he will have difficulty in convincing them.

Friday, April 14, 1916

In spite of the dangers, length and difficulty of the journey, there is hardly a week that does not witness the arrival of French visitors, officers, engineers, business men, journalists, etc.

However short their stay and however deficient their powers of observation, they have all told me of their painful surprise at the indifference, if not positive coldness, towards France that they have observed in liberal circles.

It is unfortunately true. 'The Retch,' for example, the official organ of the Cadets, is one of the Russian papers that seem to take pleasure in making no mention of our military operations. It is extremely miserly with its compliments to our army and one of the quickest to point out the slowness or mistakes of our strategy. With very few exceptions, among whom I should mention Miliukov, Shingarev and Maklakov, the great majority of the party has not yet abandoned its ancient and tenacious dislike of the Alliance.

The grievance is ten years old. The war in Manchuria had just ended in disaster and all over Russia there was an endless succession of riots, strikes, plots, murders of officials, mutinies in the navy and the army, agrarian risings, lootings and pogroms. To crown everything, the imperial treasury was empty. A loan of 2,250,000,000 francs was negotiated on the Paris market. To our banks and the press, the offer was very enticing, but the Government of the Republic hesitated to authorize the operation as the parties of the Extreme Left demanded that the draft bill for the loan should be submitted to the Duma, which would thus have been in a position to impose conditions on tsarism.

Count Witte naturally opposed this suggestion with all his might.

The position of Léon Bourgeois's Radical cabinet was delicate. Were we to strengthen monarchical absolutism in Russia with the help of French money? In the open conflict between the Russian people and autocracy, were we to side with the oppressor against the oppressed?

A consideration, of which French opinion knew nothing, ultimately decided our ministers to acquiesce in the demands of the Imperial Government. Relations between France and Germany were bad; the Algeçiras agreement was only a diplomatic armistice. We also knew of the astute intrigues with the Tsar on which Emperor Wilhelm was personally engaged with a view to forcing him into a Russo-German alliance that France would have been called upon to join. Was this the moment to break with tsarism?

In authorizing the issue of the Russian loan on the Paris market in April, 1906, the Government of the Republic remained faithful to the cardinal principle of our foreign policy: to seek the main bulwark of our national independence in the silent development of the armed power of Russia.

There was an angry explosion among the Democrats in the Duma. Their resentment still continues.

Saturday, April 15, 1916

I have called on Madame Taneiev, wife of the Secretary of State who is Director of the Imperial Chancellery, and the mother of Madame Vyrubova.

It is a long time since I saw her last, though I always enjoy a talk with her in her ancient rooms in the Michael Palace. Her family traditions have made her a rich storehouse of memories.

Her father, the aide-de-camp, General Ilarion Tolstoy, was a close personal friend of Alexander II; her maternal grandfather, Prince Alexander Golitzin, accompanied Grand Duke Constantine when he was Viceroy of Poland; and for over a century, the directorate of the Imperial Chancellery has been held by successive generations of Taneievs.

She recently lent me a diary kept by her grandmother, Princess Golitzin, during the Polish insurrection of 1830-31. It illustrated the illusions then harbored by Russia on the subject of Poland, and how generous the Russians had been in forgiving the Poles for the crime of the three partitions.

But it is not Poland that we have been discussing today. I interrogated her in very veiled language about her daughter, Madame Vyrubova, the absorbing part she plays at the palace, and the constant attention and attendance the Empress's confidence imposes upon her.

"Of course, my poor Annie gets very tired sometimes," she said. "Never a moment's rest! Since the Emperor has been with the armies, the Empress is overwhelmed with work; she must know all that is going on. Our good M. Sturmer consults her about everything. She doesn't mind that, far from it! But, of course, it means that my daughter receives hosts of letters and has heaps to do."

Wednesday, April 19, 1916

The Russians took Trebizond yesterday. Perhaps this success will revive the dream of Constantinople, which no one talks about now.

For four and a half centuries, the scarlet standard of Islam has floated over "Tirabzon," but Christian civilization returns with the Russian army. After the collapse of the Greek army in 1204, the Comneni transferred the remnants of their authority and fortune to the Pontic shore. Their new empire rapidly attained a high degree of power, splendor and prosperity. To the artless imagination of the oriental troubadours, the Emperors of Trebizond actually appeared as fabled potentates on whose lofty heads sat a golden halo of glory and fantastic riches. It was the land of the "Faraway Princess."

As a matter of cold fact, the Empire of Trebizond was for three centuries the advanced rampart of Byzantine

Christianity and European civilization against the Turkish invaders.

Thursday, April 20, 1916

In accordance with custom, the ambassadors and ministers of the Catholic powers were invited to attend Holy Thursday mass in full uniform this morning at the Priory of Malta.

In this narrow church, with its medley of octagonal crosses, I stood facing the throne of the Grand Master and the Latin inscriptions. Once more, as a year ago, my mind turned to strange memories of that crowned madman, the Emperor Paul.

Once again, too, the pathetic liturgy carried my thoughts away to the mourning of France and the countless and ever-growing number of our dead. Will history ever record such a death toll again? And, above all, I thought of our heroes of Verdun, whose simple faith and brave, light hearts have raised the age-old virtues of the French spirit to the highest pinnacle of the sublime and the miraculous.

Friday, April 21, 1916

This year the date of Easter is again the same in the Russian and Gregorian calendars.

Towards the end of the day, Princess D....., who holds very independent views and likes "going among the people," took me to some of the churches in the popular quarters.

After a short call at the gaudy and sumptuous Lavra of Saint Alexander Nevsky, we visited the little Church of the Raising of the Cross, hard by the Obvodny Canal, then the Ismaïlov Cathedral, at the end of the Fontanka, and then the churches of St. Catherine and the Resurrection, in a quarter of factories and docks not far from the Neva.

In all of them we found a dazzling light and splendid choirs, distinguished for the beauty of the voices, technical excellence and depth of religious feeling. Everywhere the faces of the worshippers reflected a grave and dreamy fervor, wistful and concentrated.

We lingered in the Church of the Resurrection, where the crowd was particularly silent and composed.

Suddenly Princess D..... nudged my elbow.

"Look!" she said; "isn't that a moving sight?"

With a glance she pointed out a *moujik* who was absorbed in prayer within a few feet of us. He was a man of about fifty, dressed in a patched lambskin, tall, with a consumptive look, a flat, broad nose, wrinkled brows, high forehead, hollow cheeks, with a sprinkling of greyish beard, his head drooping towards the right shoulder and his hands in his lap nervously clasping his cap. Several times he struck his forehead and shoulders with his clenched fist, while his thick, bluish lips stammered out, *"Gospodi pomilou!"* [Lord, have mercy on me!]

After each exclamation he uttered a deep sigh, a dull, grief-laden groan, then he became motionless once more, but his face was all the more expressive. A phosphorescent, ecstatic light bathed his watery eyes, which looked as if he were really seeing some invisible object.

Princess D..... clasped my arm. "Look at him! Look at him! He's seeing Christ!"

While I was taking my companion home, we discussed the religious instincts of Russians. I quoted Pascal's phrase, "Religious belief is Christ felt within," and I asked her whether she did not think we might say, "To the Russian, faith is Jesus Christ felt within"?

"That's it!" she cried. "That's it exactly."

Saturday, April 22, 1916

This morning, Sazonov remarked in an irritated tone, "Bratiano's at his old game again."

Yesterday evening he had a visit from Colonel Tatarinov, the military attaché in Bucharest, who has come from Rumania to make his report to the Emperor. He says that a compact between the Russian and Rumanian General Staffs will be easy to arrange with a view to operations in the Dobrudja. As a result of his conferences with General Iliescu, he even considered himself entitled to think that agreement had been reached in principle on that basis. But when he went to say goodbye to Bratiano, the latter suddenly put forward a demand that the main and immediate objective of the Russian army should be the occupation of Rustchuk, so that Bucharest should be safe against attack by the Bulgarians. General Alexeiev considers that such a demand, which wholly ignores the difficulties of a two hundred and fifty kilometers' march along the right bank of the Danube, is another proof of Bratiano's determination to evade the conclusion of a military agreement.

"And Paris will go on saying that it is Russia that stands in the way of Rumanian intervention," added Sazonov.

Sunday, April 23, 1916

The ice is breaking up on the Neva, and the river is fiercely sweeping down tremendous blocks, which come from Ladoga. It is the end of the "ice age."

Returning from a call at the end of the English Quay, I saw the chamberlain, Nicholas Besak, staggering through the thawing mud in a fierce and cutting north wind. I offered him a lift in my car. He accepted, and, when ensconced next to me, began to amuse me with the paradox-loving imagination he occasionally reveals, with the spontaneity and genius of a Rivarol.

When we reached the Holy Synod Square, crowned by the monument of Peter I, Falconet's masterpiece, I once more expressed my admiration of the majestic effigy of the Tsar Legislator, who seems to be directing the very course of the Neva from the vantage point of a prancing horse.

Besak raised his hat.

"I greet the greatest revolutionary of modern times," he said.

"Peter I a revolutionary? I always thought he was a fierce, impetuous and rabid reformer, without scruples or mercy, but possessed to a very high degree of creative genius and the instinct for order and authority."

"No, all Peter Alexeievitch liked was destroying things. That is why he was so essentially Russian. In his savage despotism, he undermined and overturned the whole fabric. For nearly thirty years he was in revolt against his people; he attacked all our national traditions and customs; and he turned everything upside down, even our holy Orthodox Church. You call him a reformer, but a true reformer allows for the past, recognizes the limits of the possible and impossible, is cautious with his changes, and paves the way for the future. He was quite different. He destroyed for the sheer delight of destroying, and took a cynical pleasure in breaking down the resistance of others, outraging their consciences, and killing their most natural and legitimate feelings. When our present-day anarchists dream of blowing up the social edifice on the pretext of reconstructing it *en bloc*, they are unconsciously drawing their inspiration from Peter the Great. Like him, they have a fanatical hatred of the past; and like him, they imagine they can change the whole soul of a nation by decrees and penalties. Once more I say that Peter Alexeievitch is the true ancestor and precursor of our revolutionaries."

"What if he is? I wish he'd come to life again. For twenty-one years he kept up the fight with the Swedes and ended by dictating terms of peace to them. He'd be quite equal to continuing the war against the Boches for another year or two. Heaven knows, he'd have his hands full, Titan of will-power though he was."

285

Monday, April 24, 1916

Briand has cabled me that Viviani, the Minister of Justice, and Albert Thomas, Under-Secretary of State for Artillery and Munitions, are being sent to Petrograd, charged with the duty of establishing an even closer contact between the French and Russian Governments.

I immediately informed Sazonov, who has promised me that these two envoys shall have the best of receptions. But under the official promise, which is couched in terms of the requisite courtesy and spontaneity, I think I can detect a certain vague apprehension. He did, in fact, interrogate me at length about Albert Thomas, whose fervent and infectious socialism is anything but to his taste. I told him all about Albert Thomas's work in the war, his patriotism, exceptional intelligence, inexhaustible industry, loyal efforts to maintain friendly relations between employers and workmen – in a word, all the energy and gifts he has devoted to the service of the Union Sacrée.

Sazonov, who is not without heart, was touched by my panegyric.

"I'll tell the Emperor all you say, but you'd better repeat it yourself to Messrs. Sturmer and Co."

Tuesday, April 25, 1916

This afternoon I took tea with Princess L......, a very charming old lady, whose face, with its features still pure, and lively talk are a delightful expression of the open mind, warm heart and tolerant outlook of those who have lived long and loved greatly.

I found her alone with her bosom friend, Countess F....., whose husband holds one of the highest posts at Court.

My arrival rudely interrupted their conversation, which must have been on some very unpleasant subject as both of them had a horrified look. Countess F..... left almost at once.

As I talked with the Princess, I thought I could detect a melancholy, obsessing thought hovering in the depths of her eyes, a thought that captured my curiosity. I then remembered that Count F..... comes into close personal contact with the sovereigns every day and has no secrets from his wife, so I insidiously asked my hostess, "How is the Emperor? I've had no news of him for a long time."

"He's still at the Stavka and I believe he's never been better."

"So he didn't come back to Tsarskoe Selo for the Easter services?"

"No, it's the very first time he has missed celebrating the Easter rites with the Empress and his children, but he couldn't leave Mohilev. It's said that our troops are going to take the offensive soon."

"What's happening to the Empress?"

To this simple question, the Princess replied with a look and gesture of despair.

I begged her to explain.

At length she said, "Would you believe it? Last Thursday, when the Empress was receiving Holy Communion at the Feodorovsky Sobor, she desired and ordered that Rasputin

287

should take the sacrament at the same time. The wretch received the holy relics, Christ's body and blood, at her side! My old friend, Countess F....., was telling me about it just now. Isn't it dreadful? I still feel terribly upset."

"Yes, it's a great pity, but at heart the Empress is consistent. She believes in Rasputin. She regards him as a just man, a saint, persecuted by the calumnies of the Pharisees, like the victim of Calvary. She has made him her spiritual guide and refuge, her mediator with Christ, her witness and intercessor before God. So isn't it natural that she should want him at her side when she performs the most important act of her religious life? I confess I am extremely sorry for the poor, misguided woman."

"By all means be sorry for her, Ambassador, and for us too. The question is what will all this bring us to some day?"

Wednesday, April 26, 1916

Nitchevo! Who can doubt that that is the word most frequently to be heard on Russian lips? At all times and in all places, you can hear people saying *"Nitchevo!"* [That's nothing! That doesn't matter a bit] with a gesture of indifference or renunciation. The word is so common and popular that one is compelled to recognize it as the expression of a national characteristic.

In all ages there have been epicureans and sceptics to proclaim the vanity of human effort and take a gleeful delight in the thought of the universal illusion. Whether power or desire, wealth or pleasure, were concerned, Lucretius never failed to remark, *"Nequicquam!"* [It's so futile!]

Very different is the meaning of the Russian *"nitchevo."* This summary method of depreciating the object of a wish, or asserting by anticipation the inanity of an endeavor, is usually nothing but the excuse the speaker makes for giving up trying.

I will give a few further details, culled from a direct and secret source, of Rasputin's participation in the Empress's communion service.

Mass was celebrated by Father Vassiliev in the mysterious, glittering crypt of the Feodorovsky Sobor, the little archaic church whose slender cupola stands out so strangely against the trees of the imperial park as a survival or evocation of ancient Muscovy. The Tsarina was present with the three older girls; Grigory stood behind her, accompanied by Madame Vyrubova and Madame Turovitch. When Alexandra Feodorovna advanced to the iconostasis to receive the bread and precious blood, she glanced at the *staretz*, who followed her and took the sacrament immediately after her. Then, at the altar, they exchanged the kiss of peace, Rasputin kissing the Empress on the forehead and she returning his kiss on his hand.

During the days preceding this ceremony, the *staretz* spent long hours in prayer at Our Lady of Kazan, where he confessed to Father Nicholas on Wednesday evening.

His fervent friends, Mlle. G….. and Madame T…., who hardly left his side, have been much struck by his melancholy, brooding air. Several times he spoke to them of his approaching death. In particular he said to Madame T....., "Do you realize that before long I shall die in terrible agonies? But what can I do? God has given me the sublime mission of being a sacrifice for the salvation of our dear sovereigns and Holy Russia. Notwithstanding my sins, which are lamentable, I am a Christ in miniature, *malenkii Kristos.*"

On another occasion, he uttered the following prophecy when passing the Fortress of SS. Peter and Paul with two women friends. "I can see many persons in agony there. I don't mean persons in the sense of individuals, but in multitudes. I can see heaps, *tutchy trupov* [masses of corpses], *neskolko velikikh kniaseï i sotni grafiev.* [several Grand Dukes and hundreds of counts.] The Neva will be all red with blood."

That Friday evening, Rasputin went off to his village, Pokrovskoe, near Tobolsk, and Madame T..... and Mlle. G..... have gone to join him there.

Thursday, April 27, 1916

I have called on Madame D....., who is on the point of leaving for her estates in the Tchernoziom, south of Voronej.

A serious-minded and energetic lady, she takes great interest in the life of the peasants and makes herself an intelligent guardian of their welfare, education and morality. I have been asking her about their religious feelings. She describes them as very artless and unaffected, though deep, dreamy and simply saturated with mysticism and superstitions.

Their belief in mysticism is particularly naive. Nothing seems to them less supernatural and more normal than the direct intervention of the Divinity in human affairs. As God is omnipotent, why should anyone be surprised at his hearing our prayers or giving us an abnormal proof of his pity and kindness? To their minds the miraculous is a rare, irregular and inexplicable phenomenon on which no man can count, but which is perfectly natural. Our contrary view of the miraculous certainly presupposes very clear ideas on nature and her laws. To accept or deny the supernatural, the first essential is to know that there are rational methods and physical sciences.

Madame D..... then described as one of the most typical, and alarming, characteristics of the Russian peasant the rapidity and suddenness with which he sometimes leaps from one extreme to the other, from submissiveness to revolt, apathy to fury, asceticism to licentiousness, gentleness to ferocity.

She ended as follows.

"What makes our *moujiks* so difficult to understand is the fact that the same mind bears within it every conflicting possibility. When you return home, get your Dostoyevsky, look for the portrait of the dreamer in 'The Brothers Karamazov,' and you'll never forget what I've just told you. This is the portrait: It is a forest in winter; in its depths stands a *moujik*, dressed in a ragged caftan. He seems to be thinking, but he is not thinking; he is lost in a vague dream. If you touched him, he would start and look at you without seeing, like a sleeper on waking. He would probably come to himself very quickly, but if you asked him what his dream was about, he could not tell you because he remembers nothing. And yet he retains strong impressions of this torpor, impressions that delight him and accumulate subconsciously. One day, perhaps after a year of reveries such as this, he will start out, leave everything behind him, and go to Jerusalem to win salvation; or, just as likely, he will set fire to his village, or perhaps commit his crime first and make his pilgrimage afterwards. There are many types like that among our people."

This evening, at the Marie Theatre, Tchechinskaia was dancing 'Gisela' and 'Paquita,' masterpieces of old-time choreography, the conventional and acrobatic art in which the genius of the Fanny Elsslers and Taglionis once triumphed. The archaic character of the two ballets is heightened by the defects and qualities of the principal interpreter. Tchechinskaia is entirely without charm, feeling or poetry, but her formal and cold style, the tireless vigor of her pivoting, the mechanical precision of her *entrechats*, and the giddy agility of her *pirouettes*, make all the enthusiasts wild with delight.

During the last interval, I spent a few minutes in the box of the director of the imperial theaters, Teliakovsky, where the prowess of Tchechinskaia and her partner, Vladimirov, was being celebrated in terms of rhapsody.

An old aide-de-camp of the Emperor said to me with a subtle smile, "Our enthusiasm may seem somewhat exaggerated to you, Ambassador, but Tchechinskaia's art represents to us, or at any rate to men of my age, something that you don't perhaps see."

"What's that?"

He offered me a cigarette, and continued in a melancholy tone.

"The old ballets, which were the joy of my youth – somewhere about 1875, in the reign of our dear Emperor Alexander II, alas – presented us with a very close picture of what Russian society was and ought to be: order, punctiliousness, symmetry, work well done everywhere. The result of this was refined enjoyment and pleasure in perfect taste. Whereas these horrible modern ballets, 'Russian ballets,' as you call them in Paris, are a dissolute and poisoned art. Why, they're revolutionary, anarchic!"

Monday, May 1, 1916

On April 29, the English suffered a severe reverse in Mesopotamia. General Townshend, who had occupied an entrenched position at Kut-el-Amara on the Tigris, has been compelled to capitulate, because of lack of food and ammunition, after a siege of one hundred and forty-eight days. The garrison was reduced to 9,000 men.

Simultaneously, a grave insurrection, fomented by German agents, has broken out in Ireland. A regular battle between the rebels and English troops has made Dublin a scene of blood and fire. Order appears to have been restored now.

Tuesday, May 2, 1916

I have had tea with Princess K..... She was in a talkative and even expansive mood.

For once, she took off her mask of irony, her "black domino," though I must admit it suits her to perfection. Glancing back over her past, a past that is so full, though she is not yet thirty, and yet so empty, she told me several stories of her sentimental experiences from which I gather that the Russian woman, in her duel with men, is almost always vanquished beforehand because she is much more refined in her instincts, critical in her tastes, cultivated in mind, and emotional in temperament. She is much harder to please in the selection of her sensations and pleasures, more poetic in imagination, more exacting and expert in all the secrets of passion. Between men and her, there is a sort of moral, if not physical, anachronism, and she represents a far higher stage in the evolution of the human plant.

By way of retort, I referred to certain men, mutual acquaintances, who seem to me to combine all the qualities of heart and manner any woman could desire.

She replied, "You only see them in society. If you could see them alone, the best of them can only love us just enough to make us suffer."

"You've just put into words," I said, "what Madame de Staël thought of Lord Byron: 'I'll give him credit for just enough delicacy of feeling to destroy the happiness of a woman.' "

Wednesday, May 3, 1916

Exchange of telegrams between the Russian and French High Commands on the subject of the military assistance so long promised by Rumania.

General Alexeiev emphasizes the exaggerated and unreasonable character of the latest demands of the Rumanian General Staff. General Iliescu has actually stated that he could no longer be satisfied with the two conditions previously accepted, i.e.: (1) an attack by the Salonica army with the object of attracting to itself a large part of the Bulgarian forces; and (2) intervention by Russian forces in the Dobrudja to neutralize the rest of the Bulgarian army.

He is now demanding that the Russians occupy the whole of the Rustchuk region on the right bank of the Danube.

General Alexeiev has judiciously pointed out to General Joffre that "the consequence of this new demand would be to compel us to occupy the line Varna-Shumla-Razgrad and Rustchuk. Even if we accepted this condition, which would transfer the center of gravity of our operations to the south and our extreme left wing, the Rumanians would certainly do what they always do and put forward some fresh demand, with a view to gaining time until they are certain of attaining the object they have in view without any effort of their own. We must make the Rumanians realize that the adherence of Rumania is not an absolute necessity to the Allied Powers. Rumania can count on a future reward that will correspond exactly to the efforts she has made, and her military achievements."

General Joffre has told me that he entirely agrees with General Alexeiev's opinion. "I share his view that it would be useful to tell Rumania that her help, though desirable, is not indispensable to us, and that if that country wishes ultimately to obtain the rewards it covets, it must make up its mind to give the Allied armies the effective co-operation of its arms in the form we require."

Chapter 9

Thursday, May 4, 1916

Viviani and Albert Thomas will arrive in Petrograd tomorrow evening. Their mission, announced by the Press yesterday, has caused great excitement among all parties. In particular the name of Albert Thomas is having a great effect in working-class circles, and no less effect, in the opposite sense, among the autocratic clique.

Konovalov, a liberal deputy for Moscow and fabulously wealthy spinner, a man of broad sympathies and devoted to all humanitarian Utopias, has just been to see me in the name of the Industrial War Committee, of which he is Vice-President. He was accompanied by one of his political friends, Yukovsky, President of the Committee of Industry and Commerce.

After explaining that the President of the Industrial Committee, Gutchkov, was unable to come as he is laid up in the Crimea, Konovalov told me that he was very anxious to get into touch with Albert Thomas as soon as possible.

"Our Central Committee, which co-ordinates the activities of all the Russian committees, comprises a hundred and twenty delegates, nominated by the Union of Towns, the Union of *Zemstvos*, the municipalities of Petrograd and Moscow, government departments and workmen themselves. Of the hundred and twenty members, ten are workmen. I and my friends are extremely anxious that M.

Albert Thomas should be present at one of our meetings. He'd certainly have some good things to tell us and they would be repeated in all the factories."

I replied that I thought a visit from Albert Thomas to the Central Committee not only possible but desirable; that there is certainly no one better than he in making friends with both employed and employers; but that I relied on the good sense of the committee to prevent the visit degenerating into a political demonstration.

Friday, May 5, 1916

General Sukhomlinov, formerly War Minister, was arrested this morning and taken to the Fortress of SS. Peter and Paul. It is notorious that he has been grossly negligent, but I doubt whether he has been a traitor, as is alleged, if by "treason" is meant intelligence with the enemy. I do not believe that he was an accomplice of Colonel Miassoyedov, who was hung in March 1915. Probably he confined himself to closing his eyes to the crimes of the traitor, who was his jackal. But I am quite prepared to believe that, inspired by hatred of Grand Duke Nicholas and by political considerations, he has secretly thwarted the plans of the High Command. To his deliberate inaction and conscious dissimulation was due the munitions crisis that was the cause of the early disasters.

Viviani, Madame Viviani and Albert Thomas arrived at the Finland station just before midnight, having traveled via Bergen, Christiania, Stockholm and Tornea.

The last twenty-two months have left an appreciable mark on Viviani, who seems graver, more dignified, and more reserved. On her calm, pure features Madame Viviani bears the trace of an inconsolable loss, the loss of a son of her first marriage. He was killed at the beginning of the war. Albert Thomas, whom I did not know, breathes physical and moral health, energy, intelligence and enthusiasm.

I took my visitors to the Hôtel de l'Europe, where they are being lodged by the Emperor's household. Supper was ready for them.

While they were taking their meal, Viviani told me the object of their mission.

"We have come," he told me in substance, (1) to ascertain the military resources of Russia and to try to develop them; (2) to insist on the dispatch of 400,000 men to France by successive batches of 40,000, in accordance with the promise Doumer claims to have obtained last December; (3) to bring pressure on Sazonov to induce the Russian General Staff to be more accommodating with regard to Rumania; (4) to persuade the Imperial Government to give a firm and definite undertaking in favor of Poland."

I replied, "On the first point, you will gather your own impressions. I think you won't be dissatisfied with the work done over the last few months, particularly by the Union of *Zemstvos* and the Industrial War Committees. As regards the dispatch of 400,000 men, General Alexeiev has always strenuously objected to this, alleging that the number of trained reserves at the disposal of the Russian army is totally inadequate in view of the enormous fronts they are covering, and he has convinced the Emperor of this fact. But, if you persist, you may secure the dispatch of a few brigades. As regards Rumania, you will find that Sazonov and General Alexeiev fully share your views. The difficulty is not here but in Bucharest. As for Poland, I advise you to postpone any discussion of this until just before you leave. You can then judge for yourselves whether that topic can be broached. I have my doubts."

Saturday, May 6, 1916

After a private luncheon at the embassy, Viviani, Albert Thomas and I left for Tsarskoe Selo.

Viviani wore an anxious look during the journey. He was obviously apprehensive as to what reception Nicholas II would give the demands he has come to present. Albert Thomas, on the contrary, was in the highest of spirits, and thoroughly tickled at the idea of appearing before the Emperor.

"Good old Thomas!" he cried, "so at last you're going to stand face-to-face with His Majesty the Tsar Autocrat of all the Russias! When you reach his palace, what will surprise you most will be to find yourself there."

At Tsarskoe Selo, two court carriages were waiting for us. I got into the first with Albert Thomas. Viviani and the Master of the Ceremonies, Tieplov, occupied the second.

After some moments' thought, Albert Thomas said in a wheedling tone, "There are several people I should very much like to meet during my stay in Petrograd. Very discreetly, of course. But I should find myself in trouble with my party if I returned to France without seeing them. The first is Bourtzev."

"Oh?"

"He's behaved very well during the war. He adopted a very patriotic tone towards the French and Russian comrades."

"I know. That's the very argument I used to secure his return from Siberia when the Government gave me that ticklish job last year. But I also know that he still has the *idée fixe* of assassinating the Emperor. Just remember to whom I shall be presenting you in a moment or two. Look at that fine crimson livery on the box. You'll realize that I'm not particularly attracted by your idea of meeting Bourtzev."

"So you think it impossible."

"Wait till the end of your visit. We'll talk about it again."

There was a great throng of vehicles outside the Alexander Palace. The whole imperial family had come to convey birthday greetings to the Empress and was returning to Petrograd.

We were solemnly conducted to the vast corner room on the front looking over the garden. Under a radiant sky, the park spread out its glowing perspectives. The trees, now freed from their mantle of snow, seemed to stretch their delicate branches towards the sun. Only a few days ago the Neva was still bringing down ice floes. Today it is already spring.

The Emperor came in, looking fresh and smiling.

After the formal presentations and compliments, there was a long silence.

When the Emperor had overcome the embarrassment into which first introductions always plunge him, he raised his hand to the front of his tunic on which he wore but two decorations, the St. George's Cross and the French *croix de guerre*.

"You see," he said, "I always wear your *croix de guerre*, messieurs, though I'm unworthy of it."

"Unworthy?" protested Viviani.

"Yes, indeed. It's the same reward as is given to your Verdun heroes."

Another pause.

I began, "Sire, President Viviani has come to discuss with you certain serious questions that are outside the province of your staffs and ministers. It is to your sovereign authority we wish to appeal."

Viviani then began his story. He discharged his task with that charm and warmth of language, and in that seductive voice, that sometimes make him so persuasive. When he drew a picture of France, bled white and suffering, the irreparable loss of the flower of her race, he found tones that moved the Emperor deeply. He enlarged, with a happy selection of examples, on the prodigies of heroism that have been witnessed every day at Verdun.

The Emperor interrupted him. "And to think that, before the war, Germany used to say that the Frenchman is incapable of being a soldier."

To which Viviani very judiciously replied, "The fact is, Sire, that the Frenchman is not a soldier: he's a warrior!"

And now it was Albert Thomas's turn to speak up and bring fresh arguments to the same thesis. His classical education, his desire to please, the importance of the discussion, the historic interest of the scene, all combined to give his words, and his personality too, a singular radiance.

The Emperor's ministers have not familiarized him with the magic of eloquence, and he seemed greatly affected by what had been said, and promised to do "everything possible" to develop the military resources of Russia and associate her even more closely with the effort of her allies.

I took note of what he said and the audience was over. Around four o'clock we returned to Petrograd.

Monday, May 8, 1916

Lunch at Madame Sazonov's with Viviani, Madame Viviani and Albert Thomas. The other guests comprised the President of the Council and Madame Sturmer, the Finance Minister and Madame Bark, the War Minister, the Naval Minister, etc.

Luncheon went off well: Viviani talked pleasantly; Madame Viviani cannot fail to arouse sympathy with her sad face; Albert Thomas was liked for his high spirits and quick wit.

After lunch, groups were formed and we talked business.

At one moment I caught Albert Thomas in earnest conversation with Sturmer. I went up and listened.

"Your factories don't work enough," said Albert Thomas. "Their output could be ten times what it is. You ought to militarize your workmen."

"'Militarize our workmen?" protested Sturmer. "Why, we'd have the whole Duma up in arms."

Such was the conversation in the year of grace 1916 between the chosen representatives of French socialism and Russian autocracy.

Tuesday, May 9, 1916

Viviani and Albert Thomas, who leave for General Headquarters this afternoon, have just been to lunch at the embassy with Madame Viviani. I had not asked anyone else, as after telling them so much about Russia, I wanted them to tell me a little about France, from which I have been away two years.

Everything they have told me about the French spirit is splendid and fills me with confidence, but why so much mediocrity and littleness in the political world? It might be thought that the Palais Bourbon sometimes forgets we are at war. However cruel exile may be, I have at least gained this: that I see France only at a distance, as history will see her, and in her glorious and sublime aspect.

Wednesday, May 10, 1916

My new American colleague, Romuald Francis, who succeeds the popular Marye, has just paid his first call on me.

After the exchange of formal commonplaces, I tried to draw my visitor into talking about the war and enlarging on the intentions of his country, but all my efforts were in vain. Francis evaded my questions, or simply returned non-committal answers, from which I concluded that the American conscience is still insensible to the great moral interests that are at play in the world.

Thursday, May 11, 1916

Viviani has returned from General Headquarters, while Albert Thomas has gone to visit factories in the provinces.

He is not more than partially satisfied with his tour. His reception by the Chief of the General Staff was cold, or at any rate reserved, which does not surprise me. General Alexeiev is a fierce reactionary, a rabid devotee of tradition and hierarchy, autocracy and orthodoxy. The intrusion of a civilian into military affairs, and such a civilian! – A socialist! An atheist! – must naturally have seemed to him an abominable outrage.

By way of opening the conversation, Viviani handed him a personal letter from General Joffre and asked him to read it at once.

General Alexeiev read it without a word of comment.

Viviani continued, "General Joffre has also given me a verbal communication for Your Excellency. He hopes to be in a position to commence an operation on a large scale between July 1 and 15. He would be glad if you could take the offensive also, no earlier than June 10, so that there will be no more than a month between the two attacks, and thus the Germans will not have time to transfer reinforcements from one front to the other."

General Alexeiev curtly replied, "Thank you. I'll take up the matter with General Joffre through General Jilinsky."

This was immediately followed by a conference over which the Emperor presided.

Viviani made an eloquent appeal for the dispatch of 400,000 Russians to France, by monthly batches of 40,000. General Alexeiev gradually became less uncompromising, though the discussion was nonetheless prolonged and thorny. Ultimately, the Emperor asserted his will.

The following decision was reached: in addition to the brigade already sent to France, and the brigade due to leave for Salonica on June 15, five brigades, each 10,000 strong, will be sent to France between August 14 and December 15.

I congratulated Viviani on this result, which certainly has its value, but we are still far from the 400,000 men that Doumer made us hope for.

Friday, May 12, 1916

General Janin, who is taking the place of General de Laguiche at the head of our military mission, has just arrived in Russia.

I received him at luncheon this morning. With his simple, jovial nature, and open, supple and subtle mind, he will be liked by the Russians.

Saturday, May 13, 1916

From a Warsaw friend who has fled to Kiev, I have received a letter full of criticism, suspicion, reproach, excommunication and anathema of all the Poles who are working, with varying degrees of skill, for the restoration of Poland. No one is spared by his impulsive and turbulent patriotism.

Alas, will the Poles ever learn the necessity of discipline in the common cause?

The whole history of Poland, both before and since the partitions, would furnish argument for a study on 'The Effects of Individualism in Politics.'

Sunday, May 14, 1916

At the Marie Theatre this evening, Karsavina took the part of the nymph, Sylvia, in Delibes' ballet. She revealed herself as the ideal of pagan purity, at once passionate and chaste. She exhaled a kind of heroic and youthful joy, a wild and holy ecstasy.

But this mythological evocation was only partially to the taste of the mass of spectators. The Russian spirit has nothing in common with the Hellas of antiquity. It is only through Byzantium that it joins hands with Greece.

So I was not surprised to observe how the public woke up again at the opening of the first scene of the following ballet, 'Le Nénuphar,' a work of fantastic romanticism in which Karsavina appears in the form of a mermaid, a perverse and bewitching *roussalka*, with an insatiable craving for blood and passion.

Monday, May 15, 1916

This afternoon I received the French colony of Petrograd at the embassy for the purpose of introducing Viviani and Albert Thomas to them.

Full livery, buffet, speeches, introductions, orchestra, and an enormous crowd that would not go away. Before the war, functions of this sort seemed to me a loathsome duty, but now, when exile is so cruel, it makes one's heart leap to be among French people.

Tuesday, May 16, 1916

Grand Duchess Marie Pavlovna has asked Viviani and Albert Thomas to lunch. Madame Viviani is not well and has asked to be excused.

In order to put Viviani on her right and Albert Thomas on her left, the Grand Duchess asked me to sit opposite her.. The other guests were Princess Vladimir Orlov, Princess Sergei Bielosselsky, Countess Shuvalov, Dimitry Benckendorff and the personal staff.

It was a very lively luncheon party and compliments flew in all directions.

Her Imperial Highness seemed in the highest spirits. In spite of, or because of, her Teutonic origin, she never loses a chance of demonstrating her affection for France. That alone would explain today's invitation. But there is something more: for a long time the Grand Duchess has been cherishing the secret hope of seeing one of her sons, Boris or Andrew, mount the throne. The result is that she is always on the watch to snatch opportunities of appearing in public, opportunities that the Empress neglects. From this point of view it is not immaterial for the general public to know that she alone, of all the imperial family, has received the emissaries of the French Government at her table.

This evening the Imperial Duma and the Municipal Council of Petrograd have given a banquet in honor of Viviani and Albert Thomas. The President of the Duma, Rodzianko, is responsible for this demonstration. That alone has been enough to make the Emperor's ministers suspicious, particularly as support was forthcoming from all sides, and it has become almost a political event. There were no less than four hundred guests! All parties, even the Extreme Right, but particularly the Left, were represented. None of the ministers dared be absent, and my Japanese, English and Italian colleagues were also present.

The question of speeches was not settled without some difficulty. At first the ministers thought they ought not to speak in a gathering of a private character. I had to let Sazonov know that, if no member of the Imperial Government would consent to speak, I should advise Viviani not to attend the banquet. The matter was ultimately arranged and it was agreed that Sazonov should propose a toast in the name of the Government.

As we entered the banqueting hall, we were given a very enthusiastic reception. Rodzianko presided at the top table; I was on his right, Viviani on his left. On my right I had the President of the Council, Sturmer, who had Albert Thomas on his right.

The ceremony was very long as the menu was interminable and the service very slow. Thus, with speeches to follow, I was in for at least two hours' contact with the President of the Duma and the President of the Council.

Of Rodzianko I had little to learn. Everything about him, his great stature and fine bearing; his piercing eye and deep, warm voice; his bustling energies and even his tactlessness in word and action reveal his candor, honesty and courage. For a long time we have been on terms of close friendship. He is tireless in preaching the good cause.

Of Sturmer, on the other hand, I have much to learn. I do not know whether he will die "in the odor of sanctity," as the mystics say; but I know he exhales an intolerable "odor of insincerity." Under his superficial kindness of heart and affected courtesy, you can see that he is a base and treacherous schemer. His sharp and sickly gaze, searching yet furtive, is the very image of hypocrisy, an ambitious and cunning hypocrisy. But he is not without culture and he has a taste for history, particularly the anecdotal and picturesque side of history. Every time some function brings us together, I always question him about the history of Russia and his conversation never wearies. And in any case, in the exceptional and pre-eminent position in which circumstances have placed him, he is a character worth studying.

This evening we talked about Alexander I and his mysterious death, and Nicholas I and his moral death struggle during the Crimean War. This brought me to emphasize the fact that it has always been to the interest of Russia and France to have an understanding or an alliance. I reminded him that, as early as 1856, my brilliant predecessor, Morny, conceived the idea of an alliance, and if only his advice had been taken, we should not be where we are today.

Sturmer broke in, "The Duc de Morny? That's the kind of man I should have liked. I believe I've read everything published about him. Oh, yes, It seems to me he had all the qualities of a man called upon to govern: love of country, energy, audacity."

I interrupted him. "He had two more qualities that were perhaps even more valuable: a sense of reality and the right style in action."

"Of course those two qualities are very necessary, but for one who rules, the first essential is to know how to take responsibility and handle events. Do you see our popular Prefect of Police, Prince Alexander Nicolaievitch Obolensky, over there? He's an excellent servant of the Emperor and I like him very much. But there's one thing I cannot forgive him. He was Governor of Riazan in 1910, when Tolstoy came to the little station of Astapovo to die there so strangely. Do you remember how the family mounted guard round the dying man to prevent any priest from approaching him? If I had been in Obolensky's place, I should not have hesitated. I should have had the family removed by my policemen and sent in a priest by force. Obolensky argues that he had no instructions, that Tolstoy's children were unfortunately within their rights, and so on, but could there be any question of rights, and were any instructions needed, when it was a matter of recovering Tolstoy's soul for our holy Church?"

What would Viviani and Albert Thomas think if they had heard that?

The moment for the toasts arrived. Rodzianko's speech was patriotic, banal and pompous. Mine was purely formal, and Sazonov's was colorless and affected.

In the interval, the company sang the Russian national anthem. Then Shaliapin, that great genius, sang 'The Marseillaise.' Into his singing he put such diction, breadth of style, lyrical power and passion, that a breath of revolutionary fervor, the breath of Danton, seemed to sweep over the assembly. It was then that I realized what an inflammable body the Russian public is.

It was in this atmosphere of excitement that Viviani rose to speak. As a great parliamentary orator he immediately felt that his audience was simply asking to be moved. His thrilling voice, his broad and varied gestures, his look of mingled pathos and tenderness, his periods with their prolonged and potent rhythms, astounded the assembly. When he cried, "No separate peace! A common cause! That is the pact of honor that binds us. We will go together to the bitter end, until that day dawns when affronted Right shall be avenged. We owe it to our dead or they will have died in vain. We owe it to the generations to come, etc. ..." he was hardly allowed to finish his period and the room rocked with the applause. Shaliapin, his face inspired and his eyes full of tears, had gradually come up to the top table. There were fresh calls for 'The Marseillaise." He mounted the dais once again and for the second time the sublime anthem brought the audience to its feet.

The Emperor's ministers glanced uneasily at one another. It was as if they were saying, "But where is all this taking us? What's going to happen?"

To wind up the evening, the leader of the Cadet party in the Duma, Basil Alexeievitch Maklakov, rose to his feet. In excellent. French, and with staccato articulation and dramatic gestures, he reminded us that he had been a pacifist. He added that he was still an impenitent pacifist, a fact that did not prevent him from being heart and soul in the war, "For this war will be the suicide of war. When peace comes, we will make a map of Europe that will make war futile forever." His peroration was an invocation to France, "to France, whose voice the world needs to hear; France, which proclaimed in the eighteenth century those immortal principles that are the symbols of the pacifist idea; the France of the future, which is to establish that eternal peace already known as the French peace."

The enthusiasm of the assembly knew no bounds, but the faces of the ministers were gloomier than ever. As I looked at them, I realized that the visit of any French statesman to Russia is *per se* an act of democratic propaganda.

During the whole of Maklakov's speech, Albert Thomas could hardly contain himself. His eyes flashed fire. Every moment I expected to see him rise in his place and launch out into an oratorical improvisation. However, Rodzianko said a few closing words and we went out to the accompaniment of cheers.

For several minutes, Viviani, Albert Thomas and I exchanged impressions of the evening in the vestibule.

Apropos of Maklakov's speech, I said, "A fine speech and it will have a great effect in Russia, but what an illusion to think that the next peace will be a peace forever. Personally I think that the world is entering upon an era of violence and that we are now sowing the germ of fresh wars."

After a moment's reflection, Albert Thomas replied, "Yeah, after this war, ten years of wars ... ten years of wars!"

Wednesday, May 17, 1916

This morning Viviani and Albert Thomas paid their farewell visits to Sazonov. I did not go with them so that their discussion should seem to have no official character. They particularly wished to talk about Rumania and Poland.

On the subject of Rumania, Sazonov protested that he was extremely anxious for her adherence to our cause.

"But I can't regard her as a serious factor," he added, "so long as M. Bratiano refuses to negotiate a military agreement with us."

As for Poland, Sazonov insisted in the strongest possible terms on the danger to the Alliance of any intervention, even a discreet intervention, by the French Government in the Polish question.

Thus the results of Viviani's mission may be reduced to the sending of 50,000 men to France, or rather a promise to that effect.

But the influence of Albert Thomas has been genuinely effective. His prodigious energy and practical common sense have galvanized the industrial departments of the war, although for how long? He has been very skilfully seconded in his task by one of his assistants, the great public works contractor, Loucheur, one of the men who have contributed most to the industrial revival of France.

At one o'clock, Viviani and Albert Thomas came to luncheon at the embassy with Grand Duke Nicholas Michailovitch and my Japanese, English and Italian colleagues.

Nicholas Michailovitch, *"Nicholas-Egalité,"* ever curious about advanced ideas and new men, had said to me, "I'm tremendously anxious to make the acquaintance of Albert Thomas," and the acquaintance seemed to please him thoroughly as he overwhelmed him with attentions.

At seven p.m., the whole mission left for France by the Archangel route.

Thursday, May 18, 1916

This evening 'Don Quixote' was given at the Narodny Dom. On hearing Shaliapin, I revived my splendid impressions of two months ago. I imagine that Cervantes himself would have been delighted with an interpretation that gives his *hidalgo* a character so individual and broad, comical yet

315

touching, a caricature and yet human. The genius of the great master of irony has never been so easily realized.

The public was no less interesting than on the last occasion. I could see the same indulgent smiles, the same current of liking for the personality of the adventurous knight, for the figure of the hero who is gentle, generous, charitable, patient, resigned, no less intelligent than crazy, as lucid as absurd, ready to swallow any wild story, a prey to every enchantment, and utterly lost when faced with reality.

Friday, May 19, 1916

With ruthless determination, General Alexeiev is pressing on his preparations for the great offensive he proposes for the early days of June. The main action will develop in Galicia on the Strypa and the Pruth, and between Tarnopol and Czernowitz. General Brussilov will be in command of the operation. I am assured that the moral of the troops has been revived by the return of fine weather and is excellent.

This evening I gave a dinner party, the guests being my Spanish colleague, the Conde di Cartagena, Princess Orlov, Princess Sergei Bielosselsky, Princess Cantacuzene, Count Joseph Potocki, Count Sigismund Wielopolski, Count Kutusov, Lady Muriel Paget, Lady Sybil Grey, etc.

Princess Bielosselsky and Princess Cantacuzene have recently received letters from their husbands who are fighting in Armenia and the Bukovina respectively. On the strength of these letters, they have told me that the men are in excellent spirit. I had the same report from Lady Muriel and Lady Sybil, who have just been inspecting their hospitals in Volhynia.

Saturday, May 20, 1916

In all the imperial palaces, government offices, clubs, theaters and public buildings, majestic portraits of the emperors are to be seen hanging on the walls. Nothing is more monotonous, dull and commonplace than this official iconography. Yet, notwithstanding the artificial and set character of the species, the original physiognomy of the sitters is usually brought out well.

Thus, Alexander I, with his elegant figure, swelling chest and the air of a *beau* and a *paladin*, takes an obvious delight in knowing that people are looking at him.

Nicholas I, stiff, haughty and despotic, seems to be spying round to see if anyone has the audacity to look at him.

Alexander II, more natural, but no less impressed by his office and conscious of his power, condescends to allow folk to look at him, provided that they lower their eyes at once.

Alexander III, heavy, calm, straightforward and *bourgeois*, does not care whether he is looked at or not.

And Nicholas II, simple and timid, seems to be begging the public not to look at him.

Sunday, May 21, 1916

The unspeakable Manuilov, Sturmer's Chef de Cabinet and the fit instrument of his low designs, has just been to see me

317

to say that he has had my wishes met on a trivial police matter. In earnest tones, which struck me greatly, as he does not always lie, he described the situation at home in very dark colors. He particularly emphasized the spread of revolutionary feeling in the army.

I countered with the very favorable reports recently given to me on the morale of the troops.

"That's only true of the fighting troops," he replied. "The army behind the lines is rotten. In the first place, the men are idle, or at any rate haven't enough to do. You know the winter's a bad time for military training. In addition, this year we've had to cut down and simplify the training once again because we haven't enough rifles, machine-guns and guns, and perhaps even more because we're short of officers. Besides, the men have very bad quarters in the barracks. They're packed like sardines, absolutely anyhow. The Preobrajensky barracks have room for 1,200 men, and 4,000 are quartered there. You can see them from here in their rooms: no air, no light, and stuffy with smoke. They make speeches from supper until morning. You mustn't forget that they include men of all races of the empire, all nationalities, religions and sects. Even Jews! I can tell you it's a wonderful forcing house for revolutionary ideas. Our anarchists were not the last to find it out."

"What does M. Sturmer think of it all?"

"All M. Sturmer asks is to be left alone. I promise Your Excellency he'll do very well."

Monday, May 22, 1916

In all quarters, the mission of Viviani and Albert Thomas has left a stir of emotion in its wake.

On this point, Joseph de Maistre, who was one of the most sagacious observers of the French Revolution, has made a remark the truth of which I am realizing today. "In the temperament, and particularly the language, of the French, there is a certain proselytizing force that defies imagination. The whole nation is simply one vast propaganda."

Tuesday, May 23, 1916

In the Trentino, between the Adige and the Brenta, a violent offensive of the Austrians has compelled the Italians to abandon their lines. There is intense agitation in Italy, where the public already sees the Friuli army forced to retreat to avoid being cut off from Lombardy by an enemy dash on Vicenza and Padua.

In the Verdun region, furious fighting has flamed up anew. After a superb attack, the French troops have carried the old fort of Douaumont.

Wednesday, May 24, 1916

In 1839, Nicholas I said to the Marquis de Custine, "I can understand a republic. It's a well-defined and genuine form of government, or at any rate it can be. And, of course, I understand absolute monarchy, as I'm the head of a state with that system. But what I cannot understand is representative monarchy. It's a government of lies, fraud and corruption, and rather than adopt it, I'd withdraw into China."

Nicholas II has the same views as his ancestor.

Friday, May 26, 1916

Summary of my day's work:

This morning, P….. brought me somewhat alarming reports of revolutionary propaganda in factories and barracks.

At five o'clock, Countess N….., who does not belong to the Empress's clique but is on terms of closest friendship with Madame Vyrubova, told me how Rasputin explained to the Tsaritsa the other day that "a man of God" should be unquestionably obeyed. He then confided to her that since his last Easter communion he felt he could fight his enemies with renewed vigor, and that he considered himself more than ever the heaven-sent champion of the imperial family and Holy Russia. Alexandra Feodorovna then fell at his feet, imploring his blessing with tears of ecstasy in her eyes.

At the club this evening I casually overheard the remark, "If the Duma is not suppressed, we are lost!" followed by a long rigmarole proving the necessity of an immediate return of tsarism to the pure traditions of Muscovite orthodoxy.

By way of conclusion I will repeat the prophecy made by Madame de Tencin, around 1740, on the subject of the

French monarchy. "Unless God himself intervenes, it is physically impossible for the State not to collapse," but I think that it will not be forty years, or even forty months, before the Russian State collapses.

Saturday, May 27, 1916

King Victor Emmanuel has telegraphed to the Emperor to beg him to do all that he can to advance the date of the general offensive of the Russian armies with a view to relieving the Italian front.

My colleague, Carlotti, is leaving no stone unturned to secure the same result.

Monday, May 29, 1916

Belief in the Tsar and his justice and goodness is still strong among the *moujiks*, a fact that explains the personal success Nicholas II is certain of achieving whenever he goes among peasants, soldiers and workmen.

On the other hand, the public is more than ever convinced that the bureaucrats, the *tchinovniks*, are frustrating or paralyzing all the monarch's good intentions.

We are always hearing these two proverbs:

"The Tsar is good; his servants are wicked."

"The Emperor says yes but his little dog barks 'no.' "

Tuesday, May 30, 1916

Countess N....., Madame Vyrubova's friend, mysteriously asked me to have tea with her today.

After swearing me to secrecy she said, "I believe Sazonov is going to be dismissed. I wanted to let you know at once. Their Majesties strongly disapprove of him. Sturmer is secretly carrying on a very active campaign against him."

"But what has he done wrong?"

"He's blamed for his liberal ideas and his concessions to the Duma. He's also accused ... you've promised not to say a word ... of being too much under your influence and that of Buchanan. You know that, unfortunately, the Empress hates Sazonov. She can never forgive him for his attitude towards Rasputin, whom he regards as the Antichrist. Rasputin, in turn, says that Sazonov is branded by the devil."

"But Sazonov is extremely religious! And what does the Emperor say?"

"At the moment he is entirely under the Empress's thumb."

"I suppose you've heard all this from Madame Vyrubova?"

"Yes, from Annie, but for goodness' sake don't say a word to anyone."

Wednesday, May 31, 1916

Since Sturmer has been in power, Rasputin's authority has greatly increased. The peasant magician is becoming more and more the political adventurer and swindler. A gang of

Jewish financiers and shady speculators, such as Rubinstein, Manus, etc., have thrown in their lot with him and reward him generously. On their suggestion, he sends notes to government departments, banks and all influential people. I have seen several of these notes, in a dreadful scrawl and couched in coarsely imperious terms. No one has ever dared to refuse his demands. Appointments, promotions, postponements, favors, dispensations, subsidies – everything has been granted him.

In the more important matters, he sends his note direct to the Tsaritsa: "Here! Get that done for me!"

She gives the order at once, never suspecting that she is working for Manus and Rubinstein, who are well known to be working for Germany.

Thursday, June 1, 1916

When I called on Sazonov this morning, I was struck by his appearance. He looked ill, and had hollow eyes and a downcast air. He complains of great nervous exhaustion, which deprives him of sleep and appetite. He talks of taking a rest for several weeks in Finland.

Since the war began, I have many a time seen him tired and suffering from headaches and insomnia. To some extent it is everybody's lot. In such a climate, no man can carry so heavy, unending and pressing a burden of work and cares without paying for it. But this time, however great my affection for him, it is not his health that worries me most, it is his secret anxieties that have reduced him to this state, and

I know all about them through the confidential communication I received the day before yesterday.

Friday, June 2, 1916

The attitude of the Greek Government has become impossible. The fact of its collusion with the Bulgarian Government is obvious. The personal complicity of King Constantine cannot be doubted.

I have had a long talk with Sazonov on this subject and he has empowered me to telegraph to Paris that he approves, here and now, of any measures France and England may think necessary to take against Greece.

Between the Adige and the Brenta, the Italians are beginning to recover. The Austrian offensive has been almost held up.

Sunday, June 4, 1916

To meet the wishes of King Victor Emmanuel, the Emperor has given orders to hasten the offensive that has been in preparation in Volhynia and Galicia. The operation has been opened vigorously by General Brussilov and promises well.

Tuesday, June 6, 1916

I have been discussing the *moujiks* with Princess O....., who is president of a society for popularizing the *Kustarni vechtchy*, those articles and utensils of wood, leather, horn, iron and fabrics in which the artistic feeling of the Russian peasants, and their highly original and ingenious taste for decoration, are so well revealed.

She was thus led to deplore the far-reaching changes produced by the extension of the great mechanical industries during the last fifteen years on the mind and morals of the rural classes.

"These sugar refineries, distilleries, cotton mills, forges and factories, and the innumerable works you can now see in country districts, have given our *moujiks* habits, needs and ideas for which their past had left them quite unprepared. The process of initiation has been too rapid for their primitive brains. The acquisition, or bait, of high industrial wages has demoralized whole regions. Don't forget that, outside the towns, money was rare until a few years ago. In many villages, business was always done by barter. A man would exchange oats for a coat or some vodka; a horse or cart would be paid for by so many days' work.Today, all that has been changed. Most of our peasants have lost their simple, natural qualities, though they still remain too backward to adapt themselves morally to their new life. They are all at sea, bewildered, befuddled. If God does not spare us a revolution after the war, there will be great trouble in the country districts."

Thursday, June 8, 1916

General Brussilov's offensive is continuing brilliantly. It is actually beginning to assume the pace of victory.

In a few days, the Austro-German front has been broken on a front of one hundred and fifty kilometers. The Russians have captured 40,000 men, eighty guns, and one hundred and fifty machine-guns.

On the Italian front, east of the Trentino, the fighting is continuing, but the Austrian advance has been stopped.

Friday, June 9, 1916

Since the ancient days of Muscovy, the Russians have never been so thoroughly Russian as they are now.

Before the war, their natural craze for wandering carried them westwards periodically. Once or twice a year their world travelers swarmed in Paris, London, Biarritz, Cannes, Rome, Venice, Baden, Gastein, Carlsbad, and Saint-Moritz.

Those less well off, the crowd of intellectuals, lawyers, professors, savants, doctors, artists, engineers, etc., took courses of study, cures, or holiday tours in Germany, Sweden, Norway or Switzerland. In a word, the majority of society – whether the brilliant or thinking, working or idle, social world – established regular and frequently prolonged contact with European civilization.

It was in this fashion that thousands and thousands of Russians secured their supplies of clothes and ties, jewels and perfumes, furniture and cars, books and works of art. Unconsciously, they also brought away with them more modern ideas, a more practical spirit, and a more positive, orderly and rational view of life in general. They were certainly particularly likely to do so, owing to that power of assimilation that the Slavs possess in such high degree, a power that the great "Westerner," Herzen, called "moral receptivity."

But during the last twenty-two months, the war has raised an insurmountable barrier, a Chinese wall, between Russia and Europe. For nearly two years, the Russians have been confined to their own country and compelled to live on themselves. The tonic and soothing medicine they used to seek in the West is lacking, and just at the moment they need it most. It is a fact of common observation that neurasthenic subjects with a tendency to melancholy need distraction, and that travelling is particularly good for them because it stimulates their energies, engages their attention and revives their mental faculties.

So I am not surprised that in persons who once seemed to me perfectly healthy, I am always seeing symptoms of weariness, melancholia, nervous debility, mental disorders, incoherence, an unhealthy credulity, strange obsessions and a superstitious and demoralizing pessimism.

Saturday, June 10, 1916

Can the intrigue against Sazonov have failed? Does he feel his position restored? Whatever the reason, he looks much brighter and complains less of being tired, though he still says he badly needs a rest.

Sunday, June 11, 1916

The financier G....., who has large industrial interests in Warsaw and the Lodz district, has just made a very trenchant remark to me.

"The problem of Poland has more than one surprise in store for those who have to negotiate the peace. It's the habit to look at this problem from the national point of view only in the light of the catastrophes of the past, and heroic and romantic legend. But when the hour for practical decisions arrives, you will see two factors of vital importance stand out in the very foreground: the factor of socialism and the Jewish factor. Over the last thirty years, the Polish social-democracy has expanded enormously, and you can measure the expansion by the rising figure of the working class population. Don't forget that a town like Lodz, that had barely 25,000 inhabitants in 1850 and 100,000 in 1880, has 460,000 to-day. The manufacturing districts of Sosnowice, Tomaszov, Dombova, Lublin, Kielce, Radom, and Zgierz are developing with the same extraordinary rapidity. The proletariat is very strongly organized in those regions and everywhere revealing immense vitality. It has not the slightest interest in the historic visions of the great Polish patriots. In the approaching resurrection of Poland, it sees nothing but an opportunity of realizing its economic and social program. You may be certain that it will speak with a strong and loud voice. Nor will the Jews fail to play a great part. They share the views of the Polish social democracy, but they also have a special and exclusively Jewish organization.

They will act as a Jewish proletariat. In addition, they are highly intelligent, and very bold and fanatical. All the Polish ghettos are hotbeds of anarchy."

Tuesday, June 13, 1916

I am reading a life of Nietzsche, and I see that, having developed a great admiration for the laws of Manu, his poet's and artist's enthusiasm made him record the following excellent precept of the first Aryan legislator.

> *Let the names of women be easy to pronounce*
> *– sweet, simple, pleasant and appropriate. Let*
> *them terminate in long vowels and resemble*
> *words of benediction.*

The Russians have followed this precept instinctively. No race has given the names of its women more musical and caressing sounds: Olga, Vera, Daria, Marina, Sonia, Kyra, Ludmilla, Tatiana, Wanda, Moina, Tamara, Xenia, Raïssa, Nadevja, Sietlana, Prascovia, Dina ...

Thursday, June 15, 1916

The Russians are engaged in a ceaseless advance on Tarnopol and Czernovitz. They have crossed the Strypa and the Dniester. The number of their prisoners has now reached 153,000.

Chapter 10

Friday, June 16, 1916

A few close friends to dinner.

The table was laid in the banqueting hall in front of the great bay window facing north and looking out on the Neva. Dinner was ordered for half-past nine, so that we could enjoy the amazing spectacle of the night sky of Northern Russia in solstice week.

When the meal began, it was still broad daylight, but from Okhta to the fortress, the whole river bank was a blaze of fantastic colors. In the foreground, the river spread the ribbon of its waters, waters of a dark metallic green into which every now and then reddish masses seemed to flow like pools of blood. Further away, the roofs of the barracks, domes of churches, and chimneys of factories, stood out against a sinister background of violet, amethyst, bitumen and sulfur. The scene was constantly changing from minute to minute and as if under the hand of a chemical magician, some giant Tubal Cain. The colors rose, glowed, blazed forth in triumph, waned, melted, coalesced and dissolved into vapor. The most varied spectacles in all imaginable combinations followed each other in quick succession. It was like a kaleidoscope of the cataclysms of nature, volcanic eruptions, walls falling, the flames of furnaces, blazing meteors.

But towards eleven o'clock the sky gradually lost, and its colors and the pageant faded away. From the ground to the zenith, the firmament was veiled in a diaphanous vapor of silver and pearls. Here and there a luminous radiation betrayed the shivering of a star. The city slept calmly in a harmony of semi-darkness and silence.

At half-past twelve, when my guests left, a pink glow far away in the east was already heralding the dawn.

Sunday, June 18, 1916

The Russian Bukovina army has crossed the Pruth and occupied Czernovitz. Its advance guard is already on the a Sereth, in the neighborhood of Storotzynetz.

Monday, June 19, 1916

General Bielaiev, Chief of Staff, one of the most competent, conscientious and honorable officers in the Russian army, is to visit France shortly to settle various questions in connection with orders for artillery and munitions. He lunched with me this morning.

I began by congratulating him on the successes General Brussilov is still gaining in Galicia, successes that yesterday brought his troops to Czernovitz.

He accepted my congratulations with that reserve that is consistent with his habitual caution and modesty.

At table he gave me a detailed account of the recent operations on the Galician front, choosing his words with the wisdom and care that have long made me rate his opinion very highly.

When we returned to the main drawing room and lighted our cigars, I asked him, "What stage of the war have we reached, and what impressions are you carrying away with you?"

Weighing his words well, he replied, "The Emperor is as firm as ever in his determination to continue this war until our complete victory, that is until Germany is compelled to accept our terms – all our terms. What His Majesty was good enough to tell me, when I made my last report to him, leaves me in no doubt on that point. But if our military position has greatly improved of late in Galicia, we have not yet begun to attack the German forces. Putting things in their best light, we must still anticipate a very long and severe struggle. I'm only speaking of the strategic aspect of the problem, of course. It's not for me to consider the financial, diplomatic and other aspects. It is in view of this great final effort that I am going to make arrangements in Paris by which our army, which is so well off for men, shall no longer be held up by the inadequacy of its armament. But there is one question that is more urgent and important than all the others – the question of heavy artillery. General Alexeiev is begging me for some every day, and I haven't another gun or round to send him."

"But you've had seventy heavy guns just landed at Archangel."

"I know, but we haven't got the railway wagons. You know what a terrible shortage we're suffering from in that respect. The whole result of the offensive that has begun so brilliantly is in danger of being paralyzed by it."

"That's serious. But why hasn't your railway department a better idea of order and energy? It's months since Buchanan and I discussed the matter with M. Sazonov and sent him note after note. We can't get any result. Our military and naval attachés are also leaving no stone unturned. They get nowhere either. Isn't it tragic to think that France sets aside a considerable part of her industrial output to supply your armies, and your armies don't benefit by it, thanks to confusion and negligence? Since the port of Archangel was reopened for navigation, French ships have landed 1,500,000 rounds of ammunition, 6,000,000 grenades, and 50,000 rifles, in addition to seventy heavy guns. All that stuff is lying idle on the quays. The figure of daily railway transport must be increased at any cost. Three hundred wagons a day is ridiculous. I'm assured that, with a little method and energy, that figure could easily be doubled."

"I'm worn out with fighting the railway department. I don't get much more of a hearing than you do. But, as you say, it's so serious that we have no right to lose heart. Please speak to M. Sazonov again. Ask him to make representations to the Council of Ministers in your name."

"I certainly will. I'll return to the charge tomorrow morning."

Thursday, June 22, 1916

A few days ago, Grand Duke Boris Vladimirovitch was having supper with his inseparable cronies and an English officer, Major Thornhill.

As usual, the Grand Duke had emptied his champagne glass too often. When he was sufficiently excited, there was an outburst of the anglophobia he inherits from his father.

Turning to Thornhill, he cried, "England doesn't care a straw about this war. She is letting her allies be killed. The French have been suffering a massacre at Verdun for four months and you haven't even left your trenches. We Russians would have been in Baghdad long ago if you hadn't begged us not to enter the place to save you from admitting your inability to get there yourselves."

Thornhill replied coldly, "That is not accurate, Monseigneur. And Your Imperial Highness is forgetting the Dardanelles."

"The Dardanelles? Mere bluff!"

Thornhill shot up, "A bluff that cost us 140,000 men!"

"No, mere bluff. In any case, you can be certain that the moment peace is signed with Germany, we shall go to war with you."

General uproar and the Grand Duke went out, banging the door.

Major Thornhill reported the incident to Sir George Buchanan. Without desiring to complain to the Emperor, my colleague has expressed an official wish to the Minister of the Court that a remonstrance should be sent to Grand Duke

Boris. Nothing will come of the remonstrance. Boris Vladimirovitch will calmly continue his life of pleasure and idleness.

What has he been doing since the war began? Nothing.

He has held vague commands and inspectorships that occasionally take him to the front, but have been simply an excuse for him to vary the round of his pleasures, from Moscow to Kiev, Warsaw to Odessa, and the Caucasus to the Crimea. How comes it that this prince of thirty-seven, strong and healthy, loaded with wealth and privileges, has not claimed his share in the marvelous effort of endurance, heroism and self-sacrifice the Russian nation has made without flinching for nearly two years?

As luck would have it, I was turning over the pages of the 'Iliad' yesterday, as I often do, and my eye fell on the passage in the twelfth canto that shows us Sarpedon, son of Zeus, coming from Lycia to help the Trojans, and drawing his friend Glaukos into the fight.

"Why are we so highly honored in Lycia?" Sarpedon says to him. "Why do we have the best places at banquets? Why do we possess prosperous domains on the banks of the Xanthos? It is because we are always to be found at the head of the Lycians where the fight rages hottest. It is because every Lycian says to himself, 'If our princes eat the largest sheep and drink the best wines, it will only make them braver and stronger when they lead us into battle.' "

Saturday, June 24, 1916

During the last few weeks, I have been observing in political circles in Petrograd a curious wave of reaction against the idea of annexing Constantinople to Russia.

It is being emphasized that the solution of annexation, far from solving the Eastern question, would only perpetuate and aggravate it, as neither Germany, France nor the Danube States would ever submit to leave the keys of the Black Sea in the claws of the Russian Eagle. The vital thing for Russia is to secure the free passage of the Straits so that it would be enough if a neutral state, guaranteed by the Powers, were created on the two banks.

It is also being said that the incorporation of the Greek Patriarchate in the Russian Church would raise problems both inextricable and highly unpalatable to the Russian conscience. And again, from the point of view of domestic and social evolution, it is thought that Russia would make a. very serious mistake in allowing the Turco-Byzantine virus to enter into her organism.

These arguments seem to me wisdom itself, but they might have been thought of sooner.

Sunday, June 25, 1916

It is to Russia that one must come to appreciate the saying of Tocqueville that, "Democracy immaterializes despotism."

In its essence, democracy is not necessarily liberal. Without denying its root principle, it can harmonize with all forms of oppression – political, religious, social, etc. – but under a democratic system, despotism is intangible because it is scattered among the institutions; it is not incarnate in any single being, and it is found everywhere and nowhere at once; it is a diffuse, invisible and asphyxiating vapor that becomes absorbed, so to speak, in the national climate. One finds it pungent and harmful, and grumbles at it, but one does not know whom to blame. So, as a rule, one ultimately adapts one's self to the evil and makes the best of it, as it is impossible to have a violent hatred of something one cannot see.

Under an autocratic regime, on the contrary, despotism is seen in its most solid, massive and concrete form. It is personified in a man, one man, and in one man it provokes the maximum of hatred.

Monday, June 26, 1916

A few months ago I gave, in this diary, an intimate portrait of the Russian woman, based on feminine evidence. I will now give the supplement of that sketch, based on masculine evidence.

I have been dining alone with B….. on the Islands. Fifty-two years of age, a bachelor, endowed with quick wits and acute senses, he served in the Regiment of Horse Guards in his early youth. Since then he has divided his time between the development of his estates, certain works of social interest, traveling, a passion for music, the cultivation of fine friendships, and last, but not least, a successful and discreet liaison, varied by many passing fancies. His conversation, natural and many-sided, amuses and educates me, for to every aspect of his dilettantism he brings strong powers of observation. I regard him as a good physiologist of the moral world, an analyst who is accurate and skeptical, but in no way disillusioned.

Having spent a good deal of his time among women, he professes that life would be intolerable without them, and that even though occasionally a few lunatics kill themselves for them, it is thanks to women alone that suicide is not rampant among men, because their function on this earth is not so much to perpetuate life as to make one forget it.

However that may be, at nine o'clock this evening we were duly seated facing one another on the bank of the Neva.

Before us, on the opposite bank, the charming Ielaghin Palace emerged from the foliage of its ancient trees. At the end of the island, willows, poplars and weeping willows bent their heads to the rushing waters. Before long the sky was shrouding itself in an intangible veil, a milky, pearl-white vapor. While the magic miracle of the "white nights," the great solstice nights, was in progress around us, I questioned B..... about the Russian woman.

Quite simply, and as if casually drawing on his memory, he let fall rather than uttered the following remarks.

"I have only known Russian women. The women of one's own country are the only women one can know well. One cannot really mix with beings of any race save one's own. Russian women are sincerity itself in the sense that they never act a part; they never want to write about their emotions. They live their lives as fully as possible, but without thinking themselves heroines in novels, and without having any model in mind. Their visions are not taken from anyone else but are their own offspring. Carried away by ardor and enthusiasm at the beginning of each adventure, they are soon out of breath. Their great misfortune is changeability. They hardly ever know what it is that prompts their actions. They always seem to be obeying blind forces. Often enough their most serious decisions are nothing but a relief to their nerves. A trifle, a word they casually overhear, an idea they toy with, a supper, a waltz – nay, even less than that – a cloud crossing the sky, and they become totally different creatures. A woman once said to me, 'I feel another woman when I put on a new dress.' For the same reason, they are highly sensitive to the influence of nature. The return of spring, or the delight of sunshine restored, or the smell of the first violets, is quite enough to make them lose their heads. The spectacle of a starry sky on the steppes makes them quite giddy. On stormy evenings, they seem to be charged with electricity. Even for the happiest among them, there is always something unsatisfactory, restless and unsatisfied; something that is to come and of which they suspect nothing. It is in love, again, that they best come to anchor. When their hearts are not involved, they wander aimlessly like floating islands on the waters of a river. There is nothing more entertaining than to hear them telling each other stories. They invent as they go along. You would think they were seeking their words in your eyes. They very quickly make up their minds to love you, and no less quickly to take back what they have given. With them, eloquence is always superfluous, whether to win them or to keep them. They have great modesty. That is why they seem to give themselves easily. They don't tolerate half-concessions. The moment their hearts consent, they precipitate the crisis; they think they degrade themselves by bargaining. Their memory is a drawer that they open and close at will. They remember or forget everything as the necessities of their interests or desires dictate. They have a terrible enemy, an incurable disease, boredom. What silly things it makes them do! It is the absurd and the impossible that attract them most. They are always saying that very little satisfies them, whereas in fact nothing satisfies them. The unexpected is the only thing of which they never tire. In love, they have more courage, initiative and generosity than men. Their superiority is revealed even more frequently in the ordinary things of life. In difficult moments they show more conscience, energy and resiliency, a higher sense of duty and a freer and more intuitive mind. They are the soul of the family. Their depths of affection and self-denial become sheer heroism when the man they love falls upon evil days. Their devotion to him becomes bondage and self-sacrifice. They will follow him into Siberia, exile, anywhere. One of their serious defects is that they cannot lie. They are not sufficiently their own mistress to keep up a lie, and this it is that often makes them seem cruel. As they have an extremely strong imagination, they suffer torture through jealousy. They never admit that they are led by their senses. They always try to spiritualize their desires and deceive themselves about their ecstasies. The vocabulary of mysticism is an invaluable resource to the most passionate of them who want to justify their extravagances. Tolstoy was perfectly right in extolling the fine, round arms of Anna Karenina. The perfection of the women's arms is one of the characteristics of the Russian race. In all social classes, and even among the masses, you will find young women with marvelous arms, full and soft, of a silky whiteness, perfectly proportioned, supple and caressing. In Russia, as everywhere else, great women lovers, the predestined victims of passion, are rare, but perhaps in no other country is the fatal potion so corrosive and devastating. It ravages the whole inward being with irresistible violence, leaving nothing but a wild longing for suicide and oblivion. Fickle, crazy, perfidious, extravagant, egotistical, monopolistic, perverse, neurotic, tantalizing, elusive, disappointing, diabolical – all that and more you may call them – but never common, pedantic or tiresome. In a word: formidable and charming."

Tuesday, June 27, 1916

The entry of the Russians into Kimpolung, south-west of Czernovitz, makes them master of the whole of the Bukovina, and brings them to the foot of the Carpathians.

While we were following the progress of the operations on the map, Sazonov said to me, "Now's the time for the Rumanians to come in. They would find an open road to Hermannstadt, or Temesvar, or even Buda-Pesth. But

Bratiano's not the man for simple, swift decisions. You'll see how he misses one opportunity after another."

Wednesday, June 28, 1916

From a private and very reliable source:
"The Empress is passing through a bad phase. Too much prayer, fasting and asceticism. Nervous excitement. Insomnia. She works herself up and concentrates more and more on the notion that it is her mission to save Holy Orthodox Russia, and that the guidance, intercession and protection of Rasputin are indispensable to success. On every possible occasion she asks the *staretz* for advice, encouragement or a blessing."

But for all that, the relations between the Tsarina and Grishka are still kept a profound secret. No newspaper ever refers to them. People in society only mention them to their closest friends, and under their breath, as if they were talking about a humiliating mystery it is better not to probe more deeply. In any case, no one hesitates to invent innumerable fantastic details.

In principle, Rasputin seldom goes within the railings of the imperial residence. His meetings with the Empress almost always take place at Madame Vyrubova's little villa on the Sredniaïa. He sometimes stays there for hours with the two ladies, while General Spiridovitch's police mount guard and keep people away from the house.

In the ordinary way, it is through Colonels Loman and Maltzev that the incessant communication between the palace and the *staretz* and his gang is carried on in practice.

Colonel Loman, deputy to the Commandant of the Imperial Palaces, and curator of the Tsarina's favorite church, the Feodorovsky Sobor, is the private secretary of Alexandra Feodorovna, whose complete confidence he possesses. To help him in his daily dealings with Rasputin, he has selected Maltzev, an artillery colonel, to whose charge the aerial defense of Tsarskoe Selo has also been committed.

On private and secret errands, the Empress always employs Sister Akulina, a young nun attached to the military hospital in the palace.

A few years ago this nun was living in the Convent of St. Tikhon at Okhtai, buried in the depths of the Ural forests, not far from Ekaterinburg. A strong and healthy woman of peasant origin, she one day displayed strange disorders that soon grew worse and became periodical. Under the eyes of her terrified companions, she would successively go off into fits of convulsions and delirious ecstasies, followed by indescribable sensations. All the signs of demoniacal possession could be observed about her.

It was during one of these attacks that she came to know Rasputin. He was then wandering about the Urals as a pilgrim, a *strannik.* One evening he came to ask the hospitality of Okhtai Monastery. He was received as a heaven-sent messenger, and immediately ushered into the presence of the poor possessed one, who was struggling against the assaults and tortures of the infernal spirit.

343

He was left alone with her and exorcized it in a few minutes by an adjuration so forcible and compelling that the devil never dared to touch her again. After this deliverance, Sister Akulina has always been devoted heart and soul to the *staretz*.

Thursday, June 29, 1916

The Russian Galicia army has now reached out to Kolomea, fifty kilometers south of the Dniester. Its north-westerly sweep is becoming more marked as it advances on Stanislau.

During the month of June it has taken 217,000 prisoners, including 4,500 officers. It has also captured two hundred and thirty guns and seven hundred machine-guns.

General Alexeiev has just sent a note to General Joffre pointing out the desirability at the present moment of the Salonica army taking the offensive against the Bulgars. He thinks this offensive would undoubtedly compel Rumania once and for all to throw in her lot with the Entente.

The conclusions of this note seem to me very strong:

> The future is unlikely to present us with a situation more calculated than the present one to guarantee the success of an operation starting from Salonica. The Russian army has made a large breach in the Austro-German lines of defense, and the operations in Galicia have resumed the character of a war of movement. Germany and Austria are sending all their new

formations to that region and weakening themselves in the Balkans. A blow at Bulgaria would secure Rumania's rear and constitute a threat to Buda-Pesth. The necessary and profitable intervention of Rumania would thus become inevitable.

The British High Command refuses to undertake an offensive against the Bulgarians at the present moment. It considers the operation too dangerous. Briand is in London endeavoring to secure the triumph of General Alexeiev's views.

Friday, June 30, 1916

I have been discussing Emperor Wilhelm with Grand Duke Nicholas Michailovitch, who hates him with his whole soul and never loses a chance of scoffing at him, even though his own niece, the daughter of his sister, Grand Duchess Anastasia of Mecklenburg, married the Crown Prince. He is full of stories of the buffoonery, cowardice and hypocrisy of the Kaiser. So I made him highly delighted by adding an historic specimen to his collection, an accurate and little-known account of the incidents that marked the famous visit of the yacht The Hamburg to Tangiers on March 31, 1905.

The moment I began to speak, the Grand Duke interrupted me. "March 31, 1905, you say? So it was sixteen days after our disaster at Mukden? Wilhelm chose the moment for his outburst well."

"He couldn't have chosen a better one."
This was the story:

The Franco-Russian Alliance was utterly paralyzed. The imperial yacht Hamburg anchored off Tangier at half-past eight in the morning, an hour after the time arranged with the Maghzen. The program provided that the Emperor should land at seven-thirty and then go straight to the German Legation to receive the compliments of the diplomatic corps and the homage of the German colony. The Sultan's representative was then to give him a luncheon at the Kasbah that towers above the city.

To crown the afternoon's celebrations, it had been arranged that there should be a gorgeous display by the Moroccan kaids on Marshân Plain. The Emperor was to re-embark at five o'clock.

Within a few cable lengths from the spot where The Hamburg cast anchor, a French cruiser, The Du Chayla, had been stationed for several months. In accordance with the rules of maritime etiquette, the commander of that ship, Captain Débon, immediately went on board The Hamburg to present his respects to the Emperor. After a friendly welcome, the latter asked him, "Do you know Tangiers Harbor well?"

"Yes, Sire. I've been stationed here more than three months."

"I want you to tell me honestly, as one sailor to another, is there any danger in my going ashore?"

"Oh, no, Sire, none at all. There's a slight ripple, but no swell, and the wind isn't strong."

The Emperor said nothing for a moment, and then, with an air of absorption, began to talk about technical naval matters.

But suddenly he repeated his question. "You really think there's no danger in my going ashore?"

Captain Débon was somewhat taken aback at his persistence, but replied deliberately, "Not the slightest, Sire. The harbor isn't rough today."

"What will it be like if I have to return at five o'clock?"

"I shouldn't like to say eight hours beforehand, Sire, but I can assure Your Majesty that at the moment I have no reason to think that the weather will get worse."

The Emperor thanked him and dismissed him. The very definite lies he had just received ought to have convinced him that it would be better to go ashore at once and if necessary return earlier if the sea became rough, but he lost another two-and-a-half hours in counter-orders and hesitation. He ultimately disembarked at a quarter-to-twelve.

At the landing stage, a company of Moroccan soldiers, commanded by a French officer, did the honors. In front of this unit was the celebrated Kaid MacLean, a former English deserter who had become our great enemy.

Without waiting for the bowings and scrapings, the Emperor quickly mounted a horse to ride to the German Legation. His face was yellow and he looked very perturbed.

While he was climbing the steep street that crosses the town, a number of roughs who had joined his escort began to cheer.

Bending down to Kaid MacLean, who was walking at his horse's head, Wilhelm II jerked out, "Do make these fellows stop. My nerves are all wrong."

At the Legation, he delivered a pompous harangue to his colony in which he solemnly asserted his determination to preserve the rights and interests of Germany in a free Morocco.

When he came out again, everyone noticed how much his face had changed. At the same time a strange excitement was observed in the imperial escort as officers were hurrying here and there, and Kaid MacLean had changed the formation of his force and sent out orderlies.

Consternation was universal when it was learned that the Emperor would not attend either the luncheon in the Kasbah nor the display on the Marshân.

In the midst of a melancholy silence, the procession hastily descended to the port. Wilhelm II embarked at once and an hour later The Hamburg left the harbor."

Before I had even finished my story, Grand Duke Nicholas was bursting with laughter, and then, with dancing eyes and a voice of thunder, he let himself go.

"I hadn't heard the details, but they're truth itself! That's Wilhelm all over. I can just see him, the glorious Hohenzollern … What a miserable figure to cut! What a low comedian! I've always said so. He's nothing but a pompous puppet and even more of a coward than a braggart. Obviously he didn't like going ashore and was asking the commander of your cruiser for an excuse not to disembark. At the very moment of his *grand geste*, he was afraid, like an actor who's too nervous to come on. And the end of the adventure … his haste to get back to his ship … What a bad joke! Can you imagine anything more grotesque and pitiful? If he hadn't been born on the steps of a throne, he'd have had no rival as the clown at a fair."

Saturday, July 1, 1916

In Galicia, the Russians who have just occupied Kolomea are pursuing the Austro-Germans in the direction of Stanislau. In the Bukovina, they are consolidating their successes.

Since June 4, General Brussilov's armies have taken 217,000 prisoners.

In France, a great Anglo-French offensive has opened on the Somme.

Sunday, July 2, 1916

My latest representations on the subject of the Archangel railway have not been in vain. Sazonov tells me that, on the Emperor's orders, the number of wagons employed in the daily traffic of the line is being increased from three hundred to four hundred and fifty, and it will be five hundred before long.

Bratiano continues to tell Paris that the ill-will of Russia is the only thing that prevents him from coming to a final decision, a fact that is bringing a shower of impatient telegrams about my ears. To put an end to the equivocal game of the Rumanian Government, General Alexeiev has just made it known that "the present moment appears to him the most favorable for the armed intervention of Rumania, and it is also the only moment at which that intervention can interest Russia."

I have been discussing it with Diamandy, who was lunching with me this morning.

"M. Bratiano's eternal hesitation seems to me a great mistake," I said. "I could well understand his not wanting war. That's a defensible policy, as wars cannot be made without risk. But as you assure me, he wants war (he says so himself), and has settled on his share of the booty beforehand, and is already as compromised as anyone could be in the policy of national claims. How can he fail to see that it is now or never for Rumanian intervention? The Russian offensive is in full swing, the Austro-Hungarians are still stunned by their defeat, the Italians have recovered and have got their teeth in, the English and French are attacking in full strength on the Somme. What more does M. Bratiano want? Doesn't he realize that great opportunities pass quickly in time of war?"

"Personally I agree with you, but I have no doubt that M. Bratiano has very strong reasons for still postponing his final decision. Don't forget that he's staking the very existence of Rumania."

Monday, July 3, 1916

The Russian parliamentary representatives who responded to the invitation of the English, French and Italian deputies, have just returned to Petrograd. They reported the results of their mission today to the Council of Empire and the Duma. Even allowing for official phraseology, their speeches have shown that they are immensely impressed by the military effort of their allies, particularly France.

I was present with Buchanan and Carlotti at the sessions in the Marie and Tauride palaces. We were given an enthusiastic reception.

The members of the Council of Empire and deputies of the Duma to whom I have talked privately – Gourko, Prince Lobanov-Rostovsky, Shebeko, Wielopolski, Miliukov, Shingarev, etc. – have all told me the same thing in almost identical words: "Here we have no idea what war is."

Tuesday, July 4, 1916

I lunched at the Italian Embassy today. There I met the President of the Duma, Rodzianko; Count Sigismund Wielopolski, member of the Council of Empire; and the two Cadet deputies, Miliukov and Shingarev.

I have had a long talk with Miliukov about the conclusions he has brought away with him from his visit to the West.

"Our main task," he said, "is to intensify and coordinate our national effort. That is only possible with the closest association and collaboration of the Government with the country and the Duma. Unfortunately, it is not the ruling tendency at the moment."

He has been much struck by the vital importance French public opinion attaches to the intervention of Rumania, but he has none too much confidence in the value of the Rumanian army. More than once he revealed his ancient sympathies for the Bulgarians; he can forgive them anything.

As I wanted to pump him more thoroughly about the internal situation, which causes me the greatest concern, I asked him to dine with me and Shingarev three days hence.

Wielopolski then took me aside and said to me in confidence, "I know for certain that the Emperor will shortly summon his ministers to Mohilev to decide finally on the question of Polish autonomy. Sturmer and most of his colleagues are more hostile to the idea than ever, but I think Sazonov has a chance of getting his own way. It is he who has definitely grasped the nettle, and he has the active support of General Alexeiev."

He added that before long he would have an indirect opportunity of putting a letter under the eyes of the Emperor and would like to insert a recommendation from me.

I replied, "You may say from me that the proclamation of Polish autonomy would be received in France not merely as the first act of historic reparation to result from this war, but as an eminently wise step that will have a considerable effect on the future and may facilitate, in the most remarkable way, the advance of the Russian armies in Poland."

The news from Galicia and the Bukovina continues to be excellent. The number of prisoners has now risen to 233,000.

In France, the offensive on the Somme is turning into an extremely severe struggle, but it is turning to our advantage.

Wednesday, July 5, 1916

General Polivanov has lunched privately with me.

In spite of his dismissal, he is still in close touch with General Alexeiev, who has the highest opinion of him. He is thus in a position to have a competent opinion of the strategic situation of the Russian armies.

While making it clear that he was expressing purely personal views, he said, "The offensive of our armies in the Bukovina and Galicia is only the prelude to our general offensive. Our main effort must be made against the German armies. It is only by their defeat that we shall make victory certain. Since the Battle of Verdun, Germany is no longer capable of undertaking any important offensive. But, to deal with our front alone, we must anticipate a stubborn resistance in advance of the Niemen and Bug, and then on the line of those two rivers and that of the Vistula. Of course, I know nothing of General Alexeiev's intentions, though I presume that his plan is to make all our armies sweep northwest, pivoting on Riga. General Kuropatkin, who is not a great man for the offensive, but quite out of the ordinary for the defensive, is certainly well qualified for the task thus assigned to him. General Evert and General Brussilov, who are splendid maneuverers, will do the rest. I imagine that they will be given Vilna, Brest-Litovsk and Lublin as their objectives."

"What about Cracow?"

"I don't think so. At any rate, that depends on the attitude taken up by Rumania. If we were certain that the Rumanian army would appear on the scene in the near future, our left wing would be covered and all we should have to do would be to keep in touch with our new allies. On the other hand, it is plain that if Rumania remains neutral, we shall be obliged to be much more cautious and any general operation will be hung up. But, whatever the decision of the Rumanian Government may be, we need to know it at once. The authorities in Bucharest don't seem to know that we are in full career.

Thursday, July 6, 1916

While the English are developing their offensive between the Somme and the Ancre, the French have advanced beyond the

355

enemy's second line of defense south of the Somme. In the two zones of attack, the Germans have left about 13,000 prisoners.

From the Stokhod to the sources of the Pruth, i.e. on a front of three hundred kilometers, the Russians are methodically advancing. In the north, in Volhynia, they are threatening Kovel. In the south, Galicia, they are in occupation of Delatyn, which commands one of the principal gates into the Carpathians on the line between Stanislau and Marmaros-Sziget.

There is equal activity in Armenia, where the Turks have been driven back simultaneously on the shores of the Black Sea and west of Erzerum.

Friday, July 7, 1916

I have had the two Cadet leaders, Miliukov and Shingarev, to dinner.

I confided to them my apprehensions about the situation at home, and the plotting and scheming of which I feel Sturmer is at the center.

I asked them, "Do you believe in the possibility of grave events in the more or less near future?"

Miliukov, with the approval of Shingarev, replied as follows.

"If by 'grave events' you mean popular uprisings or violence against the Duma, I can reassure you that there won't be, at any rate for the present. There will always be strikes, but they will be local and unaccompanied by violence. There will be uprisings only if our armies suffer a defeat. Public opinion would not stand another retreat from the Dunajec. We should also have to expect serious trouble if there was a famine. From this point of view, I am not without apprehension for the coming winter. As regards a violent coup against the Duma, I have no doubt that Sturmer and his gang are thinking of it, but we shan't give him a chance or even an excuse. We are determined to avoid all provocation, and to reply to our enemies with patience and prudence alone. After the war we shall see, but this line of action has one great drawback for us: it causes us to be accused of timidity by liberal circles. We run a risk of gradually getting out of touch with the masses, who will then turn to men of violence."

I congratulated my guests on such patriotic conduct, but I gather from what they say that, if the danger is not yet present, it is not far off.

As they are obliged to return to Pavlovsk tonight, they left me at ten o'clock.

I finished my evening on the Islands.

It is one of the loveliest summer nights I have ever known in Petrograd – warm, calm and clear. But is it really night? No, because there is no darkness. Then is it day? No, because there is no light. There is nothing but the glimmer of twilight and dawn. On the pale vault of the sky, the vague shivering of stars can be distinguished here and there. At the end of Ielaghin Island, the waters of the Gulf of Finland sway under a cloud of phosphorescent silvery vapors. In an atmosphere of opal, the beeches and oaks fringing the lakes seem a magic forest, a scene of dreams and incantations.

Saturday, July 8, 1916

On the Riga front and in the region of Lake Narotch, the Russians have carried a whole series of German positions.

In the center, they are advancing on Baranovici.

In Volhynia, they have crossed the Stokhod and are approaching Kovel.

In Galicia, they are extending along the Carpathians.

Since June 4 they have taken about 266,000 prisoners.

Sazonov said to me again this morning, "Now's the time for the Rumanians to come in."

In spite of this long series of successes, the Russian public lacks confidence. It would not hear of the war being ended before victory, but it believes less and less in that victory.

Sunday, July 9, 1916

Briand realizes at last that, if he wants to obtain the intervention of the Rumanian army, it is not in Petrograd but in Bucharest that he must take action. He has therefore been putting pressure on Bratiano and pushing his back to the wall, so to speak.

The note he has sent to our minister, Blondel, ends thus:

> *All the conditions imposed by M. Bratiano have now been fulfilled. If the intervention of*

Rumania is to do any good, it must be immediate. A vigorous attack on the decimated and retreating Austrian armies is a task that is relatively simple for the Rumanians, and extremely useful to the Allies. That intervention would crown the demoralization of a shaken foe, and enable Russia to concentrate all her forces against Germany, giving her offensive the greatest possible momentum. Rumania would thus take her place in the coalition at the psychological moment, and legitimately entitle herself, in the eyes of all, to generous satisfaction of her national aspirations.

This is an historic moment. The Western Powers have not ceased to believe in M. Bratiano and the Rumanian nation. If Rumania lets slip the present opportunity, she will never have another chance of becoming a great people by the union of all her children.

I told Sazonov of these instructions, and he said, "It couldn't be better! General Alexeiev will be just as pleased as I am."

Tuesday, July 11, 1916

The great offensive on the Somme is turning into a battle of attrition. After a painful progress of two or three kilometers, the attacking troops have been once again compelled to stop before the formidable obstacle of defenses in depth.

Trench warfare, with its tedious delays, is thus beginning again. From the Russian point of view, it is a serious prospect, as Russian opinion is even now only too prone to think that Germany is henceforth invincible.

Wednesday, July 12, 1916

All the ministers, Sazonov included, left yesterday morning for G.H.Q., where the Emperor had summoned them with a view to a final decision on the question of Polish autonomy.

The Anglo-French offensive on the Somme is over already. The results have been very moderate. There has been an advance of from two to four kilometers on a front of twenty kilometers. 10,000 prisoners have been taken.

Thursday, July 13, 1916

In Sazonov's absence, Buchanan and I went this morning to confer with the Minister's deputy, the discreet, prudent and well-informed Neratov.

We were talking about Rumania when the door suddenly opened and Sazonov entered in travelling kit. In spite of having spent twenty-four hours travelling, he looked quite fresh and his eyes sparkled.

He asked us, with a smile, "I hope I'm not *de trop*?" When he was seated, he added, "My dear Ambassadors, I'm going to give you some good news, but on one condition – that you'll swear to keep it dead secret!"

We raised our hands to take the oath.

He then said, "The Emperor has entirely adopted my views, all of my views, though I can assure you we had a pretty warm debate. It's all over now. I won all along the line. You should have seen Sturmer and Khvostov storm. But there's better still ... His Majesty has given orders that a draft manifesto, proclaiming the autonomy of Poland, shall be submitted to him without delay, and he's commissioned me to prepare the draft!"

His face beamed with joy and pride and we congratulated him very warmly.

He went on. "I must leave you now. This evening I'm going to Finland, where I can work while I rest. I'll be back in a week."

But I stopped him.

"Please give me some idea of the sort of autonomy the Emperor has accepted. Do be kind! I've promised to keep it a secret."

"Absolutely secret?"

"The secret of the Holy Office, the violation of which means eternal damnation."

"All right, I'll continue my confidences. This is the program the Emperor has adopted: (1) The Government of the Kingdom of Poland will comprise a representative of the Emperor (or Viceroy), a Council of Ministers and two Chambers; (2) The entire administration of the kingdom will be the province of this government, with the exception of army diplomacy, customs, common finance and railways of strategic importance, which will remain imperial concerns; (3) Administrative suits between the Kingdom and the Emperor will be referred to the Senate of Petrograd (which combines the functions of our *Conseil d'État* and Court of Appeal). A special section will be constituted for this purpose, comprising equal numbers of Russian and Polish senators; (4) The ultimate annexation of Austrian Poland and Prussian Poland will be provided for by some such formula as this: If God blesses the success of our arms, all Poles who become subjects of the Emperor and King shall enjoy the benefits of the arrangements hereby decreed."

Thereupon we left Sazonov closeted with Neratov, and Buchanan and I returned to our embassies.

Tuesday, July 18, 1916

The Allied Powers have at length agreed to address a collective request to Rumania to join their Alliance without further delay.

General Alexeiev has fixed August 7 as the very last day by which the Rumanian army must take the field.

Chapter 11

Wednesday, July 19, 1916

Near Lutzk, on the Volhynian frontier, the Russians have scattered the Austro-Germans, who have left 13,000 prisoners in their hands.

In the Bukovina, the Russian advance guards are crossing the Carpathians.

Thursday, July 20, 1916

When I called on Neratov this morning with Buchanan, we were both struck by his grave air.

He said to us, "I have serious reason to think we are going to lose M. Sazonov."

"What has happened?"

"You know that M. Sazonov has long had enemies, and who they are. His success the other day in the Polish question has been exploited against him. Someone who is very fond of him, and whom I can trust absolutely, has told me that His Majesty has decided to relieve him of his post."

Coming from a man as reserved and cautious as Neratov, such words left no room for doubt. It was quite unnecessary for Buchanan and me to put our heads together to realize the full meaning of the blow in store for us.

Buchanan asked, "Do you think that M. Paléologue and I could even now do anything to prevent the dismissal of M. Sazonov?"

"Possibly."

"What could we do?"

To clear the air, I begged Neratov to give us full details of the news that has so naturally alarmed him.

"The person from whom I've received this report," he said, "has seen the letter His Majesty ordered to be drafted. It is couched in friendly terms and simply relieves M. Sazonov of his functions on grounds of health."

I fastened onto these last words, which seemed to me to offer the ambassadors of France and England a legitimate excuse to intervene, then I sat down at Neratov's table for a few moments and drafted a telegram that Buchanan and I could dispatch simultaneously to the heads of our military missions at Mohilev, asking them to show them to the Minister of the Court.

The telegram ran as follows

I am told that M. Sazonov has decided to place his resignation before His Majesty on grounds of health. Please get this report officially confirmed by the Minister of the Court.

If it is true, please impress very strongly on Count Fredericks that a sympathetic word from His Majesty would, no doubt, inspire M.

Sazonov to a fresh effort, which would enable him to complete his task.

My English (... French) colleague and I cannot help being greatly perturbed by the thought of the comment that the resignation of the Russian Foreign Minister would not fail to arouse in Germany, for the overstrain from which he is now suffering is unquestionably not serious enough to justify his retirement.

At this decisive moment of the war, anything that could look like a change in the policy of the Allies might have the most disastrous consequences.

Neratov entirely approved of this telegram, and Buchanan and I immediately returned to our embassies to send it to Mohilev.

This afternoon I received from a reliable source certain details of the intrigue against Sazonov. My informant (a woman) does not know how far things have got and I have been careful not to tell her.

"Sazonov's position is very much compromised," she said. "He has lost the confidence of Their Majesties."

"What's the accusation against him?"

"He's accused of not getting on with Sturmer and, on the other hand, getting on too well with the Duma. And then Rasputin hates him, which is enough by itself."

"So the Empress has absolutely made common cause with Sturmer?"

"Yes, absolutely. Sturmer is full of low cunning and he has succeeded in persuading her that she alone can save Russia. She's saving her at this very moment; she went off to Mohilev quite unexpectedly last night."

Friday, July 21, 1916

In Armenia, the Russians are continuing their offensive with brilliant success.

On the Black Sea shore, they have occupied Vaksi-Kebir, west of Trebizond, and their advance guards are entering the valley of Kelkit-Irmak. Further inland, the capture of Gemish-Kanch makes them masters of the great road that starts from Trebizond and branches to Erzerum and Erzinghan. They are also threatening this latter town with a rapid advance along the upper course of the Euphrates.

Saturday, July 22, 1916

General Janin and General Williams have delivered their messages to the Minister of the Court.

General Janin's reply is as follows:

> *The Minister of the Court, though not always seeing eye-to-eye with M. Sazonov, had already impressed on the Emperor that his departure, at the present juncture, would certainly make a*

bad impression. The Emperor replied that the extreme exhaustion from which M. Sazonov is now suffering, and which deprives him of both appetite and sleep, really does not allow him to go on with his work. In any case, his sovereign decision had been taken. Count Fredericks has, however, promised to show the Emperor the two telegrams of the French and English Ambassadors, but he added that he would not ask His Majesty to answer them.

Sazonov, who is still in Finland, was informed yesterday of his dismissal. He received the news with the quiet dignity that might have been expected of his character.

"At bottom," he said, "His Majesty is right in dispensing with my services. I disagreed with Sturmer on too many questions."

As the afternoon was ending, Neratov came to tell me, on express orders from His Majesty, that the change at the Ministry for Foreign Affairs would have no effect whatever on the foreign policy of the Empire.

Sunday, July 23, 1916

This morning the Press officially announces the retirement of Sazonov and Sturmer's appointment in his place. No comments. But I hear that first impressions are a wave of amazement and indignation.

This evening I have been dining with Grand Duchess Marie Pavlovna, in the company of Princess Paley, Madame Helen Narishkin and the maids-of-honor.

After dinner the Grand Duchess took me to the bottom of the garden. She made me sit beside her and we had a talk.

"I simply can't tell you," she said, "how grieved I am about the present and how worried about the future."

"Tell me how you think it's all happened. Then I'll tell you the little I know."

We shared our information. Our conclusions were as follows. The Emperor and Sazonov saw absolutely eye-to-eye on foreign policy. They were also at one on the Polish question, as the Emperor had entirely adopted the views of his minister and actually instructed him to draw up the manifesto to the Polish nation. In the other questions of home policy, Sazonov's liberal leanings had in practice no opportunity to find expression. In any case, he had but a purely personal right to voice them and they were extremely moderate. Last but not least, he was on the best possible terms with General Alexeiev. His sensational dismissal cannot therefore be explained by any admissible motive. The explanation unhappily forced upon us is that the camarilla, of which Sturmer is the instrument, wanted to get control of the Ministry for Foreign Affairs. For several weeks Rasputin has been saying, "I've had enough of Sazonov, quite enough!" Urged on by the Empress, Sturmer went to G.H.Q. to ask for Sazonov's dismissal. The Empress went to his rescue and the Emperor gave way.

By way of conclusion, the Grand Duchess asked me, "You regard the prospect pessimistically, don't you?"

"Yes, very. The French monarchy once saw good ministers dismissed through the influence of a Court faction. Their names were Choiseul and Necker. Your Highness knows the sequel."

In Volhynia, at the confluence of the Lipa and the Styr, General Sakharov's army has routed the Austro-Germans and taken 12,000 prisoners.

Tuesday, July 25, 1915

I have telegraphed to Paris:

> *Looking at the future this is how the situation appears to me:*
>
> *I do not fear any change for the immediate, or even near future in the foreign policy of Russia, and the declaration the Emperor sent to me on July 22 through M. Neratov makes me quite confident for the present. The official action of imperial diplomacy will thus probably continue as before. We must, however, expect to see new faces and a new spirit gradually appear in the Ministry for Foreign Affairs. We must also expect that the secrets of our negotiations will no long be a secret to certain persons who, by*

their pro-German leanings, indirect relations with the German aristocracy, or German finance and their hatred of liberalism and democracy, have been completely won over to the idea of a reconciliation with Germany.

At the present time these people can only work for the realization of their desires in a very underhand and circumspect fashion. The patriotic impulse of the nation is still so strong that if it discovered their game it would destroy them. But if a few months hence, when winter comes, our military efforts have not realized all our hopes, or victory inclines more to the Russian armies than ours, the German party in Petrograd would become dangerous owing to the tools it possesses in the Ministry for Foreign Affairs.

Wednesday, July 26, 1916

The Press announces that the former War Minister, General Sukhomlinov, who was confined in the Fortress of SS. Peter and Paul, has been stricken by a mental affliction that makes it necessary to move him to an asylum.

According to the information in my possession, he is simply suffering from neurasthenia. In any case, no one accepts the reason put forward to explain the change.

Thursday, July 27, 1916

Colonel Rudeanu, the Rumanian military attaché in France, has negotiated with the delegates of the Allied General Staffs an agreement that fixes at 150,000 the number of men to be employed by the Rumanian High Command in an immediate attack on Bulgaria, such an attack being timed to coincide with an offensive by the Salonica army. The agreement, which also governs the relations of the two army groups, was signed at Chantilly on July 23.

General Sarrail, commanding the Allied armies of the East, has already received an order to plan a vast operation, the successive objects of which will be: (1) to tie down the Bulgarian forces in Southern Macedonia in order to cover the mobilization and concentration of the Rumanian army; (2) to aim at the destruction of the enemy by an attack to be pressed through ruthlessly the moment the Rumanians take the offensive on the right bank of the Danube.

But it came to my ears yesterday, from a secret source, that, far from preparing to take the offensive against the Bulgarians, the Rumanian Government is engaged in clandestine conversations with the Sofia cabinet. The report is partially confirmed by a telegram Buchanan received this morning from the English Minister in Bucharest, in which it is said that the Rumanian President of the Council has never accepted the idea of attacking Bulgaria or even of declaring war on her.

Friday, July 28, 1916

Poklenski, the Russian Minister in Bucharest, telegraphs that Bratiano has categorically refused to attack Bulgaria. His English colleague, Sir George Barclay, insists that the Allied Powers should refrain from demanding such an attack, "otherwise the help of Rumania will be irrevocably lost."

Buchanan and I have discussed the matter with Neratov. The latter thinks that the Allied Powers should insist on Bratiano's carrying out the undertakings specified in the Rudeanu Agreement.

Buchanan agreed with Barclay. I supported Neratov. I reminded them of all the sacrifices France has made to uphold the Allied cause in the Balkan Peninsula.

"The French public," I said, "would never understand the offensive being taken by the Salonica army without a joint offensive on the Danube. They would be furious at the idea of French soldiers being killed in Macedonia to make it easier for the Rumanians to annex Transylvania. And then again, without being an expert in strategy, I think that it is to the interest of the Rumanians themselves to put the Bulgarians out of action before they take the field north of the Carpathians. As for the secret conversations that I am told are in progress between Bucharest and Sofia, I have no doubt they will fail. I should be terribly upset if they succeeded, as that would mean that the whole of the Bulgarian army would turn against our Army of the East."

Neratov entirely agrees with me.

Saturday, July 29, 1916

The Russian Army won a victory yesterday at Brody, in Galicia.

This afternoon Sturmer came to pay me his official call. Ceremonious and soapy, as he always is, he told me that, in entrusting the Ministry of Foreign Affairs to him, the Emperor had ordered him to conduct the foreign policy of the Empire on the same principles as before, i.e. in the closest co-operation with the Allied Governments.

"I attach special importance," he added, "to working hand-in-hand with the Government of the Republic. So I want all your help and confidence."

I thanked him for his assurances, telling him he might rely on the friendly energy I should bring to our collaboration, and congratulating him on opening his period of office under the auspices of the Brody victory. Then I tried to draw him into explaining the ultimate aims of his policy and his ideas on the future status of Germany.

On this point he seems to me to have but very vague notions, and he does not even seem to know the Emperor's own views, but he made a remark I have frequently heard from the imperial lips.

"No pity, no mercy for Germany!"

He took his leave of me with exaggerated and obsequious bows.

In the doorway he repeated, "No pity, no mercy for Germany!"

Sunday, July 30, 1916

The British Government has today asked the Russian Government not to insist that Rumania shall attack Bulgaria.

When appealed to by Neratov, I repeated the arguments I used yesterday, adding that I also could not see what was the object of sending 50,000 Russians to the Dobrudja if they were to stand idle while the Salonica army faced the whole shock of the Bulgarian armies.

Late in the afternoon Neratov let me know that General Alexeiev would not allow 50,000 Russians to be sent to the Dobrudja unless their function was to make an immediate attack on the Bulgarians.

Monday, July 31, 1916

Continuing their offensive on a front of one hundred and fifty kilometers, the Russian Volhynian and Galician armies have driven the Austro-Germans before them in the direction of Kovel, Vladimir-Volynsk and Lemberg, capturing 60,000 prisoners. Thus, since this vast operation began, the Russians have taken 345,000 prisoners.

In Armenia, the Turks have been driven out of Erzinghan and are fleeing towards Karput and Sivas.

Tuesday, August 1, 1916

Briand has telegraphed to me as follows:

> *As regards a Rumanian declaration of war. I share the view of Sir Edward Grey and General Joffre that, in the last resort, we should not insist on an immediate declaration of war on Bulgaria. It is quite probable that the Germans will force the Bulgarians into attacking the Rumanians at once, and the Russian divisions can then commence hostilities.*
>
> *It is equally probable that as the Rumanians have not prepared for operations south of the Danube, but have concentrated the bulk of their forces in the Carpathians, they will get a rude shock from the Bulgarians.*

Thursday, August 3, 1916

Sazonov is back from Finland and yesterday called at the Ministry of Foreign Affairs to take leave of the staff. He has just been to see me.

We had a long and affectionate chat. He was exactly what I was sure he would be – self-possessed, dignified, without the least trace of bitterness, glad for his own sake to have recovered his independence, but grieved and anxious about the future of Russia. He confirmed all I had heard about the circumstances of his dismissal.

"It's a year since the Empress began to be hostile towards me," he said. "She's never forgiven me for begging the Emperor not to assume command of his armies. She brought such pressure to bear to secure my dismissal that the Emperor ultimately gave way. But why this scandal? Why this scene? It would have been so easy to pave the way for my departure with the excuse of my health. I should have given loyal assistance. And why did the Emperor give me so confident and affectionate a reception the last time I saw him?" And then, in a tone of deepest melancholy, he more or less summed up his unpleasant experience in these words. "The Emperor reigns but it is the Empress who governs, under Rasputin's guidance. Alas, may God protect us!"

Friday, August 4, 1916

I have been for a solitary motor ride on the Sestroretzk road, which runs along the northern edge of Kronstadt Bay. The deep blue of the sky, the utter peacefulness of sunshine, the infinite distances of the horizon and the deep, gentle murmur of the waves created a marvelous atmosphere for quiet reflection.

I thought of the sinister possibilities that Sazonov's dismissal compels me to contemplate. More than ever before, the future appears to me as "a night of doubt and darkness," to use Bossuet's fine phrase. I must now face the possibility of a Russian defection. It is an eventuality that must henceforth enter into the political and strategic calculations of the French Government. No doubt Emperor Nicholas will stand by our alliance to the very end – I feel no anxiety whatever on that score – but he is not immortal. How many Russians, even (or rather, especially) those in closest contact with him, are secretly longing for his disappearance? What would happen if there was a change of sovereign? On that point I have no illusions: there would be an immediate defection of Russia. Besides, is there not an historic precedent? Can I forget the end of the Seven Years' War, and how Peter III had barely mounted his throne before he lost no time in deserting the French Alliance and seeking a shameful reconciliation with Frederick II?

I have considered every aspect and all the consequences of this hypothesis, and however ruthless I am in my survey, it is an immense relief to me to realize that my faith in our ultimate victory remains unshakable. But there is one thought that has crossed my mind several times already and has now taken root in my soul as the logical conclusion of my reflections. My original idea of our ultimate victory was too simple-minded. Of the fact that Germany and Austria are doomed to defeat, there can be no doubt; it is on that point that my confidence is unshaken. But it will be a very long time before the Teutonic empires meet their fate, and the feebler the Russian effort, the longer that time will be. If Russia cannot find within her the strength to perform her duties as an ally to the bitter end, if she prematurely retires from the struggle or falls into revolutionary convulsions, she will inevitably dissociate her cause from ours. She will make it impossible for herself to share in the fruits of our victory and she will find herself caught up in the defeat of the Central Empires.

Saturday, August 5, 1916

General Alexeiev has come round to the opinion of General Joffre and Briand, and agrees that the Rumanian effort shall be directed exclusively against Austria. He consents to the operations against Bulgaria being deferred, but thinks that such operations are bound to begin by themselves. He insists that Bratiano's procrastination be put an end, once and for all, by definitely fixing the date on which the Rumanian army must take the field.

Sunday, August 6, 1916

Bratiano's procrastination and haggling still continue, the explanation being, I think, that he still hopes to arrive at a direct understanding with the Bulgars. Ever faithful to the principles of his game, he ascribes his hesitation to the ill-will of Russia, hence, further bickering between Paris and Petrograd.

This morning I was instructed to convey to the Emperor a telegram from the President of the Republic.

When handing this telegram to Sturmer, I repeated the arguments I have recently dinned into his ears, the main argument, and to my eyes the real one, being the enormous sacrifices France has already made to the common cause and our losses amid the carnage of Verdun.

Sturmer, who fears nothing so much as being drawn into dealings with the Emperor, replied at first by protestations of loyalty to the Alliance and a panegyric of Verdun.

He continued, "So I attach the same importance as your Government to securing the immediate assistance of Rumania. Of course, you know General Alexeïev's view on the subject. In military matters his influence with the Emperor is final. You will remember that it was he who suggested putting an end to M. Bratiano's hesitation by fixing a date limit for the negotiations. How good his judgment was. You may take it from me that it was a terrible mistake to reopen the discussion with the Rumanian Government. We ought to have stood by the very liberal terms of our memorandum of July 17 and refused any further haggling. Can't you see that M. Bratiano is only trying to gain time? The date originally fixed by General Alexeiev was August 7; it had to be extended to August 14. M. Bratiano, in now requiring that your Salonica army shall take the offensive ten days before Rumania opens hostilities, is patently aiming at securing further delay. I tell you again, we made a great mistake in lending ourselves to his game, which is only too obvious. But I'll promise to report to His Majesty exactly what you've just told me."

Sturmer is sincere in what he tells me for a reason that makes any other unnecessary, i.e. General Alexeiev has taken charge of this Rumanian business and the Emperor is in agreement with all his views. Now Sturmer knows that

General Alexeiev hates and despises him, and he is not the man to oppose him in any way. Quite to the contrary, he is extremely tactful with him and talks very modestly in his presence.

Monday, August 7, 1916

I believe I have frequently remarked on the casual way in which the Russians, even the most ardent devotees of tsarism and reaction, admit the possibility of the Emperor's assassination. No one minds talking about it in my presence. The only limit is that they slightly clothe their meaning in the sketchy veil of euphemism or allusion.

As I was strolling on the Islands this afternoon, I met Prince O...., a typical old Russian nobleman, of haughty manners, of broad and cultured views, and a proud and glowing patriot. We walked and talked together. After a long and pessimistic diatribe, he casually enlarged on the death of Paul I.

I understood what he meant and betrayed some surprise.

Then he stopped, crossed his arms, and looking me full in the face, blurted out, "What do you expect, Monsieur l'Ambassadeur? Under a system of absolute power, if the sovereign goes mad, there's nothing for it but to put him out of the way."

"Obviously regicide is the necessary corrective to autocracy," I said. "In a sense it might almost be called a principle of public law."

We proceeded no further on this scandalous ground.

If we had continued the conversation, I should have reminded Prince O….. that he could have supported his doctrine with several ancient and venerable authorities. As far back as the reign of Nero, the philosopher Seneca put an audacious aphorism into one of his tragedies: "For sacrifice to Jupiter, there is no more acceptable victim than an unjust monarch." And Joseph de Maistre, who was in St. Petersburg at the time of the crime of March 23, 1801, has introduced an ingenious distinction into the casuistry of regicide: "Though I might have to admit the right to kill Nero, I should never admit any right to judge him."

Wednesday, August 9, 1916

The following is the Emperor's reply to the telegram I forwarded to the Emperor three days ago from the President of the Republic:

> *Being entirely of your opinion, Monsieur le Président, as to the necessity of Rumania's taking the field immediately, I have ordered my Foreign Minister to authorize my minister in Bucharest to sign the agreement, the terms of which will be agreed between M. Bratiano and the representatives of the Allied Powers.*

The arrival of German and Turkish reinforcements is reducing the pace of the Russian advance on the Galician front, but the Russians are still approaching Tarnopol and Stanislau.

Thursday, August 10, 1916

At luncheon today I had General Leontiev, who is to command one of the Russian brigades in France, Dimitri Benckendorff, Count Maurice Zamoÿski, Count Ladislas Wielopolski and others.

In the smoke room, I had a long and confidential talk with Zamoÿski and Wielopolski. They told me of the anxiety, or rather the acute apprehension, they feel over the latest attitude of the Russian Government towards Poland. They know that the Emperor's liberal intentions remain unchanged, but they do not think him capable of resisting the intrigues of the reactionary party and the daily, insistent influence of Rasputin and the Empress.

As Zamoÿski is shortly going to Stockholm, I have asked him to lunch with me again in a few days' time.

Friday, August 11, 1916

Yesterday, the Italians entered Gorizia, where they have taken 15,000 prisoners. They are pressing their attack in an easterly direction.

On the right bank of the Sereth, the Austro-Germans have been routed once more and the Russians have captured Stanislau.

If only the Rumanians had come in a month ago!

Saturday, August 12, 1916

When I summarize all the signs of political and social decomposition I see before me, I feel sorry that the satirical genius of Gogol has no heir in Russian literature to give us a fresh edition – a somewhat enlarged and more melancholy edition – of the 'Dead Souls,' and I understand the remark wrung from Pushkin by his reading of that caustic masterpiece 'God in Heaven.'

What a gloomy place Russia is.

Sunday, August 13, 1916

I have recently had opportunities of talking to French or Russian manufacturers and merchants residing in the provinces, Moscow, Simbirsk, Voronej, Tula, Rostov, Odessa and the Donetz, and I have asked them all if the conquest of Constantinople is still considered the indispensable war aim in the circles in which they move.

Their replies have been almost identical. Summarized, they are as follows:

Among the rural masses, the dream of Constantinople, which has never taken definite shape, is becoming increasingly vague, remote and unreal. From time to time a priest reminds them that the Russian people is under a sacred duty, a holy obligation, to wrest Tsarigrad from the infidel and raise the Orthodox cross on the dome of Santa Sophia. His audience listens to him with a composed and dutiful attention, but without attaching more practical and direct significance to his words than if he were speaking of the Last Judgment and the torments of Hell. It should also be observed that the *moujik*, who is eminently peace-loving and tender-hearted, and always ready to fraternize with his enemy, is revealing an increasing loathing for the horrors of war.

In working class circles, there is not the slightest interest in Constantinople. Russia is considered large enough already, and instead of shedding the blood of the people in absurd conquests, the Tsar's government would do far better to relieve the woes of the proletariat.

In the next higher stage, i.e. among the middle class, business men, industrial leaders, engineers, lawyers, doctors, etc., the importance of the problem with which the fate of Constantinople faces Russia is fully recognized. It is not forgotten that the outlet through the Bosphorus and the Dardanelles is necessary to the export of Russian grain, and everyone wishes to end a situation in which an order from Berlin can sever that outlet. But the historic and mystic doctrine of the Slavophiles is disregarded, and even decried, and the conclusion reached is that it would be enough to secure the neutralization of the Straits under the guarantee of an international organism.

The advocates of the idea of incorporating Constantinople into the Empire are now to be found only in the very small camp of the Nationalists and the group of doctrinaire Liberals.

But apart from the question of Constantinople and the Straits, the attitude of the Russian people towards the war is in general satisfactory. With the exception of the Social-Democratic party and some members of the Extreme Right of the reactionaries, there is no one who is not determined to continue the war to final victory.

Monday, August 14, 1916

Count Maurice Zamoÿski is preparing to leave for Stockholm very shortly and has been to lunch again with me. We were alone. Our talk lasted two hours and was confined exclusively to Poland and her future.

In everything he has said or given me to understand, I trace the echo of the discussions that have been agitating Polish circles in Petrograd, Moscow and Kiev since Sazonov's dismissal. There is no doubt that the increasing influence of the reactionary party in the Imperial Government is delaying and complicating the settlement of the Polish question.

On the one hand, notwithstanding the successes of the Russian army in Galicia, the Poles are convinced that Russia will not emerge from the war victorious, and that tsarism at bay is even now preparing to negotiate a reconciliation with the Teuton empires at the expense of Poland. Under the spur of that notion they feel all their old hatreds reviving, and the sentiment is reinforced by a sarcastic contempt for the Russian colossus, whose weakness, impotence and moral and physical infirmities are now being ruthlessly revealed. But the very fact that they have lost all confidence in Russia absolves them, they think, from all obedience or obligation to her. Henceforth they are fixing all their hopes on France and

England, and putting forward national claims that are altogether excessive. Autonomy under the scepter of the Romanovs is not enough. They must have complete and absolute independence, and the wholesale resurrection of the Polish State. They will not stop until they have secured the triumph of their cause at the peace congress. More emphatically than ever, they deny the empire of the tsars any right to domination over the Slav peoples, or to speak in their name or control their historical evolution. The Russians must henceforth realize that in the hierarchy of civilization, the Poles and the Czechs are far ahead of them.

Tuesday, August 15, 1916

With a large number of Russians – I could almost say with the majority – moral instability is such that they are never satisfied to be where they are, and can never wholly and whole-heartedly enjoy anything. They are always wanting something new and unexpected: stronger emotions, greater shocks, more titillating pleasures. Hence the eternal search for stimulants and narcotics, an insatiable appetite for adventures, and an uncontrollable love of the freakish.

To sum up the conversation that has just inspired me to these remarks, I have only to record the melancholy confession that Turgueniev puts into the mouth of one of his heroines, the attractive Anna Sergueievna Odintsov. "When we're enjoying a musical performance, or an evening party, or a heart-to-heart talk with someone we like, how is it that our enjoyment seems an allusion to an unknown and remote happiness rather than a real happiness from which we should be deriving actual pleasure?" And the friend to whom she is speaking replies, "You can never be happy in. the spot you happen to be at the moment."

Wednesday, August 16, 1916

Between the Dniester and the Zlota-Lipa, the Russians are continuing their advance. They occupied Jablonitza yesterday.

The Bucharest negotiations are on the point of fruition.

Friday, August 18, 1916

Bratiano and the ministers of the Allied Governments signed the Treaty of Alliance in Bucharest yesterday.

By the terms of this treaty, France, Great Britain, Italy and Russia guarantee the territorial integrity of Rumania. They also undertake to secure her the Bukovina (with the exception of a few northern districts), Transylvania and the Banat of Temesvar when the general peace is signed. Rumania will thus double her present population and territory.

Rumania, for her part, undertakes to declare war on Austria-Hungary and break off all economic relations with the enemies of her new allies.

A military agreement is annexed to the Treaty of Alliance. This agreement provides that the Rumanian High Command guarantees to attack the Austro-Hungarian forces by August 28 at the latest.

The Russian High Command in turn undertakes to open a vigorous offensive along the whole Austro-Hungarian front, and more particularly in the Bukovina, in order to cover the mobilization and concentration of the Rumanian forces. With the same object in view, the Allied General Staffs undertake that the Salonica army shall make a strong attack on the whole Macedonian front by August 20 at the latest.

History will say whether Bratiano has chosen his moment well. Speaking personally, I still think that through over-caution or over-subtlety he has already let slip three opportunities far more favorable than at the present juncture.

The first occasion was early in September 1914, when the Russians were entering Lemberg. At that time Austria and Hungary were bewildered and terror-stricken, and quite incapable of defending the Carpathian frontier. The Rumanians would have found all the roads open to them.

The second chance was in the month of May 1915. Italy had just appeared on the scene. In a political and military sense, Russia was at the height of her power. In Athens, Venizelos was in office, and Bulgaria was still hesitating as to her course.

The third and final opportunity was two-and-a-half months ago, at the beginning of the great Russian offensive, before the arrival of German and Turkish reinforcements in Galicia and Transylvania, and before Hindenburg, the 'Iron

Marshal,' had concentrated all the power of his strategic genius on the Eastern front.

But in action one must never waste time over retrospective hypotheses. They are not legitimate and are useful only insofar as they throw light on the present. From this point of view, it is obvious that the dilatory policy of Bratiano has made the enterprise on which Rumania has embarked much more difficult and hazardous. I should also say that it is his fault that proper preparation has not been made for the co-operation of the Russian armies, their supply and transport, and the co-ordination of their action with the plan of campaign in the Balkans. Things are still where they were six months ago at the time of my conversations with Philippescu. But for all that, the accession of Rumania to our Alliance is an event of high importance, not only for the practical results of the present war but also for the ulterior development of French policy in Eastern Europe.

End of Volume 2

Printed in Great Britain
by Amazon